Nora Noé
Mein Traum von Mexiko

wellhöfer VERLAG

Wellhöfer Verlag
Ulrich Wellhöfer
Weinbergstraße 26
68259 Mannheim
Tel. 0621/7188167

info@wellhoefer-verlag.de
www.wellhoefer-verlag.de

Titelgestaltung: Uwe Schnieders, Fa. Pixelhall, Malsch
Satz: FPW Verlagsdienstleistungen
   www.fpw-verlagsdienstleistungen.de

Das vorliegende Buch einschließlich aller seiner Teile ist urheberrechtlich geschützt. Jede Verwertung ist ohne schriftliche Zustimmung des Verlages unzulässig.

© 2016 Wellhöfer Verlag, Mannheim

ISBN 978-3-95428-214-2

Nora Noé

Mein Traum von Mexiko

*Ich widme dieses Buch Don Samuel Ruíz García, dem Indianer-Bischof von San Cristóbal de las Casas, der dreimal für den Friedensnobelpreis vorgeschlagen wurde.
Ohne ihn hätten sich Aurelio und Charlotte niemals kennengelernt.*

Inhalt

Vorwort	8
1. Filsbach-Schlösschen	9
2. Wechselbäder	14
3. Nähmaschine und Notebook	38
4. Teopisca	49
5. Aurelio	65
6. Die weise Frau	85
7. Estamos en México	94
8. Wartestellung	105
9. Bauchweh	114
10. Juanita	127
11. Fernsehen und Fußball	146
12. Patrizia	163
13. Berauschende Momente	181
14. Babytag	187
15. Doña Anna	196
16. Reisepläne	203
17. Palenque	208
18. Puerto Arista	219
19. Zweifel	232
20. Cancún	239
21. Überraschung	258
22. Abschied	268
23. Rückflug	276
24. Sehnsucht	286
25. Machos und Mütter	290
26. Huatulco	296
27. Panne	309
28. Rocco	312

29. Habemus papam	319
30. Anonym	330
31. Abgründe	338
32. Erwachen	349
33. Fiesta	360
34. Schlussakkord	372
35. Si Dios quiere	390
36. Entscheidung	400
Nachwort	403

Vorwort

Mein Traum von Mexiko! Wenn ich heute zurückdenke und all die Jahre in meiner Erinnerung vorüberziehen lasse, so muss ich gestehen, dass dieser Traum zuweilen albtraumartige Züge annahm. Er kam mir mitunter wie die unendliche Geschichte vor, die nie einen Abschluss finden würde, schon gar keinen glücklichen.

Dabei hatte doch alles so traumhaft schön begonnen. Es war so unglaublich, was damals geschehen war, dass ich es in meinem ersten Buch *Wer einmal einen Priester küsst* festhalten musste. Damals konnte ich in dem Roman weder die Personen beim richtigen Namen nennen noch die Orte. Ich musste »Aurelio« schützen, um seine Existenz in Mexiko nicht zu gefährden. Auch ich musste mich bedeckt halten, da ich zu dem Zeitpunkt in leitender Position bei der Volkshochschule tätig war, in deren Verwaltungsrat die katholische Kirche saß, die über Gelder mitentschied. So kam es dazu, dass ich das Pseudonym »Nora Noé« wählte und dieses Buch und in der Folge auch alle anderen Bücher unter diesem Namen, dem Mädchennamen meiner Mutter, veröffentlichte.

Mittlerweile ist ein Jahrzehnt vergangen und viele der damals noch geltenden Voraussetzungen haben sich geändert. Darum kann ich heute die Orte benennen, ohne mit Konsequenzen für irgendjemanden rechnen zu müssen.

Ich wurde immer wieder gefragt, ob die Geschichte denn damals für immer abgeschlossen war. Ich darf Ihnen verraten: Nein! Sie war noch lange nicht abgeschlossen. Sie ging in den 90er-Jahren erst noch einmal richtig los. Darum habe ich mich auf Wunsch meiner Leserinnen und Leser entschlossen, über die sicherlich spannendste Zeit meines Lebens zu schreiben. Zunächst möchte ich Sie jedoch ins Jahr 2009 hier in Mannheim ins *Filsbach-Schlösschen* entführen.

1. Filsbach-Schlösschen

Draußen herrschte heftiges Schneetreiben, nichts Ungewöhnliches für den 28. Dezember. Es war in vielfacher Hinsicht ein wahrhaft unwirtlicher Termin zum Heiraten. Die stürmisch nasskalten Wetterverhältnisse erlaubten nämlich weder romantischen Blüten in hochgesteckten Haaren noch hochhackige Pumps mit zarten Riemchen und schon gar kein weißes Spitzenkleid mit Schleier. Aber letzteres hätte eh nicht gepasst, schließlich war Charlotte vor ein paar Tagen 57 geworden und außerdem war es auch ihre zweite Eheschließung. Eine kirchliche Trauung wäre sowieso nicht infrage gekommen, da sie bereits einige Jahre zuvor aus der Kirche ausgetreten war. Sie hatten jedoch nicht bis zum Sommer warten wollen. Der 28.12.2009 war nämlich ein ganz besonderer Tag für sie beide. Dieser Tag strahlte eine große Symbolkraft aus, war schicksalhaft mit ihrer Vergangenheit und ihrer Zukunft verknüpft. Aber das wusste niemand, das war ihr Geheimnis. Vielleicht würden sie es der kleinen Hochzeitsgesellschaft später beim festlichen Menü im Restaurant *Skyline* im Mannheimer Fernmeldeturm offenbaren.

»Wann geht es denn jetzt endlich los?«, rief jemand ungeduldig von hinten. Es war Onkel Heinz. Wie immer konnte er nicht abwarten. Der würde sich nie ändern. Charlotte hatte diese und ähnliche Reaktionen fünfzig Jahre lang an ihm beobachtet, um nicht zu sagen, sie ertragen müssen. Er war zeitlebens ungeduldig und unbeherrscht gewesen, und sie war auch deshalb nicht wenige Male heftig mit ihm zusammengestoßen, insbesondere dann, wenn er geglaubt hatte, »Zweitvater« spielen und sich in ihr Leben einmischen zu müssen. Sie wollte sich gerade umdrehen, um ihm zu antworten, doch da kam ihr schon ihre Mutter zuvor, die neben ihm im Rollstuhl saß. »Halte du dich mal bitte zurück, Heinz!«

Charlotte musste insgeheim grinsen, ihre Mutter hatte es stets verstanden, Heinz Wolf zurückzupfeifen. Sie war die Einzige, auf die er hörte und die ihn bremsen konnte. Er verehrte sie so sehr, dass er niemals etwas getan hätte, womit er bei ihr hätte in Ungnade fallen können.

Charlotte blickte ihre Mutter und ihren künftigen Mann mit einem vielsagenden Lächeln an. Die drei verstanden sich auch ohne Worte.

Die Fenster des Trauungssaales *Venedig* im sogenannten *Filsbach-Schlösschen* waren mittlerweile derart angelaufen, dass durch die milchigen Scheiben hindurch nichts mehr zu erkennen war. Es war, als würde das Draußen gar nicht mehr existieren.

Filsbach-Schlösschen – was für ein wohlklingender Name! Eigentlich waren es die Mannheimer Bürgerdienste in K7, die zwei Räume als Trauungssäle ausgestattet hatten, sozusagen als Ausweichstätte, wenn das Standesamt in F1 wegen des Wochenmarktes ausfiel. Man hatte sie auf die Namen *Paris* und *Venedig* getauft, deren Klang allein schon romantische Hochzeitsgefühle bei beiden Heiratskandidaten aufkommen ließ: Sie sahen sich verliebt über die Champs-Élysées flanieren, Arm in Arm über den Montmartre schlendern und sich im Sonnenuntergang auf dem Eiffelturm küssen. Oder sie glitten als Liebespaar auf den sanften Wogen des Canale Grande, während der venezianische Gondoliere ihnen seine schmachtenden Liebeslieder zuhauchte. Was für Assoziationen! Wer würde da im entscheidenden Augenblick nicht Ja sagen?

Die Räume waren von schlichter Eleganz, passend zum Gebäude. Seinen Beinamen *Filsbach-Schlösschen* verdankte das Gebäude seiner Fassade und seiner Gliederung, denn es war tatsächlich in den 20er-Jahren in Anlehnung an das Mannheimer Schloss entworfen worden. Aber das konnte man erst beim zweiten Hinsehen erkennen. Am interessantesten fand Charlotte jedoch den Fußboden im hinteren Teil des Untergeschosses. Der war trotz der Zerstörungen im Zweiten Weltkrieg anscheinend nie renoviert worden, denn da waren doch tatsächlich einzelne Fliesen so aneinandergelegt, dass sich in ihren Ecken Hakenkreuze ergaben. Ob das Zufall war? Charlotte konnte es nicht glauben. Anscheinend hatte dieser Bodenbelag den Krieg überlebt und stand unter Denkmalschutz.

Charlotte blickte auf die Uhr. »Jetzt könnte die Standesbeamtin aber langsam kommen«, dachte sie bei sich. Als hätte es jemand gehört, stürmte in diesem Augenblick ganz aufgelöst und mit hochrotem Kopf eine Mitarbeiterin des Standesamtes herein.

»Es dud ma furschdbar leid, awer die Frau Sun stcckd im Schdau. Die hot grad ongerufe, die hawe die A5 zwische Ladeburg und Heidelberg geschperrd. Do hots en Haufe Ufäll wege Glatteis gewwe. Es kann also noch ä ganzi Weil dauere, bis se do is. Derfe mer Ihne derweil was zu drinke onbiede? Es dud mer werklisch leed, awer fa des Wedder kann jo schließlisch kenner was.«

Ob das ein Zeichen von oben war? Wollte der Himmel ihr noch ein wenig Bedenkzeit schenken, damit sie nicht wieder den Falschen heiraten würde?

Conrad unterbrach Charlottes Gedanken. »Renate und ich gehen ein bisschen raus. Wir wollen eine rauchen«, meinte Conrad. »Und deinen Liebsten, den nehmen wir mit. Schließlich bin ich sein Trauzeuge und muss auf ihn aufpassen, damit hier alles ordentlich über die Bühne geht.« Er schmunzelte.

»Magst du nicht mitkommen, Charlotte?« Ihr Zukünftiger wollte sie nicht allein zurücklassen.

»Nein, geh ruhig mit. Genieß deine Freiheit noch ein bisschen.« Sie lächelte ihn zärtlich an. »Ich möchte lieber hier sitzen bleiben.«

Er gab ihr einen liebevollen Kuss auf die Lippen. Dann ging er mit Renate und Conrad hinaus.

»Wir müssen dich leider auch allein lassen, mein Schatz«, meinten nun Charlottes Trauzeugin Heidi und ihr Mann Hannes. »Deine Mutter und Onkel Heinz möchten zur Toilette, denn es wird ja nun doch noch etwas dauern, bis wir dich unter die Haube bringen.«

»Soll ich mitkommen?«, bot Charlotte ihnen an.

»Keine Sorge, wir schaffen das schon. Ruh du dich noch ein bisschen aus, schließlich musst du jetzt gleich eine folgenschwere Entscheidung treffen.« Hannes zwinkerte ihr zu.

Kurz darauf saß Charlotte allein in dem Trauungssaal mit der dunklen Holzvertäfelung, den hellen Vorhängen, den bequemen beige gepolsterten Stühlen und dem edlen Parkettboden. Es war das zweite Mal, dass sie sich »trauen« würde. Das letzte Mal war sie 1993 in einem ähnlichen Saal in Karlsruhe gesessen. Ihre erste Ehe war nicht von langer Dauer gewesen. Ob es dieses Mal gutgehen würde? Laut Statistik wurde in Deutschland immerhin fast jedes zweite Paar geschieden. Allerdings hatte eine andere Statistik auch festgestellt, dass die zweite Ehe in den meisten Fällen glücklicher verlief als die erste.

Charlotte hatte schon vor ihrer ersten Ehe bestimmt ein halbes Dutzend Heiratsanträge bekommen, aber sie alle nicht angenommen. Immer hatte irgendetwas nicht gestimmt. Meist hatte sie gefühlt, dass ihre Liebe nicht groß genug war, um für ein ganzes langes Leben zu halten. Nur Martin, der war eine Ausnahme gewesen, ihn hätte sie gerne geheiratet. Nachdem er ihr jedoch eröffnet hatte, dass sie damit rechnen müsse, dass es in seinem Leben immer mal wieder auch eine andere Frau geben würde, hatte sie sich von ihm zurückgezogen. Das wollte sie sich nicht antun. Martin war einer dieser 68er-Männer, die glaubten, ihre Untreue damit legitimieren zu können, dass sie ihr Fremdgehen nicht verheimlichten, sondern offen darüber sprachen und dazu standen. Was sie dabei vergaßen, war, dass die Wahrheit der Betrogenen nicht weniger wehtat. Martin hatte ihr damals somit das Herz gleich in zweifacher Weise gebrochen, denn er war darüber hinaus der Hauptgrund gewesen, warum sie nicht zu Aurelio, der größten Liebe ihres Lebens, nach Mexiko zurückgekehrt war.

Aber irgendwann hatte Charlotte ihm vergeben und wieder Kontakt zu ihm aufgenommen. Und Martin hatte sich, wie man so schön sagte, die Hörner abgestoßen und war mit zunehmendem Alter ruhiger geworden. Seine Sturm-und-Drang-Jahre schienen endgültig überwunden.

Charlotte schloss die Augen und ihre Gedanken wanderten elf Jahre zurück in die Vergangenheit. Sie fand sich im Jahr 1998 wieder, am Abend vor ihrer Abreise nach Mexiko.

2. Wechselbäder

Die Geschichte, auf die sie sich da einließ, erschien ihr jetzt, wo ihre Abreise so kurz bevor stand, doch ziemlich unwirklich. Fast wie ein Traum. Was für einer es werden würde, wussten nur die Götter. Im schlimmsten Fall ein Albtraum! Aber da man selbst aus dem schlimmsten Albtraum irgendwann einmal erwachte, erschien ihr das Risiko kalkulierbar. Dieses Mal würde sie den Sprung ins kalte Wasser wagen.

Morgen würde der erste Tag ihres neuen Lebens sein. Nach eineinhalb Jahrzehnten hatte sie endlich den Mut, diesen Kampf mit allen Konsequenzen zu führen. Aber vielleicht sprach sie nur deshalb so vollmundig von Konsequenzen, weil sie sich überhaupt nicht darüber klar war, wie diese sich gestalten könnten.

Endlich hatte sie sich zu einer Entscheidung durchgerungen. In ihrem tiefsten Innern hatte sie zwar schon ein wenig Angst vor der eigenen Courage, aber das würde sie niemandem gegenüber eingestehen. Wenn sie sich in allen Einzelheiten vorstellte, was da alles auf sie zukommen konnte, bekam sie Magenkrümmen. Ihr war darüber hinaus sehr wohl bewusst, dass sie von vielen belächelt wurde. Hinter ihrem Rücken wurde wahrscheinlich auch kräftig getuschelt. Aber das war ihr egal. Dieses Mal würde sie für ihr Glück kämpfen wie eine Löwenmutter um ihr Junges.

Es war nun mal eine ungewöhnliche Geschichte, wenn nicht sogar eine unmögliche. Die Liebe, die sie zu verwirklichen suchte, durfte es im Grunde genommen gar nicht geben. Aber Charlotte hatte sie sich nicht ausgesucht. Das Schicksal, sofern man an eine Bestimmung glaubte, hatte ihr diese Liebe zugewiesen.

»Komplizierter geht es wohl nicht«, hatten einige ihrer deutschen Freunde gemeint, als sie ihnen erzählt hatte, dass sie einen mexikanischen Priester liebe.

Allein die Tatsache, dass Aurelio katholischer Priester war, hätte normalerweise als Herausforderung gereicht, aber er musste auch noch auf einem anderen Kontinent leben und einem fremden Kulturkreis angehören. Die Hürde, die Charlotte nehmen wollte, war im Grunde unüberwindbar.

Aber es war wohl in ihrem Charakter so angelegt, das schier Unerreichbare erzwingen zu wollen. Es war für sie eine Herausforderung, die sie gerne annahm. Schon als kleines Mädchen hatte sie klare Vorstellungen davon gehabt, wie sich ihr weiteres Leben gestalten sollte. Sie wollte nicht in die Fabrik gehen oder eine Lehre machen wie die meisten ihrer Mitschüler. Nein, Charlotte wollte Lehrerin werden. Niemand hatte sie damals davon abhalten können, auch wenn sie letztendlich das einzige Jungbuschkind ihrer Klasse gewesen war, das aufs Gymnasium ging. Dieses Mal würde es nicht anders sein. Aurelio war die große Liebe ihres Lebens, und sie würde alles daran setzen, mit ihm glücklich zu werden.

*

Es war Liebe auf den ersten Blick gewesen, als sie Aurelio fünfzehn Jahre zuvor, im Sommer 1983 im Priesterseminar in *San Cristóbal de las Casas* zum ersten Mal begegnet war. Charlotte hatte sich mit einer Lehrerkollegin zu einem Arbeitseinsatz in Mexiko gemeldet. Sie wollte in den großen Ferien auf andere Gedanken kommen, denn sie hatte in Deutschland gerade eine unglückliche Liebe hinter sich gelassen. Weg, bloß weg von hier! Am besten ans andere Ende der Welt. Neue Kulturen und deren Menschen kennenlernen und mit diesen gemeinsam etwas Sinnvolles bewerkstelligen. Aber sich bloß nicht verlieben! Denn was Männer anbelangte, war sie vorerst bedient. Kein Bedarf.

Die Christian World Exchange (CWE) in Köln hatte es sich seit vielen Jahren zur Aufgabe gemacht, im Sinne der

Völkerverständigung Projekte für junge Leute bis 30 im Ausland anzubieten. Charlotte war gerade 30 geworden und somit würde es für sie die letzte Möglichkeit sein, an so einem Auslandsaufenthalt teilzunehmen. Mit Indianern zusammen ein Kirchendach im mexikanischen Bundesstaat *Chiapas* zu renovieren, dem Armenhaus Mexikos mit dem größten indigenen Bevölkerungsanteil, das klang spannend. Sie würde gemeinsam mit anderen jungen Leuten dort arbeiten, die alten Ziegel gegen neue austauschen und die Dachsparren streichen.

Charlotte hatte schon immer eine Schwäche für Indianer gehabt. Wenn sie im Hinterhof der Dalbergstraße *Cowboy und Indianer* spielten, wollte sie stets eine Indianerin sein. Auch liebte sie es, sich im *Odeon* in G7 Indianerfilme anzuschauen, und an Fasnacht verkleidete sie sich natürlich als Winnetous Schwester Nscho-tschi. Es war Ehrensache, dass sie sich jedes Jahr zu Weihnachten und zum Geburtstag Karl-May-Bücher wünschte.

Sie waren damals von Mexico City aus direkt nach *Tuxtla Gutiérrez*, der Hauptstadt von *Chiapas*, geflogen. In einer abenteuerlichen Busfahrt hatten sie drei Stunden lang den Urwald durchquert, bis sie endlich in *San Cristóbal de las Casas* angekommen waren. Bereits am ersten Abend hatte Samuel Ruíz García, der Bischof von *San Cristóbal*, sie in seinem Amtssitz zum Abendessen eingeladen. Don Samuel hatte den Aufenthalt zusammen mit dem Direktor des CWE in Köln organisiert. Seine Absicht war es, das Ansehen der Indianer aufzuwerten und dem noch immer existierenden Rassismus in der mexikanischen Gesellschaft entgegenzuwirken. Viele Mestizen seiner Gemeinde blickten nämlich verächtlich auf die Indianer hinab. Genau deshalb hatte er Weiße aus dem fernen Europa nach *Chiapas* eingeladen. Die Mestizen pflegten gerne den Kontakt zu Weißen, denn sie fühlten sich dadurch aufgewertet. Doch diese Weißen würden sich nun mit den Indianern solidarisieren und somit hoffentlich das Weltbild der Mestizen ins Wanken bringen. Der Bischof wünschte sich, dass diese Tatsache einen Umdenkungsprozess bei den Mestizen in Gang bringen könnte.

Samuel Ruíz García war ein ganz besonderer Mensch. Seine befreiungstheologische Arbeit war weltweit von engagierten Menschenrechtsorganisationen hoch geschätzt und man hatte ihn bereits mehrmals für den Friedensnobelpreis vorgeschlagen. Allerdings sah der Vatikan seine Aktivitäten nicht gerne, und Johannes Paul II. ließ keine Gelegenheit aus, ihn in die kommunistische Ecke zu stellen.

Nach der ersten Nacht, die Charlotte und die anderen in winzigen Zellen mit pritschenartigen Betten im Priesterseminar verbracht hatten, trafen sie sich am Morgen in einem großen Versammlungsraum, um mit Bert, ihrem Gruppenleiter, den weiteren Fortgang des Projektes zu besprechen.

»So, Freunde, habt ihr noch Fragen zu unserem Arbeitseinsatz?« Bert schaute in die Runde.

Die Fragen, die nun gestellt wurden, hatte Charlotte jedoch nicht mehr gehört, denn in diesem Augenblick war am anderen Ende des langen Saales eine Tür aufgegangen und ein großer, schlanker Mann mit tiefschwarzen zurückgekämmten Haaren war eingetreten, hatte den Raum durchquert und war auf die gegenüberliegende Tür zugesteuert. Er hatte freundlich zu ihnen herübergelächelt und gegrüßt und als er Charlotte sah, den Blick nicht mehr von ihr gelassen. Charlotte war es genauso gegangen. Es war wie ein Bann zwischen den beiden gewesen, den keiner von ihnen zu durchbrechen gewagt hatte. Erst als er durch die Tür auf der anderen Seite hinausgeschritten war, hatte er sein Gesicht von ihr abgewandt. Charlotte hatte wie in Trance auf die Tür geblickt. Obwohl er den Raum sekundenschnell durchquert hatte, war es ihr vorgekommen, als hätte er sich in Zeitlupe vor ihren Augen bewegt.

»Wer war das?«, hatte sie Bert wie entgeistert gefragt.

»Wer? Wen meinst du?« Er wusste zunächst gar nicht, von wem Charlotte sprach.

»Na, der Mann, der da hinten durch den Saal gelaufen ist.«

»Ach, der gerade eben! Das war Padre Aurelio, der Priester von *Las Rosas*, wo wir heute Abend hinfahren.«

»Oh nein. Ein Priester!« Die Art und Weise, wie Charlotte es leise und unverständlich für die anderen vor sich hingemurmelt hatte, war verräterisch gewesen. Und wenn auch ihr Verstand in den wenigen Sekunden die Situation noch gar nicht begriffen haben konnte, so hatte doch ihre Seele die Tragweite dieses kurzen Augenblicks bereits erfasst.

In den folgenden Wochen war Charlotte ihm immer wieder begegnet, denn Aurelio hatte keine Möglichkeit ausgelassen, zur Baustelle oder in das Haus, in dem sie wohnten, zu kommen. Er hatte ihre Nähe regelrecht gesucht, um ihr seine Zuneigung zu zeigen.

Charlotte hatte sich zunächst gegen ihre Gefühle gewehrt. Sie wollte sich nicht verlieben und schon gar nicht in einen katholischen Priester. Sie musste sich das aus dem Kopf schlagen. Diese Liebe war noch chancenloser als die, welche sie gerade in Deutschland beendet hatte. Warum geriet sie nur immer an solche Männer?

Aber so sehr sie sich auch gegen ihre Gefühle wehrte, es war ihr nicht gelungen, sie zu unterdrücken. Obwohl es zwischen ihnen nur heimliche, flüchtige Berührungen und kleine verborgene Zärtlichkeiten gegeben hatte, spürten sie beide, wie das Band ihrer Liebe füreinander immer enger und enger wurde. Bald schon war sich Charlotte darüber im Klaren, dass ihre bevorstehende Rückreise nach Deutschland, nicht das Ende sein durfte.

Als sie sich am letzten Tag mit einem flüchtigen Kuss voneinander verabschiedeten, steckte Aurelio ihr heimlich einen kleinen Zettel mit seiner Adresse zu. Und während er sich von den anderen mit »adiós« verabschiedete, hatte er Charlotte »hasta luego« zugeflüstert, was so viel bedeutete wie »bis bald«.

Als sie wieder in Mannheim war, hatte Charlotte bei Buch Kober das größte deutsch-spanische Wörterbuch gekauft, das sie bekommen konnte, und tagelang einen Brief auf Spanisch formuliert, in dem sie ihm zum ersten Mal ihre Gefühle gestanden hatte. Am Schluss hatte sie noch ein Foto von sich beigefügt.

Der Brief würde mindestens vierzehn Tage brauchen. Sollte er ihr gleich zurückschreiben, würde seine Antwort frühestens zwei Wochen später im Briefkasten stecken. Und tatsächlich hielt sie nach einem Monat seinen ersten Brief in ihren Händen.

Liebste Charlotte,
ich war sehr glücklich, als ich Deine Zeilen gelesen habe und mir klar wurde, wie sehr unsere beiden Herzen, seit wir uns begegneten, in Unruhe sind. Glaube mir, seit ich Dich das erste Mal in San Cristóbal gesehen habe, war ich gefangen von Deinem Lächeln und Deiner Liebenswürdigkeit. Meine häufigen Besuche bei der Gruppe waren nur wegen Dir, um Dich zu sehen und in Deiner Nähe zu sein. Auch ich hätte Dir so viel sagen wollen und hätte Dich gerne dort weggeholt, um mit Dir allein spazieren zu gehen. Aber wir hatten keine Gelegenheit dazu, denn die anderen haben uns stets misstrauisch beäugt. Darum glaube ich, dass Du unbedingt nach Mexiko zurückkommen musst. Erinnerst Du Dich noch an den Moment, als wir auf unsere Zukunft angestoßen haben? Am letzten Abend habe ich gesagt, dass ihr alle durch die Solidarität, die ihr uns gegenüber bewiesen habt, hier im Mexiko immer ein Zuhause haben werdet. Aber Du, meine liebe Charlotte, hast hier nicht nur ein zweites Zuhause, sondern auch ein Herz, das heftig für

Dich schlägt. Glaube mir, ich schaue mir jeden Tag Dein Foto an und ich kann kaum meinen Blick davon lassen.
Für heute verabschiede ich mich von Dir. Ich umarme Dich fest, aber zärtlich und hoffe, dass Du wohlauf und fröhlich bist. Und dass Du das bezaubernde Lachen auf den Lippen hast, mit dem ich Dich kennengelernt habe.
Mit herzlichen Grüßen
P. Aurelio Selvas-Rodriguez
P.S. Übrigens, Dein Spanisch ist wunderbar!

Charlottes Herz hatte damals so heftig geschlagen, als wollte es jeden Augenblick zerspringen, und sie hatte gewusst, sie würde das kommende Jahr dazu nutzen, so viel Spanisch wie möglich zu lernen, um im nächsten Sommer zu Aurelio zurückzukehren.

Nach einem Jahr voll leidenschaftlicher Briefe und einer nicht zu beschreibenden Sehnsucht in ihren Herzen waren sie sich im Sommer 1984 zum ersten Mal in den Armen gelegen, hatten sich geküsst und all das nachgeholt, wovon sie zwölf Monate lang geträumt hatten. Jede Sekunde ihres Zusammenseins hatten sie genossen und keinerlei Reue gezeigt. Im Gegenteil, sie waren davon überzeugt, dass Gottes Wille auf ihrer Seite war. Dieses verstaubte Kirchengesetz, das sich Pflichtzölibat nannte, war lediglich das Machwerk alter Männer, die das Wort Gottes so interpretierten, wie es ihnen für die Wahrung ihrer machtpolitischen Interessen genehm erschien. Da Charlotte nie katholisch gewesen war, konnte sie der Zölibat sowieso nicht schrecken, geschweige denn sie davon abhalten, Aurelio zu lieben.

Viele in Deutschland hatten geglaubt, die Liebe zwischen Aurelio und Charlotte würde vergehen wie ein Schnupfen, an den man nach einigen Wochen schon nicht mehr dachte. Aber da hatten sie sich geirrt. Es war eher eine ausgewachsene Infektion, die sie befallen hatte, die einfach nicht mehr weggehen wollte. Bald war ihre Liebe chronisch.

Trotzdem hat diese Liebe in den ersten Jahren der Realität nicht standhalten können. Die Vorstellung, als arbeitslose deutsche Lehrerin mit Aurelio, dem mittellosen Ex-Priester, im krisengeschüttelten Südmexiko unter revoltierenden Befreiungskämpfern und bettelarmen Indianern eine Familie zu gründen, hatte sie damals in blanke Panik versetzt.

Sie hatte sich schließlich für Martin entschieden, der gemeint hatte, er müsse sie vor diesem mexikanischen Priester retten, und war bei Mutter und Vater in Deutschland geblieben. Und Aurelio war wieder in den Schoß von Mutter Kirche zurückgekehrt.

In den folgenden sechs Jahren hatten sie sich nur Briefe geschrieben. Charlotte war, nachdem sie sich von Martin getrennt hatte, neue Beziehungen eingegangen, aber alle waren sie gescheitert.

Doch im Sommer 1991 war sie zu Aurelio zurückgekehrt. Dieses Mal wollten sie es richtig angehen, der zweite Versuch sollte klappen. Sie machten konkrete Pläne. Aurelio hatte nach dem Tod seiner Eltern ein wenig Geld geerbt. Er wollte es dazu verwenden, das Haus, das er schon vor Jahren mit Charlotte in *Teopisca* geplant hatte, nun endlich fertig zu bauen. »Lass uns hier zusammenleben und eine Familie gründen, noch ist es nicht zu spät für uns«, schlug er ihr vor.

Charlotte willigte ein. Er würde in Mexiko alles vorbereiten und sie daheim in Deutschland, um im nächsten Sommer für immer zu ihm zu kommen. Sie waren beide überglücklich.

Aber das Schicksal schien etwas anderes mit ihnen vorzuhaben. Denn Anfang 1992 hatte Charlotte mehrere kleine Unfälle, deren Krönung ein schwerer Bandscheibenvorfall war, der sie monatelang ans Bett band. Danach lernte sie wieder mühsam zu gehen. Auch der Gesundheitszustand ihrer Eltern verschlechterte sich in diesem Jahr rapide. Die Parkinsonerkrankung ihrer Mutter schien unaufhaltsam voranzuschreiten und das Lungenemphysem ihres Vaters breitete sich immer mehr aus. Er würde den Kampf gegen diese unerbittliche Krankheit früher oder später verlieren. Da sie keine Geschwister hatte, war die Bindung zu ihren Eltern stets sehr eng gewesen. Darum litt sie mit ihnen und wurde, je näher der Tag ihrer Abreise kam, von schweren Gewissensbissen geplagt. Wie konnte sie die beiden jetzt in ihrer Not allein lassen?

Just in dem Moment trat im wahrsten Sinne des Wortes ein anderer auf die Bühne ihres Lebens: der Schauspieler und Regisseur Oscar Cauffmann. Er hatte sich über beide Ohren in Charlotte verliebt und umwarb sie. Er schien die Lösung für alle ihre Probleme zu sein. Ihre Eltern würden glücklich sein, dass sie bei ihnen in Deutschland bliebe, und sie musste darüberhinaus ihren Beruf nicht aufgeben. Insbesondere nach ihrem Bandscheibenvorfall war Charlotte von großen Existenzängsten befallen worden. Und ihren Kinderwunsch, den könnte sie mit Oscar auch noch realisieren. Das Kind würde in gesicherte Verhältnisse hineingeboren. Aus all diesen Gründen traf sie eine »vernünftige« Entscheidung und heiratete ihn ein Jahr später.

Oscar war achtzehn Jahre älter als sie und sicherlich kein Traummann. Aber er war liebenswert und zuvorkommend und er war ein begnadeter Regisseur mit einer unwiderstehlichen Stimme. Er konnte auch im Privatleben sehr dramatisch sein, all das brachte Charlottes Künstlerseele zum Schwingen. Sie mochte ihn sehr. Sein Charme, sein Geist und sein Talent faszinierten sie. All das waren sicher Gründe, warum sie ihn heiratete. Allerdings fehlte die wichtigste Voraussetzung: Sie hatte ihn nie wirklich geliebt.

Es kam, wie es wahrscheinlich kommen musste. Charlotte entfernte sich schon bald gedanklich und seelisch von ihrem Mann und träumte sich in Aurelios Arme. Und Oscar begann eine Liaison mit seiner Pianistin. Als die Affäre aufflog, trennten sie sich freundschaftlich. Ihre Beziehung hatte gerade mal fünf Jahre gehalten. Keiner trug dem anderen etwas nach, schließlich hatten sie beide ihre Schuld am Scheitern dieser Ehe, sofern man überhaupt von Schuld sprechen konnte.

Schon kurz nach der Trennung hatte Charlotte Aurelio angerufen. Das heißt, eigentlich hatte sie zunächst Don Samuel in *San Cristóbal* angeläutet, um ihm unter einem Vorwand Aurelios Telefonnummer zu entlocken. »Monseñor Samuel, entschuldigen Sie bitte die Störung. Ich rufe aus Deutschland an und zwar im Auftrag der Gruppe, die 1983 das Kirchendach von *San José* in *Las Rosas* repariert hat. Vielleicht erinnern Sie sich noch an uns?«

»Si«, die Antwort kam etwas verhalten und so fuhr Charlotte fort.

»Wir würden gerne mit Padre Aurelio Kontakt aufnehmen. Wissen Sie, ob er mittlerweile Telefon hat? Und wenn ja, wären Sie so freundlich, uns seine Nummer zu geben?«

Anstatt zu antworten, hörte sie ein leises Lachen am anderen Ende der Leitung.

»Ich finde es ja schön, dass mich eine so freundliche Dame aus Deutschland anruft, aber wissen Sie eigentlich, wieviel Uhr es ist?«

Charlotte erschrak fürchterlich. In ihrer Aufregung hatte sie überhaupt nicht mehr an die Zeitverschiebung gedacht. Sie blickte auf ihre Armbanduhr und rechnete zurück. Oh Gott, sie hatte den Bischof um 4 Uhr morgens aus dem Bett geläutet. Sie entschuldigte sich. Aber Don Samuel nahm es mit Humor. Er gab ihr Aurelios Telefonnummer und bat sie, ihre Freunde von ihm zu grüßen. Dann verabschiedete er sich mit herzlichen Worten von ihr. Was für ein toller Mann und was für ein wunderbarer, großherziger Mensch. Nicht jeder hätte auf eine derartige nächtliche Störung so freundlich reagiert. Als sie Aurelios Nummer wählte, war ihr Herz voller Sehnsucht, aber auch mit großer Angst erfüllt. Wie würde er reagieren?

Aurelio war hörbar irritiert gewesen, als ihm klar wurde, wer sich am anderen Ende der Leitung befand. Es war das erste Mal, dass sie miteinander telefonierten, seit sie sich kannten. Charlotte konnte ein deutliches Vibrieren in seiner Stimme wahrnehmen, was ihr zeigte, wie sehr ihn ihr Anruf emotional berührte. Sie hatte erwartet, dass er ihr vielleicht Vorwürfe machen würde, aber nichts davon. Schon nach ein paar wenigen Sätzen sagte er ihr, dass er sie noch immer liebe und sich auf ihr Kommen freue.

Nach dem Gespräch weinte Charlotte vor Glück. Jetzt würde alles gut werden.

Sie machte Pläne. Endlich war sie bereit, Deutschland zu verlassen und alles für ihn aufzugeben, um mit ihm in Chiapas zu leben. Vielleicht würden sie sogar noch ein gemeinsames Kind bekommen. Das wäre die Krönung ihrer Liebe. Sie war zwar schon 44, aber mit ein bisschen Glück könnte es möglicherweise klappen. Dieses Mal würde sie ihm beweisen, dass er sich auf sie verlassen konnte.

Doch das Wiedersehen im Sommer 1997 verlief ganz anders, als sie es sich vorgestellt hatte. Bei Aurelio war die Zeit in den letzten sechs Jahren auch nicht stehen geblieben. Ganz im Gegenteil. Er hatte die *Casita de Campo*, ihr Haus auf dem Land, wie geplant fertig gebaut, und als Charlotte dann nicht gekommen war, sich in seine Arbeit gestürzt, um seine Enttäuschung und seinen Kummer darüber zu vergessen. Das war ihm dadurch erleichtert worden, dass Anfang der 90er-Jahre die Konflikte in *Chiapas* eine derartige Dimension angenommen hatten, dass seine befreiungstheologische Arbeit an der Seite seines Indianerbischofs wichtiger denn je wurde. Die Situation in Chiapas mit den ständigen Menschenrechtsverletzungen und der unerträglichen Ausbeutung der Indianer hatte am 1. Januar 1994, dem Tag, an dem das Freihandelsabkommen zwischen den USA, Kanada und Mexiko in Kraft treten sollte, zu einem bewaffneten Aufstand durch die EZLN, der zapatistisch-nationalen Befreiungsarmee, geführt. Nachdem die Regierung jahrelang, wenn nicht jahrzehntelang die wachsende Verelendung ihrer indigenen Bevölkerung ignoriert hatte, waren dieses Abkommen und die gleichzeitig von dem amtierenden mexikanischen Präsidenten Carlos Salinas de Gortari erlassene Privatisierung von Gemeindeland die Tropfen, die das Fass zum Überlaufen brachten. Beide Entscheidungen würden den notleidenden Bauern den endgültigen Todesstoß versetzen. Aus diesem Grund hatte sich in *Chiapas* eine Indianer-Guerilla gebildet, deren Mitglieder sich als Freiheitskämpfer in der Nachfolge von Emiliano Zapata empfanden, dem Volkshelden der mexikanischen Revolution.

Unter der Führung eines Intellektuellen, der sich Subcomandante Marcos nannte und der sein Gesicht stets hinter einer *Pasamontaña* verbarg, einer schwarzen Kapuzenmütze, die nur noch die Augen erkennen ließ, waren sie entschlossen, auch mit Waffengewalt für ihre Rechte und somit das Überleben ihrer Familien zu kämpfen. Sie besetzten drei Bezirkshauptorte in *Chiapas*, unter anderem *San Cristóbal de las Casas*, nahmen den für seine Gewaltexzesse bekannten Gouverneur fest und forderten die Regierung zu Verhandlungen auf, andernfalls würden sie auf Mexico City marschieren und den Präsidenten stürzen. Statt zu verhandeln, antwortete die Regierung mit militärischer Gewalt, indem sie indigene Gemeinden bombardierte, bei der Hunderte von Zivilisten starben.

Als sich dann jedoch Tausende von Indianern in friedlichen, aber eindringlichen Aufmärschen immer wieder von Neuem formierten, die ausländischen Medien plötzlich ihre Aufmerksamkeit auf den schwelenden Konflikt im mexikanischen Bundesstaat *Chiapas* richteten, in Mexico City hunderttausend Menschen gegen das Vorgehen ihrer Regierung protestierten und Carlos Salinas de Gortari fürchten musste, dass die ausländischen Geschäftspartner ihre Wirtschaftsbeziehungen auf Grund der staatlichen Menschenrechtsverletzungen auf Eis legen würden, erklärte sich die Regierung großzügig zu Verhandlungen bereit.

An der Stelle trat Don Samuel Ruíz García auf den Plan. Der Bischof von *San Cristóbal de las Casas* bot sich als Vermittler zwischen den beiden Parteien an. Er und seine Mitarbeiter, unter ihnen Aurelio, waren die Einzigen, zu denen die Zapatisten Vertrauen hatten und die sie akzeptierten.

Zum ersten Mal nach Jahrzehnten hatte Aurelio den Eindruck, dass seine Arbeit Früchte trug, und so beschloss er, seine ganze Kraft der befreiungstheologischen Bewegung zu widmen. Hier lag seine Berufung. Dass die Verträge, zu denen es zwischen der Regierung und der EZLN schließlich in San Andrés kam, später nie vom Präsidenten erfüllt wurden, war eine ganz andere Geschichte. Die Guerilla zog sich im Laufe der Jahre in die Lakandonischen Wälder zurück, von wo sie jedoch weiter agierte. Und Don Samuel, Aurelio und die anderen Compañeros gingen gegen den Widerstand des Vatikans nun noch engagierter ihrer befreiungstheologischen Idee nach. Ihre Umsetzung war wichtiger denn je, das hatte der Aufstand deutlich gezeigt. Zum ersten Mal war zutage getreten, welche enormen Kräfte im Volk schlummerten und dass es bei den Indianern und Landarbeitern ein Bewusstsein und den Willen gab, etwas an ihrer Situation zu verändern. Die Forderungen von *Subcomandante* Marcos nach »Arbeit, Land, Wohnung, Nahrung, Gesundheit, Bildung, Unabhängigkeit, Freiheit, Demokratie, Gerechtigkeit und Frieden für alle« waren auf fruchtbaren Boden gefallen.

So bewegend, wie das Jahr 1994 für Aurelio begann, endete es auch, denn Ende Dezember feierte er seine 25-jährige Priesterweihe in seiner Heimatkathedrale in *Teúl de González Ortega*, bejubelt von seinen Geschwistern und Verwandten, die alle stolz auf ihn waren. Die nächsten 25 Jahre konnten beginnen. Es gab noch so viel zu tun!

Charlotte war zu diesem Zeitpunkt weit weg, nicht mehr in seiner Lebensplanung vorgesehen. Seine Liebe zu ihr war, so man einen Vergleich ziehen mag, wie die eines mittelalterlichen Minnesängers, der die Unerreichbare aus der Ferne lebenslang liebte und verehrte, jedoch genau wusste, dass diese Liebe nie realisiert werden würde.

Aurelio schrieb Charlotte zuweilen Briefe, berichtete von der politischen Lage, beispielsweise dass Johannes Paul II. die befreiungstheologische Bewegung als kommunistische Unterwanderung der mexikanischen Gesellschaft bezeichnet und Don Samuel jegliche politische Einmischung untersagt habe. Er berichtete weiter, dass sie ihre Bewegung aus diesen Gründen umbenannt hätten. Fortan hieße sie nicht mehr *Theologia de la Liberación*, Befreingstheologie, sondern *Theologia India*, Indianertheologie. Als Charlotte diese Zeilen las, musste sie grinsen. Don Samuel war so ein gescheiter Mann. Er ließ sich nicht von der Kommunismusphobie des Johannes Paul II. beeindrucken und gab dem Kind einfach einen anderen Namen. Der Pole würde ihn nicht daran hindern können, auch in Zukunft den Idealen des Zweiten Vatikanischen Konzils zu folgen, dem er als junger Bischof Anfang der 60er-Jahre unter Johannes XXIII. vom Anfang bis zum Ende in Rom beigewohnt hatte.

Charlotte wollte Aurelio gegenüber ehrlich sein und so hatte sie ihm bereits 1993 mitgeteilt, dass sie mit einem anderen Mann zusammenlebe. Sie hatte es jedoch nicht übers Herz gebracht, ihm zu schreiben, dass sie diesen Mann auch geheiratet hatte. Sie wollte seine Gefühle nicht unnötig verletzen. Aurelio respektierte ihre Entscheidung, auch wenn er sich den einen oder anderen ironischen Unterton in seinen Briefen nicht verkneifen konnte. Trotzdem ließ er es sich nicht nehmen, jeden seiner Briefe mit dem Satz enden zu lassen: »Ich werde dich lieben, solange ich lebe.«

Charlotte antwortete ihm nur sporadisch. Sie musste ihren Briefwechsel vor Oscar verbergen, der von Anfang an auf Aurelio eifersüchtig gewesen war. Darum hatte Charlotte auch Aurelio gebeten, seine Briefe an die Adresse ihrer Eltern zu schicken, die sie zuvor eingeweiht hatte. Anfangs schrieb sie ihm in freundschaftlichem Ton, sie versuchte die Beziehung zu ihm auf eine andere Ebene zu bringen. Aber mit der Zeit änderte sich der Klang ihrer Briefe. In gewisser Weise standen die Briefe, wenn man es mathematisch ausdrücken wollte, in negativ reziprokem Verhältnis zu dem Verlauf ihrer Ehe. Je mehr sich diese versachlichte und zur reinen Zweckgemeinschaft wurde, desto sehnsuchtsvoller wurden die Worte in ihren Briefen.

Als Charlotte dann im Sommer 1997 zu Aurelio zurückkehrte, hatte sie geglaubt, sie könnten die letzten Jahre vergessen machen, sie einfach aus ihrem Leben streichen und da anknüpfen, wo sie sechs Jahre zuvor aufgehört hatten. Doch da irrte sie sich gewaltig.

Der Aufenthalt stand von Anfang an unter keinem guten Stern. Es hatte schon damit begonnen, dass Aurelio mit einer Stunde Verspätung zum Flughafen kam. Sie war damals die Letzte gewesen, die auf ihren Koffern in der Ankunftshalle in *Tuxtla Gutiérrez* gesessen hatte. Wochenlang hatte sie auf diesen Moment hingefiebert und ihn sich gänzlich anders vorgestellt. Ihr Inneres war zum Zerreißen angespannt, eine Mischung aus Angst und Hoffnung.

Schließlich sah sie ihn auf sich zukommen. Aurelio hatte sich verändert. Er wirkte ernst und war unheimlich hager geworden. Obwohl er sie herzlich und zuvorkommend begrüßte, empfand sie vom ersten Augenblick an eine schier unüberbrückbare Distanz zwischen ihnen.

Was ihr in den folgenden Tagen auffiel, war die Veränderung, die er augenscheinlich durchlebt hatte. Er war nicht mehr derselbe wie 1991, der Aurelio, wie er in ihrer Vorstellung und ihrem Herzen weitergelebt hatte. Sie hatte das Gefühl, dass er zwei Gesichter hatte. Da war auf der einen Seite der Mann, der sie nachts feurig küsste und leidenschaftlich liebte, und auf der anderen Seite der Priester, der es nicht einmal in einer schummrigen Grotte wagte, sie an der Hand zu nehmen, aus Angst, sie könnten gesehen werden. Er vermied es von Anfang an tunlichst, über eine gemeinsame Zukunft mit ihr zu sprechen. Und somit zerplatzten Charlottes Illusionen bereits in den ersten Tagen wie eine Seifenblase.

Aurelio war zweifellos höflich und liebenswürdig zu ihr, redete jedoch pausenlos von seiner Arbeit. Er zeigte ihr Videos über den Indianeraufstand von 1994, von Ansprachen seines Bischofs und von der 25-Jahr-Feier seiner Priesterweihe und hielt ausschweifende politische Vorträge dazu. Vieles von dem, was er ihr erklären wollte, verstand Charlotte überhaupt nicht, weil ihr die politischen Zusammenhänge nicht vertraut waren. Aber offen gestanden, interessierte es sie in diesem Augenblick auch nicht besonders. Sie hätte viel lieber mit ihm über ihre Beziehung geredet. Aber meistens wurden alle Gesprächsansätze ihre Liebe betreffend von ihm im Keim erstickt. Charlotte war schließlich so verunsichert, dass sie sich immer mehr in ihr Schneckenhaus verkroch. Die ganze Situation schlug ihr auf den Magen. Sie konnte nichts mehr essen und immer mehr depressive Gedanken nahmen von ihr Besitz.

Die nachfolgenden Wochen waren der reinste Psychoterror. Aurelio schien innerlich total zerrissen zu sein. Das äußerte sich vor allem darin, dass er ihr abends nach dem Genuss von ein paar Brandys des Öfteren versicherte, er wolle doch mit ihr ein neues Leben beginnen, und Charlotte ewige Liebe schwor. Am nächsten Morgen konnte er sich dann an nichts mehr erinnern. Er beteuerte ihr dann zwar noch immer seine Liebe, betonte aber genauso klar, dass den ersten Platz in seinem Leben die katholische Kirche einnahm. Schließlich eröffnete er ihr, dass ihre Beziehung für ihn einen großen Konflikt darstelle und er verzweifelt einen Weg suche, ihre Liebe und seinen Beruf in Einklang zu bringen.

Charlotte fragte ihn, wie das funktionieren sollte. Er blieb ihr jedoch auf diese Frage, wie auf viele andere auch, die Antwort schuldig. Je mehr Zeit verging, desto weniger Verständnis hatte sie für sein zögerliches Verhalten. Nach all den Wochen, die in Deutschland hinter ihr lagen, insbesondere auch nach der Trennung von Oscar, fühlte sie sich ausgelaugt und kraftlos. Irgendwann kippte ihre Stimmung von Traurigkeit in Wut.

»Das alles fällt dir reichlich früh ein!« Charlotte war unendlich enttäuscht von ihm. So brach alles aus ihr heraus, was sie seit ihrer Ankunft in sich hineingefressen hatte. Sie schrie ihm ihren ganzen Frust ins Gesicht: »Mein lieber Aurelio, diesen Konflikt gibt es seit vierzehn Jahren, seit wir uns kennen. Wie konntest du mir Briefe schreiben, in denen du mir immer wieder deine große Liebe versicherst und in denen du von unseren gemeinsamen Kindern sprichst? Du hast unser Haus gebaut. Kannst du mir eigentlich mal sagen, wofür? Möglicherweise war unsere Liebe für dich immer nur Lebenshilfe. Eineinhalb Jahrzehnte hast du mir schöne erotische Liebesbriefe geschrieben. Vielleicht war das alles nur Mittel zum Zweck, um deinen emotionalen Frust zu kompensieren und die zwischenmenschliche Leere in deinem Innern zu füllen, weil du dieses zölibatäre Leben doch in Wirklichkeit gar nicht erträgst! Es war so einfach für dich: Ab und zu mal einen Liebesurlaub mit deiner kleinen Deutschen und danach marsch, zurück in die Soutane! Das war alles so bequem, denn ich war schließlich schön weit weg. Vielleicht warst du ja letztendlich unheimlich darüber erleichtert, dass ich 1985 und 1992 nicht gekommen bin. Wahrscheinlich hattest du jedes Mal einen Rausch, wenn du mir etwas von einer gemeinsamen Zukunft erzählt hast!«

Charlotte hatte ihn angeschrien, geheult, hysterisch gelacht und schließlich die Tür der Ferienwohnung in *Playa Azul* zugeworfen, um in einem der beiden Schlafzimmer zu verschwinden. Sie wollte ihn nicht in ihrer Nähe haben und schon gar nicht mit ihm schlafen. Oder vielleicht doch? Wahrscheinlich hätte sie ihm nachgegeben, wenn er ihr hinterhergelaufen wäre. Aber er hatte nichts dergleichen getan. Aurelio hatte sie während ihres emotionalen Ausbruchs nur fassungslos angesehen und ihr traurig hinterhergeblickt. Aber Charlotte war derart in Rage gewesen, dass sie das nicht einmal bemerkt hatte.

Erst viel später war ihr klar geworden, dass sie in jener Nacht beide geweint hatten. Sie waren jedoch so verletzt gewesen, dass keiner den Weg zum anderen gefunden hatte. Stattdessen hüllte Aurelio sich in Schweigen. Das von Charlotte so heiß ersehnte Ja zu einer gemeinsamen Zukunft wollte einfach nicht über seine Lippen kommen, was für sie ein unerträglicher Zustand war. So trieb sie ihn immer mehr in die Enge und forderte schließlich eine Entscheidung von ihm: »Aurelio, du musst dir bis zum Ende der Ferien darüber klar werden, was du willst: mich oder deine Kirche. Von meiner Seite aus ist es der letzte Versuch, und wenn wir es wieder nicht hinbekommen, werde ich dich endgültig verlassen und unsere Liebe aus meinem Leben streichen. Dieses Mal wird es für mich auch kein Zurück mehr geben.«

Aurelio bat sie, ihm noch etwas Zeit zu geben. »Ich kann mich nicht so schnell entscheiden. Begreif das doch. Ich habe 1992, als du zum zweiten Mal nicht kamst, mit allem abgeschlossen. Es war damals nicht meine Schuld, Charlotte, das weißt du ganz genau! Ich brauche einfach noch ein bisschen Zeit. Vertrau mir, ich denke Tag und Nacht über eine Lösung unseres Problems nach. Vielleicht kannst du in dem Hilfsprogramm für Indianer mitarbeiten, das unser Nachbar Jorge leitet. Ich könnte dir in *San Cristóbal* ein kleines Apartment mieten und ...«

Charlotte fiel ihm ins Wort. »Hör auf damit, ich will das alles nicht hören. Die Kirche oder ich! Entweder oder!

Ich will diese faulen Kompromisse nicht.« Sie war in diesem Moment einfach nicht fähig, auf seine Befindlichkeiten einzugehen. Sie wollte oder besser gesagt, sie konnte seinen Konflikt nicht sehen, weil ihre eigene Verzweiflung zu groß war. Charlotte wollte nur noch Klarheit, die Kirche oder sie.

Er willigte schweren Herzens ein und sagte ihr, er würde es sich bis zu ihrer Heimreise überlegen. Die restlichen Wochen waren eine einzige Tortur mit permanenten Gefühlsschwankungen. Sie kämpften miteinander, gegeneinander, schwiegen, gingen sich aus dem Weg, um sich kurz darauf wieder leidenschaftlch zu lieben. Oft lag er am Strand schweigend neben ihr in der Hängematte und blickte ernst zum Horizont. Sie spürte, wie es in ihm arbeitete.

Schließlich kam der Tag der Wahrheit, Charlotte würde am nächsten Abend nach Deutschland zurückfliegen. Sie saßen beim Frühstück in der *Casita de Campo*. Aurelio machte keinerlei Anzeichen, sich in irgendeiner Weise zu äußern, während Charlotte wie so oft in den letzten Wochen in ihrem Teller herumstocherte. Ihr Hals war wie zugeschnürt, sie brachte nichts herunter. Schließlich legte sie die Gabel beiseite und schaute ihn an.

»Aurelio, du bist mir noch eine Antwort schuldig.«

Ein unmerkliches Zucken ging durch seinen Körper, während er krampfhaft in seinen Teller schaute und sein Rührei weiter aß.

»Ich möchte nicht den ganzen Tag darauf warten, bis du mir endlich deine Entscheidung mitteilst. Ich habe wochenlang auf diesen Moment gewartet. Ich halte es einfach nicht mehr aus.«

Er hörte auf zu essen und sah sie an.

Sie erwartete, dass er ihr nun irgendetwas sagen würde. Aber er schwieg beharrlich.

»Aurelio, ich habe mich entschieden. Für dich, für uns, für unsere Zukunft. Nun liegt es an dir. Ich brauche ein klares Ja oder Nein von dir.«

Sie schaute ihn erwartungsvoll an. Es waren nur wenige Sekunden und trotzdem kam es ihr wie eine halbe Ewigkeit vor, bis er ihr endlich antwortete. Es war jedoch nicht das, was sie hatte hören wollte. Es war ein zögerliches und trotzdem klares Nein, das über seine Lippen kam. »Charlotte, ich kann meine Arbeit nicht aufgeben, aber ich verspreche dir, wir werden einen Weg finden.«

Charlotte erinnerte sich später kaum noch an das, was er ihr noch alles sagte. Seine Stimme erschien ihr plötzlich ganz weit weg. Seine Worte erreichten sie nicht mehr.

Jetzt hatte sie ihre klare Entscheidung. Sie lautete: »Nein!« Alles war aus und vorbei. Vierzehn Jahre war sie einem Phantom hinterhergerannt. Dem Phantom der großen Liebe. Von wegen große Liebe! Das war doch nur ein Hirngespinst gewesen. Sie würde alles einreißen. Nichts sollte von dieser Liebe übrigbleiben. Absolut nichts von diesem mexikanischen Albtraum.

»Ich überlasse dich deiner verdammten Kirche, sie kann dich ganz haben. Sie soll dann aber auch meinen Part übernehmen, den ich jahrelang in deinem Leben ausgefüllt habe. Soll dich doch deine Kirche umarmen, küssen und lieben, denn mein Herz hast du endgültig verloren. Nichts, aber auch gar nichts werde ich dir davon lassen! Und nichts soll mich mehr an dich erinnern. Als hätte es dich in meinem Leben nie gegeben.«

Sie blickte auf ihre linke Hand, auf den Ring, dessen Pendant Aurelio an seinem Finger trug. Sie hatten sie sich 1991 in Acapulco gegenseitig angesteckt. Durch die Ringe sollten sie sich einander immer nahe fühlen, insbesondere dann, wenn sie sich für längere Zeit trennen mussten.

Zu Beginn ihrer Ehe mit Oscar hatte Charlotte ihn in einer Schatulle aufbewahrt, um ihn jedoch bereits zwei Jahre später wieder herauszuholen. Schließlich hatte sie ihren Ehering rechts und Aurelios Ring links getragen.

Als Oscars Betrug aufgeflogen war, hatte sie ihren Ehering ausgezogen und ihn Oscar mit der Empfehlung geschenkt, ihn seiner Geliebten zur Verlobung anzustecken. Jetzt war Aurelios Ring an der Reihe. Charlotte begann an dem Ring herumzuziehen. Sie zog und zerrte. Verdammt noch mal, er löste sich so schwer von ihrem Finger! Schließlich hatte sie ihn in ihrer Hand. Sie knallte ihn vor Aurelio auf die Tischplatte. »Den brauche ich jetzt nicht mehr.«

»Charlotte, bitte zieh den Ring wieder an!« Er nahm den Ring und versuchte nach ihrer Hand zu greifen, um ihn ihr wieder anzustecken.

»Lass das!« Sie zog ihre Hand vehement zurück.

»Am besten, Hochwürden, du schenkst beide Ringe einem armen Paar, das du demnächst verheiratest. Dann macht das alles wenigstens noch ein bisschen Sinn.«

Aurelio stand auf, packte Charlotte bei den Schultern und schüttelte sie.

»Charlotte, hör bitte auf damit! Ich habe diesen Ring seit 1991 ohne Unterbrechung getragen und ich werde das auch weiterhin tun. An meiner Liebe für dich hat sich nie etwas geändert und es wird auch so bleiben!«

»Alles leere Worte, Worthülsen, ich will das nicht mehr hören. Lass mich in Ruhe und quäle mich nicht länger mit dem, was du unter Liebe verstehst!«

»Bitte zieh den Ring wieder an. Ich liebe dich mehr als alles auf der Welt und der Ring ist ein Symbol dafür. Wir werden es schon irgendwie schaffen!«

»Nein, der Ring hat uns nur Unglück gebracht. Er ist bedeutungslos. Ich will ihn nicht mehr. Ich reise morgen ab und will dich nie mehr wiedersehen!«

In diesem Augenblick fühlte sie, wie der sonst so ruhige, beherrschte Aurelio seine Fassung verlor. »Warum tust du mir das an, Charlotte?« Das Zittern in seiner Stimme war unüberhörbar.

Es war das erste Mal in diesen langen Wochen, in denen er etwas von seiner tiefen Verzweiflung preisgab und Charlotte erkennen konnte, dass er genauso unglücklich war wie sie. Sie hatte die ganze Zeit das Gefühl gehabt, allein für ihre Liebe zu kämpfen und in ihm manchmal schon ihren Feind gesehen. Doch nun bemerkte sie, dass er nicht weniger litt als sie. Sie war so verbittert darüber gewesen, dass er keine klare Entscheidung für ihre Liebe getroffen hatte, dass sie einen Schutzpanzer um sich errichtet hatte und nur noch alles einreißen wollte. Doch als sie ihn nun in seiner Verzweiflung vor sich sah, bröckelte ihre harte Fassade ab. Sie konnte sich nicht mehr beherrschen, löste sich aus seinen Händen und lief in die Küche, wo sie hemmungslos zu weinen anfing.

Aurelio folgte ihr und nahm sie in die Arme. »Charlotte, bitte hör auf zu weinen!«

Aber sie konnte nicht aufhören. Alle Schleusen schienen geöffnet zu sein, aus denen ein Meer von Tränen strömte.

Er umschlang sie noch fester, während sie laut schluchzte. Da plötzlich spürte sie, wie sein Körper sich aufbäumte und alles aus ihm herausbrach. Sie fühlte seine Tränen auf ihrem Gesicht und Hals, während sie beide weinend zu Boden sanken.

Charlotte erinnerte sich später nicht mehr, wie lange sie beide damals zusammengekauert in einer Ecke des Küchenbodens gesessen hatten. Ihr anfängliches unbeherrschtes Weinen ging schließlich in ein stilles Schluchzen über, während sie sich umklammerten wie Ertrinkende. Zwei Menschen, die ihre große Liebe schon verloren glaubten, hatten sich gerade wiedergefunden.

Doch wie sollte es nun weitergehen? Die Geschehnisse der letzten Wochen und Tage hatten Charlotte klar gemacht, dass Aurelio einfach noch nicht für eine endgültige Entscheidung bereit war.

Am Abend vor ihrer Abreise hatte Aurelio ihr schließlich doch noch einen Vorschlag unterbreitet: »Charlotte, komm im nächsten Sommer für ein paar Monate in unser Haus nach *Teopisca* und lebe hier für eine Weile. Probier es aus und überleg dir gut, ob du dafür alles in Deutschland aufgeben willst. Ich muss allerdings, wenn du hier bist, weiter meiner Arbeit in *Las Rosas* nachgehen und auch dort im Pfarrhaus wohnen. Ich werde jedoch versuchen, so viel Zeit wie nur möglich mit dir zu verbringen und ab und zu auch in der *Casita de Campo* übernachten.«

Charlotte hatte ihm aufmerksam zugehört. Wenn ihre Liebe noch zu retten war, musste sie sich dazu durchringen, in Aurelio nicht nur den Mann, sondern auch den Priester zu lieben, zumindest eine Zeit lang. Sie kämpfte mit sich. Manchmal glaubte sie, es sei eine Entscheidung zwischen Pest und Cholera. War sie in der Lage, als die verborgene Frau an seiner Seite mit ihm zu leben? Konnte das gutgehen? Würde ihr Selbstwertgefühl das ertragen? Aber die Alternative, sich von ihm für immer zu trennen, zerriss ihr fast das Herz. Er war über die vielen Jahre hinweg ein fester Bestandteil ihres Lebens geworden, ihn zu verlassen, wäre wie sterben gewesen. »Jede Trennung ist ein kleiner Tod.« Dieser Spruch eines alten Freundes fiel ihr wieder ein.

Als sie schließlich einwilligte, sich auf dieses Experiment einzulassen und im nächsten Jahr die Sommermonate in Teopisca zu verbringen, um auszuprobieren, ob sie so leben könne, hatten sie beide Tränen in den Augen. Aurelio, weil er seine befreiungstheologische Arbeit weiterführen konnte und erkannt hatte, wie sehr sie ihn lieben musste, dass sie ein solches Opfer für ihn brachte, und Charlotte, weil sie zwar furchtbare Angst vor dieser ungewissen Zeit hatte, aber auch ihre Zuversicht zurückgewonnen hatte, dass alles noch ein gutes Ende nehmen würde.

Ein Jahr lang hatte sie Zeit, alles vorzubereiten. Sie änderte ihren Arbeitsvertrag bei der Volkshochschule, was bedeutete, dass sie nur noch das Monatsgehalt einer Teilzeitkraft erhielt, jedoch während des Semesters in Vollzeit arbeitete, sodass sie genügend Überstunden hatte, um sich in den Semesterferien, also im Sommer und im Winter, länger frei zu nehmen.

Nun stand also ihr dritter Anlauf bevor. Sie durfte ihn nicht verpatzen.

3. Nähmaschine und Notebook

Morgen würde sie mit Sack und Pack aufbrechen. Wochenlang waren die offenen Koffer überall in der Wohnung herumgestanden, in die sie alles, was ihr wichtig erschien, hineingestopft hatte.

Das Problem dabei war nur: Alles erschien ihr plötzlich wichtig. Schließlich würde sie vier Monate im Armenhaus Mexikos verbringen. Dort aß man tagein, tagaus Maistortillas. Darum gab es auch kein vernünftiges Brot. Nur *Pan bimbo*, eine Art Toastbrot, das geschmacklos war und die Konsistenz eines Schwammes hatte, ganz abgesehen von seinem rassistisch anmutenden Namen, über den sich jedoch in Mexiko niemand Gedanken machte. Charlotte hatte darum beschlossen, selbst Brot zu backen, also mussten Trockenhefe und Sauerteigpulver mit. Sie hatte vor Kurzem eine Umfrage gelesen, in der es darum ging, was Deutsche im Ausland am meisten vermissen würden. Sie konnte es fast nicht glauben, aber es war tatsächlich so etwas Profanes wie das Schwarzbrot. Zum Brotbacken brauchte sie darüber hinaus eine vernünftige Backform, denn die Billigblech-Formen, die es auf dem Markt in *San Cristóbal* zu kaufen gab, waren nicht besonders vertrauenserweckend. Sie sahen aus, als wären sie aus Blechabfällen zusammengeschweißt. Charlotte bildete sich ein, allein schon vom Hinschauen den metallenen Geschmack auf ihrer Zunge zu spüren. Zum Kuchenbacken benötigte sie Backpulver und Vanillezucker und wenn ihr Drang auf Schokolade zu heftig werden sollte, wäre es noch gut, Schokoladenpuddingpulver mitzunehmen. Also alles rein in den Koffer. Die Labtabletten, eine Käseform, spezielle Tücher und ein Kochthermometer mussten auch mit. Auf Käse wollte sie keinesfalls verzichten. Schließlich hatte sie extra einen Käseherstellungskurs bei der Volkshochschule besucht und wusste nun genau, wie man Frischkäse, Mozzarella und Feta herstellte.

Na ja, das waren alles nur Kleinigkeiten, die nicht viel Platz wegnahmen. Aber viel Wenig machte eben auch viel.

Wieviel Kilo durfte sie eigentlich mitnehmen? Sie las es in den Unterlagen noch einmal nach. »Bei einem Transatlantikflug sind 64 Kilo gestattet, die jedoch auf zwei Gepäckstücke verteilt werden müssen.«

»Das darf doch nicht wahr sein. Nur zwei Koffer! Wie soll ich das bloß hinkriegen? Jetzt nur nicht die Nerven verlieren!« Ihr Flug ging glücklicherweise erst um die Mittagszeit los. Der Flughafenzubringer würde sie morgen früh gegen neun Uhr abholen. Sie hatte also noch zwölf volle Stunden Zeit. Notfalls würde sie eine Nachtschicht einlegen.

Packen hin, packen her. Auf diesen Schreck hin brauchte sie jetzt erst mal einen Rotwein. Sie schenkte sich einen Badischen Spätburgunder ein. Es würde für lange Zeit der letzte sein. In Mexiko trank kein Mensch Wein, zumindest nicht da, wo sie leben würde.

Mit ihrem Weinglas setzte sie sich auf den Teppichboden ihres Schlafzimmers zwischen ihre 128 Pfund und dachte darüber nach, wie sie das ganze Zeug verstauen sollte. Das war schier unmöglich. Sie nahm einen kräftigen Schluck aus dem Glas. Jetzt ganz ruhig bleiben und logistisch vorgehen. Am besten, sie ... Das Telefon klingelte. Das fehlte ihr jetzt gerade noch. Es war zwar schön, dass alle ihre Freunde meinten, sich im letzten Moment von ihr verabschieden zu müssen, aber sie hatte überhaupt keinen Nerv, so kurz vor ihrem Abflug noch abendfüllende Gespräche zu führen. Nach dem dritten Läuten sprang ihr Anrufbeantworter an.

»Hier ist der Anschluss von Charlotte Jüngert-Cauffmann. Ich freue mich auf Ihre Nachricht nach dem Piepston.«

»Geh schon ran, Charlie. Ich weiß, dass du zu Hause bist.« Die Stimme am anderen Ende klang ungeduldig. Das war typisch für ihre Freundin Anne.

Sie sprang mit einem Satz auf und kippte dabei noch beinahe den Inhalt ihres Rotweinglases in einen der Koffer. Anne hatte sie sowieso noch anrufen wollen.

»Hallo, hallo, hier bin ich ja schon.«

»Na, hast du schon alles gepackt?«

Sie holte tief Luft: »Scherzkeks! Ich sitze hier im Chaos. Ich war bis vorhin bei meinen Eltern und bin gerade vor einer halben Stunde heimgekommen.«

»Und wie war's bei deinen Eltern?«

»Na, wie soll's schon gewesen sein, Anne? Schwierig. Papa hatte wie immer Luftnot. Ihm macht sein Lungenemphysem schwer zu schaffen. Es wird immer schlimmer. Ich mache mir große Sorgen um ihn, und Mutti hatte Probleme mit der Wirbelsäule.«

»Meine liebe Charlotte, du weißt ja, dass Bandscheibenprobleme häufig psychische Ursachen haben.«

Der ironische Unterton in Annes Stimme war nicht zu überhören. Sie spielte damit auf Charlottes Bandscheibenvorfall von 1992 an. Ihre monatelange Unbeweglichkeit und Hilflosigkeit hatten mit Sicherheit ihre Entscheidung für Oscar und gegen Aurelio mitbeeinflusst.

»Ich weiß, ich weiß. Aber Mama und Papa tun mir einfach leid. Bloß, was soll ich denn machen? Auf Aurelios Liebe endgültig verzichten? Nur noch arbeiten und meine Eltern betreuen? Dann kann ich mir gleich die Kugel geben.«

»Aha, Frau Skorpion spricht.«

»Schütze, Aszendent Skorpion, bitte«, verbesserte Charlotte ihre Freundin.

»Ist doch egal, jedenfalls fällst du immer gleich von einem Extrem ins andere, meine Liebe. Aber jetzt fährst du einfach. Wenn hier etwas passiert, kannst du es sowieso nicht verhindern. Und wenn alle Stricke reißen, fliegst du eben vorzeitig zurück.«

Sie war heilfroh, dass Anne sie in ihrem Vorhaben bestärkte. Ihre Eltern schätzten Aurelio zwar mittlerweile und akzeptierten auch notgedrungen Charlottes Entscheidung. Trotzdem wäre ihnen ein deutscher nichtzölibatärer Schwiegersohn lieber gewesen. Die Krankheit der beiden machte ihre Abreise nicht leichter. Ob begründet oder unbegründet, Charlotte hatte ein verdammt schlechtes Gewissen.

»Ich habe meinen Eltern gesagt, dass Aurelio extra wegen ihnen einen Telefonanschluss hat legen lassen, damit sie mich jederzeit anrufen können. Sie wissen außerdem, dass die Lufthansa täglich die Strecke von Mexico City nach Frankfurt fliegt. Ich kann also innerhalb von zwei Tagen zurück sein, wenn es hart auf hart kommt.«

»Siehst du, ist doch alles gar nicht so wild. Ich bin schließlich auch noch da. Ich werde mich um sie kümmern, wenn's nötig sein sollte.«

»... und um meine Blumen und die Post bitte auch«, fügte Charlotte lachend hinzu.

»Ist doch klar. Alles wie besprochen. Du kannst morgen beruhigt fliegen.«

»Ich bin dir sehr dankbar dafür, Anne. Und wann kommst du mich in Mexiko besuchen? Denk daran, du hast es mir versprochen.«

»Ich habe gedacht, so in drei bis vier Wochen. Ich muss mal sehen, wann ich einen Billigflug bekomme.«

»Ich freue mich auf dich. Gib mir aber rechtzeitig Bescheid, damit ich ein bisschen planen kann. So, jetzt müssen wir Schluss machen, sonst komme ich heute Nacht überhaupt nicht mehr ins Bett.«

»Also dann, Charlotte, pass gut auf dich auf, einen guten Flug und Grüße an Aurelio.«

»Danke, und du halt die Ohren steif. Vergiss vor allem nicht: Ich warte auf dich.«

Jetzt musste sie sich aber sputen. Also nichts wie ran. Alles Zerbrechliche packte sie in Bläschenfolie und verstaute es in dem Schalenkoffer. Alles, was nicht so leicht kaputtgehen konnte, kam in den aus Segeltuch. Es war doch erstaunlich, was alles in einen Koffer hineinpasste. Aber sie nutzte auch jeden Quadratzentimeter aus und steckte eins ins andere. Dabei gab es dann zwar skurrile Kombinationen wie etwa die Tampons in der Kräutermühle, die Lachspalette im Hosenbein oder das in eine Socke eingewickelte Modem für den Internet-Anschluss im Wasserbehälter der gusseisernen italienischen Espressokanne.

Sie hatte das Gefühl, ihren halben Haushalt mitzunehmen. Aber schließlich wusste sie nicht, was sie dort in der Pampa erwartete, und ein bisschen Komfort und vor allem Unabhängigkeit von den örtlichen Gegebenheiten wollte sie schon haben.

Es war zwei Uhr nachts, als sie die Schlösser an den Koffern befestigte. Jetzt aber nichts wie in die Falle, es blieben ihr gerade noch mal sechs Stunden, bis der Wecker klingeln würde. Aber sie konnte dann im Flieger vor sich hindösen und den fehlenden Schlaf der letzten Wochen würde sie sowieso in Mexiko nachholen. Dort könnte sie morgens bis in die Puppen schlafen. Vier Monate lang würde kein Wecker mehr klingeln. Und niemand wäre da, der etwas von ihr wollte. Was für eine großartige Vorstellung! Doch wie würde es sonst werden? Würde Aurelio sie wirklich nur zwei- bis dreimal in der Woche besuchen können und höchstens einmal wöchentlich nachts bleiben? Würde sie mit dem vielen Alleinsein zurechtkommen? Sie kannte dort schließlich keinen Menschen außer ihm. Wie würde sie sich nachts allein in dem großen Haus fühlen? Würde sich die Beziehung zwischen Aurelio und ihr festigen? Oder würde er Angst davor haben, bei den Leuten des Ortes ins Gerede zu kommen? Würde er in ihrem Kommen einen Liebesbeweis sehen, oder würde er sich durch ihre Anwesenheit verpflichtet und in seinen Freiheiten eingeengt fühlen? Würde, würde, würde, Fragen über Fragen, über all diesen Gedanken fiel Charlotte in einen tiefen Schlaf.

Dreiundzwanzig Stunden später befand sie sich im Landeanflug auf das abendliche Mexico City. Der Anblick war ihr vertraut. Die Stadt in ihrer unendlichen Weite mit den unzähligen gelben Straßenlampen breitete sich unter ihr aus wie ein wunderschöner, strahlender Lichterteppich. Was für ein prächtiger Glanz von der vermutlich größten Stadt der Welt ausging! Und wie sehr dieser Schein doch ein trügerischer war. Verbargen sich hinter seinem Glitzern doch so viele menschliche Schicksale, die geprägt von Armut und Verzweiflung waren.

Dieser funkelnde Juwel konnte nicht über den Verwesungsgeruch einer ausufernden, fast nicht mehr zu regierenden Stadt hinwegtäuschen.

Die Landflucht der Indianer war groß. Täglich strömten einige Hundert in das Zentrum im Herzen des Landes in der Hoffnung, dort als Tagelöhner Arbeit zu finden und mit ihren Familien überleben zu können. Aber es war nur zu oft ein sinnloses Unterfangen. Die meisten landeten bettelnd im Straßengraben, ihre Kinder wühlten in den Müllhalden der Reichen nach Brauchbarem und in der Peripherie der Stadt entstand ein Elendsviertel nach dem anderen. Die einfachen Hütten aus Holz, aufgebrochenen Wellblechdosen und auseinandergeklappten Pappkartons, die an unbefestigten Hängen wie Pilze aus dem Boden schossen, waren dann auch die ersten, die in der Regenzeit – oft mitsamt ihren Bewohnern – weggeschwemmt wurden. Erdrutsche mit beträchtlich vielen Toten gab es immer wieder, aber die Regierung sah sich angeblich nicht imstande, an dieser Situation etwas zu ändern. Zynisch gesehen, wollte sie es vielleicht auch gar nicht, schließlich regulierte die Natur damit das Problem der Überbevölkerung. Wenn Charlotte die sozialen Verhältnisse von 1983 mit den aktuellen verglich, musste sie feststellen, dass sich in den letzten fünfzehn Jahren kaum etwas geändert hatte. Die Leute in den Sitzen um sie herum waren verzückt vom Anblick der Stadt. Sie ließen sich von dem oberflächlichen Glanz blenden.

Wie immer bildete sich an der Passkontrolle eine lange s-förmige Schlange. Charlotte hatte sich beeilt, möglichst schnell aus dem Flugzeug zu kommen, damit sie eine der Ersten am Schalter war. Ihre Mitreisenden sahen genauso übernächtigt aus wie sie, das war kein Wunder nach einem Zwölf-Stunden-Flug in der Economy Class. Sie hatte Glück, denn ihre Koffer waren auf dem Gepäckband unter den ersten. Mit letzter Kraft wuchtete sie die beiden Kolosse und ihr Bordcase auf den Gepäckwagen. Jetzt hatte sie es gleich geschafft. Sie schob das Ungetüm zum Zoll, wo sie eine Taste drücken musste, welche mit ein bisschen Glück ein grünes Licht aufblinken ließ, was bedeutete, dass man ungehindert passieren konnte. Die Alternative, das Aufleuchten der roten Lampe, war weniger angenehm, denn nun wurde man zur Seite gewinkt und durfte seine Koffer öffnen. Leider sah Charlotte rot.

Der Zollbeamte an der Schranke gab ihr zu verstehen, dass er in ihre Koffer sehen wollte. Sie musste ihr gesamtes Gepäck öffnen, das meiste auspacken, und er legte sogar selbst Hand an. Sie wurde nach allen Regeln der Kunst gefilzt.

»Was machen Sie in Mexiko?« Der Zollbeamte schaute verblüfft abwechselnd Charlotte und dann wieder den Inhalt ihrer Koffer an.

Obwohl sie gehofft hatte, nicht kontrolliert zu werden, hatte sie sich auf diese Frage vorbereitet. »Ich besuche meine deutsche Freundin in *Guadalajara*. Sie ist mit einem Mexikaner verheiratet und lebt dort mit ihm. Sie hat mich gebeten, ihr einiges aus der Heimat mitzubringen, weil es hier vieles nicht gibt.« Charlotte lächelte ihn dabei freundlich an. Es war nicht ratsam, die Wahrheit zu sagen. Die mexikanischen Behörden waren nicht sehr angetan davon, dass Ausländer in die Konfliktzonen ihres Landes reisten. Womöglich waren unter ihnen Menschenrechtsaktivisten, die am Ende noch die Stimmung anheizten, die Opposition in ihrem Aufbegehren gegen die Regierung bestärkten und »subversive Kräfte« wie den Indianerbischof von *Chiapas* moralisch unterstützten. Anscheinend log Charlotte glaubwürdig, denn für den Beamten schien Charlottes Erklärung einleuchtend zu klingen. Sein Gesicht hellte sich auf, und mit einer Handbewegung signalisierte er ihr, dass er genug gesehen hatte. Sie durfte ihre Koffer wieder schließen. Aber das erwies sich nun als ziemlich mühsam. Sie musste nämlich das Faxgerät erneut stramm in das Betttuch einwickeln und der Fleischwolf musste auch wieder in die Kuchenform passen. Die Videokamera im Handgepäck musste so auf die Nähmaschine gelegt werden, dass der kleine Drucker und das Notebook auch noch Platz hatten. Bei dem Durcheinander, das der Señor vom Zoll beim Durchwühlen angerichtet hatte, war das gar nicht so einfach. Dazu sollte es auch noch schnell gehen, weil der Nächste, der gefilzt werden sollte, schon hinter ihr drängelte.

Ziemlich gestresst erreichte sie schließlich den Ausgang, wo Trauben von Menschen hingen, die irgendjemanden abholen wollten. Es war ein unbeschreiblicher Geräuschpegel. Alle kreischten und lachten durcheinander, umarmten und küssten sich mit der sprichwörtlichen mexikanischen Herzlichkeit *con el corazón en la mano*, mit dem Herzen in der Hand.

Charlotte drängte sich vor bis an die dicken Metallstangen am Ausgang des Zolls, die absichtlich so eng nebeneinander in den Boden eingelassen waren, dass der Gepäckwagen nicht hindurchpasste. Auf der anderen Seite standen ganze Kolonnen von Gepäckträgern. Charlotte musste der mexikanischen Regierung ausnahmsweise mal zugestehen, dass sie das clever gemacht hatte, denn auf diese Weise entstanden viele Arbeitsplätze.

Der Karren des freundlichen Gepäckträgers war bis oben vollgepackt und der kleine Mann setzte sich mit einer Geschwindigkeit in Bewegung, dass sie kaum mithalten konnte. In seinem Windschatten folgte sie ihm durch Menschenmassen quer durch das Flughafengebäude. Schließlich landete sie wohlbehalten an der Rezeption des Marriott-Hotels, das sich im Flughafengebäude befand. Sie drückte ihm ein paar Dollars in die Hand, die er freudestrahlend entgegennahm. Alle Mexikaner waren begierig nach Gringo-Geld. Darauf kam es Charlotte angesichts der immensen Übernachtungskosten nun auch nicht mehr an. Das Etablissement war nämlich unverschämt teuer. Aber nach dem Mammutflug und nachdem sie am nächsten Morgen schon um fünf Uhr wieder auf dem Flughafen sein musste, um weiter nach *Chiapas* zu fliegen, hatte sie keine Lust, noch mit dem Taxi in ein billigeres Hotel in der Innenstadt zu fahren.

Als sie das Zimmer betrat, bekam sie fast einen Kälteschock. Es war eine amerikanische absolute Unart, die Klimaanlagen auf Kühlschranktemperatur einzustellen. Alles musste immer extrem kalt sein, die Temperaturen in Räumen, Bussen und Zügen ebenso wie die Getränke, die man noch zusätzlich in mit Eis gekühlten Gläsern servierte. Das war Charlotte schon in den 70ern aufgefallen, als sie in den USA gearbeitet hatte. Anscheinend griff diese Unsitte nun auch langsam in Mexiko um sich. Für einen normalen Mitteleuropäer war es jedenfalls eine Zumutung.

Nachdem Charlotte die Klimaanlage ausgeschaltet hatte, legte sie sich auf das King-Size-Bett. Es war riesig. Darin hätten bequem drei Personen übernachten können. Wie immer war es in Mexico City drückend und vor allem stickig. Durch die enormen Abgase von Millionen von Autos hatte man das Gefühl, dass eine Glocke über die Stadt gestülpt war, die den ganzen Dampf unter sich sammelte. Der Smog raubte einem fast den Atem. Sie schaltete den Fernseher ein und holte sich aus der Minibar eine Dose *Corona* und eine Tüte mit *Cacahuates*, Erdnüssen. Das mexikanische Bier war nicht schlecht und hatte weltweit einen guten Ruf.

Charlotte schaute auf ihre Uhr. Es war jetzt kurz nach acht. In Deutschland somit drei Uhr nachts. Alle schliefen. Sie würde ihre Eltern am nächsten Morgen anrufen. Aber bei Aurelio konnte sie es versuchen. Normalerweise musste er jetzt zu Hause im Pfarrhaus sein. Sie wählte seine Nummer in *Las Rosas*.

»Bueno«, meldete sich Aurelio mit seiner sonoren Stimme am anderen Ende.

»Hallo, mein Liebling, ich bin's. Ich bin vor einer Stunde gelandet und gerade im Hotel angekommen. Ich wollte dich nur noch schnell anrufen, bevor ich jeden Moment einschlafe.«

»Mi amorcito chulo, que felicidad«, wie schön, mein Liebling. Seine Stimme wurde ganz weich und liebevoll. »Hattest du einen guten Flug?«

»Abgesehen von ein paar Turbulenzen in der Mitte des Atlantiks war alles okay.«

»Schön, ich habe schon den ganzen Tag an dich gedacht. Ich bin so glücklich, dass du da bist.« Er klang sehr verliebt.

»Ich freu mich auch wahnsinnig auf morgen. Jetzt sind wir nur noch tausend Kilometer voneinander entfernt.« Sie sehnte sich so nach ihm. Nach den vielen einsamen Nächten in Deutschland und den mehr als zwölftausend Kilometern, was waren da schon eine Nacht und tausend Kilometer? Schon jetzt fühlte sie sich ihm so nah.

»Morgen wirst du in meinen Armen liegen, Liebste. Ich werde hier um sechs Uhr losfahren, damit ich pünktlich auf dem Flughafen bin. Und jetzt schlaf schön und *sueña con los angelitos*«, träume mit den Engelchen.

»Du auch, ich hab dich lieb.«

»Ich dich auch, *te amo mucho*, Charlotte«, ich liebe dich sehr.

Sie gaben sich noch einen Gutenachtkuss durchs Telefon und beendeten das Gespräch. Sie hatte es bewusst kurz gehalten, weil das Hotel das Fünffache von den normalen Telefontarifen berechnete. Charlotte rollte sich zur Seite, löschte die Lampe über dem Bett und nahm glücklich das zweite Kopfkissen in den Arm. Während sie einschlief, stellte sie sich wie so oft vor, Aurelio läge neben ihr.

4. TEOPISCA

Sie saßen am spärlich gedeckten Frühstückstisch. Glücklicherweise hatte Aurelio Kaffee von Rosas mitgebracht und Charlotte im Flugzeug, das abgepackte Brot, die Butter und die Erdbeermarmelade eingesteckt. Aber sie hatten sowieso keinen großen Hunger. Luft und Liebe reichten. Ihre erste gemeinsame Nacht nach fast einem Jahr lag hinter ihnen und sie hatten beide kaum geschlafen.

»Bist du glücklich, mi amor?« Aurelio streckte seinen Arm über den Tisch zu ihr hinüber und seine Finger streichelten zärtlich ihre Wange.

»Ja, sehr, mein Liebling.« Sie drückte ihr Gesicht gegen seine Hand. Sie war so zart und sanft. Aurelio hatte wunderschöne Hände, das war ihr schon ganz am Anfang aufgefallen, als er die Messe in *Las Rosas* zelebriert hatte. Feingliedrige Finger, die den Kelch mit dem Messwein umfassten und den Gläubigen die Oblate, den Leib Christi, reichten. Nun streichelten sie ihr Gesicht. Wie gut ihr seine Liebkosungen taten nach der kalten Zeit in Deutschland.

Eine halbe Stunde später stand sie mit ihm im Garten. Er fuhr seine *Camioneta* hinaus auf die Straße. Sie schloss das große eiserne Gartentor hinter ihm zu. Mehrere *Campesinos*, die in diesem Moment vorbeigingen und ihn anscheinend kannten, grüßten freundlich.

»Buenos días, padresito.« Während des Grußes fiel ihr Blick auf Charlotte. Sie lächelte die Landarbeiter an. Die nickten ihr flüchtig zu. Ob sie etwas ahnten?

»Buenos días, buenos días«, erwiderte Aurelio fast ein wenig hektisch, was ihr zeigte, dass er doch etwas nervös zu sein schien.

»Padre Aurelio, könnten Sie noch einen Moment hereinkommen, ich muss Sie noch etwas fragen«, Charlotte sprach absichtlich laut. Sie wollte, dass die Männer hörten, dass sie ihn siezte und mit *Padre* anredete.

Aurelio folgte ihr ins Haus. Als sie hinter der Tür standen, wo sie von der Straße aus nicht mehr gesehen werden konnten, zog sie ihn an sich und legte ihre Arme um seinen Hals.

Sie küssten sich leidenschaftlich.

»Wann sehe ich dich denn wieder?« Sie schaute ihn fragend an.

»Morgen bin ich in einer *Colonia*, einer Gemeinde weitab in den Bergen. Da führt nicht einmal eine Straße hin, sondern nur eine steinige Piste. Das Gebiet sollte schon ewig erschlossen werden«, erklärte er ihr ein wenig resigniert.

»Wie kommst du eigentlich da hin?« Charlotte schaute ihn ungläubig an.

»Zu Pferd, ich werde reiten«, antwortete er und fuhr fort: »Kannst du eigentlich auch reiten?«

»Ich?« Charlotte schüttelte den Kopf. »Ich habe noch nie auf einem Pferd gesessen. Ich bin nicht wie du auf dem Land geboren, sondern in der Stadt. Und in dem Arbeiterviertel, aus dem ich stamme, konnte sich keiner Reitstunden leisten. Das war nur etwas für die Reichen.«

»Meine arme Charlotte, möchtest du, dass ich es dir beibringe?«, meinte er mit gespieltem Mitleid.

»Nein, nein, lass es mal gut sein. Ich mag zwar Pferde, aber ich habe auch Respekt vor ihnen und sehe sie eigentlich lieber aus der Entfernung.«

»Schade, ich hätte es mir so gut vorstellen können, du vorne auf meinem Sattel mit wehendem Haar …«, witzelte Aurelio.

»Und gemeinsam reiten wir im Mondschein über die Prärie, bis wir hinter dem Horizont verschwinden«, ergänzte Charlotte mit dramatischer Stimme. »Was für eine schöne Schnulze! Aber bevor du jetzt hinter dem Horizont verschwindest, sag mir doch bitte einfach nur, wann ich dich wiedersehe.«

»Ich denke, dass ich übermorgen kommen kann. Länger halte ich es ohne dich sowieso nicht aus.« Er lächelte sie liebevoll an.

»Soll ich etwas kochen? Hast du einen Wunsch?«

»Ich möchte nicht, dass du wegen mir Arbeit hast.«

»Aber das ist doch keine Arbeit. Kochen ist etwas, was ich sonst so gut wie nie tue. Daheim habe ich gar keine Zeit dazu. Und für mich allein koche ich sowieso nicht.«

»Also gut, dann bereite etwas Leckeres zu. Ich versuche um zwölf Uhr hier zu sein, damit wir ein wenig Zeit füreinander haben, denn am späten Nachmittag muss ich wieder gehen. Da habe ich ein Treffen mit meinen Katecheten.«

»Ich freue mich auf dich. Adiós, mein Liebling!« Charlotte löste sich aus seiner Umarmung.

»Hasta luego, mi amor, und mach dir keine Sorgen wegen des Telefons, die von der Telmex werden morgen bestimmt kommen.«

Charlotte blickte ihm nach, bis er am Ende der staubigen Piste um die Ecke bog. Dann drückte sie das Vorhängeschloss an der kleinen Gartentür zusammen und ging ins Haus. Die Holztür fiel schwer ins Schloss. Jetzt war sie ganz allein. Vor diesem Augenblick hatte sie sich immer gefürchtet. Allein in einem unbewohnten Haus zu sein, das durch die unverputzten Klinker an manchen Stellen noch den Eindruck eines Rohbaus machte. Allein in einem fremden Land, in einem mexikanischen Dorf in Chiapas, wo sie keine Menschenseele kannte. Und der Mann, den sie liebte, wohnte nur 35 Kilometer von ihr entfernt in seiner Gemeinde im Pfarrhaus mit seinen Haushälterinnen. Aurelio musste den Schein wahren, so tun, als wäre das Keuschheitsgelübde, das man ihm damals abverlangt hatte, lebbar. Am schlimmsten war jedoch für Charlotte, dass trotz aller Versprechungen das Telefon nicht angeschlossen war.

Sie konnte also weder ihn noch ihre Eltern in Deutschland anrufen. Allein und verlassen! Charlotte seufzte. Aber sie wollte kein Selbstmitleid aufkommen lassen. Sie hatte es schließlich so gewollt.

Sie »beging« das Haus regelrecht. Aurelio hatte es zweistöckig aus roten Klinkern gebaut, die aber weder abgeschliffen noch versiegelt waren und zwischen denen der Mörtel an manchen Stellen Löcher aufwies. Die Bauweise war eben typisch mexikanisch.

Im Erdgeschoss befand sich ein Raum, der aufgrund der Anschlüsse ursprünglich wohl mal als Küche geplant war. Er besaß eine Schwingtür, damit die Hausfrau, wenn sie die Hände nicht frei hatte, sich von beiden Seiten mühelos hindurchdrücken konnte. Sie hatte solche Türen bisher nur im Fernsehen in US-Familienserien gesehen.

Charlotte sah sich das Mittagessen servieren. Am großen runden Tisch des Wohnraums saßen Aurelio und ihre drei gemeinsamen Kinder: der dreizehnjährige Marco-Simon, seine um ein Jahr jüngere Schwester Mari-Isabelle und der siebenjährige Silvian. In den vielen Nächten in Deutschland hatte sie sich oft ausgemalt, was gewesen wäre, wenn sie Aurelio 1984 geheiratet und mit ihm eine Familie gegründet hätte. Sie hatte sich ihre kleine Wunschfamilie zusammengeträumt und ihren Kindern sogar Namen gegeben.

Langsam verschwand das Bild wieder vor ihren Augen und sie fand sich in einem kalten, fast leeren Raum wieder. Aurelio hatte die Zimmer nur mit dem Notwendigsten möbliert. Die rötlichen Bodenfliesen waren staubig und hatten einen weißen Schleier. Sie waren mit Sicherheit noch nie nass geputzt worden. Schön war die riesige Terrassentür aus Eisen und Glas, die über die ganze Wand reichte. Sie offenbarte hinter verschmierten und mit Spinnweben zugewachsenen Glasscheiben einen wunderschönen Blick in den Garten. Hier unten befanden sich neben Küche und Wohnraum noch zwei Bäder und drei Zimmer. Eines davon hätte ihr Schlafzimmer werden sollen, die anderen waren als Kinderzimmer geplant. Im Grunde war das Haus der Beweis dafür, wie ernst es Aurelio gewesen war. Er hatte es für ihre gemeinsame Familie gebaut.

Die *Casita de Campo*, wie sie das Haus stets nannten, war in gewisser Weise eine kleine Festung. Alle Fenster des Erdgeschosses waren mit schmiedeeisernen Gittern abgesichert. Um den Garten herum waren Mauern und Zäune gezogen und zur Straße hin hatte Aurelio hohe spitze Zäune hochgezogen und Tore mit großen Vorhängeschlössern montieren lassen. Diese Sicherheitsvorkehrungen beunruhigten Charlotte allerdings eher, denn sie zeigten ihr, dass sie benötigt wurden, sonst hätte es sie wohl kaum gegeben.

Durch die großen sozialen Unterschiede in Mexiko mussten die Reichen ihr Eigentum schützen. Für hiesige Verhältnisse waren Aurelio und Charlotte reich.

Charlotte überzeugte sich, dass alle Türen und Fenster gut verschlossen waren, und ging die Treppe hinauf in den ersten Stock. Eine riesige schwarze Eisentür führte zunächst in den großen Wohnraum. Ein Tisch, vier Stühle, ein altes Sideboard und Aurelios alter Fernseher waren das Einzige, was den Raum ein bisschen freundlicher machte. In der Küche befanden sich nur ein eingebauter Schrank, eine vergammelte Spüle, ein unansehnlicher Kühlschrank und ein alter Gasherd.

Am behaglichsten war das angrenzende Schlafzimmer. Als sie es im Jahr zuvor zum ersten Mal gesehen hatte, war sie doch sehr erstaunt gewesen. Die roten Vorhänge ließen ein Licht entstehen, das an gewisse erotische Etablissements erinnerte. Aurelio hatte mittlerweile das alte Bett vom letzten Jahr ausgetauscht. Geblieben waren nur die große braune Polyesterdecke, auf die zwei Hundeköpfe gedruckt waren, und eine kleine Nachttischlampe in Form einer Jesusfigur. Charlotte amüsierte sich über die kleinen geschmacklichen Verirrungen.

Er hatte für sie ein neues Ehebett mit Schnitzereien und passenden Nachttischen vom Tischler bauen lassen. Der Höhepunkt war ein *Tocador*, eine Art Waschtisch mit einem riesigen Spiegel und einem gepolsterten Schemel davor. Alle Möbel waren aus edlen Hölzern geschreinert, und sie spürte, mit wie viel Liebe er ihr Kommen vorbereitet hatte.

Schon kurz nachdem sie gestern hier eingetroffen waren, hatte er ihr die Möbel stolz präsentiert. »Die habe ich für dich anfertigen lassen, mein Liebling, damit du dich hier ein bisschen wohler fühlst. Ich weiß, dass es in dem Haus noch an vielem fehlt, aber ich möchte die Möblierung mit dir zusammen entscheiden.« Er hatte sie die Augen schließen lassen, als er sie ins Schlafzimmer führte, und war gespannt wie ein Kind unterm Weihnachtsbaum gewesen, wie Charlotte auf seine Überraschung reagieren würde.

Obwohl der Stil und das Holz nicht unbedingt dem aktuellen europäischen Wohndesign entsprachen, hatte sie sich trotzdem sehr gefreut und es ihm auch deutlich gezeigt. Manchmal fühlte sie sich durch ihn in eine andere Zeit versetzt. Es war wie in alten Filmen aus dem 19. Jahrhundert, in denen Männer in den unendlichen Weiten des amerikanischen Westens alles für ihre Frauen heranschafften, nur um ihnen ein wenig Zivilisation in der Wildnis zu bieten. Charlotte konnte mitunter hoffnungslos altmodisch und romantisch sein.

Charlotte schaute auf die Uhr und überlegte, was sie mit dem Rest des Tages anfangen sollte. Sie ging hinaus auf die Terrasse und lief den schmalen Balkon entlang, der sich wie ein enger Gang um die gesamte erste Etage zog. Die Nachbarn auf der rechten Seite schienen ziemlich arm zu sein. Sie lebten in einer sehr einfachen, aus maroden Holzbrettern zusammengenagelten Hütte mit einem Dach aus alten Wellblechplatten. Eine ältere Frau stand gerade an einem steinernen Becken, einem sogenannten *Lavadero*, und wusch einige Kleidungsstücke. Sie war indianisch gekleidet und blickte, als sie Charlotte bemerkte, zu ihr hoch.

»Bueñas tardes, Señora.« Charlotte kam der Frau zuvor. Die Indianerin grüßte freundlich zurück und lächelte verhalten.

»Ich bin Ihre neue Nachbarin. Mein Mann und ich haben das Haus gemietet und ich werde hier den Sommer über mit meiner Familie wohnen.«

»Ah, que bonito.« Die Frau strahlte. Sie freute sich offensichtlich, dass in das Nachbarhaus, das so viele Jahre leer gestanden hatte, endlich etwas Leben einziehen würde.

»Im Augenblick bin ich noch allein, aber meine Familie wird bald nachkommen.« Es war ihr wichtig, dass die Nachbarin wusste, dass sie hier allein in dem Haus war. Wenn sie einmal in Gefahr sein würde, gab es nun zumindest eine Person in ihrer Nähe, die sie kannte und die sie rufen konnte. Als Charlotte gerade zurück ins Haus wollte, trat eine junge, schlanke Frau in den Garten. Sie hatte ein kleines Mädchen an der Hand. Auch sie lächelte ihr freundlich zu, obgleich sie sehr schüchtern zu sein schien.

Die Frauen waren ihr auf Anhieb sympathisch. Und das Kind war ein wahrer Sonnenschein. Mit seinen großen dunklen Augen, seinem braungebrannten Gesichtchen und seinem bildschönen Lachen eroberte es Charlottes Herz im Sturm. So eine Tochter hatte sie sich immer gewünscht. Im weiteren Gespräch stellte sich heraus, dass die Frauen Doña Rosita und Lupita hießen und das Kind Iris, und dass es sich um Mutter, Tochter und Enkelkind handelte, wobei Letzteres das Kind ihrer Tochter Samantha war, die sich von ihrem Mann getrennt hatte und danach verschwunden war. Ihre vier Kinder ließ sie zurück und hatte sie unter ihren Verwandten aufgeteilt. Die kleine Iris hatte sie ihrer Mutter geschenkt und die beiden anderen ihrer Schwester Yolanda und ihrem Mann. Wie Charlotte später erfuhr, war das kein Einzelfall, dass man seine Kinder an andere

Familienmitglieder oder Freunde verschenkte, sie ihnen manchmal sogar vertraglich überschrieb.

Die Frauen, die in ihrer Hütte allein lebten, luden Charlotte zu sich ein. Sie versprach ihnen, in den nächsten Tagen vorbeizukommen. Zum Abschied winkten sie ihr zu. Charlotte kehrte ins Haus zurück, denn plötzlich begann es wie aus Gießkannen zu regnen. In Mexiko war die Regenzeit im Sommer. Charlotte hätte auf dieses Wetter durchaus verzichten können. Als ob es in Deutschland nicht genug regnete! Aber für die *Campesinos* waren die Niederschläge lebenswichtig und so versuchte Charlotte, sich wenigstens ein bisschen darüber zu freuen.

Sie beschloss, sich ein wenig auf das Bett zu legen. Zum einen hatte sie nach der letzten Nacht erhebliche Schlafdefizite, zum anderen plagte sie nun doch der Jetlag. Es würde sicher noch einige Tage dauern, bis sich ihr Körper an die Zeitumstellung gewöhnt hatte. Die Telefongesellschaft würde heute sowieso nicht mehr kommen. Sie spürte, wie sie etwas ruhiger wurde, denn sie kannte nun immerhin schon drei Menschen im Dorf, und die Geschichte von der deutschen Familie, die Padre Aurelios Haus gemietet hatte, nahmen sie ihr anscheinend auch ab. Es war Aurelios Idee gewesen, auf diese Weise gleich allen Vermutungen entgegenzutreten.

Als sie aufwachte, war draußen strahlender Sonnenschein. Sie hatte fast zwei Stunden geschlafen. Charlotte beschloss, ihre ersten Schritte allein ins Dorf zu wagen. Die nächste Kontaktaufnahme war angesagt. Also, auf in den Kampf! Rein in die Jeans und die Pumps und am besten einen lässigen Pulli darüber, der nicht zu viel von ihrer Figur preisgab. Ein bisschen von dem kirschroten Lippenstift musste freilich sein, mehr jedoch nicht. Wer wusste schon, wie die Mexikaner auf *Gringa*-Fleisch reagieren würden, auch wenn es nach über vierzig Jahren nicht mehr so ganz frisch war, besonders an den Stellen, die in Frauenzeitschriften unter dem Begriff Problemzonen liefen. Aber sie wurde in Mexiko sowieso immer zehn Jahre jünger geschätzt, mit oder ohne Problemzonen.

Als sie zum ersten Mal mit dreißig nach Mexiko gekommen war, hatten sie alle für Anfang zwanzig gehalten. Im letzten Urlaub mit Aurelio hatte das Zimmermädchen sie auf neunundzwanzig geschätzt. Charlotte hatte sich natürlich darüber gefreut, aber nach eingehender Betrachtung im Badezimmerspiegel festgestellt, dass das Mädchen schon einen gewaltigen Knick in der Optik gehabt haben musste. Vielleicht hatte sie sich durch dieses Kompliment einfach nur ein höheres Trinkgeld erhofft. *Qien sabe*, wer weiß?

Charlotte ging die unasphaltierte Straße entlang. Wie hatte sie nur mit solchen Schuhen losgehen können. Pumps in der Pampa! Aber Charlotte liebte hohe Schuhe. Mit fünfzehn hatte sie sich die ersten Pumps mit Pfennigabsätzen gewünscht, die sie mit achtzehn dann endlich bekommen hatte. Bloß da waren sie schon wieder aus der Mode gewesen. Das Zeitalter der Plateauschuhe war bereits angebrochen. Papa hatte damals grinsend mit Blick auf ihre Beine gemeint: »Parisa Schuh un Odewelda Fieß.« Sie ersparte es sich, darüber nachzudenken, welchen Kommentar er wohl jetzt abgeben würde.

Ihre erste Erkundungstour war ein wahrer Hindernislauf. Durch die starken Regenfälle gab es tiefe Schlaglöcher, und manchmal waren ganze Teile der Straße einfach weggeschwemmt und hatten sich woanders aufgetürmt. Wenn es ihr also gelang, nicht in ein Loch zu fallen oder in einer Pfütze zu landen, dann hatte sie immer noch die Chance, über einen Sandhaufen zu stolpern. Darüber hinaus war die Straße, sofern man sie als solche überhaupt bezeichnen mochte, gespickt von großen, schwarzen Käfern, die auf dem Rücken lagen und hilflos zappelten oder schon angequetscht und plattgedrückt am Boden klebten.

»Buenas tardes, Señorita.« Eine kleinwüchsige Indianerin in einer rosa karierten Schürze mit einem kleinen Plastikkörbchen am Arm lachte sie freundlich an.

Ein fremder Mensch grüßte sie. In Deutschland war das kaum denkbar. Wenn sie in der Mittagspause durch die Fußgängerzone ging, blickte sie zumeist in ernste Gesichter mit geschäftiger Miene, die in Gedanken versunken waren. Überall waren nur Menschen, die von einer Stelle zur anderen hetzten, um wichtige Dinge zu erledigen. Graue Gestalten und eine davon war sie selbst.

Charlotte grüßte höflich zurück und lächelte die Frau an.

So eine Schürze würde sie sich auch besorgen. Aber zuerst musste sie in die *Carpinteria*, um sich vom Tischler einige Holzbrettchen für die Küche anfertigen zu lassen, auf denen sie ihre Zwiebeln und das Gemüse schneiden konnte.

Sie fragte sich durch und landete schließlich vor einem Haus aus hässlichen grauen *Bloques*, also Betonblöcken mit einem Wellblechdach.

»Bin ich hier richtig beim Tischler?«, fragte sie eine zierliche Frau mit langen, im Genick zusammengebundenen grauen Haaren, die auf einem wackeligen Stuhl neben der Tür saß und Kerzen drehte.

»Kommen Sie doch herein und setzen Sie sich«, sagte die Señora freundlich, die in ihrer verwaschenen Strickweste doch sehr ärmlich wirkte. »Ich hole meinen Mann.«

Charlotte musste den Kopf einziehen, während sie die Stufe hinabstieg. Durch die enge Tür gelangte sie in einen Raum, dessen Fußboden aus nackter Erde bestand und in dem von der Decke herab ein großes Holzrad waagrecht befestigt war, an dem Dutzende von schlanken, weißen Kerzen hingen. Es waren eindeutig Kerzen, die zur Heiligenverehrung in der Kirche benutzt wurden. Ein paar baufällige Stühle, die vor Jahrzehnten einmal einen Anstrich bekommen hatten und deren Farbe man an manchen Stellen noch erahnen konnte, standen kreuz und quer herum. Sonderbar, im Haus eines Tischlers hätte sie eigentlich keine derart maroden Möbel erwartet.

In der Ecke befand sich eine alte rostige Singer-Nähmaschine mit Tretlager, Lederriemen und einem verzierten gusseisernen Rad. Sie erinnerte sich, dass ihre Mutter eine ganz ähnliche in den fünfziger Jahren besessen hatte. An den Wänden hingen große, vergilbte Familienbilder, die wahrscheinlich die Großeltern in jungen Jahren darstellten. Der Raum war dunkel und kühl, bei heißer Witterung war das sicher angenehm, aber da es in Chiapas nie besonders warm war, ließ es sie eher frösteln.

»Ich bin Juan Luis Sandoval und das ist meine Frau Lucia Guadalupe Pereira«, sagte der kleine, fast weißhaarige Mann, der kurz darauf vor ihr stand. Die beiden Alten, die bei genauerer Betrachtung gar nicht so alt waren, zogen zwei Stühle heran und setzten sich ihr gegenüber.

»Mein Name ist Charlotte. Charlotte Jüngert-Cauffmann. Ich komme aus Deutschland.«

Nachdem sie ihren Wunsch geäußert hatte, begann das Paar sie auszufragen. Was sie hier mache? Warum sie gerade nach *Teopisca* gekommen sei und schließlich, wo sie wohne. Als sie ihnen das Haus beschrieb, wurden sie noch freundlicher.

»Ah, la casa de Padre Aurelio, que bueno. Wir kennen den *Padresito* gut. Seit über zwanzig Jahren sind wir mit ihm bekannt. Wir erinnern uns noch genau, wie er als junger Priester hier zu uns nach *Teopisca* kam. Ich glaube, es war seine erste Stelle. Aber dann wurde er, warten Sie mal, das muss so Ende der 70er-Jahre gewesen sein, nach *Las Rosas* versetzt. Wir haben das alle sehr bedauert. Aber er ist unserer Gemeinde trotzdem treu geblieben, denn schließlich hat er sein Haus in *Teopisca* gebaut und seine *Rancho* hat er auch hier.« Der Mann sagte dies voller Stolz und mit liebevollem Nachdruck. Seine Augen glänzten dabei.

Wenn er wüsste, dass Aurelio das Haus nicht aus Treue zur Gemeinde in *Teopisca* gebaut hatte, sondern um sein sündiges Liebesverhältnis mit einer *Gringa* besser schützen zu können, würde der Glanz in seinen Augen wahrscheinlich sehr schnell verschwinden, ging es Charlotte durch den Kopf.

Sie hatte das Gefühl, dass es an der Zeit war, das Gespräch zu beenden. Sie kaufte der Frau noch ein paar Kerzen ab, allerdings nicht für die Heiligen, sondern für den Fall, dass es einen Stromausfall gäbe. Dann verabschiedete sie sich höflich, aber zügig unter dem Vorwand, sie müsse noch so viel erledigen.

Bloß raus hier.

Begegnungen, in denen sie mit Aurelios Beruf konfrontiert wurde, taten Charlotte nicht gut. Durch das Gespräch war ihr wieder bewusst geworden, wie lange Aurelio schon Priester war: neunundzwanzig lange Jahre. Die Menschen schätzten ihn, brachten ihm größte Hochachtung entgegen. Ob er darauf jemals würde verzichten können, würde verzichten wollen? Ob ihre Liebe das ausgleichen konnte? Wie so oft kamen Zweifel in ihr hoch.

Aber das Thema sollte an diesem Tag noch nicht vom Tisch sein. An blaugrünen, pinkfarbenen und grellgelben einstöckigen Häusern mit aufgemalter Partei- oder Bierwerbung vorbei, näherte sie sich auf einer der beiden asphaltierten Hauptdurchgangsstraßen einem Textilladen und sah auch schon an einer Stange über dem Eingang die karierten Schürzen im Wind wehen. Es gab sie in allen möglichen Farben. So eine musste sie unbedingt haben.

Für die Bewohner von *Teopisca* schien es etwas Besonderes zu sein, dass plötzlich eine *Gringa* in ihrer Mitte wohnte, denn die Ladenbesitzerin, eine gut situierte Mestizin mittleren Alters, verwickelte Charlotte sogleich in ein Gespräch. Sie kannte natürlich auch das schöne Haus von Padre Aurelio und war auch sonst erstaunlich gut informiert. Sie wusste, dass der Padre sein Haus an eine deutsche Familie vermietet hatte, Aurelio hatte ihr angeblich schon vor Wochen erzählt, dass die Familie gut bezahlen würde, dass sie Künstler seien, die abseits vom deutschen Stress hier auf dem Lande versuchten, eine kreative Pause einzulegen, und dass ihm die Mieteinnahmen gerade recht kämen, da das Haus so lange leer gestanden hatte und mittlerweile schon die ersten Reparaturen fällig wären.

Aurelio hatte anscheinend alles gut vorbereitet. Er war ganz schön gewieft. Trotzdem spürte Charlotte das Misstrauen, das von dieser Frau ausging.

Sie war extrem neugierig und stellte penetrant alle möglichen Fragen. Ihre stechenden Augen hafteten auf Charlottes Lippen und saugten jedes ihrer Worte gierig auf, dabei verzog sie den Mund zu einem maskenhaften Lächeln, mit dem sie ihre Gesprächspartnerin zu täuschen versuchte.

Bei Charlotte gingen in diesem Augenblick alle Alarmanlagen an. Achtung, Inquisition! Sie beschloss, sich auf das Spielchen einzulassen und die Frau mit Informationen anzufüttern. Es war eine altbekannte Taktik, die sie mitunter anwandte: Rede unheimlich viel und gib zahlreiche unwichtige Informationen preis. Die Frau wird sich darüber freuen, so viele Neuigkeiten zu erfahren und denken, nun wisse sie alles. Aber die Informationsflut würde nur Mittel zum Zweck sein, um das wirklich Wichtige zu verbergen. Jemand, der dachte, er wisse alles, hörte auf nachzuforschen. Also gab Charlotte dem Affen Zucker und der fraß ihn.

»Sie sind also aus Deutschland? Und was machen Sie dort?«

»Ich arbeite bei einer Volkshochschule und leite dort die Kunst- und Kulturabteilung. Wir bieten Kurse an und machen Musik- und Theateraufführungen, Lesungen und Kunstausstellungen. Aber ich glaube, es gibt nichts Vergleichbares hier in Mexiko.«

Die Frau war erstaunt. Es klang wahrscheinlich für sie alles ganz toll, obwohl sie sich mit Sicherheit nichts Genaues darunter vorstellen konnte. »Und was machen Sie dann hier?«

»Vieles. Ich schreibe, zeichne, male, mache jede Menge Handarbeiten, experimentiere, denke über neue Projekte für mein Institut nach. Dann backe und koche ich, das sind alles Dinge, für die ich daheim kaum Zeit habe. Und dann arbeite ich abends noch oft bis in die Nacht hinein am Computer und gehe ins Internet.« Nichts mit heißen Liebesnächten mit dem Priester, meine Liebe! – Die Botschaft war hoffentlich angekommen.

»Und was macht Ihr Mann?«

»Er ist auch künstlerisch tätig. Er ist ein bekannter Regisseur. Er inszeniert Theaterstücke für die Bühne und das Fernsehen in Deutschland.«

Dass er fürs Fernsehen arbeitete, war gelogen. Oscar hatte vor vielen Jahren, als er noch Schauspieler war, ab und zu mal einen Dreh gehabt. Aber das war Schnee von gestern. Heute führte er nur noch ab und zu Regie im Theater. Charlotte wusste jedoch, was diese Aussage bei der Frau bewirken würde.

»Das Fernsehen«, wiederholte sie voller Ehrfurcht.

Die dachte jetzt bestimmt an die Telenovelas, die das mexikanische Fernsehen täglich rund um die Uhr ausstrahlte. Charlotte musste innerlich grinsen.

»Mein Mann ist ein großartiger Regisseur, ein toller Mann. Ich war so traurig, als er mir sagte, dass er nicht mitfliege, weil er diesen wichtigen Auftrag fürs Fernsehen nicht absagen könne. Aber was tut man nicht alles aus Liebe.«

Die Frau nickte mitfühlend mit dem Kopf.

Das saß! Charlotte log, dass sich die Balken bogen. Eine Frau, die so bewundernd und liebevoll von ihrem berühmten Mann sprach, konnte unmöglich die heimliche Geliebte eines Priesters sein.

Trotzdem schien ihr Wissensdrang noch immer nicht befriedigt zu sein.

»Sind Sie schon lange verheiratet? Haben Sie Kinder?«

Charlotte antwortete brav und geduldig und reicherte ihre Ausführungen noch an mit grundsätzlichen Gedanken über Frauen in der Berufswelt und speziell über deren Entscheidung zwischen Familie und Karriere.

Die Frau hatte ihr auf den Zahn fühlen wollen und nicht bemerkt, wie sie nun selbst zum Spielball einer Intrige wurde. Charlotte bereitete das Spielchen ein diebisches Vergnügen. Schließlich fragte die Frau noch, wie Charlotte und ihr Mann denn gerade auf dieses Haus gekommen seien und was sie monatlich bezahlen würden.

Aber sie hatte Charlotte erneut unterschätzt. Sie erzählte der Ladenbesitzerin, dass ihr Mann durchs deutsche Fernsehen den Bischof von *San Cristóbal* gut kenne, da dieser ihm während seiner Europareise ein Interview zur politischen Lage in Chiapas gegeben habe. Dadurch hätten sie auch Padre Aurelio kennengelernt und so von dem leeren Haus erfahren. Und was den Mietpreis anbelange, so wisse sie ihn nicht genau, darum würde sich ihr Mann Oscar kümmern. Das sei ja auch Männersache.

In einem Punkt hatte Charlotte nicht gelogen, denn sie kannte den Bischof tatsächlich persönlich. Im Grunde genommen hatte Charlotte Aurelio durch ihn kennengelernt. Er hatte sie, wenn auch ungewollt, einander zugeführt.

Als Charlotte die Höhle des Löwen mit ihrer neuen grün karierten Schürze verließ, atmete sie erleichtert auf. Diese Feuerprobe hatte sie bestanden. Trotzdem füllte sich ihr Herz mit Traurigkeit, als sie wieder allein in dem leeren Haus war. Es begann bereits zu dämmern. So wie es draußen immer dunkler wurde, legten sich auch dunkle Schatten auf ihr Gemüt.

Sie entging der katholischen Kirche nicht. Immer wieder wurde sie damit konfrontiert, dass sie seit eineinhalb

Jahrzehnten einen Priester liebte, der zu einem Leben ohne Liebe verpflichtet war. Wenn er dieser Kirche dienen wollte, hatte er seinen Anspruch auf die Liebe zu einer Frau verwirkt, so hatte es die Obrigkeit irgendwann im Mittelalter entschieden. Und das im Namen einer Religion, die als oberstes Gebot die Liebe verkündete.

5. Aurelio

Aurelio kam wie versprochen am folgenden Tag um zwölf Uhr. Pünktlich stand er im Türrahmen, was für einen Mexikaner vorbildlich war. Trotz der geöffneten Vorhänge schloss er Charlotte in seine Arme und zog sie fest an sich.

Manchmal kann er ungeheuer mutig sein und wächst fast über sich hinaus, dachte sie bei sich. Aber es gab auch Momente, da erschien er ihr übervorsichtig, fast schon ängstlich.

Seine vorwitzige Zungenspitze fuhr spielerisch über ihre Lippen. Sie wich ihm aus und biss ihn zärtlich in seine Nase, um schließlich erneut ihre Lippen zu öffnen und seine leidenschaftlichen Küsse zu erwidern.

»Das Essen brennt an, wenn wir so weitermachen.« Lachend befreite sie sich aus seiner Umarmung.

Während Charlotte den Hackbraten oder besser gesagt den Chili-Braten, an den sie so viel scharfe Salsa gemacht hatte, dass es jedem durchschnittlichen Mitteleuropäer Tränen in die Augen getrieben hätte, aus dem Backofen zog, setzte er sich hinter sie auf einen der Küchenstühle.

»Wie waren die beiden ersten Nächte? Hast du gut geschlafen?« fragte er sie.

»Ganz gut«, erwiderte sie, »ich versuche mich an das Haus, seine Geräusche und überhaupt an die ganze Umgebung zu gewöhnen. Aber das kann nicht darüber hinwegtäuschen, dass du mir sehr fehlst.«

Das »ganz gut« war natürlich total übertrieben. In dem großen, unüberschaubaren Haus fühlte sich Charlotte schrecklich verloren, und besonders nachts fürchtete sie sich unendlich. Wenn die Dunkelheit hereinbrach, verriegelte sie alle Türen und Fenster, und bevor sie sich ins Bett begab, legte sie ihre kleine Alarmanlage, das Pfefferspray und ihre große, spitze Schneiderschere neben sich in die offene Nachttischschublade und knipste die Nachttischlampe an. Schlaf hatte sie in den beiden vergangenen Nächten erst im Morgengrauen gefunden. Aber das alles musste er nicht unbedingt wissen.

Aurelio lachte. »Bueno, du brauchst hier keine Angst zu haben, Liebste.«

Sie ging nicht weiter darauf ein und meinte nur scherzhaft: »Ich bin ja auch nicht ganz allein. Da ist schließlich noch deine Jesus-Nachttischlampe, die lasse ich die ganze Nacht über brennen. So bewacht mich wenigstens ein Mann, wenn du schon nicht da bist.« Einen leicht ironischen Unterton konnte sie sich dabei allerdings nicht verkneifen.

Aurelio schwieg und lächelte, dann wechselte er abrupt das Thema, indem er aufstand und meinte, er müsse nochmals zu seinem Auto gehen, weil er dort die Zitronen vergessen habe.

Charlotte war sich bei Gesprächen, in denen sie einen Scherz über die Kirche machte, nie ganz sicher, was Aurelio wirklich fühlte. Sie hatte nun mal mit der traditionellen katholischen Kirche nicht viel im Sinn, einer Kirche, die im Namen Gottes über Jahrhunderte hinweg mannigfaltige Gräueltaten begangen, sich fast immer auf die Seite der Mächtigen gestellt und ihre Gläubigen mit Angstvisionen von Hölle und Teufel in Schach gehalten hatte. Der Vatikan war für sie eine einzige Farce, über die sie am liebsten gelacht hätte, wenn er ihr eigenes Leben nicht so schicksalhaft beeinträchtigt hätte. Für Charlotte war es eine Geschichte von machtgierigen, frauenfeindlichen alten Männern. Aber Aurelio wollte das alles nicht so recht wahrhaben. Er war eben seit vierundvierzig Jahren vom Katholizismus infiziert.

*

Aurelio kam als zehntes und letztes Kind seiner Eltern Maria-Bernarda und Camilo auf den Tag genau drei Wochen vor Ausbruch des Zweiten Weltkrieges in einem kleinen Dorf namens *Teúl de González Ortega* im Bundesstaat *Zacatecas* im mittleren Nordwesten Mexikos zur Welt. Drei seiner Geschwister waren zu diesem Zeitpunkt bereits gestorben und so lebten nur noch seine Brüder Ramón, Simon und Rosendo sowie seine Schwestern Mari-Luz, Bernarda und Juanita. Die Familie war arm, bettelarm, wie fast alle Landarbeiter dieses kargen Landstriches, in dem sich nur eine hügelige Prärie mit Wüstensteppe und tiefen Schluchten abwechselte. Es war eine Gegend, in der in den Wintermonaten nicht selten nur noch ein paar vertrocknete Blätter an den Bäumen hingen und der Ackerboden überall aufgebrochen und von tiefen Furchen durchzogen war.

Die Landschaft war in diesem Teil Mexikos nicht sehr abwechslungsreich. Kilometerlang bot sich immer wieder der gleiche Anblick, so weit das Auge reichte. Doch *Teúl de González Ortega* hatte sich stets in einem entscheidenden Punkt von den übrigen Ortschaften abgehoben, lag es doch unterhalb eines markanten Bergkegels, dem man seit Alters her magische Kräfte zuschrieb. Auf ihm hatte man nämlich Überreste einer Siedlung der Chichimeken, der Vorfahren der Azteken, gefunden, die bis auf das Jahr 200 vor Christi Geburt zurückging und damals den Namen *Teótl* getragen hatte, was so viel heißt wie *Sitz der Götter*.

Aurelio Eltern besaßen, wie viele andere auch, kein eigenes Land und lebten somit in gänzlicher Abhängigkeit von den Großgrundbesitzern, die ihnen ein Stück Erde, meist waren es schwer zu bearbeitende Felder mit unergiebigen steinigen Böden, verpachtet hatten. Die Bedingungen, die sie den Besitzlosen stellten, waren maßlos, mussten diese doch die Hälfte ihrer Ernte an sie abführen. Obwohl eins der Ziele der mexikanischen Revolution zu Beginn des 20. Jahrhunderts die Abschaffung von Großgrundbesitz gewesen war, hatte diese Maßnahme nie gegriffen.

Aurelios Vater bestellte zusammen mit seinen großen Söhnen tagein, tagaus das Feld und betete zu Gott, er möge ihnen doch bitte Regen schicken, damit die Saat gedeihe und sie genügend Mais und Bohnen ernten würden, um die hungrigen Mäuler in seiner Familie zu stopfen. Camilo war ein frommer Mann, fleißig und gehorsam wie die meisten Landarbeiter. Er wäre nie auf die Idee gekommen, sich bei seinem Patrón zu beschweren oder über die Art und Weise zu klagen, wie man ihn behandelte, zu klagen. Er taugte nicht zum Revolutionär und hätte niemals die herrschenden Verhältnisse infrage gestellt. Denn schließlich verkündigte man ihm stets von der Kanzel, dass all das gottgewollt sei und jeder sich auf dem Platz, den Gott ihm in seinem irdischen Leben zugewiesen habe, bewähren müsse.

Seine großen Söhne sahen das allerdings etwas anders. Simon, der Älteste, packte 1948 kurzerhand sein Bündel und schlug sich nach den USA durch, wo er viele Jahre illegal als Gärtner arbeitete. Er war ein großgewachsener, gutaussehender Mann mit einem charmanten Lächeln, ein wahrer Frauentyp. Trotzdem dauerte es einige Jahre, bis er der hübschen Maria begegnete und sie sich ineinander verliebten.

Marias Eltern waren schon lange vor der Geburt ihrer Tochter aus Mexiko emigriert, und da Maria in den USA auf die Welt gekommen war, hatte sie automatisch die amerikanische Staatsbürgerschaft. Durch die Heirat mit Maria Mitte der 50er-Jahre wurde sein Aufenthaltsstatus schließlich legalisiert. Simons Brüder Ramón und Rosendo folgten dem Beispiel ihres großen Bruders einige Jahre später. Auch sie wollten ihr Leben nicht wie ihr Vater in der Abhängigkeit eines despotischen Großgrundbesitzers fristen. Allerdings lebten die beiden jahrzehntelang in der Illegalität. Sie schlossen befristete Verträge als Gärtner bei gutsituierten amerikanischen Familien ab, was bedeutete, dass sie nach drei Monaten ausreisen und kurz darauf wieder für drei Monate einreisen. Da es ihnen durch die Dollars, die sie in den USA verdienten, besser ging als ihren Landsleuten, waren sie daheim begehrte Heiratskandidaten. So blieb es nicht aus, dass sie schon bald heirateten und ihre eigenen Familien gründeten. Als die amerikanische Regierung den *Latinos* schließlich anbot, sich legalisieren zu lassen, griffen sie die Gelegenheit beim Schopf und wanderten mit ihren Ehefrauen und Kindern ganz nach Kalifornien aus.

Aurelio wuchs somit allein mit zwei Schwestern auf, denn die Älteste der Mädchen, Bernarda, hatte fast zeitgleich mit ihrem Bruder Simon ihr Elternhaus verlassen und sich entschieden, ins Kloster zu gehen. Sie schloss sich dem Orden der *Misioneras Guadalupanas* an und ließ sich dort zur Lehrerin ausbilden. Sie war ein intelligentes Mädchen und konnte sich nicht vorstellen, einen Landarbeiter zu ehelichen, ein Kind nach dem anderen zu bekommen und somit den Lebensweg ihrer Mutter einzuschlagen. Und da es ihr als Frau nicht möglich war, es ihren Brüdern gleichzutun und nach Amerika auszuwandern, schien ihr dieser Weg der einzig gangbare, um sich aus der Hoffnungslosigkeit ihrer Umgebung zu befreien.

Aurelios Vater war ein sehr gottesfürchtiger Mann, der es sich nicht nehmen ließ, jeden Morgen vor der Arbeit die Dorfkirche *San Juan Bautista*, Johannes der Täufer, zu besuchen. Darum stand für ihn fest, dass er seinen Jüngsten nur in der *Escuela parroquial* einschulen würde. So schickte er Aurelio ab seinem sechsten Lebensjahr in die Schule der Pfarrei. Dort wurde er von dem katholischen Priester Don Angel Gomez unterrichtet.

Don Angel war zwar sehr konservativ und dogmengläubig, gleichzeitig jedoch ausgesprochen liebenswürdig. Er führte ein sehr bescheidenes Leben. So war es nicht verwunderlich, dass Aurelio diesem aufrechten Mann große

Bewunderung entgegenbrachte und in ihm schon bald ein Vorbild sah. Sicher war dies auch die Motivation dafür, dass Aurelio sich über alle Maßen anstrengte und schließlich sein bester Schüler wurde.

Als sich nach acht Jahren die reguläre Schulzeit dem Ende zuneigte, nahm Don Angel Aurelio zur Seite. »Möchtest du denn nicht weiterhin zur Schule gehen, mein Junge?«, fragte er ihn.

Aurelio nickte heftig, seine Augen leuchteten. Die Frage, was nach der Schule aus ihm werden würde, hatte ihn schon seit einiger Zeit geplagt und ihm einige schlaflose Nächte bereitet. Seine Brüder waren weit weg und er war zu jung, ihnen hinterherzureisen. Bernarda war im Kloster, seine Schwester Mari-Luz würde demnächst heiraten und Juanita hatte auch schon einen *Novio*, einen Verlobten. Es war nun eine Frage der Zeit, wann sie das Haus verlassen würde.

Und er? Seine Eltern würden sicherlich von ihm erwarten, dass er ihnen auf dem Feld helfe. Sollte er tatsächlich derjenige sein, der in die Fußstapfen seines Vaters trat? Wozu hatte er sich dann die ganzen Jahre so sehr angestrengt, wenn nun alles vergebens sein sollte?

»Gerne, es wäre mein größter Wunsch, weiterzulernen und irgendwann so klug zu sein wie Ihr, Don Angel.« Aurelio strahlte seinen Lehrer an.

»Ich wüsste da eine Möglichkeit. Du könntest wie ich das *Seminario* besuchen.«

»Auf ein Seminar? Was ist das denn für ein Seminar?« Aurelio konnte mit diesem Begriff nichts anfangen.

»Das *Seminario* ist eine Schule, wo man dich darauf vorbereitet, später einmal Priester zu sein, also das zu machen, was ich tue«, erklärte er dem Jungen.

»Das zu machen, was Ihr tut!« Aurelio stand vor Verwunderung für einen Augenblick der Mund offen. So zu sein wie Don Angel, sein großes Vorbild. Das wäre wunderbar, Aurelio glaubte zu träumen. Doch gleich darauf wurde er wieder ernst: »Aber meine Eltern haben doch gar kein Geld, um ein solches Studium für mich zu bezahlen.« Er blickte traurig zu Boden.

»Mach dir darum keine Sorgen. Es gibt ein Seminar, das bistumsübergreifend geleitet wird und in dem die Seminaristen nichts bezahlen müssen. Allerdings musst du dich in den ersten drei Jahren schon für die Diözese entscheiden, in der du später einmal tätig sein willst, denn der dortige Bischof finanziert dein Studium mit.«

Aurelio hatte ihm aufmerksam zugehört. Das war seine Chance, wahrscheinlich die einzige, um dem tristen Leben zu entgehen, das seine Eltern führten. Und so erklärte er Don Angel freudestrahlend, dass er unbedingt das *Seminario* besuchen wolle.

Seine Eltern waren zunächst wenig von dem Wunsch ihres Sohnes begeistert. Sein Vater war zwar ein gläubiger Mann, er hatte jedoch große Zweifel, ob sein jüngster Sohn mit der Entscheidung, katholischer Priester zu werden, den richtigen Weg einschlug. Trotzdem ließen seine Eltern ihn ziehen und legten ihm keine Steine in den Weg.

So wurde Aurelio 1953 Seminarist im *Seminario menor*, wo man ihn zunächst in den gleichen Fächern unterrichtete wie jeden anderen Gymnasiasten. Auf dem Stundenplan stand alles von Mathematik und Chemie, über Geografie, Geschichte und Kunst bis hin zu Latein und Sport. Fünf Jahre lang lebte er dort wie in einem Internat. Er schlief mit zwanzig anderen Seminaristen zusammen in einem riesigen Schlafsaal, und gegessen wurde gemeinsam in der großen Speisehalle. Am Nachmittag konnten die Schüler stundenweise das Seminar verlassen, meist zogen sie es jedoch vor, in ihrer Freizeit auf dem seminareigenen Sportplatz Fußball zu spielen. Aurelio tat dies mit großer Begeisterung, war ein recht erfolgreicher Linksaußen, auch wenn die billigen gebrauchten, viel zu engen Fußballschuhe seine Zehen wie Schraubstöcke in das Leder zwängten.

Als man ihn nach dem zweiten Studienjahr fragte, für welche Diözese er sich später mal entscheiden wolle, wählte er *Chiapas* aus. Der ländlich geprägte südlichste Bundesstaat Mexikos mit seiner indigenen Bevölkerung hatte ihn von jeher fasziniert. Was er damals nicht wusste, war, dass Don Lucio Torreblanca, der 1944 von Papst Pius XII. zum Bischof von *San Cristóbal de las Casas* ernannt worden war, ein überaus romtreuer Mann war. Er schätzte konservative Werte, war nicht sehr reformfreudig und fand, dass alles, so wie es war, schon seine Richtigkeit hatte. Sein Hauptaugenmerk galt dem gehobenen mestizisch geprägten Bürgertum innerhalb seiner Gemeinde, ihm ließ er seine seelsorgerische Arbeit über alle Maßen zuteil werden. Die *Caciques*, die Großgrundbesitzer wiederum dankten es ihm, indem sie ihn einluden und reichlich entlohnten. Er war ein gern gesehener Gast auf den Kaffeeplantagen und den Haciendas. Die Sorgen der Landarbeiter und Indianer hingegen interessierten ihn nur am Rande. Das war nicht seine Welt und er sah auch keine Veranlassung, sich in bestehende Konflikte einzumischen. Ein frommer Kirchenmann hatte sich aus der Politik herauszuhalten. Trotzdem hinderte ihn diese Einstellung nicht daran, Aurelios Studien im fernen *Guadalajara* innerhalb seiner interdiozösanen Verpflichtungen mitzufinanzieren.

1958 wechselte Aurelio ins *Seminario mayor* von *Guadalajara*, wo er in den nächsten drei Jahren Philosophie studieren würde. Dieses Priesterseminar war riesig, erstreckte sich über einen Quadratkilometer und beherbergte rund 500 Seminaristen in unzähligen Wohn- und Studiengebäuden. Was Aurelio gleich zu Beginn freudig zur Kenntnis nahm, waren die zahlreichen Fußballplätze, die es verstreut über das Gelände gab. Am besten gefiel ihm jedoch, dass er zum ersten Mal in seinem Leben ein eigenes Zimmer hatte. Es war zwar höchstens neun Quadratmeter groß, also groß genug, damit ein Bett, ein Schrank, ein kleiner Arbeitstisch und ein Stuhl darin Platz finden konnten, aber das genügte ihm. Wichtig war nur, dass er sein eigenes kleines Reich hatte.

Im letzten Jahr seiner Studien sagte sich hoher Besuch an. Der neue Bischof von *San Cristóbal de las Casas*, Don Samuel Ruíz García, der kurz zuvor vom ebenfalls neuen Papst Johannes XXIII. in sein Amt eingeführt worden war, würde das Bistum von *Guadalajara* besuchen und wollte die Priesteranwärter für seine Diözese kennenlernen. Obwohl Aurelio nur kurz ein paar wenige Worte mit dem Bischof wechseln konnte, spürte er sofort die charismatische Ausstrahlung dieses außergewöhnlichen Mannes mit seinen freundlichen braunen Augen, seinem warmherzigen Lächeln und seiner klaren, festen und trotzdem weichen Stimme. Als er dann noch sah, wie der Bischof die Messe zelebrierte, indem er nicht wie bisher üblich mit dem Rücken zur Gemeinde stand und auch nicht in Latein, sondern auf Spanisch predigte, ging nicht nur Aurelio, sondern auch den anderen Seminaristen das Herz auf. Sie hatten zwar gehört, dass der neue Papst wohl eine andere Kirchenpolitik als sein Vorgänger verfolgte, und es wurde auch gemunkelt, dass bei dem für das nächste Jahr geplanten Zweiten Vatikanischen Konzil einige Reformen vollzogen werden sollten, aber sie hatten nicht erwartet, dass der Bischof seiner Zeit bereits voraus sein würde. Nach dieser ersten Begegnung freute sich Aurelio ganz besonders auf das kommende Jahr, in dem er ein zwölfmonatiges Praktikum in *San Cristóbal de las Casas* absolvieren sollte.

Leider waren die ersten Erfahrungen in *Chiapas* nicht sehr erbaulich, was jedoch weniger mit dem Bischof als vielmehr mit dem Rektor des örtlichen Priesterseminars zu tun hatte. Dieser setzte Aurelio nämlich schon kurz nach seiner Ankunft als Lehrer für Mathematik und lateinamerikanische Literatur im *Seminario menor* von *San Cristóbal* ein. Obwohl er dort achtzehn Stunden in der Woche unterrichtete, hielt der Rektor es nicht für nötig, ihn für seine Tätigkeit zu entlohnen. Aurelio bekam lediglich freie Kost und Logis und hatte somit keinen einzigen Peso für seine eigenen Bedürfnisse. Auch hatte der Rektor seltsame Vorstellungen, was das Fußballspielen anbelangte. Es war den jungen Seminaristen zwar erlaubt, diesen Sport auszuüben, jedoch nur in langen Hosen.

Der Rektor war der Meinung, dass das Herumrennen in kurzen Hosen zu aufreizend und unzüchtig sei und die Bevölkerung es als unanständig empfinden könnte, wenn künftige katholische Priester sich dergestalt in der Öffentlichkeit präsentierten. Aurelio konnte diese Ansicht nicht teilen, in *Guadalajara* hatten sie stets in kurzen Hosen gespielt, und darum dachte er auch nicht daran, es nun seinen Schülern zu verbieten. Trotz einiger heftiger Diskussionen ließ er sich darin auch nicht beirren, und als er dann noch die Unterstützung vom Vizerektor des Seminars bekam, war das Thema endgültig vom Tisch.

Im Frühjahr 1962 lud Don Samuel Aurelio ein, ihn in einem gecharterten kleinen Flugzeug in den Lakandonischen Urwald zu begleiten. Da es keine durchgehenden Straßen gab und das Gebiet sehr weitläufig war, konnte man nur über den Luftweg dorthin gelangen. Aurelio fühlte sich sehr geehrt, dass der Bischof ausgerechnet ihn mitnehmen wollte, und so zog er zur Feier des Tages seinen besten Anzug, ein weißes Hemd und eine schwarze Krawatte an. Er wollte sich für seinen künftigen Chef in Schale werfen und einen guten Eindruck machen. Aurelio war viel zu früh am Treffpunkt und so wartete er gespannt auf dem kleinen Landeplatz in *San Christóbal* auf Don Samuel. Schließlich fuhr ein staubiger Jeep vor, aus dem auch schon gleich der Bischof stieg. Als er Aurelio sah, kam er amüsiert lachend auf ihn zu. »Was haben Sie denn vor?« Er betrachtete ihn von oben bis unten. »Entschuldigung, wenn ich das jetzt so sage, aber Sie sehen aus wie ein bourgoiser Spießbürger aus Zentralmexiko«, scherzte er, indem er Aurelio fast schon kameradschaftlich auf die Schulter schlug.

Der wäre am liebsten im Boden versunken. Unpassender hatte er sich nicht anziehen können. Aber er hatte nicht erwartet, dass Don Samuel in Gummistiefeln, Jeans, einer wattierten Wetterjacke und einer Schirmmütze auftauchen würde. Schließlich war er der Bischof und würde in dem Ort *Las Tazas* in den Lakandonischen Wäldern eine feierliche Messe zelebrieren und die Sakramente erteilen.

»Worauf warten Sie, wir müssen los.« Don Samuel winkte Aurelio zu sich und riss ihn aus seinen Gedanken. Während sie den Lakondonischen Urwald überflogen, zeigte der Bischof nach unten. »Sehen Sie die weißen Linien, die sich da unten durch den Urwald schlängeln?«

Aurelio nickte.

»Das sind die Lakandonen in ihren weißen Gewändern. Sie sind schon vor zwei Tagen in ihren Urwalddörfern aufgebrochen, damit sie morgen pünktlich zur Messe in *Las Tazas* sind.«

Während des Fluges gab es zahlreiche dieser weißen Menschenschlangen, die sich alle in dieselbe Richtung bewegten. Wie fromm die Menschen hier im Süden doch sein mussten, wenn sie solche Strapazen auf sich nahmen.

Die Landung auf der kurzen Bahn war abenteuerlich, aber die kleine Maschine kam sicher zum Stehen. Sogleich kamen einige Kinder auf sie zugerannt, denen kurz darauf die Erwachsenen folgten. Was für schöne Menschen, dachte Aurelio. Er sah zum ersten Mal in seinem Leben Lakandonen. Fast alle hatten langes, glattes, pechschwarzes Haar, das sie teilweise in die Stirn gekämmt hatten, was ihre edlen Gesichtszüge und ihre wohlgeformten klassischen Nasen noch mehr betonte. Auffallend waren ihre weißen knielangen Hemden, die einen starken Kontrast zu dem dunklen Haar bildeten.

Aurelio verstand kein Wort von dem, was sie sagten, während Don Samuel ihnen fließend im Maya-Dialekt antwortete. Er schien ihre Sprache perfekt zu beherrschen. Die folgenden Stunden vergingen wie im Flug, sie wurden von den Indianern begeistert empfangen und mit einer unbeschreiblichen Herzlichkeit aufgenommen. Man bewirtete sie nach allen Regeln der Kunst. Anschließend wurde bis in die Nacht hinein palavert, wobei Aurelio eher den Part des Zuhörers übernahm. Die enge Vertrautheit zwischen Don Samuel und den Lakandonen war unübersehbar. Sie war vergleichbar mit der, die normalerweise zwischen Eltern und Kindern herrschte. Aurelio kam aus dem Staunen nicht mehr heraus, für ihn war es eine ganz neue Erfahrung, hatten doch die Bischöfe, die er bis jetzt kennengelernt hatte, eher auf Distanz geachtet und waren bestrebt gewesen, den Gläubigen gegenüber ihre Amtsautorität zu präsentieren. Aber Don Samuel schien das nicht nötig zu haben, die Beziehung zwischen ihm und den Indianern war herzlich und von großem gegenseitigem Respekt geprägt. Er konnte Nähe zulassen, denn er hatte eine natürliche Autorität, die er nicht unter Beweis stellen musste. Die Lakandonen hingen an seinen Lippen wie die Kinder, er schien ihr Beschützer zu sein, ihr Vater, ihr *Tatic*.

An diesem ersten Abend sollte noch eine weitere Überraschung auf Aurelio warten, denn anstelle eines Bettes wies man ihnen unter einem offenen Dach zwei Hängematten zu. Erst jetzt fiel Aurelio auf, dass alle vor ihren Hütten in Hängematten schliefen und es anscheinend überhaupt keine Betten gab. Während der Bischof den Reißverschluss seiner Jacke schloss, sich in die Hängematte fallen ließ und seine Schirmmütze in die Stirn zog, um gleich darauf einzuschlafen, versuchte Aurelio, es sich mit seinem Anzug in einer anderen Hängematte so gemütlich wie möglich zu machen. Es war zwar nicht kalt, aber irgendwie schon seltsam, hier im Freien mitten im Urwald zu schlafen. Allein schon die Geräusche, die aus den Büschen und dem Gestrüpp drangen, trugen nicht unbedingt zu einer erquicklichen Nachtruhe bei. Aber es machte auch keinen Sinn, mit den Gegebenheiten zu hadern. Er musste versuchen, wenigstens ein bisschen zu schlafen, denn schließlich sollte er am nächsten Tag Don Samuel bei der Messe assistieren.

Aurelio war gerade dabei einzunicken, als er plötzlich durch ein merkwürdiges Geraschel wieder aufgeweckt wurde. Spontan öffnete er die Augen und da sah er, wie gegenüber von ihm, dort, wo das Kopfteil der Hängematte des Bischofs an einem Holzbalken befestigt war, gerade eine riesige Ratte versuchte, entlang des Seils zur Mütze von Don Samuel zu balancieren. Wie von der Tarantel gestochen, sprang Aurelio auf und verscheuchte sie, während der Bischof weiterhin rhythmisch schnarchte und so tief schlief, dass er von alledem nichts mitbekam. Für Aurelio waren jedoch die nächsten beiden Nächte eine Tortur, denn für ihn stand fest, dass er seinen Bischof beschützen würde, und somit war ans Schlafen überhaupt nicht zu denken.

Als sie nach zwei Tagen zurückflogen, saß Aurelio total übernächtigt in der kleinen Maschine und grübelte. Er hatte mittlerweile doch große Bedenken bekommen, ob er in *Chiapas* arbeiten wollte. Er konnte die Sprache der Indianer nicht sprechen, kannte ihre Lebensgewohnheiten nicht, alles erschien ihm plötzlich fremd. Er war sich in den letzten Tagen so unnütz vorgekommen.

Don Samuel schien seine Gedanken lesen zu können, denn als sie in *San Cristóbal* landeten, nahm er Aurelio zur Seite: »Ich wollte Ihnen noch sagen, Sie haben sich gut geschlagen, ich bin stolz auf Sie.« Er lächelte Aurelio zuversichtlich an.

»Aber ...«, Aurelio wollte seine Zweifel äußern, wurde jedoch von ihm unterbrochen.

»Kein Aber. Ich weiß, dass dies keine einfache Erfahrung für Sie war, aber Sie packen das! Leute wie Sie brauche ich an meiner Seite. Und es gibt schließlich auch noch andere Gemeinden hier in Chiapas, wo es«, er lächelte, »sagen wir, etwas zivilisierter zugeht. Jetzt fahren Sie zurück nach Guadalajara und beenden Ihr Theologiestudium. Wenn Sie in ein paar Jahren hierher zurückkommen, lassen Sie Ihren Anzug und Ihre Krawatte am besten dort und kaufen sich lieber erst mal ein Paar gescheite Gummistiefel. Dann kann nichts schiefgehen.« Lachend verabschiedete er sich und verschwand in seinem alten Jeep.

Für Aurelio war dieser Ausflug eine heilsame Erfahrung gewesen, denn er war zum ersten Mal in all den Jahren mit der Realität konfrontiert worden. Einer Realität, die so gar nichts mit dem zu tun hatte, was man ihm im Seminar beibrachte. Nichtsdestoweniger kam er nicht umhin, in den nächsten Jahren intensiv Theologie zu studieren, was allerdings nach dem Zweiten Vatikanischen Konzil leichter geworden war, denn nun musste der Theologieunterricht an den Priesterseminaren nicht mehr in Latein erteilt, sondern durfte in der Muttersprache des jeweiligen Landes gehalten werden.

1969 wurde dann schließlich zum Schicksalsjahr für Aurelio, denn nach sechzehn Jahren Studium würde er zum Priester geweiht werden. Zuvor hatte ihn sein großer Bruder Simon in den Sommerferien zu sich nach Kalifornien eingeladen, wo er mit ihm zusammen drei Monate als Gärtner arbeitete. Im September kehrte Aurelio dann mit einigen Dollars in der Tasche nach Guadalajara zurück. Am Jahresende war es dann so weit. Don Samuel reiste nach *Teúl de González Ortega* und Aurelio empfing in der Kirche San Juan Bautista seine Priesterweihe. Seine Eltern, alle seine Geschwister sowie Verwandte, Freunde und Nachbarn waren gekommen, um diesen besonderen Moment mitzuerleben. Seine Eltern waren nun doch unbeschreiblich stolz darauf, dass einer ihrer Söhne studiert hatte. Während Aurelio demütig, der Länge nach ausgestreckt auf den Marmorplatten, vor dem Altar lag und seine Stirn den Boden berührte, war er davon überzeugt, dass er es richtig gemacht hatte. An der Seite dieses Bischofs wollte er dabei helfen, das Leben der Armen ein bisschen lebenswerter zu machen.

Nach der Zeremonie lud Aurelio Don Samuel in das Haus seiner Eltern zum Essen ein. »Meine Familie würde sich sehr freuen und sich auch sehr geehrt fühlen, wenn Sie die Einladung annehmen würden«, meinte Aurelio, fügte jedoch gleich hinzu: »Es ist allerdings alles sehr schlicht bei uns zu Hause, meine Eltern sind arme Bauern.«

»Ich komme sehr gerne und bei einfachen Leuten fühle ich mich ganz besonders wohl, denn auch ich komme aus einem bescheidenen Elternhaus«, entgegnete ihm der Bischof in seiner liebenswürdigen Art.

Der kleine begrünte Hof hinter dem Häuschen seiner Eltern war überfüllt von Familienmitgliedern, Verwandten und Freunden, die alle den Bischof persönlich kennenlernen wollten. Zuvor hatte er sich schon wie durch ein Spalier einen Weg durch die Menge von der Kirche zum Haus von Aurelios Eltern bahnen müssen, wo Aurelios Mutter und seine Schwestern ein einfaches, aber sehr schmackhaftes Mahl zubereitet hatten, das aus *Chicharrónes* – knusprig gebratenen Schweineschwarten –, Guacamole, Bohnenpürree, den obligatorischen Maistortillas und Reis bestand. Als Krönung hatte seine Mutter Aurelios Leibgericht zubereitet: *Pepián* – Huhn in einer Soße aus gerösteten Kürbiskernen.

Don Samuel genoss sichtlich die einfache Hausmannskost und lobte die Kochkünste von Aurelios Mutter. Als er sich ein paar Stunden später verabschiedete, hielt er Aurelios Hand eine ganze Weile fest. »Jetzt beginnt der Ernst des Lebens, Aurelio. Ich freue mich, wenn Sie nächsten Sommer in meine Diözese nach *San Cristóbal* kommen. Ich habe auch schon eine Gemeinde im Auge, deren Geschick ich gerne in Ihre Hände legen würde: *Teopisca*. Es gibt dort viel zu tun. Sie wissen ja, dass ich beim Zweiten Vatikanischen Konzil in Rom dabei war. Leider ist Papst Johannes XXIII. zu früh gestorben und konnte nicht alle unsere geplanten Reformen verabschieden, und sein Nachfolger Papst Paul VI. ist nicht sehr entscheidungsfreudig. Wir befürchten, dass er viele Themen im Sand verlaufen lässt. Deshalb müssen wir dranbleiben, immer wieder den Finger in die Wunden legen und versuchen, vor Ort in unserer tagtäglichen Arbeit die Gedanken des Konzils umzusetzen. Darum brauche ich viele engagierte Priesterkollegen an meiner Seite.« Don Samuel umarmte ihn. »Ich kann doch auf Sie zählen?«

Aurelio nickte ihm zu. Er war mehr denn je davon überzeugt, dass es seine Berufung war, an der Seite dieses charismatischen Bischofs zu kämpfen. So trat er ein halbes Jahr später voller Elan und Enthusiasmus seine erste Priesterstelle in *Teopisca* an, wo er neun Jahre bleiben sollte.

*

Wenn Charlotte es recht überlegte, gab es eigentlich einige Parallelen zwischen Aurelios Leben und ihrem. Auch sie stammte aus einfachen Verhältnissen, zwar waren ihre Eltern keine mittellosen Bauern gewesen, aber dafür arme Arbeiter aus dem Jungbusch. Auch sie hatte schon früh gewusst, dass sie nicht in die Fußstapfen ihrer Eltern treten, sondern studieren wollte. Charlotte hatte damals ihre Lehrerin angehimmelt und Aurelio hatte für seinen Lehrer geschwärmt. Beide hatten großartige Vorbilder gehabt, mit deren Hilfe sie ihre Träume verwirklichen konnten. Auch wenn sie in Glaubensfragen Welten trennten, gab es doch unendlich vieles, was sie verband.

»Entschuldige, dass es so lange gedauert hat, aber die Zitronen waren zwischen die Sitze gerutscht und so habe ich ewig nach ihnen gesucht«, meinte er, indem er begann, einen Drink für beide vorzubreiten: Bier, Zitrone und Salz. Das war typisch mexikanisch. Fast niemand trank pures Bier. In der ersten Zeit hatte Aurelio auch noch Salsa und Worcestersauce oder Maggi hinzugefügt. Das nannte man in Mexiko dann *Michelada* und die meisten waren ganz verrückt danach. Charlotte fand, dass es ein scheußliches Gesöff war. Gott sei Dank ließ er die drei letzten Zutaten bei ihrem Getränk mittlerweile weg.

Obwohl Charlotte ihren Hackbraten unheimlich scharf fand, griff Aurelio zusätzlich noch zur Salsaflasche und schüttete eine riesige Menge davon über sein Fleisch.

»*Muy sabroso*«, köstlich, meinte er und seine schwarzen Augen strahlten.

»Sein Haar war einmal genauso schwarz wie seine Augen«, dachte Charlotte. Mittlerweile war es an manchen Stellen grau. Aber Aurelio sah noch immer gut aus. »Trotz unserer Trennung und der großen Entfernung sind wir doch über die Jahre hinweg miteinander älter geworden«, überlegte sie.

Aurelio wollte einen Nachschlag. Es schien ihm zu schmecken, auch wenn er es nicht ausdrücklich sagte. Charlotte hatte sich im Laufe der Jahre daran gewöhnt, dass ein mexikanischer Mann es nicht extra sagte, wenn es ihm schmeckte. Allein die Tatsache, dass er kräftig zulangte, stellte bereits ein Lob für die Hausfrau dar.

»Du hast mich vorgestern beim Frühstück daran erinnert, dass ich einmal gesagt habe, ich würde das Haus eventuell kaufen, wenn du die Absicht hättest, es zu verkaufen.« Charlotte begann das Gespräch vorsichtig. Sie wollte etwas mit ihm klären, das ihr gestern, als sie nochmals über ihren ersten Einkaufsbummel im Dorf nachgedacht hatte, in den Sinn gekommen war und ihr Unbehagen bereitete. Da sie fast zwei Tage allein gewesen war, hatte sie natürlich auch viel Zeit zum Grübeln gehabt.

»Stimmt, du sagtest, bevor ich es jemand anders anbiete, solle ich dich fragen.«

»Weißt du, ich habe mir das überlegt. Ich möchte das Haus nicht kaufen. Lass mich doch lieber das Innere ausstatten und außen gehört es weiterhin dir?«

»Wie du willst, mi amor, du weißt, ich tue alles, was mir möglich ist, um dich glücklich zu machen.«

Sein offenes, warmes Lächeln macht es ihr schwer, das Gespräch fortzusetzen. Sie kam sich manchmal so kleinlich vor, wenn sie alles, was er sagte oder auch nicht sagte, auf die Goldwaage legte. »Willst du denn nicht wissen, warum ich es nicht kaufen will?«

»Si, digame.« Während Aurelio weiter aß, fuhr sie fort.

»Du weißt, dass ich, so wie wir es besprochen haben, gerne im Sommer vier Monate und im Winter zwei Monate kommen möchte. Ich weiss aber nicht, ob das alles so einfach sein wird und ob die Leute sich hier auf Dauer von uns derart an der Nase herumführen lassen, von wegen, du hättest das Haus an eine deutsche Familie vermietet.« Charlotte spürte, wie sich ihre Kehle zuzog, und schwieg einen Augenblick. Dann ergänzte sie: »Ich bin mir auch nicht sicher, was du tätest, wenn uns jemand denunzieren würde und dein Beruf in Gefahr geriete.« So, jetzt war es raus. Wie würde er reagieren? Bitte, bitte, sag, dass du, egal was kommt, zu uns stehst. Dass unsere Liebe stärker ist als alles andere auf der Welt, betete sie in Gedanken.

Aber Aurelio schwieg. Kein Wort des Widerspruches. Nichts von dem, was sie sich als Antwort erhofft hatte, kam über seine Lippen.

Charlotte fühlte sich lausig. Wieder machte sich in ihr das Gefühl breit, dass sie den Kampf mit der katholischen Kirche letztendlich verlieren würde. Aber so leicht wollte sie nicht aufgeben. Charlotte war hartnäckig wie eh und je. Bloß nichts anmerken lassen. Augen zu und durch.

»Weißt du, ich habe keine Lust, dann ohne dich in meinem Haus zu sitzen. Ich sehe in diesem Haus unser gemeinsames Refugium, das wir vor sieben Jahren zusammen geplant haben.«

»Auch ich hänge sehr an diesem Haus und verbinde viele Erinnerungen damit.« Aurelio blickte ihr tief in die Augen. Seine Stimme klang sanft. »Charlotte, ich habe nur deshalb erwogen, das Haus zu verkaufen, weil es zu groß ist. Es hat sechs Zimmer, zwei Küchen und drei Bäder. Ich dachte daran, ein kleineres Haus zu kaufen.«

»Aber die Aussicht von diesem Haus ist doch so unbeschreiblich schön, die werden wir nie mehr bekommen.«

Er legte sein Besteck zur Seite und ergriff ihre Hände, während er ihr noch immer intensiv in die Augen schaute.

»Oye, hör zu, wenn du in diesem Haus bleiben willst, dann behalten wir es, das verspreche ich dir, mi amor«, sagte er ruhig und liebevoll.

»Wenn unsere Beziehung entdeckt wird, können wir immer noch verkaufen und in einem anderen Ort ein Haus bauen. Irgendwo, wo man dich nicht kennt«, fügte Charlotte lächelnd hinzu.

»Dann gehen wir eben nach *Sokoltenango* oder *Las Margaritas* oder *Trinitaria* oder sonst wohin. Bis wir alle Dörfer durch haben, müssen wir mindestens 200 Jahre werden.« In seiner Stimme lag beinahe schon etwas Euphorisches. Es bereitete ihm offensichtlich ein diebisches Vergnügen, die Dogmen seiner eigenen Kirche ad absurdum zu führen, indem er seiner Arbeit mit Enthusiasmus nachging und gleichzeitig mit der Frau zusammenlebte, die er liebte. Aber das hätte er ihr gegenüber natürlich nie so formuliert. Indirekt hatte er jedoch die eigentliche Frage, die für sie im Raum gestanden war, beantwortet. Er würde ihre Liebe nicht aufgeben, auch dann, wenn es schwierig werden würde.

Ihre Freundin Celine hatte ihr damals prophezeit: »Aurelio wird alles auf sich zukommen lassen, du musst nur Geduld haben.«

»Te amo.« Er ging um den Tisch herum und zog sie zu sich hoch.

Sie küssten sich und fanden sich schließlich im roten Schlafzimmer wieder, wo sie sich liebten, als hätten sie ein ganzes Leben nachzuholen.

6. Die weise Frau

Charlotte wäre am liebsten bis in alle Ewigkeit in Aurelios Armen gelegen. Sie fühlte sich unsagbar geborgen in seiner Nähe. Doch die Pflicht rief. Er musste zurück nach *Rosas*. Und so blieb sie mit all den schönen Gefühlen allein in ihrem Ehebett zurück.

Aurelio würde am Abend noch eine Messe anlässlich des 15. Geburtstages eines Mädchens zelebrieren. *La Fiesta de las Quinceañeras* war eine Feierlichkeit, von der Charlotte zuvor noch nie etwas gehört hatte. In Mexiko und vielen anderen lateinamerikanischen Ländern war es jedoch das wichtigste Ereignis im Leben eines jungen Mädchens. An seinem 15. Geburtstag wurde es nämlich feierlich in die Gesellschaft eingeführt. Es wurde in ein langes, meist rosa Kleid gehüllt, begleitet von ihren Freundinnen, die in derselben oder einer ähnlichen Farbe gekleidet waren. Auch wurde ihm ein sogenannter *Chambelan*, ein junger Mann in einem eleganten Anzug, zur Seite gestellt. Mit ihm und den Mädchen trat es prinzessinengleich vor den Altar, wo der katholische Priester Gott, Maria und allen Heiligen dankte, dass er es in den letzten fünfzehn Jahren behütet hatte. Die ganze Verwandtschaft war zugegen, einer der Paten hielt eine Rede, in der er dem Mädchen gute Ratschläge für sein weiteres Leben gab. Danach gab es Essen, Trinken, Musik und Tanz für alle. »Alle« bedeutete in Mexiko, dass Hunderte von Gästen eingeladen waren. Es kam nicht selten vor, dass sich die Familien wegen dieses Festes verschuldeten. Darum legten auch viele Eltern und Paten bereits bei der Geburt eines Mädchens ein Sparbuch an, von dem sie später zumindest einen Teil der Kosten bestreiten konnten.

Charlotte hatte gemischte Gefühle, was dieses Fest anbelangte, das die Spanier im Zuge der *Conquista* nach Lateinamerika gebracht hatten. Sie sah das alles eher nüchtern. Es drängten sich ihr viele Fragen auf. Warum gab es dieses Fest eigentlich nur für Mädchen? Welche Funktion hatte dieser *Chambelan*? Der Begriff stammte vom spanischen Königshaus und bedeutete übersetzt so viel wie *Kammerherr*. Warum hatten viele Mädchen unmittelbar nach diesem »Highlight« einen *Novio*, einen Verlobten, der sie nicht selten schon kurz darauf ehelichte und sie oftmals auch verdächtig schnell schwängerte? Vielleicht sollte das Fest der *Quinzeañeras* den Mädchen nur den bevorstehenden Schritt von der einen Abhängigkeit in die andere versüßen. Vielleicht war es wieder ein geschickter Schachzug der Kirche, der Frau ihren Platz in Heim und Herd zuzuweisen und sie auf ihre Rolle als gehorsame Ehefrau und fruchtbare Mutter vorzubereiten. Aber wer weiß, vielleicht sah Charlotte das auch alles viel zu negativ und es war in Wirklichkeit viel harmloser. Vielleicht war es eher so etwas Ähnliches wie ihr Abschlussball damals bei Lamadé. Wenn sie heute die alten Fotos anschaute, wie auch sie prinzessinnengleich im langen Kleid neben ihrem Tanzpartner im Rosengarten defilierte, dann sah das gar nicht so viel anders aus. Trotzdem ließ es sich nicht vergleichen. Aber sie würde in den folgenden Wochen sicher mehr Einblick in die Rolle der Frau in Mexiko bekommen.

Draußen regnete es schon wieder in Strömen. Die klamme Atmosphäre, die sich im ganzen Haus ausbreitete, bestärkte Charlotte darin, erst einmal im Bett liegen zu bleiben. Sie zog die Decke hoch, schloss die Augen und hing ihren Gedanken nach.

Sie musste an ihre Freundin Celine denken und den Besuch, den sie ihr im Oktober letzten Jahres, also gut einen Monat nach dem dramatischen Urlaub mit Aurelio, abgestattet hatte. Charlotte steckten damals die konfliktreichen Wochen mit ihm noch immer in den Knochen, auch wenn sie am letzten Tag mit Aurelio eine Übereinkunft gefunden hatte. Sie hatte damals das dringende Bedürfnis gehabt, mit jemandem über das zu reden, was sich zugetragen hatte. Sie erhoffte sich von dem Gespräch mit Celine ein bisschen Klarheit und Zuversicht, denn noch immer war sie großen Gefühlsschwankungen ausgesetzt. Sie wollte von Celine wissen, wie es weitergehe. Ob es überhaupt weitergehe. Wahrscheinlich wollte sie von ihr die Bestätigung, dass ihre Zukunftspläne aufgehen würden. Charlotte sah sich in Celines Salon sitzen und mit ihr Tee trinken.

»Hüte dich vor niedrigen Gefühlen.« Während ihre Freundin diese Warnung aussprach, hatte sie Charlotte bedeutungsvoll angeblickt. Ihre katzenhaft grünen Augen waren in diesem Augenblick noch schmäler geworden und ihre feinen Lippen hatten die Form einer einzigen Linie angenommen.

Celine war eine beeindruckende Frau. Sie war schön, wenn auch nicht unbedingt im herkömmlichen Sinne, und hatte Charisma. Sie sang Chansons, als wäre sie die Reinkarnation von Edith Piaf, und trug indianische Lieder in einer solchen Intensität vor, dass man den Eindruck gewinnen konnte, sie sei in dieser Kultur groß geworden. Sie war darüber hinaus Astrologin, Graphologin, Traumdeuterin und hatte intensiv die alten Weisheiten fremder Kulturen studiert. Esoterik, Religion und Philosophie bildeten die Basis ihres Wissens. Hinzu kam, dass sie eine gute Psychologin war, auch wenn sie es nie studiert hatte.

Es gab einige Leute in Charlottes Bekanntenkreis, die mit Celine und ihrer geheimnisvollen, magischen Ausstrahlung nicht klarkamen. Charlotte konnte das nachvollziehen, denn man konnte sich Celine nur schwer entziehen. Im Gespräch entwickelte sie eine intensive Präsenz, all ihre Sinne waren aktiviert, gleichzeitig war sie jedoch von großer Zurückhaltung, manche empfanden sie als unnahbar. Sie hatte eine tiefe, rauchige Stimme, deren Timbre außergewöhnlich war. Die Art und Weise, wie sie sprach, und auch das, was sie sagte, erinnerte an ein antikes Orakel. Eine

Transzendenz war spürbar, so als wäre sie nicht von dieser Welt. Im Mittelalter wäre Celine wahrscheinlich nicht sehr alt geworden, sie hätte die Inquisition mit Sicherheit nicht überlebt. Die frommen Kirchenmänner hätten diese weise Frau mit größter Wahrscheinlichkeit als Hexe verbrannt.

Obwohl Celine und Charlotte sehr verschieden waren – im Grunde genommen waren sie absolute Gegensätze – hatte die Chemie zwischen ihnen vom ersten Augenblick an gestimmt. Charlottes Ausstrahlung war sicher eine gänzlich andere als die von Celine. Charlotte war weder geheimnisvoll noch unnahbar. Sie redete manchmal eher zu viel, ließ Nähe zu und hatte stets ein Lächeln auf den Lippen. Aber vielleicht war dieses Lächeln auch nur Tarnung. Die beiden Frauen hatten vielleicht doch mehr gemeinsam, als sich auf den ersten Blick erkennen ließ.

Charlotte vertraute Celine und wollte sich von ihr beraten lassen. Celines Methoden erschienen vielen seltsam, aber gerade darin sah Charlotte eine Chance. Sie wollte keine psychologischen Analysen oder rationalen Erklärungsmuster, dafür war ihr Problem viel zu komplex. Und so hing sie an diesem Nachmittag unbeirrt an Celines Lippen.

Jedes Wort, das sie sagte, nein, jede Silbe, sog sie förmlich auf wie eine Verdurstende. Charlotte erschien ihre Situation damals so verworren, sie musste Ordnung in ihre Gedanken bringen. Nur so würde sie zur Ruhe kommen.

Ausgerechnet sie, die stets Ratschläge für andere hatte, war jetzt ratlos, wo es um sie selbst ging. Anscheinend fehlte ihr die nötige Distanz, ihre Lage logisch zu analysieren.

»Du hast gesagt, ich solle mich vor niedrigen Gefühlen hüten.« Charlotte griff Celines Worte auf. »Was meinst du mit ›niedrigen Gefühlen‹?« Sie blickte Celine fragend an.

»Das I Ging spricht hier eine klare Warnung aus. Du wirst Aurelio verlieren, wenn du mit unehrlichen Mitteln und Tricks arbeitest.«

»Das werde ich bestimmt nicht tun«, versicherte Charlotte und fuhr kurz darauf fort: »Dann heißt das aber auch, dass unsere Liebe durchaus eine Chance hat. Habe ich das richtig verstanden?« Sie blickte Celine hoffnungsvoll an.

»Eure Liebe hat sehr wohl eine Chance, aber nur, wenn du wahrhaftig bleibst und einen fairen Kampf kämpfst. Eifersucht, Erpressung, Tränen, emotionaler Druck, Taktieren, all das wird zum Scheitern verurteilt sein. Nur hehre Werte, die aus der Sprache des Herzens kommen, werden von Erfolg gekrönt sein.«

Unter anderen Umständen hätte Charlotte sich totgelacht und solche Worte als hochtrabendes Geschwätz abgetan. Aber zum einen schätzte sie Celine sehr und zum anderen leuchtete es ihr auch ein, was die Freundin sagte.

»Solltest du nächstes Jahr nach Mexiko gehen, dann musst du dich dort im Verborgenen halten. Das I Ging warnt vor Öffentlichkeit. Du brauchst viel Geduld.«

»Ich weiß, aber Geduld ist nicht unbedingt meine Stärke.« Charlotte seufzte.

»Nach dem, was das I Ging sagt, kannst du das durchaus lernen«, fuhr Celine fort. »Aber du musst wissen, Aurelio wird derjenige sein, der draußen agiert. Du wirst die Wartende sein. Er wird weggehen und dich immer wieder allein lassen. Aber er wird auch immer wieder zu dir zurückkommen. Du wirst diejenige sein, die alles zusammenhält. Mitunter wird es dich zur Verzweiflung treiben, dass Aurelio in eurer Beziehung nicht handelt. Du musst wissen, er wird alles auf sich zukommen lassen. Seine Ruhe und Gelassenheit werden dir auf die Nerven gehen. Aber übe dich in Geduld. Seine Liebe für dich ist rein und ehrlich.«

»Wird er wegen mir seinen Beruf aufgeben?«

»Ich muss dich enttäuschen, es sieht im Augenblick nicht danach aus. Prüfe dich! Wenn du ihn liebst, musst du auch den Priester in ihm annehmen. Der ist genauso ein Teil von ihm wie alles andere.«

»Aber was soll ich denn dann in Mexiko, wenn er sich nie entscheiden wird?«

»Ich habe nicht gesagt, dass er sich nie entscheiden wird. Aber es kann dauern. Du musst, wie gesagt, Geduld haben. Und was du in Mexiko sollst, das musst du schon selbst herausfinden. Nimm ein Bild von ihm und meditiere davor. Geh in dich, nimm dir Zeit zum Nachdenken, Charlotte.«

Celine hatte ihr Tee nachgegossen. Es war ein chinesischer Kräutertee, dessen Aroma sich mit den exotischen Düften der Räucherstäbchen, die überall in Celines Haus aufglimmten, zu einem angenehmen, entspannenten Duft vermischte.

»Willst du noch etwas wissen?«

Charlotte nahm einen Schluck Tee. Er schmeckte wirklich sehr gesund.

»Ja, da ist noch etwas. Vielleicht hast du eine Antwort für mich. Ich habe mich oft gefragt, was damals zwischen Aurelio und mir passiert ist.«

»Wie meinst du das?«

»Ich meine, ob du eine Erklärung dafür hast, dass wir, seit wir uns zum ersten Mal begegneten, nie mehr richtig voneinander losgekommen sind. Wir haben uns damals in *San Cristóbal de las Casas* gesehen und es war von beiden Seiten Liebe auf den ersten Blick.«

Celine überlegte. »Es könnte eine karmische Verbindung sein. Das heißt, es ist möglich, dass ihr euch aus einem anderen Leben kennt und euch wiedergefunden habt. Vielleicht wart ihr schon immer ein Paar. Es kann auch sein, dass ihr in diesem Leben noch etwas miteinander klären müsst. Wenn du willst, können wir irgendwann einmal eine Rückführung über deine Geburt hinaus machen. Vielleicht erfahren wir dann mehr.«

Der Vorschlag faszinierte Charlotte, obwohl sie sich bei dem Gedanken, in Trance versetzt zu werden und dem

Willen eines anderen Menschen ausgesetzt zu sein, sehr unwohl fühlte. »Ich werde es mir überlegen.«

Als Charlotte damals nach dreieinhalb Stunden das Haus von Celine verließ, hatte sie Tränen der Erleichterung in den Augen. Sie schniefte und zog die Nase hoch. Immer wenn sie ein Taschentuch brauchte, hatte sie natürlich keines. Die Lebensberatung von Celine hatte ihr gut getan. Sie fühlte sich erleichtert und entspannter, als hätte sich der Knoten, der ihr Herz seit Wochen einschnürte, ein wenig gelöst.

Draußen roch es nach Herbst. Mein Gott, was für ein Sommer lag hinter ihr! Ihr ganzes Leben war upside down. Nichts mehr war wie vorher. Sie fühlte sich wahrlich entwurzelt, wusste nicht mehr, wo sie hingehörte, war aus ihrer Mitte gerissen.

Seit einem halben Jahr lebte sie nun schon aus dem Koffer, schlief bei ihrer Freundin Anne. Vierzehn Kilo hatte sie abgenommen. Ihr fiel der blöde Witz ein, wo eine Freundin die andere sieht und zu ihr meint: »Du hast ja enorm viel abgenommen.« Die andere erwidert daraufhin, es sei aus Kummer, weil ihr Mann eine Geliebte habe. Die Freundin will nun wissen, wie lange sie sich das Verhältnis denn noch mit ansehen wolle, worauf sie die Antwort erhält: »Bis ich mein Traumgewicht habe.«

Charlotte hatte tatsächlich ihr Idealgewicht erreicht, aber um welchen Preis! Wenigstens passten ihr wieder sechsunddreißiger Hosen. Sie hatte wahrlich Ballast abgeworfen – äußerlich, aber vor allem innerlich.

Auf dem Weg zum Parkplatz dachte Charlotte nochmals über die Sitzung bei Celine nach. Dieses I Ging kam ihr schon ziemlich suspekt vor. Das Hochwerfen von Münzen, die dann ausgewertet und mit Sprüchen aus einem fünftausend Jahre alten Buch belegt wurden, erschien ihr auf den ersten Blick schon als ziemlich esoterischer Hokuspokus. Aber die Prophezeiungen, die Celine dem I Ging entnommen hatte, waren verblüffend. Vielleicht war doch was dran. Immerhin glaubten viele Chinesen an dieses Buch.

»Das I Ging ist meine Bibel«, hatte Celine gemeint.

Nun, wenn Charlotte es recht bedachte, musste man auch beim Lesen der Heiligen Schrift sein logisches Denkvermögen an vielen Stellen abschalten. Wie hätte man sonst eine Geschichte wie die der unbefleckten Empfängnis Mariens oder der Vaterschaft des Allmächtigen für möglich halten können? Und immerhin glaubten Millionen von Menschen weltweit an das, was in der Bibel stand, oder sie taten zumindest so.

Charlotte stieg in ihren schwarzen Twingo ein und fuhr in Richtung Autobahn. Autofahren am Feitagnachmittag war wie immer eine einzige Tortur. Am Walldorfer Kreuz stand sie dann eine geschlagene halbe Stunde im Stau.

Als sie schließlich in Annes Wohnung auf dem Lindenhof ankam, lief sie gleich ins Gästezimmer und steckte die Kassette von Celine in die Stereoanlage. Sie legte sich auf den hellen Teppichboden und schaute auf die Holzpaneele an der Decke. Anne war glücklicherweise noch nicht zu Hause, sie ging freitags immer zur Rückengymnastik.

Die sonore Stimme von Celine verkündete: »Das I Ging prophezeit dir jede Menge Erschütterungen in deiner Beziehung zu Aurelio. Es wird nicht ruhig und einfach werden. Aber hab keine Angst, ihr werdet immer wieder zueinanderfinden, wenn du das beachtest, was ich dir gesagt habe. Hab Geduld. Außerdem kann nur etwas Vorhandenes erschüttert werden. Wo nichts ist, kann sich auch nichts bewegen. Und du brauchst diese Erschütterungen. Für dich ist eine Liebesbeziehung immer auch eine gemeinsame Lernerfahrung, in der sich stets etwas entwickeln muss. Du bist nicht das Heimchen am Herd, das in der häuslichen Rolle aufgeht. Dein Horoskop ist voller Gegensätze. Auf der einen Seite brauchst du Sicherheit, auf der anderen Seite steht die Abenteuerlust und es zieht dich immer wieder in die

Fremde. Du musst stets versuchen, deine Bedürfnisse ins Lot zu bringen. Wenn du eine Seite zu sehr vernachlässigst, wird die andere übermächtig und du wirst alles einreißen. Du bist Schütze, Aszendent Skorpion. Für den Skorpion gibt es sowieso immer nur schwarz oder weiß. Entweder es klappt alles oder man bringt sich besser gleich um.«

Vieles, was Charlotte in letzter Zeit gefühlt hatte, wurde durch Celines Aussagen bestätigt. Und in vielen Äußerungen fand sie sich wieder. Es hatte im letzten Sommer Momente gegeben, da hatte sie nicht mehr leben wollen.

Charlotte spulte das Band noch einmal zurück. »Dein Horoskop ist voller Gegensätze«, erklärte Celine erneut. »Auf der einen Seite brauchst du Sicherheit, auf der anderen Seite steht die Abenteuerlust, und es zieht dich immer wieder in die Fremde. Du musst stets versuchen, deine Bedürfnisse ins Lot zu bringen.« Sie hörte genau hin. Das war doch die eindeutige Bestätigung dafür, dass es richtig war, Aurelios Angebot anzunehmen und einen Teil des Jahres in *Chiapas* und den anderen in Deutschland zu verbringen. Es war im Grunde die Lösung. Sicherheit in Deutschland und Abenteuer und Fremde in Mexiko. Es war der Schlüssel für ein ungewöhnliches Lebenskonzept und möglicherweise ihr persönlicher Schlüssel zum Glück. Sie würde Aurelio nicht aufgeben. Die heilige römisch-katholische Kirche konnte ihnen das Leben zwar schwer machen, aber den Triumph, ihre Liebe besiegt zu haben, den würde sie ihr nicht vergönnen. Zweimal war Aurelio stark gewesen und hatte an ihrer Liebe festgehalten, diesmal würde Charlotte kämpfen und einen Weg für sie finden, komme, was da wolle.

7. Estamos en México

Hausfrau im Süden Mexikos zu sein, war für eine normale Mitteleuropäerin wie Charlotte eine Herausforderung. Es war abenteuerlich, mühsam und nostalgisch zugleich. Allein schon die Einkäufe zu tätigen, war tollkühne Pionierarbeit.

An diesem Morgen musste sie allerdings die Waffen strecken und sich eingestehen, dass es bestimmte Dinge in diesem Landstrich einfach nicht gab.

Charlotte als Kämpferin war stets davon überzeugt gewesen, dass man, wenn man sich nur genügend bemühte und nicht locker ließe, fast alles erreichen konnte. Darum tat sie sich auch schwer damit, manche Gegebenheiten einfach zu akzeptieren. So suchte sie vergeblich nach einer Klobürste. Man kannte ein solches Gerät hier anscheinend nicht. Also war Improvisation angesagt. So kaufte Charlotte schließlich eine Spülbürste mit langem Stiel. Die würde zweckentfremdet zum Einsatz kommen. Noch schwerer gestaltete sich die Suche nach zwei Eierbechern. Erfolglos klapperte Charlotte fast das ganze Dorf danach ab.

»No problema, dann esse ich eben mein wachsweiches Ei mit der Hand«, hatte Aurelio beim Frühstück voller Optimismus gemeint. Aber manchmal war Gelassenheit eben doch nicht alles. Denn als ungeübter Wachsweicheier-Esser drückte er natürlich irgendwann zu fest, worauf ihm sogleich der Dotter zwischen den Fingern hindurchquoll. Dem nachfolgenden Versuch, die Schale abzuziehen und das Ei ganz in den Mund zu stecken, hielt das Eiweiß nicht stand und so tropfte ihm der Dotter am Kinn herunter.

Charlotte lachte laut, während sie ihm eine Serviette reichte und ihm mit der anderen Hand über die Wange strich. Er konnte das natürlich so nicht stehen lassen und zog sie blitzschnell zu sich hinüber. Aurelio gab ihr einen festen Kuss auf den Mund mit dem Ergebnis, dass das Eigelb nun auch in ihrem Gesicht klebte. »So, jetzt passen wir wieder zusammen«, meinte er ausgelassen. Sie konnten beide so albern sein!

Mit der Zeit begann Charlotte zu begreifen, dass sie unbedingt lernen musste, die Dinge so zu nehmen, wie sie nun mal waren. Ihre deutschen Gewohnheiten würde sie hier über Bord werfen müssen, wenn sie sich nicht einem Dauerstress aussetzen wollte. So war es durchaus nicht selbstverständlich, dass, wenn sie eingeseift unter der Dusche stand, auch warmes Wasser aus dem Duschkopf kam. Am ersten Morgen, als Aurelio noch im Haus gewesen war, hatte sie einen Hilfeschrei losgelassen, woraufhin er in die Dusche geeilt war wie Siegfried der Drachentöter. Er hatte geglaubt, irgendein wildes gefährliches Insekt würde ihr Leben bedrohen. Mit klarem mexikanischem Blick hatte er jedoch die Lage erkannt, schon vorab seinen verdienten Seifenkuss kassiert, um gleich darauf in den Garten zu eilen und die Pumpe wieder anzuwerfen.

Als Charlotte Tage später allein im Haus war, gestaltete sich die Angelegenheit schon etwas schwieriger. Kam nur kaltes Wasser, dann war möglicherweise die Gasflasche leer. Also Augen zu und durch. Wie erfrischend in der morgendlichen Kälte des großen Hauses! Kam überhaupt kein Wasser, musste die Pumpe aktiviert werden. Das bedeutete, eingeseift und in ein Handtuch gehüllt hinunter in den Garten zu laufen, um dort zwei alte rostige Drähte ineinander zu verhaken, bis die Funken sprühten. Dadurch würde mit ein bisschen Glück die Pumpe anspringen. Allerdings würde es nun gut fünf Minuten dauern, bis das Wasser nach oben ins Badezimmer gestiegen war. Mittlerweile war die Seife auf ihrer Haut angetrocknet und sie fror erbärmlich. Trotz allem war Charlotte sich darüber im Klaren, dass sie zweifellos privilegiert war, denn die Menschen in ihren Holz- und Wellblechhütten um sie herum mussten im Freien mit kaltem Wasser unter der Gießkanne duschen.

Als Aurelio mit ihr in *San Cristóbal* losgezogen war, um eine Waschmaschine zu kaufen, fühlte sie sich an ihre Mutter in den 50er-Jahren erinnert. In ihrer Wohnküche in der Dalbergstraße hatten sie damals eine ganz exklusive Waschmaschine gehabt, sozusagen der letzte Schrei. Die Maschine war der ganze Stolz ihrer Mutter gewesen und ihre Eltern hatten lange dafür gespart. Natürlich hätten sie auch, wie beispielsweise im Kaufhaus Vetter üblich, eine Maschine auf Raten kaufen können. Aber das war verpönt. Anständige Leute kauften nichts *auf die Hack*.

Die Maschine von damals hatte auch aus zwei Teilen bestanden. Da war ein Waschbottich auf der einen Seite gewesen und daneben eine separate Schleuder. Charlotte glaubte ihren Augen nicht zu trauen, als ihr nun genau so ein Modell angeboten wurde. Es war wie eine Zeitreise in die Vergangenheit. Allerdings war die Maschine ihrer Mutter etwas moderner gewesen, denn man hatte mit ihr das Wasser erhitzen können, was mit dem mexikanischen Fabrikat nicht möglich war. Doch Charlotte gab nicht so leicht auf. So fragte sie den Verkäufer noch einmal, ob er denn nicht doch einen modernen Frontlader habe, in dem sich das Wasser wenigstens auf dreißig und sechzig Grad erhitzen ließe. Der hatte sie jedoch mit großen Augen angeschaut, als hätte sie ihm gerade einen unanständigen Antrag gemacht. Für einen Augenblick hatte sie fast das Gefühl gehabt, sich für diese dreiste Frage bei ihm entschuldigen zu müssen.

»Ich habe es dir doch gesagt, dass es das nicht gibt. Hier wird alles kalt gewaschen. *Estamos en México*«, wir sind in Mexiko! Aurelio hatte bloß noch gegrinst und den Kopf geschüttelt. Er kannte Charlottes deutsche Hartnäckigkeit mittlerweile nur zu gut. Dieses von ihm häufig gebrauchte *estamos en México* erklärte aus seiner Sicht alles und erübrigte somit jede weitere Diskussion.

»Bueno, besser, als mit der Hand zu waschen.« Charlotte gab klein bei. Mit Ariel, das hier alle benutzten, brauchte man sowieso kein warmes Wasser. Es schien eine andere Zusammensetzung als in Deutschland zu haben. Es war so aggressiv, dass mit ihm alle Flecken verschwanden und die Wäsche auch mit kaltem Wasser blitzsauber wurde. Arme Umwelt. Umweltschutz war hier leider ein Fremdwort. Alles wurde in Plastik verpackt und dann achtlos weggeworfen, nicht selten mitten in die Landschaft. Grundwasserschutz war ebenfalls ein Fremdwort. Das mexikanische Wasser, das aus der Leitung kam, war darum auch hochgradig bakteriell verschmutzt. Man konnte es zum Waschen, Spülen, Duschen und Putzen verwenden. Zum Zähneputzen taugte es nicht, wollte man nicht danach die Kloschüssel als Dauergast besuchen. Alle Haushalte, die es sich leisten konnten, kauften sich darum einen sogenannten 20-Liter-*Garrafón*, eine riesige transparente Plastikflasche mit gereinigtem Wasser zum Trinken. Den ganzen Tag fuhren kleine Lieferwägen klingelnd durch die Straßen, die dieses Trinkwasser verkauften. Die Flasche wurde dann kopfüber in ein Gestell gestülpt, und so konnte man mit einem kleinen Hahn das Wasser abzapfen.

Aurelio hatte Charlotte einen dekorativen Keramikbehälter geschenkt. Auch hier fühlte sie sich privilegiert, denn vielen Menschen fehlte das Geld, um sich einen *Garrafón* zu kaufen. Die Armen, meist Indianer und Landarbeiter, hatten zwar über die Jahrzehnte gewisse Resistenzen gegen die Bakterien aufgebaut, trotzdem provozierten diese Parasiten alle möglichen Magen- und Darmerkrankungen mit oftmals üblen Folgeschäden. Charlotte dachte oft darüber nach, wie bequem das Leben doch in Deutschland war. Hier in Mexiko war alles viel komplizierter. So konnte man nicht einfach einen Apfel abwaschen und hineinbeißen oder eine Tomate aufschneiden oder einen Salatkopf putzen, reinigen und zubereiten. Alles, was man roh verzehrte, musste vorher desinfiziert werden, da es mit kontaminierten Wasser gegossen, mit Pestiziden behandelt und schon auf dem Feld mit schädlichen Mikroorganismen in Kontakt gekommen war. Also musste man sein Gemüse abwaschen, es dann eine Viertelstunde in Wasser mit *Mikrodyne* –Desinfektionstropfen, die es überall zu kaufen gab – legen und es danach mit Wasser aus dem *Garrafón* abspülen. Was für ein Aufwand! Aber auch hier galt wieder: Man konnte dies nur machen, wenn man das Geld dazu hatte. Die ganzen Giftstoffe waren eine tickende Zeitbombe und der Spruch »wenn du arm bist, musst du früher sterben« hatte hier durchaus seine Berechtigung.

Was die Waschmaschine anbelangte, so hatte Charlotte schließlich das Modell aus dem Zeitalter des berühmtberüchtigten Nierentisches erworben. Zumindest würde es nostalgische Gefühle in ihr wecken. Einen Tag später probierte sie diese neueste technische Errungenschaft auf dem chiapanekischen Weltmarkt an ihren zwei schmutzigen Handtüchern und Unterhosen aus. Mit einem großen Topf füllte sie Wasser in den Bottich und hängte den Abwasserschlauch in das Waschbecken. Dann füllte sie Waschmittel ein, tat die Wäsche hinein und warf die Maschine an. Die rhythmischen Bewegungen des Drehflügels, der die Wäsche hin und her schob, kamen ihr sofort bekannt vor. Wie oft hatte sie dieses Geräusch als Kind gehört!

Dass Wäsche auch gespült werden musste, hatte Charlotte eigentlich längst vergessen. An mitteleuropäische Technik gewöhnt, waren ihr die einzelnen Arbeitsgänge fremd geworden. Also schüttete sie eimerweise kaltes Wasser in den Bottich hinein und wusch die Seife heraus. Bei der Aktion war es nicht zu vermeiden, dass sie gleich noch sich selbst mit einweichte. Der Höhepunkt des Ganzen war jedoch das Schleudern. Die Wäsche gleichmäßig in dem Schleudertopf zu verteilen, war nämlich eine wahre Kunst. Ihr fiel wieder ein, dass sie als Kind immer die Schleuder bewachen musste, wenn ihre Mutter mal kurz die Wohnküche verließ, in der sich als einzig beheiztem Raum das gesamte Leben der Familie Jüngert abspielte. Kam nämlich der Schleudertopf ins Trudeln, musste man sofort abschalten, damit keine Kleidungsstücke herausgeschleudert wurden und sich in dem Spalt zwischen Topf und Maschine verfingen. Sie hatte ihre Mutter noch immer deutlich vor Augen, wie sie des Öfteren versuchte, Taschentücher und Socken aus dem Zwischenraum mit ihrem Kochlöffelstiel herauszuangeln.

Charlotte hatte sich vorgenommen, das Haus nach und nach etwas wohnlicher zu gestalten. Darum musste unbedingt ein Sofa her. Am besten ein kleines für zwei bis drei Personen. Doch damit stellte sich schon das nächste Problem. Da die durchschnittliche mexikanische Familie mindestens aus sechs, wenn nicht mehr Mitgliedern bestand und darüber hinaus ständig Besuch kam, war es nicht möglich, ein einfaches kleines Sofa zu kaufen. Es waren immer mindestens Dreierkombinationen, die in den Geschäften angeboten wurden. Nachdem sie nun schon den fünften Möbelladen in San Cristóbal durchforstet hatten, war Aurelios Geduld zu Ende gewesen und er hatte lapidar gemeint: »Also entweder entscheidest du dich jetzt für die Dreier-Kombination oder für gar nichts. Dann sitzen wir eben weiter auf unseren Stühlen.«

»Dann erst einmal gar nichts«, hatte Charlotte trotzig geantwortet.

Ein spannendes Thema war auch das Putzen beziehungsweise waren die Utensilien, die man dazu in diesem Land benutzte. Die mexikanische Hausfrau agierte gerne mit einem Putzwedel aus gedrehten Putzlappenstreifen. Grundsätzlich gab es gegen dieses Gerät auch nichts einzuwenden, wäre dieser Wedel nur nicht so dick und wären die Streifen nicht so lang gewesen. Es war nicht möglich, ihn auszuwringen, es sei denn, man hätte riesige Pranken gehabt. Wenn das Monstrum mit Wasser vollgesogen war, hatte es darüber hinaus noch ein beträchtliches Gewicht.

Die fünfzig Zentimeter langen Putzlappenstreifen waren außerdem richtungsmäßig nicht zu dirigieren. Da die mexikanische Hausfrau das natürlich auch wusste, schwang sie das Gerät rhythmisch hin und her und her und hin und verteilte so den Dreck beziehungsweise die dreckige Brühe gleichmäßig auf dem Boden, was Sauberkeit zumindest suggerierte.

Charlottes Vorstellungskraft stieß hier definitiv an ihre Grenzen und sie beschloss, dem Putzwedel erst einmal einen gründlichen Haarschnitt zu verpassen. Sie stutzte also das Gerät um zwanzig Zentimeter. Es funktionierte tatsächlich besser. Charlotte war sichtlich zufrieden, den Dreck nun nicht mehr nur zu verteilen, sondern ihn auch zumindest teilweise zu entfernen. Da es weit und breit kein anderes Putzgerät gab, überlegte sie, ob sie sich den chiapanekisch-alemanischen Kurzwedel patentieren lassen sollte. Tausende mexikanischer Hausfrauen würden es ihr möglicherweise danken.

Mit Abstand das größte Problem stellte für Carlotte in der ersten Woche das Essen dar. Ihr Eierkonsum stieg rasant an, da es keine Wurst und fast keinen Käse gab, höchstens mal eine Art Scheibletten als Einzelscheiben in Plastik eingeschweißt. Sie genoss daher Eier in allen Variationen: weich, hart, gebacken, gequirlt, gespiegelt, als Omelette, Paste, Salat oder Armer Ritter. Gott sei Dank hatte sie nie Cholesterinprobleme gehabt. Die ungewollte Eierkur hatte eine trennkostartige Wirkung. Sie nahm ein paar Kilos ab, was sie jedoch als angenehme Begleiterscheinung empfand.

Wenn sie Fleisch haben wollte, musste sie spätestens um sieben Uhr morgens auf dem Markt sein, sonst waren die besten Stücke bereits verkauft, und auf Fett, Schwarten und Knochen hatte sie keinen Appetit. Wobei der Begriff Appetit in diesem Zusammenhang sowieso eher gewagt war. Das angebotene Fleisch lag nämlich ungekühlt auf einem gefliesten Tisch, irgendwo dazwischen ragte eine große Leber hervor, aus der noch immer das Blut tropfte, ein Zeichen für die Frische der Ware. Der Metzgersjunge, der sie bediente, hatte, als sie das Gehackte für ihren Chilibraten kaufte, das von ihr ausgewählte Stück Fleisch von einer Hand in die andere genommen, es ihr stolz von allen Seiten gezeigt und es hier und da gedrückt. Der Kunde war schließlich König. Er sollte genau wissen, welch gute Qualität er für sein teures Geld bekam. Es gab keine Stelle, die er nicht angefasst hatte. Dann nahm er die Geldscheine, die so abgegriffen waren, als würden sie aus der Zeit der Conquista stammen, zählte nach und gab ihr das Restgeld raus, um im selben Moment wieder das Fleisch anzufassen.

Die Zehn-Peso-Scheine waren die schlimmsten. Es schien die beliebteste Banknote zu sein. Das lag sicher weniger daran, dass einer der Führer der mexikanischen Revolution darauf abgebildet war, sondern war eher seinem geringen Geldwert von umgerechnet zwei Mark zu verdanken. Wahrscheinlich war es der einzige Schein, den die Armen von Zeit zu Zeit ihr Eigen nannten. Schon der Zwanzig-Peso-Schein war um Klassen sauberer. Vier Mark, das war der Tageslohn einer Haushaltshilfe, sofern die Arbeitgeber eine gute Familie waren, die einen gerechten Lohn bezahlten. Diese Jobs waren heiß begehrt. Ob das Mädchen ihn bekam oder nicht – an diesem seidenen Faden hing oft das Schicksal einer ganzen Familie.

Sie erinnerte sich an ihren zweiten Aufenthalt in Mexiko und an den mindestens einmal wöchentlich auftretenden Durchfall. Das Essen war zu fett und zu scharf. Wenn sie mit Aurelio über Land fuhr und sie irgendwo einkehrten, hatte er immer den Vorkoster spielen müssen. »*No grasoso y no picante*«, nicht fett und nicht scharf, waren schon beinahe geflügelte Worte. Sie hatte damals fast überhaupt kein Fleisch gegessen, weil ihre Angst, sich irgendeine schlimme Krankheit einzufangen, größer war als ihre Lust auf ein Steak. Sie hatte manchmal geglaubt, schon vom reinen Hinsehen die Gelbsucht zu bekommen. Aurelio hatte ihr das allerdings schnell abgewöhnt. Als sie einmal mit ihm mit angewidertem Gesichtsausdruck von einem Fleischstand zum anderen gegangen war und sich mehr oder weniger naserümpfend für nichts hatte entscheiden können, hatte er sie mit sanftem Druck einfach weggezogen und gemeint: »Dann gibt es heute eben kein Fleisch.« Ihr Verhalten war ihm seinen Landsleuten gegenüber peinlich gewesen. Im Nachhinein hatte sie eingesehen, dass sie sich wie eine richtige *Gringa* benommen hatte. Mittlerweile kaufte sie zwar Fleisch, achtete aber pingelig auf Sauberkeit. So hatte sie sogar den Fleischbrocken, bevor sie ihn zu Hackfleisch verarbeitete, zu Hause erst einmal desinfiziert.

Durch die Einseitigkeit der Ernährung musste Charlotte genau auf ihre Verdauung achten. Die Bohnen, die vielen Eier und die Tortillas bescherten ihr regelmäßig Verstopfung. Um diese loszuwerden, aß sie Chilischoten und würzte das Essen mit *Salsa – muy picante*, scharfer Chilisoße, von denen es Dutzende Sorten in kleinen Fläschchen zu kaufen gab. In Deutschland bekam man Chilisoßen, wenn überhaupt, nur als *Tabasco*. Wenn Charlotte davon zu viel zu sich nahm, war es nur eine Frage der Zeit bis zur nächsten Durchfallattacke. So schwankte sie stets zwischen den Extremen. Ihre Verdauung hatte gewisse Gemeinsamkeiten mit ihrem Horoskop.

Als sie nach fünf Tagen den Maisgeschmack der Tortillas über hatte, kaufte sie sich *Pan bimbo*. Einmal und nicht wieder. Dieses »Brot« trieb jeden auch nur ein bisschen ernährungsbewussten Menschen an den Rand der Verzweiflung. Darum beschloss sie, das erste Brot ihres Lebens zu backen mit den Zutaten, die sie von der anderen Seite des Atlantiks mitgebracht hatte. Dieses erste Brot wäre allerdings auch beinahe ihr letztes gewesen.

Akribisch vermischte Charlotte Mehl, Sauerteigpulver, Salz, Trockenhefe und Wasser miteinander, knetete es fein durch und ließ den Teig eine Dreiviertelstunde gehen. Dann zündete sie den Gasofen an, um ihn vorzuheizen, während sie aus der Teigmasse den Brotlaib formte. Fünfzehn Minuten später, als sie ihn einschieben wollte, stellte sie fest, dass der Flammenkranz am Backofenboden ausgegangen war. Enttäuscht nahm sie darum ein neues Streichholz, um ihn wieder anzuzünden. Sie kniete sich vor den Ofen, öffnete die Tür und hielt das brennende Streichholz hinein. In diesem Augenblick schoss eine Stichflamme auf sie zu, gefolgt von einer kleinen Explosion.

Die Wucht des Feuerwerks schleuderte Charlotte einen Meter durch die Luft und sie fand sich auf dem Boden wieder. Für einen Augenblick wusste sie überhaupt nicht, wie ihr geschehen war. Alles fühlte sich nur noch heiß an.

Als Charlotte kurz darauf im Bad in den Spiegel schaute, blickte sie in ein kreidebleiches Gesicht. Die Spitzen ihrer Wimpern waren weiß, offensichtlich von der Hitze versengt. Allmählich spürte sie nun auch den Schmerz ihrer verbrannten Hände. Sie hielt sie zitternd unter das fließende kalte Wasser. Sie taten fürchterlich weh.

Nachdem sie sich notdürftig verarztet hatte, wurde ihr, als sie an sich herunterschaute, erst so richtig bewusst, was sie da angestellt hatte. Ihre Hose und ihr T-Shirt waren stellenweise verkohlt. Mein Gott, sie hätte genauso gut in die Luft fliegen oder sich schwere Brandwunden im Gesicht zuziehen können.

Als sie später mit verbundenen Händen die roten Vorhänge im Schlafzimmer zuzog, standen ihre beiden indianischen Nachbarinnen drüben in ihrem Hof und fragten, was denn in der Küche passiert sei, sie hätten eine Explosion gehört. Da erst wurde ihr das Ausmaß ihres kleinen Unfalls bewusst. Sie hatte einen Schutzengel gehabt.

Ungeachtet dessen aß sie zwei Stunden später eine Scheibe ihres ersten selbst gebackenen Brotes. Und als sie trotz ihrer schmerzenden Hände genüsslich hineinbiss, musste sie an Aurelios Worte denken. »Estamos en México.« Sie hatte es für den Bruchteil einer Sekunde vergessen. Aber es würde ihr eine Lehre sein.

8. WARTESTELLUNG

Die mexikanische Unzuverlässigkeit war kaum zu überbieten.

Seit einer gefühlten Ewigkeit wartete sie nun schon auf die Telmex, die staatliche mexikanische Telefongesellschaft. Aber es tat sich nichts.

Das Faxgerät und das Modem fürs Internet starrten Charlotte unerbittlich an.

Da schleppte sie nun die modernste Kommunikationstechnik rund um die Welt, hatte die Arme voller Blutergüsse, weil ihr im Flugzeug beim Herausziehen ihres Handgepäcks aus dem oberen Ablagefach die unerlaubten zwölf Kilo auf die Arme gefallen waren, und jetzt scheiterte alles daran, dass der Anschluss nicht gelegt war. Es war zum Verzweifeln.

Bereits vor einem halben Jahr hatte sie Aurelio gesagt, sie brauche unbedingt einen Telefonanschluss. Sie hatte schließlich ihren Eltern versprochen, immer erreichbar zu sein. Charlotte wollte ihnen dadurch ein wenig ihre Ängste nehmen und sie in Sicherheit wiegen. So fiel es den beiden ein wenig leichter, sie ziehen zu lassen. Aber nichts war geregelt, obwohl Aurelio ihr bereits vor einem Monat per Fax ihre mexikanische Telefonnummer mitgeteilt hatte. Kein Anschluss unter dieser Nummer. So ein Mist! Warten, warten, warten, war das öde. Sie fühlte sich eingesperrt, denn wenn sie sich vom Haus wegbewegen würde, dann kämen die Techniker mit Sicherheit.

Die junge Frau bei der Telefongesellschaft hatte am Montag zuvor im Brustton der Überzeugung verkündet, dass ihre Mitarbeiter, falls sie nicht *mañana* kämen, dann doch spätestens im Laufe dieser Woche. Jetzt war es Freitag und Charlotte hatte das dumpfe Gefühl, dass es in dieser Woche wieder nicht klappen würde.

Schön brav war sie jeden Morgen um 7 Uhr aufgestanden – von wegen bis in die Puppen schlafen – und hatte bis zum späten Nachmittag gewartet. Dabei hätte sie es doch eigentlich besser wissen müssen. *Mañana* hieß eben nicht morgen, sondern irgendwann, bloß nicht heute. Aurelio hatte, als sie ihn am Tag zuvor gefragt hatte, ob er glaube, dass die Telmex noch in dieser Woche komme, lächelnd die Schultern hochgezogen.

»Na, dann geh bitte hin, hau im Büro der Telefongesellschaft auf den Tisch und mach den Typen Beine«, hätte sie ihn am liebsten angebrüllt. Seine lateinamerikanische Duldsamkeit konnte sie mitunter auf die Palme bringen.

Aber so war er eben. Aurelio wartete ab. Nach dem Motto, die Dinge haben ihre eigene Dynamik und regeln sich schon von allein, wenn man sie nur loslässt.

Mit dieser Lebensphilosophie waren Aurelios Eltern immerhin beide über neunzig geworden. Mit Sicherheit waren die Menschen hier weniger infarktgefährdet als in Deutschland. Bei einer solchen Perspektive wartete man doch gerne ein bisschen aufs Telefon. Trotzdem konnte Charlotte nicht verhehlen, dass sie sich in Bezug auf die Telefongesellschaft ein wenig deutsche Verhältnisse gewünscht hätte. Aber alles Lamentieren half nichts. Sie würde somit auch nächste Woche jeden Morgen in aller Frühe aufstehen und warten dürfen. So hatte sie sich ihre Ferien immer gewünscht: nachts schlecht zu schlafen und dafür morgens umso früher aufzustehen, um dann den ganzen Tag allein in einem seit Jahren unbewohnten, fast schon märchenhaft von Spinnen eingewobenen Haus zu sitzen, um auf eine Telefongesellschaft zu warten, die nicht daran dachte zu kommen.

Aus lauter Verzweiflung hatte sie schon vor ihrem Backofen-Unfall angefangen, einen Teil der sechzehn Fenster im Haus zu putzen, und das, obwohl sie diese Tätigkeit eigentlich verabscheute. Beim Anblick eines Putzlappens wurde sie jedes Mal an ihre Schulzeit erinnert. Damals hatte sie als Fünfzehnjährige, um mit den anderen »höheren Töchtern« finanziell mithalten zu können, einmal in der Woche nach dem Unterricht das Treppenhaus eines fünfstöckigen Hauses geputzt. In jener Zeit hatte sie sich geschworen, dass sie, wenn sie erst einmal Lehrerin wäre, nie mehr einen Putzlappen anrühren und sie sich zuallererst eine Putzfrau zulegen würde. Aber hier in Mexiko war sie ihrem Vorsatz untreu geworden.

Während sie mit Spinnweben in den Haaren zwischen den staubigen Vorhängen stand und sich mit ihrer weniger lädierten Hand an den Rahmen zu schaffen machte, wurde ihr klar, dass die Fenster wahrscheinlich, seit man sie eingebaut hatte, gerade zum ersten Mal mit einem feuchten Lappen in Berührung kamen. Bei dem Versuch, den Grünspan aus den Fugen zu entfernen, löste sich der Kitt und bröselte in kleinen Stückchen ab. Es blieb ihr nichts anderes übrig, als ihre Aktion einzustellen, sonst würden ihr am Schluss noch die losen Fensterscheiben entgegenkommen.

Alles war eben sehr mexikanisch. Angefangen vom Kitt bis hin zu den Fenstern selbst. Sie waren augenscheinlich nur in die Maueröffnungen eingesetzt worden, das war's dann schon gewesen. Auf ein anschließendes Ausschäumen oder Verfugen der Ritzen zwischen Rahmen und Mauerwerk war großzügig verzichtet worden. Vielleicht wollte man auf diese Weise dafür sorgen, dass es in dem Haus eine natürliche Ventilation gab.

Charlotte fiel auf, dass sie schon wieder deutsche Maßstäbe anlegte, obwohl sie das doch eigentlich gar nicht wollte. »Nimm doch die Dinge endlich so, wie sie sind, und versuche nicht, deinen deutschen Perfektionismus in die Welt zu tragen«, mahnte sie sich selbst. Sie suchte doch das alternative Leben; trotzdem war sie gerade schon wieder dabei, die deutsche Gründlichkeit zum Maßstab aller Dinge zu machen.

Sie beschloss, sich einen Kaffee zu kochen. Viel konnte sie sowieso nicht tun mit ihrer noch immer verbundenen linken Hand und ihrem zugepflasterten rechten Mittelfinger. Als sie am Morgen nach ihrem Unfall ihre Brandwunden genauer betrachtete, hatte sich gezeigt, dass ihre rechte Hand nicht so sehr betroffen war. Sie konnte mit rechts, wenn sie den Finger wegstreckte, einigermaßen hantieren, aber ihre Linke war erst mal außer Gefecht gesetzt. Doch sie durfte sich nicht beklagen, sie hatte unheimliches Glück gehabt.

Gerade als sie das Kaffeewasser aufsetzen wollte, hörte sie unten Geräusche. Sie eilte die Treppe hinunter. Aber es war wieder nicht die Telefongesellschaft.

Stattdessen stand eine vierköpfige indianische Familie im Türrahmen. Es war Salustia mit ihren vier Kindern, die Frau, die Aurelios Schweine hütete.

*

Aurelios Schweine – Charlotte musste grinsen, unweigerlich fiel ihr der Begriff »Schweinepriester« ein. Das war er im ureigensten Sinne des Wortes, denn der Begriff war eigentlich einmal eine Berufsbezeichnung für die Männer gewesen, die im Klosterdienst die Schweine versorgten. Erst im 19. Jahrhundert war die Bezeichnung zum Schimpfwort mutiert. Charlotte wusste das nur deshalb, weil sie sich während ihres Literaturstudiums für eine Hausarbeit mit der Entstehung von Schimpfwörtern befasst hatte.

Aurelio hatte sich die Schweinezucht bereits ein Jahr, nachdem er 1970 seine erste Priesterstelle in Teopisca angetreten hatte, zugelegt.

Als Charlotte ihn einmal gefragt hatte, warum er sich neben seinem anstrengenden Beruf als Priester noch eine weitere Arbeit aufgeladen habe, meinte er: »Weil ich es satt hatte, ständig mit meinen Haushälterinnen Chila und Antonita am Existenzminimum zu leben und von Almosen abhängig zu sein.« Damals war Charlotte hellhörig geworden und hatte natürlich nachgehakt. »Darf ich dich mal fragen, was du im Monat verdienst?«

Aurelio hatte gelacht: »Was ich verdiene oder was ich bekomme?«

»Na ja, dein Gehalt, das dir die Kirche monatlich für deine Arbeit bezahlt«, hatte Charlotte ihm erklärt.

»Ich bekomme kein Gehalt von der Kirche, im Gegenteil, ich muss noch jeden Monat den *Diezmo*, den Zehnt, von meinen Einnahmen an die Diözese abführen.« Aurelio erklärte ihr das in einem Ton, als wäre es das Selbstverständlichste auf der Welt.

Charlotte war entsetzt. »Und wovon lebst du dann?«

»Du meinst, wovon leben wir? Chila und Antonita gibt es schließlich auch noch. Wir leben von dem, was ich für Hochzeiten, Taufen, den Festen für die *Quinzeañeros*, Kommunionen, Beerdigungen bekomme und aus den Erträgen der Kollekte nach den Gottesdiensten. Manchmal geben sie mir aber auch kein Geld, sondern nur ein paar Eier oder ein Dutzend Limonen. Die Leute hier sind arm und können oftmals nichts bezahlen, aber um sich erkenntlich zu zeigen, bringen sie dann irgendetwas von dem wenigen mit, was sie haben. Das ist für sie auch eine Frage der Ehre. Mitunter schenken sie uns sogar ihr letztes Suppenhuhn. Jetzt weißt du auch, warum ich so gerne Hühnerbrühe mag.« Wieder lachte er herzerfrischend.

Charlotte fand das, was er ihr gerade erzählt hatte, überhaupt nicht lustig. »Das ist doch unglaublich. Das ist eine brutale Ausbeutung. Du arbeitest sieben Tage in der Woche rund um die Uhr und nicht nur du, auch Chila und Antonita sind ständig mit dem Putzen und Ausschmücken der Kirche, dem Backen von Hostien, dem Kerzendrehen und allem Möglichen beschäftigt. Dafür gibt euch die Diözese keinen Peso? Die wissen doch, dass die Leute hier arm sind und somit eure Einnahmen ziemlich gering ausfallen.«

»Üppig sind sie nicht. Wenn es gut läuft, kommen wir im Monat auf 2.000 Pesos, manchmal ist es aber auch weniger. Davon gehen zehn Prozent an die Diözese ab, und von dem Rest müssen wir alle Kosten bezahlen, die im Pfarrhaus und in der Kirche anfallen wie Strom, Gas und Wasser – und wir müssen zu dritt davon leben. Das ist fast nicht machbar.«

Charlotte rechnete kurz um. 2.000 Pesos waren rund 400 Mark. Was für eine Ungerechtigkeit. Von den Pfarrern, die an ihrer Schule im Schwarzwald, wo sie früher unterrichtet hatte, als Religionslehrer tätig waren, wusste sie, dass sie alle mit A 13, also genauso wie sie als Realschullehrerin eingestuft waren und dass viele ab dem 40. Lebensjahr sogar nach A 14 aufstiegen. Natürlich waren die Bedingungen in Deutschland andere, durch die verpflichtende Kirchensteuer konnten die Gehälter leichter finanziert werden und die Lebenshaltungskosten waren auch wesentlich höher als in Mexiko, aber all das konnte über diese himmelschreiende Ungerechtigkeit nicht hinwegtäuschen.

»Du bist ja richtig schockiert, Charlotte. Nimm das nicht so ernst. Es ist mir doch gelungen, meine Lebensverhältnisse und die der beiden Frauen zu verbessern. Ich habe Schwein gehabt, im wahrsten Sinne des Wortes.« Aurelio lachte laut und freute sich über das Wortspiel. »Don Samuel fand es gut. Er hat mich in meiner Initiative bestärkt und mir die Schweinezucht genehmigt«, fügte er zufrieden hinzu.

»Er ist auch ein vernünftiger Mann, schließlich profitieren davon alle. So kannst du dir ein Auto leisten und in die abgelegensten Gemeinden, fahren, die du sonst gar nicht mitbetreuen könntest«, stellte Charlotte fest.

»Aber vor allem kann ich meine kleine, süße, deutsche Frau durch die Gegend chauffieren und ihr mein *México lindo querido*, mein schönes geliebtes Mexiko, zeigen.« Mit einem Kuss verschloss er ihr den Mund. Er hatte keine Lust, weiter darüber nachzudenken, geschweige denn darüber zu diskutieren.

Charlotte ließ es in diesem Moment gut sein. Doch das Thema würde sie noch einige Zeit beschäftigen.

*

»Padre Aurelio schickt uns. Wir sollen hier Fenster putzen und sauber machen.«

Charlotte wurde aus ihren Gedanken gerissen. Sie betrachtete die Mannschaft. Mutter und Tochter in ihren karierten Schürzen, die ihrer eigenen verdammt ähnlich sahen, ein Junge von vielleicht siebzehn Jahren, ein anderer von acht und ein Dreikäsehoch. Sie musste insgeheim grinsen. Das war typisch Aurelio. Sie hatte ihm gesagt, dass ihr der Arm mit den Blutergüssen so wehtat und dass sie bei ihrer Fensterputzaktion wegen ihrer Hände erst einmal eine Pause einlegen müsse, und jetzt schickte er ihr eine ganze Indianerfamilie zu Hilfe. Wie sagte er doch immer wieder, wenn sie ihn fragte, warum er ihr ständig schreibe, dass er sie liebe, es ihr aber persönlich so selten sage: »Nicht die Worte zählen, sondern die Taten.« Es stimmte. Aurelio hatte sich stets in fast schon vorauseilender Fürsorglichkeit für sie eingesetzt. Das war von Anfang an so gewesen. Ohne ihn wäre sie Montezumas Rache hilflos ausgeliefert gewesen. Er hatte sie immer beschützt und darauf geachtet, dass es ihr gut ging. Für all das liebte sie ihn und für so vieles mehr.

Mittlerweile hatte sie der kleinen Putzkolonne die anstehenden Arbeiten gezeigt und sie mit Eimern, Lappen, Besen, dem »chiapanekischen Kurzwedel« und Putzmitteln ausgestattet, zuvor hatte sie noch allen ein deutsches Traubenzuckerbonbon geschenkt mit der Bemerkung, dieses *Dulce* gebe Kraft. Sie hatte dabei lachend auf ihren Bizeps gedeutet.

Als sie nach einer halben Stunde hinunterkam, sah sie, dass der kleine Cristóbal wie ein Äffchen in die Fenstergitter geklettert war und die Spinnweben samt ihrer langbeinigen Bewohner entfernte.

Die etwa zwölfjährige Guadalupe hatte sich einen Stuhl besorgt und staubte die Fenstergitter ab, während Gregorio und Alejandro, ihre Brüder, auf einer Leiter standen und die Glasscheiben im oberen Teil reinigten. Die Mutter beobachtete von unten das Geschehen und gab Anweisungen. Sie war eindeutig der Boss. Alles hörte auf ihr Kommando.

»Eigentlich ist das Kinderarbeit«, fuhr es Charlotte durch den Kopf. War es nicht inkonsequent, mit *Terre des hommes* in Deutschland Projekte gegen Kinderarbeit zu organisieren und hier Kinder für sich arbeiten zu lassen?

Aber als sie in die fröhlichen Gesichter sah und den dankbaren Blick der Mutter wahrnahm, waren ihre Zweifel zerstreut.

Salustia sagte Charlotte, sie sei froh, für sie arbeiten zu dürfen. Ihre Kinder und sie müssten sehen, wie sie über die Runden kämen. Ihr Mann sei ein Trinker und habe nie wirklich für sie gesorgt. Padre Aurelio sei sie zu großem Dank verpflichtet. Er habe sie, als er von ihrer Not erfahren habe, von der Straße geholt. Er ernähre sie und dafür versorgten sie seine Tiere. Durch ihn hätten sie wieder ein Dach über dem Kopf.

Charlotte war stolz auf ihren Aurelio, auch wenn es besser war, das nicht öffentlich zu äußern. Genau so einen Mann hatte sie sich immer gewünscht. In diesen engagierten Priester hatte sie sich damals auch unsterblich verliebt. Sie sah ihn genau vor sich, wie er 1983 mit glühenden Worten in der Kirche von Las Rosas am Sonntagmorgen predigte, wie er den Indianern Hoffnung gab und sie ihm ihr Vertrauen schenkten. Sie erinnerte sich auch an die Freitagabende im Pfarrhaus, wo er damals mit den katholischen Schwestern aus den USA den *Campesinas* und *Indigenas* erklärte, dass Geburtenkontrolle wichtig sei und dass es verschiedene Möglichkeiten der Verhütung gebe. Das alles hatte ihr damals mächtig imponiert und zum ersten Mal hatte sie verstanden, dass viele Vertreter der katholischen Kirche in *Chiapas* und in vielen Teilen Lateinamerikas ganz andere Wege gingen. Die Dogmen des Vatikans waren hier zweitrangig, dafür setzte man die christliche Botschaft in die Tat um, anstatt wohlklingende Worte über der Welt auszugießen.

»Und wann kommt Ihr Mann aus Deutschland?« Salustia holte Charlotte in die Wirklichkeit zurück. Für einen Augenblick war sie gedanklich total weggetreten gewesen.

»Mein Mann, ach ja, mein Mann«, stammelte Charlotte, sie war auf diese Frage nicht vorbereitet gewesen, »mein Mann, der kommt später. Er hat beruflich sehr viel zu tun und konnte noch nicht reisen. Er wird in vierzehn Tagen nachfliegen. Nächste Woche kommt erst einmal meine Freundin.«

»Mein Mann«, murmelte sie vor sich hin, während sie wieder die Treppe hinaufstieg.

Mit Oscar war sie noch immer verheiratet, aber die Ehe bestand nur noch auf dem Papier. Ihr wirklicher Mann war Aurelio. Aber das durfte niemand wissen.

In der Öffentlichkeit durfte er nicht ihr Mann sein. Er war zu lebenslänglicher Ehelosigkeit verdammt. Aber das stand eben auch nur auf dem Papier. Der Zölibat war ein umstrittenes Kirchengesetz, er war nie ein Gottesgesetz oder Dogma gewesen. Im frühen Mittelalter hatten es die Mächtigen der katholischen Kirche verpflichtend eingeführt, damit Priester keine Nachkommen hatten und somit nach ihrem Tod das Lehen an die Kirche zurückfiel. Zweifellos hatte dieses Kirchengesetz Charlotte und Aurelio das Leben schwer gemacht, aber es hatte ihre Liebe nicht zerstören können. Charlotte würde alles daran setzen, dass es das auch in Zukunft nicht schaffen würde.

9. BAUCHWEH

Charlotte rührte das Trockenmilchpulver, die einzige Art von Milch, die sie in den *Abarrotes*, den kleinen Lebensmittelgeschäften Teopiscas bekommen konnte, in ihre mittlerweile fünfte Tasse Schwarztee. *Abarrotes* gab es in Spanien nicht und so hatte sie das Wort vergeblich in ihrem Wörterbuch gesucht. Stattdessen stand da *abarrotando*, was soviel hieß wie »gerammelt voll sein«.

Eine gute Beschreibung dieser Läden, dachte Charlotte. Abarrotes gab es an jeder Straßenecke, meistens war es ein Raum des Hauses, den man mit allen möglichen Waren vollgestellt und zum Laden umfunktioniert hatte. Das war bequem, man konnte seinem ganz normalen Tagesgeschehen nachgehen und nebenbei ein bisschen Geld verdienen. In einem *Abarrote* gab es fast alles, von *Pan bimbo*, Eiern, und Ariel über die einzeln in Folie abgepackten Scheiblettenscheiben und *Chuletas ahumadas*, eine Art Rippchen, die man hier immer hauchdünn aufschnitt, dass man fast Zeitung durch sie hätte lesen können. Vor allem standen aber in den meist provisorisch zusammengenagelten Holzregalen Chili-Konserven in verschiedenen Schärfegraden, *Chiles jalapeños*, *Habaneros*, *Serranos*, *Poblanos*, um nur einige zu nennen. Auch konnte man hier Dutzende von Salsa-Sorten sowie Öl und Mayonnaise in allen möglichen Verpackungsgrößen kaufen. Der Mayonnaisenkonsum der Mexikaner war enorm, war sie doch in gewisser Weise der Butterersatz. Es gab zwar auch Butter in geringen Mengen, aber die war eher ungenießbar, waren ihr doch alle möglichen ölhaltigen Ersatzstoffe beigemischt, die der Butter einen ranzigen Geschmack verliehen. Dass es keine gute Butter gab, hatte vielerlei Gründe. Wahrscheinlich hatte es mit dem warmen Klima zu tun. Es war aber sicherlich auch eine Preisfrage und vor allem war Butter insofern überflüssig, als dass die Mehrheit der Mexikaner sowieso fast ausschließlich Maistortillas zu sich nahm, auf die sie zwar alles Mögliche legten, die sie aber mit Sicherheit nicht mit Butter bestrichen. Charlotte war schon früh dazu übergegangen, Avocados zu einem Brotaufstrich zu verarbeiten. Mexikos Avocados waren unschlagbar in ihrem Aroma. Man merkte sofort, dass sie nicht wie die nach Deutschland importierten irgendwo unreif geerntet wurden und ihr Reifeprozess erst auf dem Transport eingesetzt hatte. In Mexiko wurden sie im richtigen Augenblick gepflückt und kamen sofort auf den Tisch. Ähnlich war es mit den Mangos und Papayas. Die waren fantastisch. Süß und saftig, einfach ein Genuss. Die kleinen Obst- und Gemüseläden boten sie nicht wie in Deutschland zum teuren Stückpreis, sondern kiloweise an.

Charlotte hatte sich auch daran gewöhnen müssen, dass, wenn man *Tomates* verlangte, man grüne Tomaten bekam. Das bedeutete jedoch nicht, dass diese unreif waren, es war nur eine andere Sorte, die es zu Hause nicht gab. Die roten Tomaten nannte man hier *Jitomates*. Sie wurden in kleinen Plastikeimerchen angeboten, da eine mexikanische Familie immer aus mehreren Personen bestand und so der Tomatenkonsum sehr groß war. Portionen für Singles waren hier kein Thema. Die mexikanische Hausfrau verarbeitete jeden Morgen die beiden Tomatensorten mit Chili, sodass sie ihre Familie bereits zum deftigen Frühstück mit einer frischen scharfen *Salsa casera*, einer hausgemachten Chilisoße, erfreuen konnte. Dafür benutzte sie eine *Licuadora*. Dieser Standmixer war das wichtigste Elektrogerät in jedem mexikanischen Haushalt, natürlich abgesehen vom Fernseher. Wenn Charlotte es recht bedachte, dann war es besser, den ganzen deutschen Kram zu vergessen und sich stattdessen nur noch landestypisch zu ernähren. Doch das war leichter gesagt als getan. Charlotte war eben auch ein Kind der Gewohnheit und so ein Stück frische Butter auf einem noch backofenwarmen, leckeren selbstgebackenen Brot war auch nicht zu verachten.

In den *Abarrotes* gab es fast alles zu kaufen, den größten Anteil stellten die zuckersüßen Limonaden und natürlich Pepsi- und Coca-Cola dar. Es gab sie zumeist in Eineinhalb- bis Zwei-Liter-Flaschen. Daneben hingen gleich die Chips-Tüten. Es war die pure Chemie, angeboten in allen Größen und Geschmacksrichtungen. Kein Wunder, dass Mexiko in der Spitzenreiterliste der Länder war, in der die dicksten Menschen lebten.

Charlotte hatte in den *Abarrotes* vergeblich nach ganz normaler flüssiger Mich gesucht. Es gab sie nicht, stattdessen stand da in allen möglichen Dosengrößen Nestlé-Milchpulver. Hätte sie es nicht besser gewusst, wäre der Verdacht nahe gelegen, dass mexikanischen Kühen statt flüssiger Milch Pulver aus dem Euter rieselte.

Charlotte nahm einen Schluck aus der Teetasse, aber das Milchpulver hatte sich natürlich wieder nicht richtig aufgelöst und zusammen mit dem deutschen Süßstoff hatten sich unappetitliche Klümpchen auf der Oberfläche gebildet. Ein in der Mitte schwimmender Pulverhaufen erweckte in ihr Assoziationen an den Eisberg aus dem Film *Titanic*. Während sie ihre Lippen spitzte und in die Tasse schielte, versuchte sie, am Tassenrand vorsichtig nippend, den weißen Berg und um ihn herum die milchigen kleinen Fetzen zu »umschiffen«. Aber ihr Manöver war genauso erfolglos wie das des Kapitäns der Titanic. Charlotte spürte die klebrigen Klumpen auf ihrer Zunge. Pfui, Teufel! Nicht einmal das gelang ihr. Charlotte hasste Brocken in Getränken. Es war einfach widerlich. Sie hatte sich schon als Kind davor geekelt, wenn ihr im Übrigen heiß geliebter Opa Carlo den Hefezopf in der Kaffeetasse aufgeweicht oder ihn gar hineinbröselt und diese Suppe dann auch noch genüsslich ausgeschlürft hatte.

Charlotte ging zum Küchenfenster und schaute hinaus. Der Ausblick trug nicht zur Aufhellung ihrer Stimmung bei. Der Himmel war genauso grau verhangen wie ihre

Gefühlslage – ein geschlossenes dunkles Wolkenfeld, als wäre jemand mit einem dicken Aquarellpinsel über die gesamte Himmelsfläche gefahren. Mit Sicherheit würde es gleich wieder zu regnen anfangen.

Gegenüber im Gebüsch, am Rand der holprigen Straße, entdeckte sie eine kleine alte Indianerin. Sie hockte zwischen den Grasbüscheln und verrichtete dort ihre Notdurft mit einer totalen Selbstverständlichkeit, obwohl sie damit rechnen musste, dass jeder sie sehen konnte. Nur noch ihr kleiner Kopf mit den langen, zurückgebundenen dunklen Haaren schaute zwischen den Grashalmen hervor. Sie gehörte zu der Gruppe mit den roten Blusen. Charlotte konnte die verschiedenen Stämme noch immer nicht auseinanderhalten. Es gab in dieser Gegend hauptsächlich *Chamula*, *Tzotziles* und *Tzeltales*. Alle waren sie Maya-Abkömmlinge. Sie musste Aurelio unbedingt fragen, woran man sie erkennen und wie man sie unterscheiden konnte.

Charlotte ging es nicht gut, körperlich wie seelisch. Heute war bei Gott nicht ihr Tag. Sie fühlte sich ausgelaugt in jeder Beziehung. Seit gestern wurde sie von einer glücklicherweise nur leichteren Form von Montezumas Rache geplagt. Diese hatte bewirkt, dass sie in der letzten Nacht ein gutes Dutzend Male zwischen Bett und Kloschüssel unterwegs gewesen war. In ihren Eingeweiden rumorte es noch immer, obwohl mittlerweile nicht mehr viel in ihr sein konnte.

Sie hatte sich nach dem Aufstehen richtig elend gefühlt, benommen im Kopf, flau im Bauch, schlapp in den Waden. Trotzdem stand sie als disziplinierte Deutsche natürlich früh auf. Schließlich würden heute die Männer von der Telefongesellschaft kommen, um endlich den Anschluss zu legen.

Aurelio hatte es sich sogar schriftlich geben lassen. »*Venimos el lunes*«, wir kommen am Montag, stand auf dem Zettel. Es wurde auch verdammt noch mal Zeit. Wenn sie

Aurelio schon nicht jeden Tag sehen konnte und fast jede Nacht allein in dem zweckentfremdeten Ehebett verbringen musste, war es doch mit Telefon wenigstens möglich, ihn ab und zu anzurufen und vor dem Einschlafen noch einmal seine Stimme zu hören.

Mittlerweile hatten sie Übung in zärtlichen Liebesbekundungen per Telefon. Sie verstanden es, ihre Sehnsüchte in Worte zu fassen und diese dadurch ein wenig zu stillen. Sie wussten genau, was sie sich sagen mussten, um sich einander aus der Ferne ein stückweit zu fühlen. Das Telefon und, wenn sie in Deutschland war, auch das Fax waren zu Botschaftern ihrer Liebe geworden.

Wenn Charlotte in Mannheim, aufgrund der sieben Stunden Zeitverschiebung zwischen den Kontinenten morgens um sechs durch das Rattern ihres Faxgerätes geweckt wurde, machte sie einen Satz aus dem Bett und lief in die Diele. Dort wartete sie, von einem Fuß auf den anderen tänzelnd, barfuß auf dem kalten Boden und blickte gebannt auf den Auswurfschlitz. Bei jedem Zentimeter Papier, der sich aus dem Gerät schob, klopfte ihr Herz heftiger. Genau in diesem Augenblick stand ihr Liebster am anderen Ende der Welt auch vor seinem Faxapparat und war in Gedanken bei ihr.

Die Inhalte der Faxe waren immer ähnlich. Er berichtete ihr die Neuigkeiten aus der Diözese. Meist waren es schlechte Nachrichten. Die Ausbeutung und Diskriminierung der Indianer und das damit verbundenes Leid schienen kein Ende zu nehmen. Am Schluss der Seite kamen dann seine Zärtlichkeiten.

»Ich gehe jetzt schlafen, *mi amorcito chulo*, mein hübscher Liebling, und werde von dir träumen. Ich werde dein Gesicht und deine Brüste liebkosen, deine seidige Haut streicheln und dich nicht mehr loslassen, bis wir eins werden und es nur noch uns gibt.« Während sie das las, konnte sie ihn regelrecht fühlen. Diese und ähnliche Worte in immer neuen Variationen schrieb er ihr, als würde er aus einer nie versiegenden Quelle schöpfen, aus einer Quelle von Sinnlichkeit und Verlangen. Er schickte ihr Tausende von Küssen, die er wahrscheinlich nie realisieren konnte, auch wenn sie beide ein greisenhaftes Alter erreichen würden.

Mit dem Fax in den Händen kehrte sie dann meistens zurück in die Wärme des Bettes, nahm ihr zweites einsames Kopfkissen, auf dessen Bezug *toma mi corazón*, nimm mein Herz, gestickt war, in den Arm, und bevor sie wieder die Augen schloss, betrachtete sie sein Foto, das eingerahmt auf der großen alten Holztruhe neben ihrem Bett stand. »Jetzt liegt er auch im Bett und ist ganz intensiv in Gedanken bei mir«, dachte sie, während sie wieder einschlummerte.

In diesem Augenblick waren sie so weit entfernt voneinander und einander doch so nah.

Charlotte ging zurück zum Tisch und nahm einen Schluck Tee. Wenn sie nur endlich Telefon hätte! Bestimmt würde Aurelio sie auch hier am Morgen anrufen, um sie zu wecken.

Draußen regnete es unterdessen einmal wieder in Strömen. Sie lebte schließlich nicht umsonst im tropischen Regenwald. Sie beschloss, sich wieder aufs Bett zu legen, sie war hundemüde. Sie machte ihre Augen zu. Bloß nicht wegtreten, nur ein bißchen ausruhen. Sie lauschte. Schließlich konnte es jeden Augenblick unten klopfen und das heißersehnte Telefon würde endlich angeschlossen werden.

Die Stunden vergingen, schlaflos und ohne dass jemand klopfte. Mittlerweile war es zwei Uhr mittags. Jetzt würden sie nicht mehr kommen, denn um zwei Uhr aß der Durchschnittsmexikaner gewöhnlich zu Mittag. Also wieder nichts. Es war einfach zum Verzweifeln. Sie hätte losschreien und heulen mögen. Seit zwei Wochen saß sie jetzt in diesem Haus und wartete von Tag zu Tag auf dieses gottverdammte Telefon. Mittlerweile waren ihre fünfzig Internet-Freistunden von AOL verfallen. Unzuverlässigkeit schien mexikanischer Volkssport zu sein. Charlotte hätte aus den letzten vierzehn Tagen Dutzende von Beispielen lateinamerikanischer Schludrigkeit aufzählen können Ob es die Holzbretter waren, die wegen des akuten Brechdurchfalls des *Carpinteros* nicht wie vereinbart fertig waren, oder der Wein, den sie bereits zum dritten Mal bestellt hatte. Oder der Papierlocher, den die Frau in der *Papelería* bis zum nächsten Tag besorgen wollte, oder der Kleiderschrank, den Charlotte bereits bezahlt hatte und der auch nicht geliefert werden konnte, weil er angeblich in einem anderen Dorf stand und nicht nach Teopisca transportiert werden konnte, weil keine *Camioneta* zur Verfügung stand. Jedes Mal, wenn etwas nicht klappte, also sozusagen fast immer, präsentierte man ihr mit einer liebenswürdig-schüchternen Hilflosigkeit und einem freundlichen Lächeln die Absage. Sie bekam dann schon fast ein schlechtes Gewissen, weil sie einen derart komplizierten Auftrag gegeben und damit den armen Handwerker oder Händler in eine so prekäre Situation gebracht hatte. Sie ärgerte sich über sich selbst, dass sie immer wieder von Neuem auf diese Taktik hereinfiel und diesen liebenswerten Menschen einfach nicht böse sein konnte. Anstatt auf den Tisch zu hauen und zu brüllen: »Zum Donnerwetter, was ist das denn für ein Sauladen hier!«, lächelte sie freundlich und übte sich in lateinamerikanischer Duldsamkeit. Denn wenn sie es genau nahm, war dieses Verhalten vielleicht nicht einmal eine Taktik. Was man in Deutschland unter »Sauladen« verstand, schien eher mexikanischer Alltag zu sein. Verdammt! Sie war schon wieder dabei, all das, was man ihr in über vierzig Jahren in Deutschland eingebläut hatte, hier umsetzen zu wollen. Die Messlatte in Mexiko war eine andere. Hier ging man die Dinge langsam an, wartete ab, geduldete sich, war zurückhaltend, blieb freundlich. Ganz andere Tugenden als die, welche in Deutschland galten. In Mexiko freute man sich, wenn mal etwas klappte, denn das war die Ausnahme. Daheim musste immer alles gleich funktionieren, gut organisiert sein, zack, zack: »Erst die Arbeit, dann das Vergnügen.« – »Was du heute kannst besorgen, das verschiebe nicht auf morgen.« *Mañana*, dieser Begriff existierte nicht im Wortschatz eines Volkes, das von preußischem Drill geprägt war. Charlotte würde noch viel lernen müssen, wenn sie hier leben wollte.

All diese kleinen Nachlässigkeiten und Hindernisse waren im Grunde auch gar nicht so schlimm, wenn sie es genau betrachtete. Dann schnitt sie eben die Zwiebel weiterhin im Suppenteller und trank Tequila statt Rotwein – das passte sowieso besser in die Landschaft. Sie bohrte weiter mit der Scherenspitze Löcher zunächst in das Papier und, wenn sie zu sehr drückte, auch noch in ihren eh schon geschundenen Zeigefinger – und ihre Kleider lagen eben noch eine Woche länger verknittert auf dem Bett. Sie fragte sich sowieso, wozu sie diese eigentlich vor ihrer Abreise noch gebügelt hatte. Das hätte sie sich sparen können. Aber es gehörte sich halt für eine ordentliche Deutsche nicht, mit ungebügelten oder gar ungewaschenen Kleidern im Koffer zu verreisen, obwohl es eine Sisyphusarbeit gewesen war.

Aber das Telefon. Bei allem Willen zur Integration in die Gepflogenheiten und die Mentalität des Landes, das Telefon brachte sie fast zur Verzweiflung. Es fehlte ihr zusehends. Sie würde nun schon zum zehnten Mal zu dem kleinen Telefonladen im Dorf marschieren, wo ihr die nette Frau wieder ein leckeres Bonbon mit Nussgeschmack anböte, das sie aber heute aufgrund ihrer Magen-Darm-Verstimmung dankend ablehnen würde. Charlotte schien mittlerweile die beste Kundin im Laden zu sein und wurde auch dementsprechend empfangen. Bei einem Minutenpreis von fünf Mark und einer durchschnittlichen Sprechzeit von sechs Minuten kostete sie das Telefonieren mittlerweile ein kleines Vermögen. Wahrscheinlich hätte die Señora, wenn sie mehrere solcher Kunden gehabt hätte, ihren Laden nur noch halbtags öffnen müssen.

Charlotte hatte ihren Eltern vor ihrer Abreise versprochen, erreichbar zu sein und, wenn alle Stricke reißen würden, auch vorzeitig zurückzufliegen. Ein wichtiger Grundsatz in ihrem Leben war es immer gewesen, das zu halten, was sie versprach. Verlässlichkeit war eben eine der grundlegenden deutschen Tugenden. Also rief sie beinahe täglich in Deutschland an.

Es klingelte am anderen Ende. Die Señora drückte die Stoppuhr. Es knackste in der Leitung.

»Papa, hallo, ich bin's.«

»Ah, Muck, wie geht's dir?« Sie hörte die Freude in der Stimme ihres Vaters. Er nannte sie von Kindesbeinen an Muck, weil sie als kleines Mädchen so dünn wie eine feingliedrige Fliege gewesen war.

»Danke, gut, und dir?«

»Ich bin zufrieden. Durch das Sauerstoffgerät kann ich wieder leichter atmen und morgens den Schleim in den Bronchien besser abhusten.«

Wie tapfer er war! Sie wusste, dass es ihm nicht gut ging, und zwar in jeder Hinsicht. Der zähe Schleim, der manchmal auch ein Erbrechen verursachte, die schweren Hustenanfälle und die immer wiederkehrenden Bronchialinfektionen schwächten seinen Körper zusehends und griffen sein Herz an. Und seine Psyche? Wie sollte ein Mann, der vor Vitalität gesprüht hatte, stets ein Temperamentsbündel gewesen war, der Hunderte von Menschen unterhalten konnte und der Mittelpunkt jeder Gesellschaft war, der sich wie sein Idol Frank Sinatra kleidete, bis fast sechzig aktiv Fussball gespielt und einen dementsprechend athletischen Körper gehabt hatte, wie konnte ein solcher Mann sich damit abfinden, immer weniger zu werden und jeden Tag vierzehn Stunden durch eine Nasenbrille mit einem Sauerstoffgerät verbunden zu sein?

Ihr Vater alterte in Windeseile und es entging Charlotte, ihrer Mutter und sicher auch ihm selbst nicht, dass er mit gerade einmal Anfang 70 immer mehr zum Pflegefall wurde. Aber sie konnte und wollte jetzt nicht darüber nachdenken. Schon gar nicht, wie es in Zukunft weitergehen würde. Ihr Vater hatte gesagt, er sei zufrieden, und das wollte sie erst einmal so akzeptieren.

»Gott sei Dank, ich bin so froh, dass dir das Sauerstoffgerät Erleichterung verschafft. Jetzt bist du technisch auf dem neuesten Stand, Papa. Verkabelt und das auch noch gebührenfrei«, witzelte Charlotte, um das Gespräch ein wenig in heitere Bahnen zu lenken.

Er lachte. »So kann man es auch sehen.« Ihr Vater hatte immer einen ausgeprägten Humor gehabt. Wenn er zu erzählen angefangen hatte, war kein Auge trocken geblieben.

Charlotte hörte, wie ihre Mutter im Hintergrund drängelte, ihr den Hörer zu geben. Wahrscheinlich hatte sie Angst, dass die Leitung mal wieder, wie schon mehrere Male zuvor, unterbrochen würde.

»Ich geb dir deine Mutter. Tschüss.« Er gab ihr einen schmatzenden Kuss durchs Telefon, den sie ihm nicht weniger laut erwiderte.

»Tschüss, Papa. Ich hab dich ganz arg lieb.«

»Hallo, Mutti, wie geht es dir? Ist dein Rücken besser?«

»Na ja, es geht so. Ich habe heute wieder eine Spritze bekommen und morgen muss ich zum Orthopäden.«

»Dann hoffe ich für dich, dass die Behandlung anschlägt.«

»Mach dir mal nicht so viele Sorgen, bis jetzt kommen wir ganz gut zurecht. Aber du fehlst uns trotzdem sehr, das weißt du ja.«

»Ihr fehlt mir auch. Und ihr wisst, wenn es ohne mich nicht mehr geht, dann komme ich früher zurück, so wie wir es besprochen haben.«

»Jetzt hör mal auf damit, Charlotte. Du bist jetzt erst mal in Mexiko und genießt die Zeit mit Aurelio. Und wie geht es dir?«

»Abgesehen davon, dass ich letzte Nacht Durchfall hatte, geht es mir ganz gut. Aurelio ist unheimlich lieb zu mir.«

Sie musste ihrer Mutter nicht unbedingt von ihren Depressionen erzählen. Mama hatte genug Sorge um Papa. Und schließlich war sie selbst krank, wobei sie insofern Glück hatte, als dass der Verlauf ihrer Parkinson-Erkrankung in den letzten fünf Jahren fast stagnierte. Blieb zu hoffen, dass der nächste Schub auf sich warten ließe.

»Na, dann grüße Aurelio von uns und genieße deinen Urlaub. Und pass auf dich auf, mein Schatz!«

»Gute Nacht, Mutti, und gute Besserung für euch beide. Hab dich lieb.«

»Ich dich auch. Gute Nacht.« Sie gaben sich einen Kuss durchs Telefon, dann legten sie auf. Charlotte atmete tief durch, bezahlte ihre einhundertfünfzig Pesos und machte sich auf den Rückweg.

Sie hatte immer noch Bauchschmerzen. Es war nicht nur Montezuma, der sie plagte, sondern es war die ganze Situation, die ihr im Magen lag. Charlotte war aufgewühlt und fühlte sich unglücklich, als sie zu Hause ankam. Als sie sich an den Küchentisch setzte, konnte sie ihre Tränen nicht mehr zurückhalten. Hier sah sie glücklicherweise niemand und so konnte sie ihren Gefühlen freien Lauf lassen.

Ihr Leben erschien ihr so verfahren. Auf was hatte sie sich da bloß eingelassen? Monatelang schuftete sie in Deutschland bei der Volkshochschule bis zum Umfallen, deckte sich mit Arbeit bis zur Halskrause ein, nur damit die Zeit schneller verging und sie nicht nachdenken musste. Nach der Arbeit versorgte sie ihre Eltern, so gut sie konnte, und versuchte, alles daheim so zu organisieren, dass in ihrer Abwesenheit nichts schieflaufen würde. Und all das nur, um für ein paar Wochen in Aurelios Nähe sein zu können.

Wie sehr hatte sie doch auf diese Reise hingefiebert! Monate, Wochen, Tage gezählt wie die Rekruten bei der Bundeswehr, die jeden Tag einen Zentimeter an einem Maßband abschnitten, damit die Zeit bis zu ihrer Entlassung aus dem Wehrdienst schneller verging, was sie natürlich nicht tat. Nun war sie endlich am Ziel ihrer Sehnsüchte und fühlte sich von Gott und der Welt verlassen. Allein mit Bauchschmerzen in einem fernen Land, und Aurelio war auch nicht da. Sie bekam plötzlich vor allem Angst. Angst vor dem großen Haus, Angst vor Deutschland, Angst vor Mexiko, Angst vor der Zukunft. Was würde sie tun, wenn sich der Gesundheitszustand ihres Vaters weiter verschlechterte? Charlotte ging ins Bad, rollte ein paar Blatt vom rosa Toilettenpapier ab und schniefte kräftig hinein. Sie schaute in den Spiegel und wischte sich die Tränen aus den Augenwinkeln.

»Ja, altes Mädchen, und was machst du dann?« Sie blickte sich tief in die Augen, als würde sie darin eine Antwort lesen können.

»Dann musst du eben eine zufriedenstellende Lösung für alle finden.«

Sie ging zurück in den Wohnraum, nahm zwei Gläser aus dem Schrank und schenkte sich den Tequila *Tres Mujeres*, drei Frauen ein und dazu die Sangrita *La viuda de Sanchez*, die Witwe von Sanchez. Tequila mit Sangrita war eine überaus beliebte Getränke-Kombination in Mexiko.

Und so saß Charlotte allein mit den drei Frauen und der Witwe am Tisch.

Salud, amor, vida y pesos – Gesundheit, Liebe, Leben und Pesos – prostete sie sich zu. Sie fand, dass das Zeug gar nicht so schlecht schmeckte, insbesondere wenn sie dazu noch Aurelios Trinkspruch rezitierte:

> Divino licor, dulce tormento,
> Que haces afuera, vente para dentro!
> Göttlicher Likör, süße Pein,
> was machst du da draußen, komm doch rein!

Der Tequila tat ihrem Magen gut und vor allem trug er zur Aufhellung ihrer Stimmung bei, und so schenkte sie einige Male nach und spürte, wie sich mehr und mehr die mexikanische Gelassenheit in ihr breitmachte.

10. Juanita

Als Charlotte am nächsten Morgen aufstand, musste sie sich eingestehen, dass der letzte Tequila wohl einer zu viel gewesen war. Ihr brummte der Schädel, darum machte sie sich erst mal einen starken Kaffee und warf sich gleichzeitig eine Thomapyrin ein. Kurze Zeit später fühlte sie sich schon ein wenig besser. Auch wenn Alkohol sicher keine Lösung gegen Weltschmerz war, so hatte er sie gestern doch aus ihrem Tief herausgeholt. Aber heute war ein neuer Tag, der erste Tag ihres restlichen Lebens. Draußen schien die Sonne, es gab also keinen Grund, weiterhin Trübsal zu blasen. Ihre Großmutter Amelie, die für alle Lebenslagen einen hilfreichen Spruch parat hatte, würde jetzt sagen: »Lottchen, wenn du ganz unten bist, dann gibt es nur noch eine Blickrichtung und die ist nach oben. Also abstoßen und hoch ins Licht.« Genau das würde sie nun tun. Sie musste aktiv werden, ihren Tagen eine Struktur geben und damit aufhören, von einem Besuch Aurelios auf den anderen zu warten und dazwischen die Zeit totzuschlagen.

Sie überlegte, womit sie sich sinnvoll beschäftigen könnte. Kochen? Schön und gut, das war ganz nett, aber es war nicht wirklich eine Herausforderung. Malen? Das war nicht so einfach, denn da bräuchte sie eine Staffelei, und ob es das notwendige Material hier zu kaufen gäbe, war auch fraglich. Außerdem hatte sie das Malen seit ihrem Kunststudium sträflich vernachlässigt. Mit dem Malen war das wie mit dem Klavierspielen, wenn man seine Fingerfertigkeit nicht permanent auffrischte, kam man schnell aus der Übung. Oder sollte sie ein Projekt für Straßenkinder anstoßen? Das klang gut. Nur dazu musste sie vor Ort die entsprechenden Leute kennen, die sich mit den Gegebenheiten auskannten. Aurelio war so mit seiner befreiungstheologischen Arbeit beschäftigt, dass er für eine zusätzliche soziale Initiative keine Zeit und keine Kraft hatte. Abgesehen davon, war ihr persönlich in den vielen Jahren nie ein Straßenkind begegnet, wenn man einmal von Julio absah, den man ihnen 1983 bei dem Arbeitseinsatz in *Rosas* mitgegeben hatte. Charlotte dachte nur ungern an diese Geschichte. Der arme Junge, wer weiß, ob er überhaupt noch lebte. So schön die Idee klang, ein Projekt für Straßenkinder ins Leben zu rufen, so unrealistisch war sie auf der anderen Seite. Ein solches Vorhaben nährte sich von Nachhaltigkeit. Sie würde in dreieinhalb Monaten wieder nach Deutschland fliegen. Und dann? Charlotte verwarf den Gedanken. Und wie wär's mit Schreiben? Aber worüber? Für die Theateraufführungen an ihrer ehemaligen Schule hatte sie mehrere Kinderstücke verfasst und bei der Volkshochschule zu jedem Semesterauftakt ein musikalisch-literarisches Programm zusammengestellt. Aber hier in Mexiko schrieb sie eigentlich nur jeden Abend ihr Tagebuch. Das hatte sie auf Reisen von jeher so gemacht. Sie wollte die Namen und Adressen von Restaurants, Hotels, ihre Preise sowie interessante Sehenswürdigkeiten und Attraktionen festhalten. Wer weiß, vielleicht würde sie dort nochmals hingehen. Außerdem war es durch die Tagebuchnotizen leichter, die Fotos später den einzelnen Orten zuzuordnen. In Bezug auf ihre Liebe zu Aurelio hatte sie von Anfang an alles, was ihr bedeutungsvoll erschien, akribisch aufgeschrieben. Da ihr das meiste bedeutungsvoll erschien, war das einiges. Sie hatte damit schon 1983 begonnen und die Tagebücher 1984, 1991 und 1997 weitergeführt. Vier dicke Bücher voller Notizen, und auch ihr aktuelles Tagebuch hatte schon jede Menge Einträge. Damit könnte man ein ganzes Buch füllen. Sie lachte. Plötzlich hielt sie inne. Was hieß hier »könnte«? – Ein Buch. Das wär's doch! Vielleicht war das gar keine schlechte Idee. Ein Roman über das spannende erste Jahr, als sie sich kennenlernten, oder noch besser über die ersten beiden Jahre. Damals war unendlich viel passiert. Sie könnte ein bisschen über die Menschen und das Leben in Chiapas und Mexiko schreiben. Und natürlich über die katholische Kirche und den Vatikan, aber vor allem über den Zölibat. Und der Missbrauch an Julio, der musste auch rein. Sicherlich würde es jede Menge Leute geben, die diese Themen interessierte und die mehr darüber wissen wollten.

Je gründlicher Charlotte darüber nachdachte, desto mehr freundete sie sich mit der Idee an. Sie würde ihr erstes Buch veröffentlichen, einen Roman über Mexiko, über mexikanische Verhältnisse und natürlich über ihre verbotene Liebe. Mit dem Schreiben würde sie vielleicht sogar einen kleinen Puzzlestein zu einer Entwicklung beisteuern, die schrittweise versuchte, den Zölibat aufzuweichen. Sie war sich ganz sicher, dass er irgendwann abgeschafft würde, aber das konnte noch lange dauern und wahrscheinlich würde sie es nicht mehr erleben. Sie würde ihr erstes Buch veröffentlichen und sich nebenbei noch allen Kummer von der Seele schreiben. Man sagte schließlich dem Schreiben nicht umsonst eine therapeutische Wirkung nach.

Also Schluss mit dem Putzen und ab an den Computer! Doch wer würde das Haus sauber halten? »Ich brauche unbedingt eine Haushaltshilfe«, murmelte sie vor sich hin, während sie zum Fenster ging und hinausblickte.

Auf dem Nachbargrundstück fütterte Doña Rosita gerade ihre Hühner. Zu ihr müsste sie unbedingt noch gehen. Schließlich hatte sie es ihr versprochen. Charlotte hatte schon ein ganz schlechtes Gewissen, denn ihr Besuch bei den drei Frauen war längst überfällig. Aber immer war irgendetwas dazwischengekommen. Doch nun war ein guter Zeitpunkt, sie würde das Angenehme mit dem Nützlichen verbinden und sie bei der Gelegenheit fragen, ob sie denn jemanden kenne, der gerne bei ihr im Haushalt arbeiten würde.

Das baufällige Holzgatter, das den Zugang versperrte, hing schief in der Angel und war mit einem Ziegelstein festgeklemmt, wahrscheinlich, damit die Hühner, Küken und

Truthähne, die überall wild durcheinanderliefen und in der Erde scharrten, nicht entwischen konnten. Es war der reinste Zoo, der sich hier auf engstem Raum zusammendrängte. Neben dem Federvieh gab es mehrere ziemlich ausgemergelte Hunde und aus einem Stall aus Holzlatten grunzte ein großes schwarzes Schwein. Zahlreiche Spatzen hatten sich unter ihre geflügelten Artgenossen gemischt und flatterten wild hin und her. Sie und ein paar andere, noch kleinere, bunt gefiederte Vögel schienen ihren Hauptwohnsitz unter dem Dach der *Casita de Campo* und im Baum vor Charlottes Schlafzimmer zu haben. Jeden Morgen bei Sonnenaufgang wurde sie von ihrem Gezwitscher geweckt.

Sie klopfte gegen das Holzgatter und rief Doña Rositas Name. Sofort kamen drei Hunde bellend auf sie zugerannt und die Indianerin erschien in dem schiefen Türrahmen ihrer armseligen Hütte. Sie näherte sich ihr mit einem herzlichen Lächeln auf den Lippen: »Buenos días, Doña Charlotte, que bonito que usted nos visita«, guten Tag, wie schön, dass Sie uns besuchen. Sie schob zuerst die Hunde und dann den Stein beiseite und öffnete das Gatter. »Kommen Sie herein.« Charlotte umarmte die kleine Frau, die ihr nicht einmal bis zur Schulter reichte, und folgte ihr zur Hütte.

Doña Rosita mochte so um die 70 Jahre sein. Sie war schwer zu schätzen, wie die meisten Menschen hier. Oft waren sie wesentlich jünger, als sie aussahen. Trotz ihres Alters hatte sie noch immer pechschwarze Haare, die sie am Kopf zu zwei Zöpfen geflochten und am Rücken mit einer bunten Schleife zusammengebunden hatte. Wie fast alle Frauen trug sie einen *Mandil*, die obligatorische karierte Schürze. Das kleine Stück Land, auf dem sie lebte, war armselig, aber auch irgendwie idyllisch; überall wucherten üppige Pflanzen und die Tiere trugen ein Übriges dazu bei. Charlotte gefiel diese wilde Romantik. War es nicht seltsam, dass gerade Menschen aus den »entwickelten« Wirtschaftsnationen beim Anblick solcher Lebenswelten in nostalgische Betrachtungen verfielen? Vielleicht war das der Ausdruck einer großen Sehnsucht nach Ursprünglichkeit, die in einer hochtechnisierten Welt fast gänzlich abhanden gekommen war. Trotzdem war Charlotte realistisch genug zu erkennen, dass dieser »Garten Eden« das Ergebnis bitterer Armut war.

Doña Rosita bat Charlotte in die Hütte und zog einen niedrigen klapprigen Stuhl, wie sie ihn schon aus dem Haus des *Carpinteros* kannte, aus einer Ecke. Dann ging sie hinaus, um ihre Tochter und Enkeltochter zu holen.

Der Fußboden der Hütte bestand auch hier aus der blanken Erde, er war festgetretener brauner Sand. Die Wände bestanden aus zusammengenagelten Holzlatten, die einen ungefähr zwölf Quadratmeter großen Raum bildeten. Dieser wurde von zwei übers Eck stehenden Betten beherrscht, über denen unübersehbar mit Reißzwecken Zeitschriftenseiten angeheftet waren, auf denen sich leichtgeschürzte Mädchen aus den Telenovelas oder Popstars räkelten. Die meist großbusigen, blonden, also so gar nicht mexikanisch aussehenden Sternchen geizten nicht mit ihren Reizen und standen in absolutem Kontrast zu dem gegenüberliegenden Altar. Er nahm ein Viertel des Raumes ein. Auf ihm befanden sich zahlreiche Madonnen-Figuren in allen möglichen Größen und Farben, deren Gewänder wesentlich züchtiger waren.

Die größte von ihnen war die schwarze Madonna, die dunkelhäutige Jungfrau de Guadalupe, die Schutzpatronin der Mexikaner. Charlotte hatte in ihrem Reiseführer mal gelesen, dass die Madonna der Legende nach 1531 dem gerade bekehrten Indianerjungen San Diego auf dem Hügel *Tepeyac* erschienen sein sollte. Das Interessante an dieser Geschichte war für Charlotte, dass genau dieser »Erscheinungshügel« zuvor schon von den Azteken dazu genutzt worden war, um ihrer Göttin *Tonantzin* zu huldigen. Für Charlotte war das einer der gelungenen und wenigstens gewaltfreien Schachzüge innerhalb der sonst blutigen Zwangsmissionierung Lateinamerikas. So konnten die Indianer weiter ihre Wallfahrten machen und realisierten nicht, wie ihre einstige Göttin langsam zu einer dunkelhäutigen Madonna mutierte. Aber der Zweck heiligte die Mittel. Und wenn es darum ging, die Heiden zum wahren Glauben zu führen, war der Kirche eben jedes Mittel recht.

Natürlich brannten auf Doña Rositas Altar zahlreiche Kerzen, welche die im Übrigen dunkle Hütte ein wenig erhellten. Hinter der Tür stand ein kleiner Schrank. Der wahrscheinlich wichtigste Besitz der Frauen thronte jedoch unübersehbar fast in der Mitte des Raumes: der Fernsehapparat.

Das Thema Fernsehen und insbesondere mexikanisches Fernsehen war von Anfang an ein immer wiederkehrendes Diskussionsthema zwischen Charlotte und Aurelio gewesen. Es fiel ihr schwer nachzuvollziehen, dass die Leute, bevor sie sich einen Herd, einen Kühlschrank oder sonstige Dinge anschafften, die das Leben erleichterten, einen Fernsehapparat kauften. Dazu kam noch die miserable Qualität der angebotenen Programme.

Charlotte wurde aus ihren Betrachtungen gerissen, denn plötzlich stand die kleine Iris mit großen strahlenden Augen vor ihr und streckte die Ärmchen nach ihr aus. Die Kleine war ein wahrer Wonneproppen und Charlotte genoss es, sie in die Arme zu schließen.

Lupita, die Tochter von Doña Rosita, ein gertenschlankes junges Mädchen von vielleicht zwanzig Jahren, war wesentlich zurückhaltender. Erst jetzt aus der Nähe fielen Charlotte ihre ebenmäßigen Gesichtszüge auf, in ihrem Blick lag etwas Verklärtes. Sie wirkte sehr verschlossen.

Während sich die drei Frauen auf dem Bett niederließen, saß Charlotte auf dem für sie viel zu niedrigen wackligen

Stuhl in der Mitte des Raumes. Schnell entwickelte sich eine angeregte Unterhaltung, wobei hauptsächlich Doña Rosita und Charlotte sprachen. Lupita antwortete nur höflich, wenn man sie etwas fragte, und Iris mit ihrem immerwährenden Lächeln auf den Lippen beantwortete jede Frage nur mit: »Si.«

Charlotte empfand das Gespräch mit Doña Rosita als sehr angenehm, denn sie hatte keine Sekunde das Gefühl, ausgefragt zu werden. Im Gegenteil, die alte Frau sprach ganz offen über ihr Leben, erzählte ihr, dass ihr Mann vor vielen Jahren mit einer anderen Frau weggegangen sei, dass sie Söhne in *San Cristóbal* habe, die dort verheiratet seien, und außer Lupita gebe es noch zwei weitere Töchter, wie Charlotte ja schon wüsste. Yolanda lebe hier im Ort und habe auch schon große Kinder, und Samantha sei vor über einem Jahr mit ihrem neuen Mann weggezogen und habe sich seither nicht mehr blicken lassen.

Wie kann man nur so grausam sein, dachte Charlotte, dann hatte Iris ihre Mutter schon ewig nicht mehr gesehen. Wie konnte eine Mutter ihre Kinder wegen eines Mannes im Stich lassen? Sollte das eine der Spielarten der so hoch gepriesenen mexikanischen Kinderliebe sein?

Sie redeten über alles Mögliche. Natürlich musste auch Charlotte ihre Familiengeschichte preisgeben und notgedrungen auch lügen, um Aurelio und sich zu schützen. In diesem Fall fiel ihr das schwer. Aber sie hatte keine andere Wahl. Sie musste leider auch diese netten Menschen hinters Licht führen.

Schließlich kam Charlotte auf den eigentlichen Grund ihres Besuches zu sprechen. »Lupita«, sie wandte sich dem jungen Mädchen zu, »ich suche nach jemandem, der mir im Haushalt hilft. Hättest du nicht Lust, für mich zu arbeiten?« Charlotte blickte sie erwartungsvoll an.

»Das würde ich sehr gerne, Doña Charlotte«, antwortete diese zögerlich, »aber ich arbeite schon seit vielen Jahren für Don Jorge und Doña Anita, die Nachbarn auf der anderen Seite Ihres Hauses. Kennen Sie die beiden?«

»Kennen wäre zu viel gesagt. Padre Aurelio hat uns neulich kurz miteinander bekannt gemacht. Darüber hinaus hatten wir bisher keinen Kontakt.« Charlotte hatte ursprünglich gehofft, sie könne zu Anita eine Beziehung aufbauen. Aurelio hatte ihr erzählt, sie stamme aus Frankreich. Sie waren also beide aus Europa, das würde sie vielleicht verbinden. Aber dem war leider nicht so. Anita, eine eher unscheinbare Frau, war ziemlich abweisend gewesen. Sie hatte zwar kurz Charlottes Gruß erwidert, aber sonst keine Miene verzogen. Aurelio hatte gemeint, sie sei eifersüchtig. Charlotte hatte das als absurd empfunden. Für sie gab es auf der ganzen Welt nur einen einzigen Mann, der sie interessierte, und das war Aurelio. Aber das konnte Anita schließlich nicht wissen. Insofern konnte er mit seiner Vermutung recht haben.

»Wenn Sie möchten, kann ich meine Enkelin Juanita fragen, die Tochter von Yolanda«, schlug nun Doña Rosita vor, »sie ist sehr fleißig und zuverlässig.«

Charlotte nahm das Angebot gerne an und sie verblieben so, dass Lupita und das andere Mädchen am nächsten Tag bei Charlotte vorbeikämen, sofern diese Zeit und Interesse an der Stelle habe.

Bereits am frühen Morgen standen die zwei Mädchen vor Charlottes Gartentür. Sie bat sie herein. »Möchtet ihr eine Cola?«, fragte sie die beiden, die, obwohl beinahe gleichaltrig, Tante und Nichte waren.

Sie nickten schüchtern.

»Also, du möchtest mir künftig bei der Hausarbeit helfen? Und wie heißt du?«, begann Charlotte das Gespräch.

»Juanita. Juanita Maria Guadalupe Pereira-Sanchez.«

Charlotte kam es manchmal vor, als würden in Mexiko alle gleich heißen. Wieviele Maria Guadalupes sie schon in den letzten Wochen kennengelernt hatte! Und alles wegen einer Erscheinung im Mittelalter, die es wahrscheinlich nie gegeben hatte.

Das Mädchen in seinem sauberen, selbst genähten beigen Kleid machte einen guten Eindruck, wobei Charlotte glaubte, in ihrem hübschen, ernsten Gesicht einen gewissen Trotz und ein gesundes Selbstbewusstsein erkennen zu können. Ihre Tante, die stets sanft lächelte, wirkte dagegen eher bescheiden, wenn nicht sogar devot.

»Meinst du, du könntest morgen anfangen? Das wäre super. Weißt du, das Haus ist ziemlich schmutzig. Hier wurde anscheinend sechs Jahre überhaupt nichts gemacht und die Handwerker haben damals gerade einmal das Gröbste entfernt.«

Das Haus war in Bezug auf Dreck ein Fass ohne Boden. Aurelios indianischer Putztrupp hatte zwar an den Fenstern die größten Spinnweben und dicksten Staubballen entfernt; als Charlotte jedoch gedacht hatte, jetzt fangen sie mit dem Putzen an, hatte Salustia ihr freudestrahlend erklärt, dass sie fertig seien und sie jetzt mit ihren Kindern nach Hause gehe. Charlotte hatte durch die noch immer trüben, verschmierten Fensterscheiben geblickt und es nicht fertig gebracht, der kleinen fröhlichen Familie zu widersprechen. Sie hatte sie ausbezahlt und den Trupp damals höflich verabschiedet.

»Hasta luego«, hatte sie geschwindelt und dabei genau gewusst, dass sie ihre Hilfe für derartige Arbeiten künftig nicht mehr in Anspruch nehmen würde.

»Was hast du dir denn vorgestellt, was ich dir zahlen soll?«

Das Mädchen blickte Charlotte ratlos an. Mit dieser Frage schien sie eindeutig überfordert zu sein. Charlotte spürte, dass sie ihr keinen Betrag nennen würde. Sie musste die Verhandlungen anders angehen.

»Ich habe gedacht, dass ich dich stundenweise bezahle, weil ich dich nicht immer beschäftigen kann und auch nur monateweise hier in *Chiapas* sein werde. Aber trotzdem brauche ich natürlich in etwa eine Vorstellung, wie hoch hier die Stundenlöhne sind. Was bekommst du denn von meiner französischen Nachbarin, für die du den Haushalt machst, Lupita? Und wieviele Stunden arbeitest du?«

»Ich fange morgens um acht an und gehe mittags um zwei, von Montag bis Freitag.« Guadalupe war äußerst zurückhaltend. Sie sprach mit sehr leiser Stimme.

»Und was bekommst du?«

»Funfhundert Pesos im Monat«, antwortete sie schüchtern.

»Na, dann haben wir jetzt doch wenigstens mal einen Anhaltspunkt. Also wenn du fünfhundert bekommst für circa, lass mich rechnen, einhundertundzwanzig Stunden im Monat, das sind dann vier Pesos in der Stunde.« Charlotte konnte kaum glauben, was sie sich da sagen hörte. Vier Pesos in der Stunde. Das waren umgerechnet weniger als eine Mark. Das Mädchen fügte dann noch hinzu, was Charlotte als sehr ehrlich und anständig empfand, dass sie im Verhältnis zu den anderen Mädchen, die für mexikanische Familien arbeiteten, gut bezahlt würde.

»Dann schlage ich vor, ich zahle dir sechs Pesos in der Stunde und du fängst morgen an. Ich zahle dir deshalb ein bisschen mehr, weil du nicht immer für mich arbeiten kannst und dadurch auch keinen regelmäßigen Verdienst hast. Lass uns in den nächsten Tagen sehen, ob wir zueinander passen und ob wir uns gut verstehen. Bist du damit einverstanden?« Charlotte wollte sich ein Hintertürchen offenlassen nach der Erfahrung, die sie mit Salustia gemacht hatte.

Juanita strahlte. Sie freute sich ganz offensichtlich, dass sie eine Stelle gefunden hatte. Dazu noch eine, die so gut bezahlt war.

Die Mädchen verabschiedeten sich höflich.

Knapp eine Mark in der Stunde und das sollte auch noch eine gute Bezahlung sein. Sie konnte es nicht fassen. Charlotte empfand es als Ausbeutung. Aber was hätte sie machen sollen? Sie konnte schlecht das Doppelte oder Dreifache bezahlen, das wäre Lupita gegenüber unfair gewesen und außerdem hatte sie Angst, dass man sie für großspurig halten würde. Sie musste das irgendwie anders regeln.

Charlotte brühte sich einen Kaffee auf und ließ sich auf der Terrasse in der Hängematte nieder. Ausnahmsweise war der Himmel fast wolkenlos und die Sonne schien mit der Kraft, die dem Breitengrad angepasst war. Immerhin lag *Chiapas* auf demselben Breitengrad wie die Sahara, aber durch die 1.800 Höhenmeter war es in *Teopisca* niemals schwül und auch nie zu heiß. Eher das Gegenteil war der Fall, besonders in den Nächten konnte es sehr kühl werden.

Von der Terrasse aus hatte sie einen wunderschönen Ausblick über die Maisfelder und die Pferdekoppeln. Dazwischen befanden sich einige kleine Holzhütten, vor denen Wäscheleinen gespannt waren, die Rückschlüsse auf den üppigen Kindersegen der Familie zuließen. Oberhalb der Hütten auf dem kleinen Berg war eine weiße Kapelle, zu der eine kerzengrade, steile Treppe hinaufführte. Sie erinnerte sich noch, wie sie vor fünfzehn Jahren in *Las Rosas* die Indianer zu einem ähnlichen Wallfahrtsort auf den Knien hatte hinaufrutschen sehen. Irgendwann würde sie mal einen Spaziergang dorthin machen, aber bestimmt nicht auf den Knien. Von der Kapelle aus hatte man sicher einen herrlichen Ausblick über die Landschaft, den Ort und auch auf das Haus.

Charlotte atmete tief durch. Das Mädchen würde morgen um neun kommen. Sie war gespannt, wie sie sich anlassen würde. Wenn es mit ihr gut ginge, wäre sie künftig weniger Zeit allein in dem Haus.

Am nächsten Tag stand Juanita pünktlich vor der Gartenpforte. Sie trug über ihrem Kleid ihren *Mandil* und hatte die für die *Campesinas* typischen Plastiksandalen an.

»Buenos días, Doña Charlotte.«

»Buenos días, Juanita.«

Sie musste insgeheim grinsen. Dieses »Doña Charlotte« fand sie ziemlich lächerlich. Das würde sie ihr schnell abgewöhnen. Sie kam sich bei dieser Anrede wie eine übergewichtige Matrone vor.

Gemeinsam gingen sie durch das Haus und Charlotte zeigte ihr, was in der nächsten Zeit alles gemacht werden musste und wo sie die verschiedenen Putzutensilien finden würde.

Als Juanita um zwei Uhr ging, war Charlotte sehr zufrieden und gab ihr vierzig Pesos für die fünf Stunden, was letzendlich einem Stundenlohn von acht Pesos, also zwei Mark entsprach. »Du hast sehr gut gearbeitet und wenn du möchtest, können wir morgen zusammen frühstücken. Würde dir das gefallen?«

Juanita war so überrascht, dass sie zunächst nicht antwortete. Dann aber überzog ein breites Lächeln ihr Gesicht und sie nickte heftig.

»Adiós, Doña Charlotte y muchas gracias.« Ihre Freude war nicht zu übersehen.

Schon wieder *Doña*. Sie kam sich vor wie ihre eigene Großmutter.

Charlotte war zufrieden und freute sich. Das Mädchen war fleißig, sie hatte eine gute Wahl getroffen. Hausarbeit, adiós! Jetzt hatte sie den Kopf frei, konnte über ihren Roman nachdenken oder auch einfach nur ihren Gedanken nachhängen. Für Letzteres hatte ihr seit Jahren die Muße gefehlt. Ihr Privatleben und ihre Arbeit in Deutschland nahmen all ihre Kraft in Anspruch. Immer wollte irgendjemand etwas von ihr. Seit ihrer Trennung von Oscar war es zwar ein wenig besser geworden, denn sie wurde jetzt nicht mehr als Privatdramaturgin eingespannt. Aber dafür widmete sie sich jetzt verstärkt ihren Eltern.

Eine halbe Stunde später stand Aurelio vor der Tür. »Na, wie war's? Ist dein neues Dienstmädchen tüchtig?«

»Wie das klingt – Dienstmädchen. Das erinnert mich an die Zeit, als meine Oma Amelie vor hundert Jahren in Heidelberg in einem hochherrschaftlichen Haushalt beschäftigt war. Aber um deine Frage zu beantworten, Juanita ist super. Das Einzige, was mich stört, ist, dass sie mich mit *Doña Charlotte* anredet, das finde ich schrecklich. Ich werde ihr morgen sagen, sie soll mich einfach Charlotte nennen.«

»Das solltest du nicht tun, mein Schatz«, wandte Aurelio ein.

»Aber warum denn nicht? Dieses Doña-Getue ist doch total antiquiert. Ich will das nicht. Ich bin nicht ihre Herrin und sie ist nicht mein Dienstmädchen. Wir haben ein Arbeitsverhältnis auf Augenhöhe miteinander, nicht mehr und nicht weniger.«

»Du verstehst das nicht, mein Liebling. Du kannst nicht die deutschen Gepflogenheiten auf *Chiapas* übertragen. Hier gibt es deutliche Klassenunterschiede und jeder hat nun mal seinen Platz. Das sind jahrhundertelange Traditionen, die kannst du nicht von jetzt auf nachher ändern.«

»Aber irgendwann muss man doch mal anfangen, etwas zu ändern, sonst entwickelt sich doch überhaupt nichts und es bleibt ewig alles beim Alten.«

»Du solltest nicht darauf bestehen, dass Juanita dich nur bei deinem Vornamen nennt. Sie wird das nicht begreifen und du löst damit nur Verwirrung bei ihr aus. Aber mach, was du willst, du wirst schon sehen.«

Aurelio hatte recht. Am nächsten Morgen beim Frühstück brachte Charlotte das Mädchen in arge Verlegenheit, als sie ihr sagte, sie wünsche nicht, dass sie sie *Doña* nenne.

Juanita blickte schuldbewusst auf ihren Frühstücksteller, als hätte sie etwas falsch gemacht und wäre gerade dafür gerügt worden. Charlotte ärgerte sich nun über sich, dass sie nicht auf Aurelios Rat gehört hatte. Warum war sie bloß immer so stur? Manchmal wollte sie einfach mit dem Kopf durch die Wand. Im Grunde konnte sie diesen

Charakterzug überhaupt nicht an sich leiden. Aber immer wieder passierte es ihr von Neuem.

»Gut, wenn dir das lieber ist, dann sagst du eben weiterhin *Doña Charlotte* zu mir.« Charlotte seufzte leicht. »Dann muss ich mich wohl daran gewöhnen.« Juanita lächelte sie beruhigt an.

»Erzähl mir ein bisschen von dir, ich möchte mehr wissen über dich und deine Familie«, begann Charlotte das Gespräch. »Wie alt bist du eigentlich?« Sie wollte das leidige Thema wechseln.

»Ich werde im September achtzehn.«

»Hast du noch Geschwister?«

»Wir sind daheim zu siebt mit meinen Eltern. Ich bin die Älteste. Marciano und Elenita sind nicht meine Geschwister. Sie sind die Kinder von meiner Tante. Meine Eltern haben die beiden aufgenommen, als die Schwester meiner Mutter mit ihrem neuen Mann weggegangen ist. Iris ist auch eines ihrer Kinder, die kennen Sie ja schon.«

Charlotte konnte nur noch den Kopf schütteln. Sie würde ein solches Verhalten nie und nimmer verstehen und war auch nicht bereit es zu billigen, fremde Kultur hin oder her. Es stellte sich nun heraus, dass Juanita das ganze Geld, das sie bei Charlotte verdiente, zu Hause abgab und damit etwas zum Unterhalt der Familie beisteuerte. Charlotte fand es gut und freute sich, dass sie somit indirekt dazu beitrug, die Lebensverhältnisse einer mexikanischen Familie zu verbessern. Leider hatte das Ganze jedoch eine Kehrseite, denn Juanitas Vater schien ein ziemlich übler Macho zu sein. Bisher hatte er ihrer Mutter alle vierzehn Tage zweihundert Pesos, also rund vierzig Mark, für den Unterhalt der Familie gegeben. Nachdem Juanita nun angefangen hatte, bei Charlotte zu arbeiten, gab er ihr gar nichts mehr und verprasste sein Geld für sich.

Charlotte schluckte ihren Zorn über das Verhalten dieses Mannes hinunter, denn sie wollte nicht schon wieder in ein Fettnäpfchen treten, indem sie ihre Meinung kundtat. Stattdessen schlug sie dem Mädchen vor, morgens immer mit ihr gemeinsam zu frühstücken. Dann könne sie gut gestärkt mit ihrer Arbeit beginnen. Ab diesem Augenblick nahmen die beiden Frauen die erste Mahlzeit des Tages stets zusammen ein. Mit der Zeit gewann Charlotte mehr und mehr das Vertrauen des Mädchens.

Eines Morgens war Juanita ziemlich ernst und einsilbig. Sie stocherte appetitlos in ihrem Teller herum.

»Was ist denn los? Ist etwas Schlimmes passiert? Du bist ja ganz verstört. Möchtest du mit mir darüber reden?« Charlotte legte ihre Gabel zur Seite und schaute Juanita an.

Die antwortete zunächst nicht. Nach einer Weile meinte sie stockend und unter Tränen: »Mein Vater hat gestern meine Mutter verprügelt. Sie hat ein blaues Auge und es geht ihr nicht gut.«

»Das ist ja furchtbar! Aber warum denn?« Charlotte griff nach Juanitas Hand. Körperliche Berührungen waren zwar nicht üblich zwischen einer Doña und ihrer Hausangestellten, aber an alle örtlichen Gepflogenheiten musste sie sich ja nicht halten.

»Er wollte Mama wieder kein Geld geben und da hat sie ihm vorgeworfen, dass er das Geld sowieso nur in Tequila umsetze und dass er eine vierzehnjährige Geliebte habe. Da hat er gesagt, sie lüge, und hat zugeschlagen.«

Charlotte schluckte. »Stimmt das denn? Ich meine das mit der vierzehnjährigen Geliebten?«

»Meine Geschwister und ich haben ihn schon ein paarmal mit ihr gesehen. Aber er hat uns gedroht, wenn wir darüber reden, verprügelt er uns auch.«

Charlotte dachte nach: »Da macht dein Vater sich doch strafbar! Das ist Sex mit einer Minderjährigen. Das ist doch hier bestimmt auch verboten, oder?«

Juanita nickte, ohne zu antworten.

»Warum droht ihr ihm dann nicht mit einer Anzeige?«

Juanita blickte sie verängstigt an und schüttelte heftig den Kopf.

»Du und deine Mutter, ihr habt Angst vor ihm, nicht wahr?«, antwortete Charlotte an ihrer Stelle. »Ich kann das gut verstehen. Hätte ich vielleicht auch. Aber warum unternehmen die Eltern des Mädchens nichts? Oder haben die gar keine Ahnung davon? Wenn dem so ist, müsst ihr ihnen einen anonymen Hinweis zukommen lassen. Dein Vater muss ja nicht erfahren, dass der von euch ist«, schlug Charlotte ihr vor.

»Ihre Eltern wissen es. Sie sind arm und mein Vater gibt ihnen Geld. Die würden niemals etwas gegen ihn unternehmen«, erklärte ihr Juanita traurig.

Charlotte seufzte. Sie hatte verstanden, was Juanita ihr zu verstehen geben wollte, nämlich dass die Eltern des Mädchens ihre Tochter in gewisser Weise verkauften und ihr Vater die Not der Familie schamlos ausnutzte.

»Das darf doch alles nicht wahr sein.« Charlotte überlegte; so einfach wollte sie nicht aufgeben. »Soll ich mit Padre Aurelio sprechen, soll er sich darum kümmern?«

Das Entsetzen in Juanitas Augen sprach Bände. »Doña Charlotte, Sie dürfen keinem Menschen sagen, was ich Ihnen da erzählt habe. Bitte, das müssen Sie mir schwören!«

Auch wenn es Charlotte schwerfiel, musste sie an dieser Stelle zurückstecken. Sie war zwar der Meinung, dass man Juanitas Vater das Handwerk legen müsste, trotzdem erschien ihr das Risiko zu groß, durch ihr Eingreifen alles noch viel schlimmer zu machen. So schwor sie Juanita, dass sie mit keinem Menschen über das reden würde, was sie ihr anvertraut hatte, auch nicht mit Padre Aurelio.

»Es tut mir so leid, dass dein Vater sich so übel verhält. Wenn du irgendwann deine Meinung änderst und ich etwas für dich tun kann, dann musst du es mir sagen. Versprochen?« Sie streckte Juanita die Hand hin. Zögerlich schlug sie ein. Die Traurigkeit in ihren Augen würde Charlotte so schnell nicht vergessen.

Ab diesem Moment verachtete Charlotte diesen Mann. Aber nach dem, was ihr nach und nach zu Ohren kam, schien er keine Ausnahme zu sein. Es war offensichtlich weit verbreitet, dass Ehemänner sich eine Geliebte zulegten. Das war anscheinend eine Erscheinungsform des berühmt-berüchtigten *Machismo*, auf den die meisten mexikanischen Männer und leider auch viele Frauen auch noch stolz waren. Der Begriff *Macho* stand für Stärke, Durchsetzungsvermögen und sexuelle Potenz. Dementsprechend erzogen viele Mütter ihre kleinen Söhne zu richtigen Machos, die sich dann später Tag und Nacht von ihren Frauen bedienen ließen, sie laufend schwängerten und sich selbst alle Freiheiten der Welt einräumten. Natürlich gab es auch Ausnahmen, aber die musste man in einem Landstrich, wo ein Großteil der Bevölkerung eine schlechte oder gar keine Schulbildung hatte, mit der Lupe suchen. Charlotte fiel das Lied *El Rey* des mexikanischen Idols Vicente Fernández ein. Er war sicher der berühmteste Sänger Mexikos und der Inbegriff des Machos. Das Lied war ein Gassenhauer und besonders in von Tequila geschwängerter Luft zu fortgeschrittener Stunde nicht nur von Männern zu hören:

Yo sé bien que estoy afuera pero el día que yo me muera sé que tendrás que llorar
Dirás que no me quisiste pero vas a estar muy triste y así te me vas a quedar.
Con dinero y sin dinero yo hago siempre lo que quiero y mi palabra es la ley
No tengo trono ni reina ni nadie que me comprenda pero sigo siendo el rey ...
Wenn ich sterben werde, wirst du um mich weinen,
du wirst sagen, dass du mich nicht geliebt hast,
aber du wirst traurig sein und wirst es auch für immer bleiben.
Ob ich Geld hatte oder auch keines,

> Ich habe immer das gemacht, was ich wollte,
> und mein Wort war Gesetz!
> Ich habe weder einen Thron noch eine Königin,
> und wenn auch keiner mich verstehen will,
> so werde ich trotzdem immer der König bleiben ...

Gott sei Dank war Aurelio alles andere als ein mexikanischer Macho. Charlotte hätte sich in einen solchen Mann niemals verlieben können. Obwohl es in Deutschland auch viele verheiratete Männer gab, die fremdgingen, waren sie doch eher die Ausnahme und es war auch gesellschaftlich nicht akzeptiert. In Mexiko war es jedoch umgekehrt. Ein Mann, der etwas auf sich hielt, hatte eine Geliebte, wenn auch nicht unbedingt so eine junge wie Juanitas Vater. Schließlich musste ein Macho immer wieder seine unvergleichliche Potenz beweisen. So hatte man ihn schließlich erzogen. Sicher spielte auch die Sexualmoral dieses zweitgrößten katholischen Landes der Erde eine Rolle. Besonders in der Unter- und unteren Mittelschicht spielte die Jungfräulichkeit einer Frau vor der Hochzeit eine große Rolle. Jedoch hatte dies auch zur Folge, dass viele Paare erst nach der Eheschließung feststellten, dass sie nicht zusammenpassten. Aber dann war es zu spät. Die Lustlosigkeit zog ins Ehebett ein und der eheliche Beischlaf wurde zur lästigen Pflichtübung und diente nur noch der Fortpflanzung. So lag es nahe, dass viele Männer sich bald anderweitig orientierten, um ihre überschüssige Potenz auszuleben.

Juanita meinte, sie wolle nicht so schnell heiraten, und Charlotte bestärkte sie darin. »Lass dir Zeit, Mädchen, verheiratet wirst du noch lange genug sein, und vor allem sieh dir deinen Künftigen gut an.« Charlotte hatte das Gefühl, das Mädchen beschützen zu müssen, obwohl sie ihre Zweifel hatte, ob ihr das gelingen würde. »Wenn du mit fünfundzwanzig heiratest, ist das noch früh genug. Schau dir deine Mutter an. So willst du doch nicht leben, oder?«

»Ganz bestimmt nicht. Meine Mutter musste schon mit vierzehn meinen Vater heiraten, weil ich unterwegs war.«

»Dein Vater scheint wohl eine Vorliebe für Vierzehnjährige zu haben«, meinte Charlotte nicht ohne einen gewissen Zynismus. »Aber wenigstens war er damals auch noch ein bisschen jünger als heute.« Charlotte rechnete kurz nach. Dann war Juanitas Mutter heute gerade mal 32 Jahre alt. Was für ein Leben.

»Ich werde es sicher nicht machen wie sie, aber so wie meine Tante Lupita mag ich auch nicht leben, sie sagt nämlich immer, sie wolle überhaupt nicht heiraten. Sie habe ihre Arbeit bei Don Jorge und Doña Anita und sei unabhängig. Sie brauche darum keinen *Novio*.«

»Na ja, so absolut sollte man das nicht sehen. Es gibt auch nette Männer. Aber lass dir einfach Zeit.«

»Die gibt es wirklich«, Juanita lächelte verschämt, als würde sie bereits einen solchen kennen. »Aber ich werde auf jeden Fall als Jungfrau in die Ehe gehen, das habe ich mir fest vorgenommen. Ich möchte nicht wie meine Mutter wegen eines unbesonnenen Augenblicks heiraten müssen.«

Charlotte hätte sie gerne eines anderen belehrt, aber sie hielt sich zurück. Jetzt Juanita darin zu bestärken, unbedingt voreheliche sexuelle Erfahrungen zu machen, und sie über die verschiedenen Arten der Verhütung aufzuklären, damit hätte sie das Mädchen sicher überfordert.

Juanita war gut beraten, vorsichtig zu sein, denn wenn ein Mädchen in einem Dorf wie Teopisca schwanger wurde, zwangen sie ihre Eltern schon wegen des Rufes der Familie, den Kindesvater zu heiraten. Die Kirche sah das natürlich gerne. Sie freute sich über viele Eheschließungen, einen reichen Kindersegen und fast keine Scheidungen. Und so verwies der Heilige Vater in Rom immer wieder mit einem milden Lächeln auf die vorbildliche mexikanische Familie, wo die Welt noch in Ordnung sei. Sein Wort in Gottes Ohr!

11. Fernsehen und Fussball

Charlotte konnte sich nicht erinnern, jemals so viel gekocht, gespült und geputzt zu haben wie in den ersten Wochen ihres Aufenthaltes in *Chiapas*. Sie war selbst darüber erstaunt, dass ihr die Hausarbeit sogar ein wenig Spaß bereitete. Wahrscheinlich lag das daran, dass sie zu Hause für derartige Tätigkeiten eigentlich nie Zeit hatte und sie es darum als Abwechslung empfand. Aber unabhängig davon ging es ihr auch mittlerweile grundsätzlich besser, denn vieles schien sich nach und nach in Wohlgefallen aufzulösen.

Inzwischen waren nun endlich die Holzbrettchen und der Wein geliefert worden, der Locher bereits heftig in Gebrauch und sogar der Kleiderschrank stand an seinem Platz. Aber vor allem hatte Charlotte seit vierzehn Tagen einen Telefonanschluss. Der Mitarbeiter der Telmex war schließlich in der dritten Woche gekommen. Sie hätte den kleinen Mann am liebsten umarmt, als er vor ihrer Tür stand. Wahrscheinlich war er selten von einem Kunden so herzlich empfangen worden. Auch ihre Brandwunden waren verheilt. Charlottes linke Hand war sozusagen runderneuert, denn an drei Fingern hatte sich die ganze Haut abgelöst. Im Brotbacken war sie mittlerweile geübt und mit dem Gas ging sie um, als hätte sie ein Leben lang auf nichts anderem gekocht. Zwischenzeitlich hatte sie auch ein Geschäft entdeckt, in dem sie, wenn sie sich sputete, neben den einzeln abgepackten Scheiblettenscheiben sogar noch eine zweite Käsesorte bekam. Philadelphia-Frischkäse schien sehr beliebt zu sein, denn er war immer schnell ausverkauft. Auch wo sie Schweine- und Hühnerfleisch herkriegen konnte, hatte sie herausfinden können. In einem der kleinen *Abarrotes* gab es darüber hinaus mitunter mal gekochten Schinken und in Plastik eingeschweißte Würstchen. Allerdings schienen sie von minderer Qualität zu sein, denn sie waren fett und fade im Geschmack. Aber mittlerweile vermisste sie Fleisch und

Wurst sowieso nicht mehr. Dafür war ihr das allmorgendliche Frühstücksei zur lieben Gewohnheit geworden, auf das sie nicht mehr verzichten wollte. Meist bereitete Juanita es für sie zu, mit der sie mittlerweile eine herzliche Beziehung verband, die weit über das Verhältnis von Doña und Haushaltshilfe hinausging. Sogar in dem großen Haus fühlte sie sich zumindest tagsüber mittlerweile ein klein wenig besser. Die Nächte setzten ihr jedoch noch immer gewaltig zu. Wenn sich am Abend die Dunkelheit über *Teopisca* ausbreitete, was aufgrund des Breitengrads Südmexikos immer gegen 19 Uhr der Fall war, und dann draußen kaum noch eine Menschenseele zu sehen war, begann Charlotte sich mit jeder Stunde unwohler zu fühlen. Sie versuchte sich abzulenken, schrieb ein wenig an ihrem Roman und ließ nebenher den Fernseher laufen, in dem eine Telenovela nach der anderen runtergespult wurde. Meist waren sie hochdramatisch und tränenreich, Herz-Schmerz ohne Ende. Charlotte hörte nicht wirklich zu. Das mexikanische Fernsehprogramm interessierte sie eigentlich überhaupt nicht, für sie war es nur wichtig, Stimmen zu vernehmen. Die einzige Sendung, die sie sich täglich ansah, waren die *Noticias*, die Nachrichten um 22.30 Uhr. Sie schenkte sich dann immer ein *Negra Modelo* ein, ein dunkles mexikanisches Starkbier, um ein bisschen ruhiger zu werden, und hoffte, dass die Meldungen wenigstens an diesem Abend ein bisschen informativer sein würden als an den vorangegangenen. Meist wurden ihre Hoffnungen jedoch enttäuscht. Nicht selten kam es vor, dass einzelne bereits Tage zuvor gesendete Beiträge, immer wieder von Neuem ausgestrahlt wurden. Da war beispielsweise ein Video, das von einer Überwachungskamera aufgezeichnet worden war und das einen Überfall in einer Tiefgarage in Mexico City zeigte. Dieselbe Aufnahme wurde an drei aufeinanderfolgenden Abenden gezeigt. Die Nachrichtenmacher schienen anscheinend zu glauben, das mexikanische Volk leide unter einem kollektiven Anfall von Amnesie. Aber wahrscheinlich wollten sie nur die Zeit füllen, denn die wirklich wichtigen Themen, vor allem die Politik und besonders die Probleme im Inland, wurden überhaupt nicht angesprochen. Nach dem Video wurde von einem Autounfall in *Veracruz*, einem Erdrutsch im Nordwesten des Landes und über die Befreiung von Wildtieren in einem illegalen Zoo berichtet. Einen längere Zeitraum nahm schon seit Wochen die Reportage über den Entführer *Mochaorejas* ein, der diesen Spitznamen der Tatsache verdankte, dass er seinen Opfern meist ein Ohr, manchmal auch einen Finger abschnitt und die Körperteile mit einer Lösegeldforderung an deren Familien schickte. Er hatte seit 1995 einhundertachtzig Menschen entführt und die mexikanische Polizei schien ihm nun endlich auf den Fersen zu sein. Die halbe Stunde verstrich meist ohne irgendeine internationale Nachricht. Man hätte den Eindruck bekommen können, dass der Rest der Welt nicht existierte.

Die Nachrichtensendungen von *TV Azteca* und *Televisa* hatten einen Informationsgehalt, der gegen Null ging. An den Wochenenden wurde darüber hinaus in Mexiko anscheinend die Welt angehalten, denn samstags und sonntags gab es überhaupt keine *Noticias*, da war *Fútbol-Soccer* angesagt und alle möglichen Fußballspiele wurden übertragen. Dann kämpften die *Chivas aus Guadalajara* gegen die *Toros aus Pachuca*, also die Hammel gegen die Stiere – oder die Skorpione gegen die Kaimane, die Koyoten gegen die Pumas, die Kolibris gegen die Adler oder die Tiger gegen die Jaguare. Ein rechter Zoo. Charlotte dachte bei den Namen eher an die deutschen Eishockey-Vereine als an Fußball.

Obwohl Charlotte sich nur wenig für Sport interessierte, waren doch Fußball und Eishockey die einzigen Disziplinen, die sie sich gerne ab und zu einmal anschaute. Das hatte wahrscheinlich damit zu tun, dass sie als Kind ihrem Vater den Sohn hatte ersetzen wollen. Als sie an ihn dachte, spielte ein Lächeln um ihre Lippen, und ihr fiel das hölzerne Zigarrenkistchen ein, das ihr Vater in seiner Nachttischschublade hatte. Darin waren Fotos, auf denen er als Fußballer im Trikot zu sehen war. Aber vor allem lagen darin zahlreiche Zeitungsartikel aus den Jahren, in denen er aktiv beim VfR Mannheim Fußball gespielt hatte. Er hatte vor allem diejenigen gesammelt, in denen man ihn namentlich erwähnt hatte. Es war ein richtiger kleiner Schatz. In dem Kistchen gab es sogar einige Fotos, die er aus der Zeitung ausgeschnitten hatte, weil er auf ihnen in voller Aktion abgebildet war. Wenn Papa sie früher herumzeigte, hatte man immer gespürt, wie stolz er darauf gewesen war.

Ihr Vater war jedoch nicht nur fußballbegeistert, sondern auch schon früh ein Eishockeyfan gewesen. Er hatte Charlotte in den 60er-Jahren zum ersten Mal zu einem Spiel in das Mannheimer Eisstadion im Friedrichspark mitgenommen. Ihre Mutter hatte zu diesem Zweck extra für beide einen MERC-Schal in den Mannheimer Farben blau-weiß-rot gestrickt. Sie erinnerte sich, wie sie damals mit ihrem Vater, natürlich mit dem obligatorischen Glühwein in der Hand, in der Fan-Kurve gestanden und »MERC, schieß noch zwee!« gebrüllt hatte. Aber es hatte leider nichts genützt, denn sie hatten an dem Abend haushoch gegen die Düsseldorfer EG verloren.

Aurelio hatte keinen besonderen Bezug zum Eishockey, denn es gab diesen Sport in Mexiko nicht. Was jedoch den Fußball anbelangte, den liebte er, denn er hatte schließlich die ganzen Jahre im Priesterseminar aktiv Fußball gespielt. Allerdings hatte er aus jener Zeit eine bleibende Erinnerung in sein späteres Leben mitgenommen, denn seine im Wachstum begriffenen Füße hatten ihm die zu engen Fußballschuhe seiner Jugend verübelt und seine Zehen deformiert ausgebildet. So schön seine Hände waren, so unansehnlich waren seine Füße. Trotzdem hatte er sein Leben lang begeistert Fußball geschaut. Darum war es kein Wunder, dass Aurelio sich die Spiele der Fußballweltmeisterschaft, die im Sommer in Frankreich ausgetragen wurde, wann immer es möglich war, zusammen mit Charlotte ansah, insbesondere natürlich diejenigen, an denen Mexiko oder Deutschland beteiligt waren. Durch die Zeitverschiebung wurden sie stets live am frühen Nachmittag übertragen. Meist brachte Aurelio dann ein halbes Hähnchen vom Holzkohlengrill mit, das er irgendwo auf der Straße gekauft hatte. Charlotte liebte *Pollo al Carbon*, obwohl es eigentlich nichts Besonders war. Die Zubereitung war einfach, denn die Frauen stellten lediglich einen Tisch vor ihre Haustür, improvisierten darauf einen kleinen Grill, der aus einer mit Holzkohle gefüllten Metallschale und einem Rost bestand, und legten ein halbes Hähnchen darauf, das sie zuvor gewürzt und mit Öl bestrichen hatten. Dabei pressten sie das Grillgut so fest gegen das Gitter, dass das Fett herauslief und es am Schluss platt wie eine Flunder war. Wahrscheinlich war diese Zubereitungsart nicht unbedingt gesund, aber das Hähnchen schmeckte unglaublich lecker mit seiner krossen Haut, dem zarten Fleisch und dem typischen Holzkohlengeschmack.

Während Charlotte und Arelio an ihren Hühnerteilchen knabberten, fieberten sie mit dem deutschen oder mexikanischen Team und drückten ihren Ländern die Daumen. Doch dann kam der Tag der Entscheidung. Denn am Montag, den 29. Juni 1998 spielte Mexiko in Toulouse im Achtelfinale gegen Deutschland.

»Für wen bist du eigentlich?«, fragte Charlotte ihn vorsichtig.

»Na ja, ich mag zwar die deutsche Mannschaft, aber ich würde mich schon freuen, wenn Mexiko gewinnen würde«, antwortete er mit einer gewissen Zurückhaltung.

»Mir geht es genauso, nur eben umgekehrt«, lachte Charlotte.

»Ich wünsche mir zwar, dass Mexiko weiterkommt, aber ehrlich gesagt, halte ich die Deutschen für das bessere Team«, gestand Aurelio ein.

»Ach, das kann man doch vorher nie so genau sagen. Der Berti Vogts ist zwar ein guter Trainer und der Matthäus, der Klinsmann und der Bierhoff sind schon gute Spieler, aber trotzdem weiß man doch nie, wie die Tagesform ist.«

»Aber ihr habt darüber hinaus auch noch einen Super-Torwart«, unterbrach sie Aurelio, » ich komme jetzt nur nicht auf den Namen. An dem kommt fast kein Ball vorbei.«

»Du meinst den Oli Kahn.« Charlotte schmunzelte. »Der ist schon einsame Spitze. Aber trotzdem, warten wir es ab. Ich bin immer ein bisschen abergläubisch mit Gewinn-Voraussagen. Ich glaube es erst, wenn ich es sehe.«

Charlottes Worte sollten sich bewahrheiten. Denn schon wenige Minuten nach Spielbeginn schoss Hernandez das 1:0 für Mexiko. Oliver Kahn schaute dem Ball nur noch fassungslos hinterher. Aurelio strahlte, während Charlotte enttäuscht war, insbesondere nachdem die Deutschen mit diesem Resultat in die Halbzeitpause gingen.

»Gräme dich nicht, mein Schatz.« Aurelio versuchte sie zu trösten.

»Ich bin nicht traurig, aber ich würde mich freuen, wenn Deutschland wenigstens einen Ausgleichstreffer schießen würde. Es wäre doch sowiewo am besten, es ginge unentschieden aus«, meinte Charlotte.

Und Charlottes Wünsche wurden erhört, denn eine Viertelstunde vor Schluss schoss Klinsmann den Ausgleich. Allerdings sollte das noch nicht das Ende sein, denn kurz vor dem Abpfiff gelang Oliver Bierhoff das 2:1. Nun war Aurelio sichtlich enttäuscht, denn damit hatte er zu diesem Zeitpunkt nicht mehr gerechnet. Auch Charlotte war überrascht.

»Das sind schon Teufelskerle, deine Landsleute«, meinte er anerkennend.

Charlotte nickte. »Aber mach dir nichts draus. Eigentlich konnten du und ich doch nur als Sieger aus dem Spiel hervorgehen, denn wir haben doch beiden Mannschaften die Daumen gedrückt, wir *Mexi-Alemanes*,« versuchte sie Aurelio zu trösten.

»Wo du recht hast, hast du recht.« Aurelio seufzte, während er ihnen zwei Tequila einschenkte. »Lass uns auf unseren Sieg anstoßen. Auf den Sieg der *Mexi-Alemanes*. Salud und Prosit!« Sie stießen an und gaben einander einen Kuss.

Charlotte dachte gerne an solche Momente, wenn sie mit Aurelio zusammen in der *Casita de Campo* war und besonders, wenn er bei ihr übernachtete. In seiner Nähe fühlte sie sich ungemein wohl und sicher. Aber diese Momente waren leider viel zu selten. Darum nahm sie, wenn sie allein in dem Haus war, immer vor dem Zubettgehen eine Schlaftablette. Zusammen mit dem dunklen Bier, das sie zuvor getrunken hatte, würde die Wirkung noch stärker sein. Dann jedoch musste sie sich sputen. Schnell schlüpfte sie in ihren dicken Schlafanzug und die Socken, putzte ihre Zähne und löschte alle Lichter. Und dann nichts wie ab in die Horizontale, denn die Wirkung des Medikaments ließ meist nicht lange auf sich warten. Trotzdem passierte es mitunter, dass sie mitten in der Nacht aufwachte. Das waren für Charlotte die schlimmsten Momente. Es war eisig kalt und totenstill. Sie spürte das heftige Pochen ihres Herzens und fürchtete sich unendlich. Manchmal lauschte sie in die Stille hinein und glaubte, leise Geräusche wahrzunehmen. Von einem Augenblick zum anderen war sie dann hellwach. Ihr Körper und ihre Sinne waren angespannt und ihre Fantasie fing an zu arbeiten. Sie bildete sich ein, dass sich in dem Raum, der nur spärlich von der kleinen Jesus-Nachttischlampe erleuchtet war, die roten Vorhänge bewegten, und glaubte, unten auf der Treppe Schritte zu hören. Wenn sie dann auch noch an *Mochaorejas* dachte und ihr der Gedanke kam, man könne sie für eine reiche

Gringa halten und sie sei darum als Entführungsopfer geradezu prädestiniert, war es endgültig um ihre Nachtruhe geschehen. Jetzt half nur noch die Vogel-Strauß-Politik. Die Decke über den Kopf zu ziehen in der Hoffnung, schnell wieder einzuschlafen, und nicht mehr vor dem nächsten Morgen aufzuwachen.

Die Nächte, in denen Aurelio bei ihr blieb, waren im Gegensatz dazu eine Wohltat. Sie konnte auf Bier und Tabletten verzichten. In seinen Armen kam sie zur Ruhe, fand sie ihren Frieden. Trotzdem durfte sie sich nicht beklagen, denn Aurelio versuchte, fast jeden Tag vorbeizuschauen und mindestens zweimal pro Woche bei ihr zu übernachten. Charlotte spürte, wie sehr auch er immer mehr ihre Nähe suchte, und das gab ihr die Sicherheit, die sie brauchte. Seinen Haushälterinnen Chila und Antonita tischte Aurelio die wildesten Geschichten darüber auf, warum er in *Teopisca* übernachten müsste und am Abend nicht wie geplant nach *Rosas* zurückfahren könne. Einmal erzählte er ihnen, eines der Mutterschweine habe geworfen, dann war eines der Schweine plötzlich krank geworden, und kurz darauf ging es wieder einem anderen nicht gut. Chila und Antonita mussten den Eindruck bekommen, dass in *Teopisca* eine Schweine-Epidemie ausgebrochen war. Es fehlte nur noch, dass er ihnen weiszumachen versuchte, über ganz *Teopisca* sei die Quarantäne verhängt und er wisse nicht, wann er wieder zurückkommen könne. Aber so toll trieb er es dann doch nicht.

*

Charlotte stand mal wieder in ihrer Küche und machte den Abwasch. Das meiste Geschirr war aus Plastik. Billiges Plastik, so ziemlich das Einzige, was es hier im Überfluss gab. Massenware aus China, es war spottbillig überall zu haben, das Material war minderwertig, vielleicht sogar giftig, hier wurde schließlich nichts kontrolliert. Hauptsache, es kostete nur ein paar wenige Pesos. Aber es war letztendlich auch egal, ob sie irgendwann an den Folgen der toxischen Substanzen im mexikanischen Essgeschirr oder am gerade ausgebrochenen europäischen Rinderwahnsinn das Zeitliche segnen würde.

Pessimistisch gesehen hatte sie aufgrund ihrer Lebensführung die Chance, aus zweifachem Grund aus dem Leben zu scheiden. Todesursache: Creutzfeld-Jacob-Syndrom mit akuter Organvergiftung. Na, prima!

Optimistisch betrachtet, konnte sich ihr Organismus jedoch in den Monaten in Deutschland erholen, wenn sie von Porzellantellern speiste, und ihr Körper gegen die kleinen Giftdosen seine Immunkräfte mobilisieren – und Rindfleisch aß sie in Mexiko nur noch von glücklichen Tieren. Das war's doch! So schlug sie der schnöden Welt ein Schnippchen.

Der Arm, der sie plötzlich umschlang, erschreckte sie fast zu Tode. Aurelio war wie so oft unbemerkt hereingekommen. Sie drehte sich um und fand sich von ihm umarmt wieder. Da sie barfuß vor der Spüle stand, hatte er sie gut im Griff. Ihre Schulter passte haargenau unter seine Achsel. Für mexikanische Verhältnisse war Aurelio mit seinen ein Meter und achtzig ein Hüne. Er hatte so gar nichts Mexikanisches, weder was seine Statur noch was seine Gesichtszüge anbelangte.

Wenn Charlotte in Deutschland erzählte, dass ihr Freund Mexikaner sei, stellten sich alle den lateinamerikanischen Prototyp à la Speedy González vor mit dickem Bauch, großem Sombrero auf dem Kopf, Schnurrbart und möglichst noch mit einer Tequilaflasche in der Hand.

»Mi amorcito chulo.« Während seine linke Hand ihren Rücken streichelte, hatte seine Rechte ihren Körper fest umklammert. Sie lehnte ihren Kopf an seine Brust, sie hörte sein Herz schlagen und roch ihn, den unverkennbaren Aurelio-Geruch. Sie erfasste ihn mit all ihren Sinnen.

Aurelio gab ihr einen Kuss auf die dunkelbraunen Locken und als sie ihm ihr Gesicht zuwandte, auch auf ihre Nasenspitze und ihren Mund.

»Du hast dich wieder wie ein Indianer an mich herangeschlichen, du kannst deine Vorfahren nicht verleugnen.«

»Ich wollte dich überraschen, mi amor.«

»Das ist dir gelungen. Ich habe heute eigentlich gar nicht mit dir gerechnet.«

Aurelio grinste breit. Es bereitete ihm diebische Freude, manchmal ein bisschen unberechenbar zu sein, besonders dann, wenn er ihr damit eine Freude machen konnte.

»Ich habe heute Abend Dienst. Eine amerikanische Friedensdelegation aus, ich glaube, Massachusetts, wird Don Samuel für seine Bemühungen um den Frieden in *Chiapas* einen Preis überreichen. Du weißt doch, er war 1994 der Vermittler zwischen der Zapatistischen Befreiungsbewegung und der mexikanischen Regierung. Die Verleihung wird in der Kathedrale von *San Cristóbal de las Casas* stattfinden. Don Samuel, ich und einige andere *Compañeros*, wir werden gemeinsam eine Messe zelebrieren. Hast du nicht Lust, mich zu begleiten und deine Videokamera mitzunehmen? Dann kannst du das Ganze filmen. Ich bringe dich anschließend nach Hause und bleibe heute Nacht bei dir.« Seine schwarzen Augen sahen sie eindringlich an. Er wusste ganz genau, dass sie seinem Blick und somit seinem Angebot nicht würde widerstehen können.

»Dann sehe ich dich heute nach langer Zeit mal wieder in Uniform.« Charlotte kräuselte ihre Stirn und schnitt eine Grimasse. Sie konnte sich wie so oft, wenn es um die Kirche ging, eine gewisse Ironie nicht verkneifen.

»Bandida!« Aurelio schüttelte lächelnd den Kopf. Er wusste genau, was sie damit sagen wollte, und nahm ihre immer wiederkehrenden Anspielungen auf seinen Beruf mittlerweile mit Humor. Er gab ihr einen Kuss auf die Wange und ließ sie los. »*Que tomamos*, was trinken wir?« Er ging auf den Schrank mit den Gläsern und entsprechenden Flaschen zu.

Brandy, Whisky, Tequila, Wein oder Bier waren die Getränke, unter denen Charlotte wählen konnte. Der Alkoholkonsum der Mexikaner war ehrlich gesagt erschreckend. Streng genommen war es ein Land von Alkoholikern. Auch die Mengen, die Aurelio konsumierte, waren nicht von schlechten Eltern. Aber er vertrug einiges, und wenn er einmal zu viel getrunken hatte, was selten vorkam, wurde er meist sehr ausgelassen. Sie hatte dann zwar manchmal Mühe, sein doch sehr von Gefühlen triefendes lateinamerikanisches Temperament zu zügeln, aber letztendlich zog sie dieses Verhalten dem oft langweiligen Gehabe vieler deutscher Männer vor.

»Da wir noch weggehen und du noch fahren musst, schlage ich ein Bier vor.«

Er wehrte mit der Hand ab und zog eine seiner geschwungenen Augenbrauen hoch.

»*No problema*, der Alkohol macht mir nichts aus. Ich kann immer fahren.«

Charlotte wusste, dass es wenig Sinn machte, mit ihm jetzt über Alkohol am Steuer zu diskutieren. In solchen Fragen trennten sie Welten. Sie wollte jedoch sicher in *San Cristóbal* ankommen und beschloss darum, diplomatisch zu sein.

»Ich möchte trotzdem am liebsten ein *Corona con sál y limón*, ein Bier mit Salz und Zitrone. Ich habe Durst. Machst du mir eines?« Sie wusste genau, er würde sich, so wie er es meistens tat, ihr anschließen und das Gleiche trinken.

Ob Promillegrenze, Anschnallpflicht, Umweltschutz oder das Abführen von Steuern, um nur einige Beispiele zu nennen, nichts von alledem wurde hier kontrolliert. Mexiko war in vieler Hinsicht ein absolutes Entwicklungsland, jeder machte, was er wollte.

Sie hatte am ersten Tag in der *Camioneta* vergeblich den Anschnallgurt gesucht. Aurelio hatte sich daraufhin erneut köstlich über das deutsche Sicherheitsbedürfnis amüsiert. Er machte sich außerdem gerne über die vielen verschiedenen Versicherungen lustig, die die Deutschen abschlossen.

»Gibt es eigentlich irgendetwas, wogegen oder wofür ihr Deutschen euch nicht versichert?«

Ehrlich gesagt, fiel Charlotte in diesem Augenblick nichts ein.

»Ich finde es ganz toll, dass dein Bischof eine Auszeichnung bekommt. Er sollte endlich den Friedensnobelpreis erhalten. Das wäre ein ganz schöner Schock für die Regierung und ein Schuss vor den Bug der Amtskirche.«

Charlotte schätzte Don Samuel sehr. Schon vor fünfzehn Jahren, als sie ihn zum ersten Mal in *San Cristóbal* gesehen hatte, war er ihr sehr sympathisch gewesen, wobei der Begriff ihm wahrscheinlich nicht gerecht wurde, denn er besaß eine außergewöhnliche Persönlichkeit mit einer beeindruckenden charismatischen Ausstrahlung. Er war ein Mann mit einem klaren Verstand und einer überragenden Intelligenz, gepaart mit einem überaus großen Herzen und einer grenzenlosen Empathie. Zweifellos war er ein »Macher«, einer, der für seine Ideale kämpfte. Das hatte er nur allzu oft in seinem Leben bewiesen.

Als er 1960 in die Diözese *San Cristóbal de las Casas* kam, fand er eine unerträgliche Situation vor, von der er schnell wusste, dass er sie verändern wollte, verletzte sie doch die Würde des Menschen in ihren Fundamenten. Gestärkt durch den Geist des Zweiten Vatikanischen Konzils nahm er die notwendigen Reformen nach seiner Rückkehr aus Rom gezielt in Angriff. Er verurteilte öffentlich Missstände, die von seinen Vorgängern und der gesamten Amtskirche sowie der Politik über Jahrzehnte hinweg ignoriert worden waren. Die Reformen der mexikanischen Revolution zu Beginn des 20. Jahrhunderts waren ausgehöhlt worden, fast nichts von der Parole *Tierra y Libertad*, Land und Freiheit, war übrig geblieben. Die *Caciques*, die Großgrundbesitzer hatten wieder das Sagen und die Indianer waren fast rechtlos und ungeschützt. So war Indianern im *Chiapas* der 60er-Jahre die Benutzung von Bürgersteigen und öffentlichen Bänken verboten. Als Charlotte das zum ersten Mal hörte, kamen ihr unweigerlich Bilder des Dritten Reiches und die Repressalien gegen die jüdische Bevölkerung in den Sinn. Die Indianer durften sich auch in der Kirche nicht auf die Bänke setzen. Sie mussten stehen oder auf dem Boden sitzen. Viele Mestizen oder auch Weiße, darunter übrigens nicht wenige deutsche Kaffeeplantagenbesitzer, hatten eine Kirchenbank gestiftet, jedoch nicht zur Benutzung für alle, sondern für den Eigenbedarf. Wehe, ein Indianer wagte es, sich daraufzusetzen! Er wurde mit Schimpf und Schande hinuntergejagt. Aurelio hatte Charlotte erzählt, dass, als Don Samuel zum ersten Mal ein solcher Vorfall zu Ohren gekommen war, er sofort gehandelt hatte. Er hatte damals den Kirchenbankstifter in seinen Bischofssitz zitiert und ihn aufgefordert, sein Eigentum doch bitte zu sich nach Hause zu schaffen. In der Kathedrale von San Cristóbal gebe es für ein solches Geschenk keinen Platz. Natürlich hatte sich Don Samuel mit solchen Aktionen nicht unbedingt Freunde gemacht. Während die Indianer in ihm immer mehr ihren Beschützer sahen, ihren *Tatic*, ihren Vater, der sie liebte und sich für sie einsetzte, begannen andere, ihn zu hassen. Insbesondere als er dafür sorgte, dass die Indianer endlich Lohn für ihre Arbeit bekamen, stach er in ein Wespennest. Bis in die 60er-Jahre war es nämlich durchaus noch üblich gewesen, dass man die Indianer mit einer Handvoll Reis, Maiskörnern und Bohnen abspeiste, anstatt ihnen einen angemessenen Lohn für ihre Arbeit zu zahlen. Es herrschten Zustände wie im schlimmsten Feudalismus. Die Indianer wurden von den *Caciques* bis aufs Blut ausgebeutet und ihre Rechte mit Füßen getreten. Nicht selten wurden sie auch geschlagen. Dies prangerte Don Samuel nun öffentlich an. Er mischte sich massiv ein und forderte seine Priester in den verschiedenen Gemeinden dazu auf, Menschenrechtsverletzungen nicht hinzunehmen, aber vor allem das Selbstwertgefühl der Indianer zu stärken und sie zu ermutigen, sich für ihre Rechte einzusetzen und sich zu wehren. Er ernannte Indianer zu Diakonen und sorgte dafür, dass sie mehr Einfluss in den Gemeinden bekamen.

Für Charlotte war Don Samuel eine Lichtgestalt, ein Hoffnungsträger, ein Held. Er hob sich angenehm vom übrigen Klerus ab, deren Streben nach einer besseren Welt sich meist in frommen Sprüchen erschöpfte. Don Samuel beließ es nicht bei Worten, sondern setzte das, was er sagte, in Taten um. Dadurch schaffte er sich jede Menge Feinde. Die *Caciques* hatten ihn ab einem gewissen Zeitpunkt sozusagen zum Abschuss freigegeben. Er war ihnen im Wege, war er doch dabei, die alte Ordnung abzuschaffen. Es begann mit Morddrohungen, die ihn jedoch nicht von seinem Weg abbringen konnten. Dann folgten Attentatsversuche. Doch er schien einen Schutzengel zu haben, denn er hatte jedes Mal Glück. Mehrere Male kam ihm dabei der Zufall zur Hilfe. Einmal wurde er sogar von der Ehefrau eines Großgrundbesitzers gewarnt, die ein Gespräch zwischen ihrem Mann und anderen Kaziken belauscht und daraufhin dem Privatsekretär des Bischofs alle Einzelheiten mitgeteilt hatte. Sie verriet die Identität des gedungenen Mörders, der bereits mit den entsprechenden Waffen ausgestattet worden war, sowie Zeit und Ort des geplanten Attentats, und so konnte auch dieser Mordanschlag vereitelt werden. Auf Bestreben Padre Lucianos, eines Priesterkollegen von Aurelio, der über einen anderen Priester in Mexico City einen guten Kontakt zu einem Mitarbeiter des Innenministeriums hatte, waren dem Bischof 1995 tatsächlich drei Leibwächter zur Verfügung gestellt worden. Die Motivation der Regierung, den Bischof von *San Cristóbal* zu beschützen, lag sicher nicht in der Sympathie für ihn oder für seine Arbeit, sondern war eher ein taktischer Schachzug. Die Männer bewachten ihn und berichteten gleichzeitig alles, was ihnen auffiel. Darüber hinaus wollte die Regierung jedoch auch keinen Märtyrer schaffen, denn nach dem Indianeraufstand von 1994 hatten sie begriffen, dass es in *Chiapas* unter der Oberfläche gewaltig brodelte. Die Ermordung des Bischofs von *San Cristóbal* hätte mit Sicherheit zu neuen Ausschreitungen geführt. Das wollte man nicht riskieren. Ein Journalist hatte die Leibwächter zu Beginn ihrer Arbeit mal gefragt, welchen konkreten Auftrag sie denn von oben bekommen hätten.

»Wir sollen den Bischof schützen«, war die Antwort gewesen.

»Und was macht ihr, wenn man euch den Auftrag gibt, ihn zu töten?«

»Dann töten wir ihn«, hatten sie ihm genauso kategorisch erwidert.

Aurelio war geschockt gewesen, als er davon gehört hatte. Don Samuel hingegen nahm es gelassen. Die Leibwächter folgten dem Bischof fortan überallhin, waren seine Schatten. Er behandelte sie anständig, sorgte dafür, dass sie in den Indianergemeinden, die er besuchte, freundlich aufgenommen wurden und integrierte sie, so gut er konnte, in seine Arbeit. Über Jahre hinweg gelang es ihm, dass aus den *Chicos malos*, seinen bösen Buben, wie er seine Leibwächter einmal genannt hatte, loyale Mitstreiter für seine Herzenssache wurden. Der Bischof von *San Christóbal* hatte die besondere Gabe, Menschen für sich einzunehmen und sie für sich zu gewinnen, auch wenn diese zunächst nicht auf seiner Seite gewesen waren.

»Das mit dem Nobelpreis ist nicht so einfach.« Aurelio riss Charlotte aus ihren Gedanken. »Don Samuel war schön öfter dafür vorgeschlagen, aber leider hat es am Schluss nie gereicht«, meinte Aurelio nachdenklich.

»Aber die Bürgerrechtlerin Rigoberta Menchú aus Guatemala hat ihn doch 1992 auch bekommen und sogar als erste indianische Ureinwohnerin.«

»Si, das war fantastisch! Aber vielleicht hat gerade diese Tatsache bewirkt, dass Don Samuel leer ausgegangen ist. Das Komitee in Schweden wollte vermutlich nicht zweimal kurz hintereinander den Friedensnobelpreis an Vertreter lateinamerikanischer Länder geben, dazu noch für die gleiche Sache.«

»Wahrscheinlich hast du recht«, pflichtete Charlotte ihm bei. »Es gibt so viele Friedensinitiativen in allen möglichen Ländern, und sie sind auch notwendig, denn die ganze Welt ist voller sozialer Ungerechtigkeiten, egal wo du hinschaust. Aber Gott sei Dank gibt es Idealisten, die sich damit nicht abfinden wollen, so wie Don Samuel und so wie du, mein Schatz.« Charlotte prostete ihm lächelnd zu und nahm einen Schluck aus ihrem Bierglas. »Sag mal, wie läuft das heute Abend eigentlich ab?«

»Ich habe gedacht, wir fahren zusammen nach *San Cristóbal*, ich lasse dich eine Straße vor der Kathedrale raus und fahre allein weiter. Nach der Messe treffen wir uns dann wieder, am besten in dem Restaurant gegenüber vom *Zókalo*, wo wir kürzlich gegessen haben. Da sind so viele Touristen, da kennt mich niemand.«

Charlotte schluckte und schaute ihn traurig an. Sie hasste diese Versteckspielerei. »Gut. Was denkst du, wie lange der Gottesdienst und die Preisverleihung dauern werden?«

»Ich schätze, so zwei Stunden. Ich gehe dann schnell zum Umziehen in die Sakristei und komme sofort zu dir, Liebste.« Aurelio griff über den Tisch, nahm ihre Hand und küsste sie lange und zärtlich. Seine Geste wirkte auf sie wie eine Entschuldigung oder ein Trostpflaster. In solchen Situationen, wenn sie ihre Liebe so offensichtlich verbergen mussten, hatte Aurelio ein schlechtes Gewissen, und zwar nicht wegen seines Gelübdes, das ihm die Kirche abgerungen hatte, sondern weil er genau wusste, dass er Charlottes Gefühle verletzte. Sie litt in solchen Momenten, auch wenn sie ihm das nicht sagte, denn auch sie wollte ihm das Herz nicht schwer machen. So versuchten sie einander aus Liebe zu schonen.

12. Patrizia

Charlotte stand vor der Kathedrale und schaute an der Fassade empor. Sie mochte die Bauweise des Kolonialbarocks und auch die kräftigen Farben: ockergelbe Wände, die von ochsenblutroten Pfeilern durchbrochen wurden. Sie stammte aus dem frühen 16. Jahrhundert. Man hatte mit ihrem Bau bei der Stadtgründung begonnen, sie jedoch erst Ende des 17. Jahrhunderts fertiggestellt. Schon 1983 war Charlotte von dem Bauwerk beeindruckt gewesen.

San Cristóbal hatte sich in den letzten fünfzehn Jahren nicht sehr verändert, wenn man einmal vom Verkehrsaufkommen absah. Damals hatte es nur das eine oder andere Auto in den Straßen gegeben. Heute schlich ein Wagen hinter dem anderen her. Stoßstange drängte sich an Stoßstange und es war mühsam, die Straße zu überqueren. Ständig hupte es von irgendwoher und weit und breit war kein freier Parkplatz zu bekommen. Dazwischen huschten indianische Frauen und Kinder vorbei, die ihre *Pulseras*, ihre handgeknüpften Armbänder, ihre gewebten Deckchen oder ihre mit bunten Stickereien verzierten Blusen an Touristen verkaufen wollten.

Charlotte begab sich hinüber zum *Zókalo*. Auf diesem zentralen Platz schlug das Herz der Stadt. Hier pulsierte das Leben. Es war ein Ort, der alle Sinne erweckte. Eine Flut von Farben breitete sich vor Charlottes Augen aus. Zwischen dem saftigen Grün der Bäume und den gepflegten Rasenflächen, die von Bugambilias in allen möglichen Rottönen umrahmt waren, bewegten sich Gruppen von Indianerinnen mit ihren in kräftigen Farben gehaltenen Gewändern und bunten Schleifen an ihren langen schwarzen Zöpfen. Aus allen Ecken drangen unterschiedliche Düfte. Da lag das Aroma von Kaffee und mit Zimt und Kardamon angereicherter heißer Schokolade in der Luft, das aus dem kleinen Gebäude, dem *Kiosco* im Zentrum des Platzes drang. Es vermischte sich mit dem Geruch von gebratenem Fleisch eines mobilen *Taco*-Standes, mit über Holzkohle gerösteten Maiskolben, gebratenen Bananen und *Dulce de Tamarindo*, einer Süßigkeit, die aus einem Johannisbrotgewächs hergstellt wurde. Der Platz war von einer Geräuschkulisse aus plappernden Menschen, lachenden Kindern und zwitschernden Vögeln beherrscht, in die sich immer wieder Klänge der Marimba mischten, dem Nationalinstrument Guatemalas, das einem großen Xylophon glich. Es war eine einzigartige Stimmung, die von diesem Platz ausging, der für Charlotte einer der schönsten Flecken auf der Erde war.

Sie schaute auf die Uhr. Die Atmosphäre des *Zókalo* hatte sie so gefangen genommen, dass sie die Zeit vergessen hatte. Es war schon spät. Jetzt musste sie sich beeilen, wenn sie in der Kathedrale noch einen strategisch günstigen Platz zum Filmen bekommen wollte.

Vereinzelt saßen bereits Indianer, Landarbeiter und Touristen sowie besser situierte Bürger von San Cristóbal auf den zahlreichen Bänken. Charlotte wählte einen Randplatz in einer Reihe des vorderen Drittels. Er befand sich direkt an einer großen Säule mit einem kleinen Sockel. Auf den würde sie später problemlos hochsteigen und über die Köpfe der Menschen hinweg filmen können.

Charlotte setzte sich hin. Warum Kirchenbänke bloß immer so hart sein mussten? Die Kathedrale erschien ihr riesig. Wie winzig sich der Mensch doch in einem so mächtigen Innenraum vorkam. Wahrscheinlich war genau das die Absicht der klerikalen Auftraggeber gewesen. Die Gläubigen sollten sich klein und unscheinbar fühlen, demütig vor Gott. Oder vielleicht doch eher vor den Kirchenfürsten?

Die Kathedrale hatte eine üppige Verzierung. Hunderte von Kerzen erstrahlten und unzählige Figurengruppen waren aufgestellt, Propheten, Evangelisten, Jünger und vor allem Heilige. Jesus war in allen Variationen präsent: am Kreuz mit und ohne Dornenkrone, auf dem Weg nach Golgatha, beim Abendmahl, mit den Jüngern und in den Armen seiner Mutter.

Quantitativ übertroffen wurden die Abbildungen vom Sohn Gottes nur noch von denen der gebenedeiten Jungfrau unter den Weibern, der Jungfrau Maria. Ihr göttliches Neonlicht erstrahlte aus fast allen Nischen.

Du sollst dir kein Bildnis noch irgendein Gleichnis machen, fiel Charlotte ein. Sie fragte sich, ob sie die Bibel zu gut oder zu schlecht kannte, denn was sich hier vor ihren Augen offenbarte, war mit dem, was sie im Buch der Bücher gelesen hatte, nur schwerlich zu vereinbaren.

Der Kerzengeruch, der den ganzen Raum erfüllte, machte Charlotte zu schaffen. Ihr war übel. Ob sie vielleicht schwanger war? Sie wünschte sich tief in ihrem Herzen nichts sehnlicher, als ein Baby zu bekommen. Auch wenn sie schon 45 war, so fühlte sie sich doch noch vital genug, um ein Kind auf die Welt zu bringen und es auch großzuziehen. Am liebsten hätte sie eine Tochter gehabt, eine kleine Mari-Isabelle, ein Wunschkind, das die Krönung ihrer Liebe wäre.

Ursprünglich hatte sie ihre Tochter Patrizia nennen wollen. Aber Aurelios Begeisterung für diesen Namen hatte sich vierzehn Jahre zuvor, als sie zum ersten Mal über gemeinsame Kinder gesprochen hatten, in Grenzen gehalten. Er hatte, als er ihren Namensvorschlag gehört hatte, abgewinkt und bitter-süß lächelnd gemeint: »Den Namen sollten wir besser nicht nehmen.«

Charlotte war natürlich neugierig geworden und hatte angefangen nachzufragen. Sie wollte wissen, was ihm an dem Namen Patrizia nicht gefiel. Sie hatte damals so lange gebohrt, bis er schließlich mit der Sprache herausrückt war. Ziemlich zögerlich, fast ein wenig verlegen, hatte er erklärt: »Ich habe dir doch mal erzählt, dass es vor dir eine Frau in meinem Leben gab, mit der ich mich ab und zu getroffen habe.« Er zögerte erneut. »Diese Frau hieß Patrizia.«

Im ersten Moment hatte Charlotte geschluckt. Das war wahrlich ein triftiger Grund, einen anderen Namen zu wählen. Damals war der Name Patrizia von einer Sekunde zur anderen von der Rangliste ihrer Lieblingsnamen gestrichen worden.

Obwohl Charlotte gewusst hatte, dass es jemanden vor ihr gegeben hatte, war sie, als er nun plötzlich so konkret von einer anderen Frau sprach, zunächst irritiert gewesen.

Bei jedem normalen, dazu noch gutaussehenden Mann über vierzig wäre es das Selbstverständlichste der Welt gewesen, dass er mehrere Frauen gehabt hatte. Wäre es nicht so gewesen, hätte man ihn für schwul oder impotent gehalten oder irgendeine Abnormität als Ursache vermutet. Aber Aurelio war Priester, da war das Abnorme plötzlich Normalität und die Normalität eine schwere Entgleisung.

Charlotte bemerkte, wie sie dieser verquasten Moral beinahe selbst auf den Leim gegangen wäre. Ausgerechnet sie mit ihren nicht wenigen Erfahrungen hatte nicht das geringste Recht, Aurelio Vorwürfe zu machen. Charlotte hatte nie Probleme gehabt, Männer kennenzulernen. Wenn sie es sich so recht überlegte, war sie seit ihrem achtzehnten Lebensjahr von einer Beziehung in die andere geschlittert. Wenn sie einen verlassen hatte, war der nächste meistens schon in den Startlöchern gestanden. Sie sollte dankbar sein, dass es in Aurelios Leben eine Frau vor ihr gegeben hatte, auf diese Weise war er schließlich nicht ganz unerfahren gewesen. Wichtig war doch letztendlich nur, dass er die Beziehung mit ihr beendet hatte. Aurelio hatte Charlotte damals erklärt, dass er Patrizia nie wirklich geliebt habe. »Du bist die große Liebe meines Lebens und wirst es bleiben, so lange ich lebe«, hatte er ihr erneut versichert und sie dabei eindringlich angeschaut. »Das darfst du nie vergessen.« Sie wusste, sie konnte ihm bedingungslos vertrauen. Damit war alles gesagt. Charlotte hatte nicht weiter nachgefragt und stattdessen ihr Wunschkind von Patrizia in Mari-Isabelle umgetauft.

Patrizia hatte Aurelio 1971 mit siebzehn zum ersten Mal gesehen, als er zusammen mit Don Samuel und anderen Priestern der Diözese in der Kathedrale von San Cristóbal eine Messe zelebrierte. Der große gutaussehende Priester war ihr sofort aufgefallen und sie hatte sich unsterblich in ihn verliebt. Sie hatte damals Nachforschungen angestellt und war fortan jeden Sonntag mit dem Bus in seine Pfarrei nach *Teopisca* gefahren, um ihm während des Gottesdienstes nahe zu sein. Aurelio hatte Patrizia zunächst gar nicht wahrgenommen, sah sie doch so aus wie viele andere Mädchen seiner Gemeinde. Irgendwann hatte sie jedoch ihren Mut zusammengenommen und ihn angesprochen. Natürlich hatte sie es sich vorher reichlich überlegt, wie sie es anstellen konnte, sein Interesse zu erwecken. Und so hatte sie ihm eine mitleidserregende Geschichte aufgetischt und damit erreicht, dass er sich verpflichtet fühlte, ihr zu helfen und sich seelsorgerisch ihrer anzunehmen. So konnte sie ihn immer wieder sehen und versuchen, ihn mit der Zeit für sich zu gewinnen. Wie sie es letztendlich über Monate hinweg tatsächlich geschafft hatte, ihn zu erobern, wusste Charlotte nicht, denn Aurelio hatte an dem kleinen, pummeligen, eher schwerfälligen Mädchen zunächst kein persönliches Interesse gehabt. Darüber hinaus kam sie aus einem konservativen Mestizenhaushalt, also einer Lebenswelt, die in gar keiner Weise die seine war. Trotzdem passierte es irgendwann. Für beide war es das erste Mal. Während es für Aurelio lediglich eine Erfahrung war, ein momentaner Rausch, in dem er seine Bedürfnisse ausleben konnte, glaubte Patrizia, weil sie ihm ihre Jungfräulichkeit geschenkt hatte, dass er nun von der Kirche weggehen und sie heiraten würde. Eigentlich hätte sie es besser wissen müssen, denn er hatte stets betont, dass er seinen Beruf nie aufgeben würde. Aber das hatte sie nicht wahrhaben wollen. Aurelio war von den Reformgedanken des Zweiten Vatikanischen Konzils beseelt und von dem befreiungstheologischen Konzept seines Bischofs und dessen Persönlichkeit über alle Maßen fasziniert. An der Seite von Don Samuel würde er alles dafür tun, diese Ideen umzusetzen. Darin sah er seine Berufung und den Sinn seines Lebens. Vielleicht würde eines Tages der Nachfolger von Papst Paul VI. die Ziele und Themen des Zweiten Vatikanischen Konzils weiterverfolgen und somit auch Kirchengesetze wie den Zölibat auf den Prüfstand stellen. Die Aufhebung der verpflichtenden Ehelosigkeit von Priestern war unter Johannes XXIII. durchaus angesprochen worden und man hatte darüber nachgedacht, ein zölibatäres Leben den Priestern zwar anzuraten, aber sie nicht zu dieser Lebensweise zu verpflichten. Wie hatte doch Jesus bezugnehmend auf die Ehelosigkeit gesagt: »Wer es fassen kann, der fasse es«, was im Umkehrfall so viel hieß wie »und wer es nicht fassen kann, der fasse es nicht«. Gerade die Priestergeneration, der Aurelio angehörte, hatte gehofft, dass der Zölibat irgendwann gelockert, wenn nicht gar aufgehoben werden würde. Aber dem war leider nicht so gewesen, trotzdem nahmen viele den Zölibat nicht so genau. Es war ihnen zwar nicht möglich zu heiraten, aber nicht wenige, insbesondere der jüngeren Priester, suchten trotzdem die Nähe zu einer Frau.

Über viele Jahre hinweg trafen sich Aurelio und Patrizia von Zeit zu Zeit wieder. Er empfand ihre Treffen als unverbindlich, während sie ihn immer wieder drängte, die Kirche zu verlassen und sie zu heiraten. Irgendwann wurde ihm das alles zu viel und er distanzierte sich von ihr. Als Charlotte dann ein paar Jahre später mit der Gruppe in *Las Rosas* auftauchte und Aurelio sich zum ersten Mal richtig verliebte, verlor Patrizia ihn ganz. Trotzdem lief sie ihm weiter hinterher und versuchte ihm immer wieder ein Treffen abzuringen. Er verbot ihr damals in priesterlich autoritärem Ton, ihn weiter zu bedrängen, und sagte ihr, er wolle sie nicht mehr sehen.

Doch dann kam alles anders. Denn als Charlotte es zweimal nicht schaffte, zu Aurelio zurückzukehren, schlug erneut Patrizias Stunde. Aurelio war damals verzweifelt, er fühlte sich einsam und gab irgendwann ihren erneuten Annäherungsversuchen nach. Es war eben auch so einfach, er brauchte nur zuzugreifen. Und während der Priester in ihm sich mit Gebeten tröstete, gab der Mann seinem natürlichen Verlangen nach und fuhr mit Patrizia alle paar Monate in die hundert Kilometer entfernte Provinzhauptstadt. In *Tuxtla Gutíerrez* kannte ihn niemand. Dort lud er sie zum Essen und Trinken ein. Vor allem zum Trinken, um anschließend mit ihr in einem Motel abzusteigen. In aller Frühe brachte er sie dann wieder nach Hause.

Wenn Charlotte es so recht bedachte, war möglicherweise sogar ein wenig Rache mit im Spiel gewesen. Vielleicht hatte sich Aurelio unbewusst an Charlotte für den Verrat an ihrer Liebe rächen und ihr heimzahlen wollen, was sie ihm angetan hatte, indem er sein Versprechen, dass die Beziehung mit Patrizia vorüber sei, genauso brach, wie sie das ihre gebrochen hatte. In Wirklichkeit aber tat er Patrizia Unrecht, auch wenn er selbst das sicherlich nicht so wahrnahm.

Letztendlich war Patrizia das Opfer einer verfehlten Kirchenpolitik geworden. Denn wäre Aurelio nicht an den Zölibat gebunden gewesen, wäre die Beziehung zu Patrizia schon in den Anfängen auseinandergegangen oder vielleicht gar nicht erst entstanden. Er hätte sich mit Sicherheit ein anderes Mädchen gesucht Da ihm das jedoch untersagt war, hatte er das genommen, was sich ihm bot. Und Patrizia hatte über Jahrzehnte hinweg von der Hoffnung auf eine gemeinsame Zukunft gelebt. Charlotte musste an einen Satz in Uta Ranke-Heinemanns Buch *Eunuchen für das Himmelreich* denken, in dem sie schrieb, dass die Frauen und nicht die Priester solcher verbotener Liebesbeziehungen meist zugrunde gingen. Wie recht sie doch hatte. Patrizia war über die Jahre hinweg zur Alkoholikerin geworden. Sie hatte auf der ganzen Linie verloren.

Während Charlottes Augen durch die Kathedrale wanderten, blieb ihr Blick plötzlich an einer einzelnen Frau haften, die sich am anderen Ende der Bankreihe niedergelassen hatte. So ähnlich musste Patrizia heute aussehen. Die Frau entsprach ganz Aurelios Beschreibung. Sie war Anfang vierzig und hatte kurze, schon leicht ergraute Haare. Ihr leicht aufgedunsenes Gesicht ließ auf einen übermäßigen Alkoholkonsum schließen. Ihre Gesichtszüge wirkten verhärmt. Die Frau trug ein graues, weit geschnittenes Kostüm, um ihr Übergewicht ein wenig zu kaschieren, was ihr jedoch nicht gelang. Sie hatte unter ihrer dicken Brille breite schwarze Striche auf ihre oberen Augenlider gemalt und ihre Haut lag unter einer dicken Puderschicht. Sie wirkte wie fast alle Mexikanerinnen wesentlich älter, als sie wahrscheinlich war, und blickte sehr ernst in Richtung Sakristei.

Mittlerweile waren ein paar hundert Menschen in der Kathedrale und fast jeder Platz besetzt. Charlotte ärgerte sich über sich selbst, weil Patrizia in den letzten Minuten so großen Besitz von ihren Gedanken genommen hatte. Warum beschäftigte sie sich überhaupt mit dieser Frau? Patrizia hatte letztendlich nichts mit ihr zu tun. Schließlich hatte Charlotte lange Zeit überhaupt nichts von ihrer Existenz gewusst. Und trotzdem, sie wurde das Gefühl nicht los, dass Patrizia in diesem Augenblick auch in der Kathedrale war. Wenn sie Aurelio schon nicht haben konnte, so hatte sie bei diesem Anlass zumindest die Möglichkeit, ihn aus der Nähe zu sehen. Das würde sie sich mit Sicherheit nicht entgehen lassen.

Als sich plötzlich die Türen der Sakristei öffneten, erhoben sich alle von den Bänken. Zwei Messdiener mit schwenkenden Weihrauchkesseln traten in den Kirchenraum, gefolgt vom Bischof und sechs Priestern. Einer von ihnen überragte alle anderen. Es war ihr Aurelio.

Sie schritten den hinteren Quergang entlang, der das Seiten- mit dem Hauptschiff verband. Der Bischof hatte sich in den letzten eineinhalb Jahrzehnten kaum verändert. Als die Gruppe kurz danach auf ihrer Höhe in etwa zwei Metern Entfernung stehenblieb, wurde es Charlotte erneut übel. »Jetzt falle ich jeden Augenblick um«, dachte sie. Ihr Herz raste. Sie wusste nicht, ob es an dem penetranten Geruch des Weihrauches lag oder an der Angst, der Bischof würde, nachdem er beinahe neben ihr stand, sich an sie erinnern. Ihre Besorgnis wuchs, als ihr schlagartig einfiel, dass ihm, wenn er auf ihre linke Hand schauen würde, unweigerlich auffallen musste, dass sie den gleichen Ring wie einer seiner Priester trug.

Charlotte steckte ihre Hand schnell in die Jackentasche und drückte mithilfe des Daumens den Ring so lange in Richtung Fingerkuppe, bis sie ihn abgestreift hatte. Dabei würdigte sie Aurelio keines Blickes. Es war ihr in diesen Sekunden unmöglich, ihn anzuschauen, obwohl sie spürte, dass seine Augen auf sie gerichtet waren. Sie fühlte sich in diesem Moment schrecklich und wäre am liebsten davongelaufen.

Erst als die Gruppe an ihr vorbeizog, wagte Charlotte es, Aurelio kurz anzusehen. Ihre Blicke streiften sich, und sie nahm das feine Lächeln um seinen Mund wahr, als wollte er ihr sagen: »Ich bin bei dir.« Als sich dann alle wieder hinsetzen durften, weil die kirchlichen Würdenträger ihre Plätze um den Altar herum einnahmen, spürte Charlotte, wie ihre Ruhe zurückkehrte.

Viele Reden wurden gehalten, in Englisch und Spanisch, und die Verdienste des Bischofs gewürdigt. Die Fernsehsender *TV Azteca* und *Televisa* waren auch präsent. Ob der Beitrag jedoch je gesendet würde, stand in den Sternen. Es konnte nicht im Sinne der beiden regierungstreuen Medien sein etwas auszustrahlen, was dem unbequemen Bischof in der mexikanischen Öffentlichkeit Sympathien einbringen könnte, denn Präsident Zedillo brauchte keinen Friedensvermittler, weil nicht sein konnte, was nicht sein durfte. Für ihn gab es im Süden Mexikos keinen Konflikt, geschweige denn einen Krieg. Während die Indianer in Chiapas weiter hungerten, ärztlich schlecht oder überhaupt nicht versorgt wurden und für Löhne arbeiten mussten, von denen sie nicht leben und nicht sterben konnten, erklärte Zedillo vollmundig über seine Haus-Sender *TV Azteca* und *Televisa*: »In Mexiko muss niemand wegen seines Glaubens oder wegen seiner ethnischen Abstammung leiden. Alle Mexikaner sind gleich.«

Wenn Charlotte diesen TV-Spot sah, musste sie immer an George Orwells *Animal Farm* denken und das Zitat: »Some pigs are more equal than the others«, einige Schweine sind gleicher als die anderen. War der Präsident so ignorant? Oder war es der pure Zynismus? Das glatt-lackierte, bebrillte Staatsoberhaupt hatte für alles eine Erklärung. Die Guerilla aus den Lakandonischen Wäldern, also die Zapatisten, die sich um *Subcomandante* Marcos geschart hatten, waren alle Terroristen, Feinde der Demokratie. Die ausländischen Beobachter verschiedener europäischer und amerikanischer Hilfsorganisationen waren selbstverständlich kommunistische Agitatoren, die von außen Unruhe in das ach so friedliche *Chiapas* trugen. Der Bischof war, wie konnte es auch anders sein, ein Verleumder und Nestbeschmutzer und ein verkappter Kommunist, darin war er sich mit Papst Johannes Paul II. einig. Die achtzigtausend Mann Militär waren natürlich nur zum Schutz der Indianer nach *Chiapas* geschickt worden. Wie sehr die Indianer ihre Beschützer liebten und ihnen vertrauten, konnte man immer wieder daran erkennen, dass die Bevölkerung ganzer Dörfer in die Berge floh, um in den Wäldern bei der Guerilla Schutz vor ihren staatlichen Beschützern zu suchen. Und als sich schließlich die Vereinten Nationen als Vermittler im Konflikt anboten, hatte der Präsident dankend abgelehnt und patriotisch im Namen der gesamten Nation verkündet: »Wir Mexikaner können unsere Probleme untereinander lösen, nie wird sich ein Mexikaner gegen einen anderen erheben.« Charlotte fand dieses Statement, wenn sie es freundlich bewertete, ignorant und dumm. Wenn der Präsident diesen Ausspruch jedoch ernst gemeint hatte, war er bösartig und menschenverachtend, denn gerade ein halbes Jahr zuvor waren in dem indianischen Dorf *Acteal* in *Chiapas*, das sich mit der Unterstützung der Guerilla eine gewisse Autonomie erkämpft hatte, fünfundvierzig Frauen und Kinder über zehn Stunden hinweg von einer paramilitärischen Bande niedergemetzelt worden. Und das überall präsente Militär hatte die stundenlangen Maschinengewehrsalven nicht gehört und nicht im Traum daran gedacht, dass ein Mexikaner gegen den anderen die Hand erheben würde. Sie hatten darum bedauerlicherweise auch nicht helfen können.

Charlotte nahm das Geschehen in der Kathedrale teilweise auf Video auf, hielt die Kamera jedoch so, dass neben den verschiedenen Rednern und dem Bischof auch immer noch ihr Aurelio am Bildrand zu erkennen war. Er war schon eine Autorität, ihr Mann. In seinem weißen Ornat und der langen, mit indianischen Motiven bestickten Stola strahlte er Würde aus. Aurelio hatte zweifelsfrei Charisma.

Charlotte wurde in diesem Augenblick wieder bewusst, dass sie ihn niemals von seinem Beruf wegholen durfte. Sie hatte sich damals nicht nur in den Mann, sondern auch in den leidenschaftlich predigenden Befreiungstheologen verliebt. Wenn er sein Priestertum aufgeben würde, wäre er nicht mehr derselbe. Würde sie ihn dann noch lieben, ihn überhaupt noch wollen? Sie durfte auf gar keinen Fall seine Persönlichkeit demontieren. Ihre Liebe würde das nicht kompensieren können. Sie betrachtete ihn zärtlich: »Ich liebe euch mittlerweile beide, den Priester und den Mann in dir.«

Nach der Messe hatte Charlotte sich in das Restaurant am *Zócalo* begeben. Mittlerweile trank sie schon den zweiten Papayasaft und blickte ungeduldig auf die Uhr. Wo er nur blieb? Das war so untypisch für Aurelio. Er war der zuverlässigste Mexikaner, den sie kannte. Er hatte sie bisher fast nie warten lassen. Er brauchte doch unmöglich mehr als eine Stunde, um sich umzuziehen und zweimal um die Ecke zu gehen. Charlotte hatte die Zeitung schon zig Mal rauf und runter gelesen. Wer weiß, vielleicht waren er und der Bischof noch mit der amerikanischen Delegation zusammen? Oder vielleicht hatte ihn die Ordensschwester aus seiner Gemeinde in Beschlag genommen und er konnte sich nicht loseisen?

Zum wiederholten Male stand sie auf und beugte sich zur Seite. Es war ein ungemütlicher Platz, dieser enge Tisch hinter der Tür. Aber es war der einzige Tisch, der noch frei gewesen war. Sie schaute schräg über die Köpfe der am Nachbartisch sitzenden Touristen hinweg zum Fenster hinaus. Da sah sie Aurelio, wie er schnell am *Zócalo* entlangging. Charlotte sprang auf, signalisierte der Bedienung, das Geld liege auf dem Tisch, und indem sie ihren Lederrucksack auf den Rücken schwang, stürzte sie zur Flügeltür hinaus und rannte quer über den Platz.

»Padre Aurelio!« Es war besser, ihn *Padre* zu rufen, Gott wusste, wer die Szene beobachtete. Er drehte sich um, sein Gesichtsausdruck war besorgt. »Um Himmels willen, wo warst du denn, Charlotte? Ich habe mir schon Sorgen gemacht. Ich suche dich seit einer Stunde.«

»Aber ich saß wie besprochen dort drüben im Restaurant.«

»Ich habe zweimal von außen hineingeschaut und dich nicht gesehen.«

»Ich saß an dem Tisch hinter der Tür und habe die ganze Zeit dort auf dich gewartet. Es war der einzige freie Platz. Warum bist du denn nicht hereingekommen?«

Er verdrehte die Augen und seufzte: »Genau am Eingang saß ein Paar, das ich vor Kurzem getraut habe und das mich gut kennt, da wollte ich kein Aufsehen erregen. Und hinter der Tür, da habe ich dich nicht vermutet.«

Charlotte lächelte ihn an und seufzte: »Ist ja jetzt alles gut. Es war nur stinklangweilig da drin.«

Aurelio öffnete die Autotür, ließ sie einsteigen und schloss sie, dann ging er um den Wagen herum und stieg selbst ein. So hatte er es von jeher gemacht. In manchen Dingen war er eben ein perfekter Gentleman. Als er neben ihr saß, nahm er sie in die Arme und drückte sie fest an sich. »Ich bin so froh, dass dir nichts passiert ist. Als ich dich nicht gesehen habe, war ich beunruhigt. Ich weiß, dass es einen triftigen Grund dafür geben muss, wenn du mit deiner deutschen Pünktlichkeit eine Verabredung nicht einhältst. Weißt du, *San Cristóbal* ist nachts nicht ganz ungefährlich. Frauen sollten um diese Uhrzeit nicht allein unterwegs sein und schon gar nicht eine so hübsche *Gringa*!« Lachend zwinkerte er ihr zu. Er wusste genau, dass Charlotte gleich reagieren würde, denn der Begriff war für sie ein Reizwort.

»Verdammt, ich bin keine *Gringa*, das weißt du ganz genau.« Sie gab ihm einen sanften Puff auf den Arm. Sie konnte es nicht ab, wenn manche Mexikaner sie auf Englisch ansprachen und sie für eine Amerikanerin hielten.

Der amerikanische Universalanspruch, alle Menschen dieser Welt müssten Englisch reden, war ihr schon immer zuwider gewesen. Er passte zu dem Weltpolizei-Gehabe der Amis. In solchen Situationen antwortete sie stur auf Spanisch: »*No soy gringa, no hablo inglés*«, ich bin keine *Gringa* und spreche auch kein Englisch. Sie fand es absurd, als spanischsprechende Deutsche mit einem Mexikaner in seinem eigenen Land Englisch zu reden.

»Mi Alemanita!« Aurelio begann zu singen. »*Conocio una linda Alemanita y la quiero mucho*« – ich kenne eine kleine hübsche Deutsche und liebe sie sehr. Charlotte lächelte ihn an. Wenn er für sie sang, war das immer eine Liebeserklärung. »Übrigens, ich hätte hier im Auto bis morgen früh auf dich gewartet, mi amorcito chulo.«

»Und ich wäre auf meinem Stuhl sitzen geblieben, bis sie mich aus dem Restaurant geworfen hätten. Dann hätte ich den Inhalt der Zeitung wahrscheinlich auswendig gekonnt. Das hätte zumindest meinen Spanischkenntnissen gut getan. Schade, wieder eine vertane Chance.« Sie lachte ihn an.

Er gab ihr einen Kuss. »Es tut mir leid, es war meine Schuld, ich hätte hineingehen müssen. Aber ich habe die Situation einfach falsch eingeschätzt. Vergibst du mir nochmals, Liebste?«

»Ich vergebe dir fast alles, mi amor.«

»Gracias, mi vida.«

Manchmal war es eben doch nicht so einfach, die Frau eines katholischen Priesters zu sein.

Sie verließen *San Cristóbal* und fuhren die dunkle Landstraße entlang.

»Hat dir die Messe und die Preisverleihung gefallen?«

»Es war sehr beeindruckend und ich habe das meiste gefilmt. Ich glaube, Don Samuel hat sich sehr über den Preis gefreut. Er wirkte sehr gerührt.«

»Si, der Preis, aber vor allem die Anerkennung sind wichtig für ihn. Manchmal ist er sehr bekümmert, weil sich kaum etwas bewegt. Er braucht den Zuspruch, wenigstens den vom Ausland. Daraus schöpft er neue Kraft. Du weißt ja, der Prophet gilt nichts im eigenen Lande.«

»Leider. Es ist bedauerlich, dass Zedillo die Chance nicht erkennt und mit ihm kooperiert «

»Die Großgrundbesitzer haben eine starke Lobby in der Regierung. Daran kommt der Präsident nicht vorbei. Aber wahrscheinlich will er es auch gar nicht, denn in gewisser Weise ist er selbst einer von ihnen.«

»Aber auf Dauer wird er dem Konflikt nicht aus dem Wege gehen können. Ich sehe doch, wie bettelarm die Menschen hier im Süden sind. Die werden sich das nicht mehr lange gefallen lassen. Kennst du Bertolt Brecht?«

»Ich habe von ihm gehört. Ist er ein Revolutionär?«

»Gewissermaßen auch. Aber in erster Linie war er ein linker deutscher Schriftsteller. Er hat vor allem Theaterstücke geschrieben. Er sagte einmal sinngemäß, wenn die Situation für die Menschen unerträglich wird, gehen sie auf die Barrikaden und entfesseln eine Revolution. Er war ein Kirchengegner und lehnte Nächstenliebe und Almosen ab, weil diese seiner Meinung nach nur das Leiden der Armen verlängerten und die Revolution hinauszögerten. Ich denke, dass die Großgrundbesitzer den Bogen überspannen und die nächste Revolte nur noch eine Frage der Zeit ist.«

»Ich bin mir manchmal nicht so sicher, aber vielleicht ändert sich bei den Wahlen zur Jahrtausendwende etwas.« Aurelio gähnte, während er weiter über *Topes*, *Vibradores* und *Baches*, Hügel und Schlaglöcher in Richtung Teopisca fuhr. Charlotte rückte auf der durchgehenden Sitzbank näher an ihn heran und legte ihren Kopf auf seine Schulter.

»Schön, dass du mitgekommen bist, Charlotte.« Er machte eine Pause. »Weißt du übrigens, dass Patrizia auch da war?«

»Sie saß in derselben Reihe wie ich.« Sie richtete sich auf.

»Woher weißt du das? Du kennst sie doch gar nicht.« Aurelio war erstaunt.

»Ich wusste es von Anfang an. Wahrscheinlich weibliche Intuition. Sie war die kräftige Frau am anderen Ende der Bank, im grauen Kostüm mit der Brille.«

»Sie ist sehr dick geworden, seit ich sie das letzte Mal gesehen habe, und ihr Gesicht ist ziemlich aufgedunsen, wahrscheinlich durch den Alkohol.«

»Wundert dich das, Aurelio?«

»Ich finde es abstoßend, wenn Frauen so viel trinken. Ich habe es ihr immer wieder gesagt, sie soll damit aufhören.«

Charlotte atmete tief durch. »Hast du dich eigentlich jemals gefragt, warum Patrizia mit dem Trinken angefangen hat?«

Aurelio schwieg eine ganze Weile. »Ich kann mir denken, was jetzt kommt. Für dich bin ich daran schuld. Vielleicht hast du sogar recht. Aber ich habe ihr von Anfang an gesagt, dass ich sie nicht heiraten werde, und das hat auch nichts damit zu tun, dass ich Priester bin. Wir passen einfach nicht zusammen.« Aurelios Stimme wurde ernst. Das Gespräch schien ihm zu missfallen.

»Und warum hast du die Beziehung dann immer wieder aufgenommen?

Aurelio verdrehte die Augen. »Dios, ich habe sie nicht aufgenommen! Sie hat mich immer wieder abgepasst. Sie hat mir ganz einfach leid getan.«

»Du machst es dir zu einfach, Aurelio. Sie hat dir leid getan. Du kannst mir doch nicht erzählen, dass du dich aus Mitleid jahrzehntelang mit ihr getroffen hast.«

Aurelio schwieg und blickte stur geradeaus auf die Fahrbahn.

»Wenn du wirklich Mitleid mit ihr gehabt hättest, hättest du sie gleich am Anfang eurer Beziehung verlassen müssen. Dann hätte Patrizia die Chance gehabt, mit einem anderen Mann glücklich zu werden.« Charlottes Stimme klang vorwurfsvoll.

»Ich habe es ihr immer wieder gesagt, dass ich sie nicht mehr treffen will, aber sie hat nicht locker gelassen«, verteidigte sich Aurelio.

»Und du hast ihr schließlich nachgegeben. Erzähl mir nun bitte nicht, dass du dich geopfert hast. In dem Punkt bist du eben doch wie alle Männer. Gib's doch einfach zu. Priester hin, Priester her. In gewisser Weise hast du durch dein Verhalten ihr Leben zerstört.«

Aurelio fuhr in einen Feldweg am Straßenrand und hielt an. Er machte die Lichter aus und wandte sich ihr zu.

»Was willst du von mir, Charlotte? Was geht dich das überhaupt an, und wer gibt dir verdammt nochmal das Recht, über mich zu richten? Ja, ich habe einen Fehler gemacht. Einen riesigen Fehler. Ich hätte konsequent sein müssen und ihr klar sagen müssen: ›Ich liebe dich nicht! Such dir einen anderen Mann und heirate!‹ Aber ich habe es nicht geschafft. Weißt du, warum? Weil ich auch nur ein Mensch bin, weil ich auch körperliche Nähe brauche. Und ich brauchte sie ganz besonders, nachdem du mich zweimal im Stich gelassen hast.«

Aurelio behielt die Hände am Lenkrad und schaute nach vorn auf die Straße. Er schwieg.

Charlotte blickte hinaus in die sternenklare Nacht. Das saß! Sie hatte sich immer gefragt, wie Aurelio die beiden Male verkraftet hatte, als sie nicht wie geplant nach Mexiko gekommen war. Niemals hatte er ihr Vorwürfe gemacht. Manchmal hatte sie schon gedacht, dass er vielleicht insgeheim ganz froh darüber gewesen war, weil er doch Angst vor einer endgültigen Entscheidung gehabt hätte. Aber anscheinend war es ihm wesentlich näher gegangen, als er es ihr gezeigt hatte. Zum ersten Mal hatte er ihr nun offenbart, wie tief ihn ihr Verhalten getroffen hatte.

Sie rutschte auf dem Sitz nach vorn und rückte wieder näher an ihn heran. Vorsichtig legte sie ihm die Hand auf die Schulter und begann dann seinen Nacken sanft zu streicheln.

»*Aurelio, perdoname!* Verzeih mir, Liebster, ich hatte kein Recht, so mit dir zu reden, und ich wollte dir bestimmt nicht wehtun. Das musst du mir glauben.«

Nach einer Weile wandte er sich ihr zu und umfasste ihre Handgelenke.

»Schau mich an, Charlotte. Versprich mir, dass wir uns nie mehr verlassen werden!«

Sie hielt seinem Blick stand. »Ich verspreche es dir. Das Schicksal hat mir eine dritte Chance gewährt. Ich betrachte das als ein außergewöhnliches Geschenk.«

»Isch libbe disch.« Seine Deutschkenntnisse waren noch verbesserungsfähig.

»Ich liebe dich auch.«

Dann spürte sie nur noch seine Hände unter ihrem T-Shirt und schließlich zwischen ihren Schenkeln. Sie versanken in den Sitzen der *Camioneta*.

Eine halbe Stunde später fuhren sie eng umschlungen weiter.

»Lass uns bitte das Thema Patrizia begraben. Sie hat nichts mit uns zu tun. Ich habe dich vom ersten Augenblick an, in dem ich dich gesehen habe, geliebt, und das wird sich nicht ändern, solange ich lebe. Ich habe dir das immer wieder geschrieben und gesagt.«

»Ich weiß es doch, Aurelio.« Sie kuschelte sich noch enger in seinen Arm und begann an seinem Ohr zu knabbern.

»Pass auf, mi amor, was du machst, sonst kann ich das Lenkrad nicht länger halten und wir werden aus der nächsten Kurve geworfen. Ich bin nach der letzten halben Stunde ein wenig geschwächt.«

»Den Eindruck machst du mir aber gar nicht. Gib zu, du nimmst heimlich Viagra.« Sie frotzelte mit ihm.

»Ich brauche kein Viagra, du bist meine Droge. Ich bin süchtig nach dir.« Er gab ihr einen heftigen Kuss. »Weißt du, Charlotte, dass meine Entscheidung, Priester zu werden, auch ein Glück für uns war.«

»Tut mir leid, Aurelio, aber ich kann deine Begeisterung nicht teilen.« Es kam ein wenig trocken über ihre Lippen.

»Überleg doch mal, als wir uns kennengelernt haben, war ich dreiundvierzig. Wenn ich einen anderen Beruf gehabt hätte, wäre ich zu diesem Zeitpunkt mit Sicherheit seit vielen Jahren verheiratet gewesen und hätte eine ganze Schar von Kindern mit meiner Frau gehabt.«

Unter diesem Aspekt hatte Charlotte ihre Lovestory noch nie betrachtet.

Sie würde der Mutter Gottes am nächsten Sonntag eine Kerze spendieren.

13. Berauschende Momente

Es schüttete schon wieder wie aus Kübeln. So extrem hatte sie sich das Wetter nicht vorgestellt. Charlotte konnte sich gar nicht erinnern, dass es in der Vergangenheit während ihrer Sommerurlaube in Mexiko so oft geregnet hatte. Aber vielleicht hatte sie es auch verdrängt oder nicht wahrgenommen, weil sie während ihrer Ferien meist auf Wolke sieben schwebte. Charlotte versuchte sich immer wieder klarzumachen, dass der Regen für die Indianer und ihre Maisernte ein Segen war. Ohne diese Niederschläge würde die Saat vertrocknen; das wenige, das sie hatten, würde ihnen auch noch genommen. Viele Indianer wirkten auf Charlotte sowieso sehr ausgemergelt, die harten Lebensbedingungen und die Mangelernährung hinterließen ihre Spuren.

Was an diesem Morgen vom Himmel kam, war derart sintflutartig, dass man hätte meinen können, der fehlende Regen der letzten Monate würde jetzt an einem Tag nachgeholt. Die kleine Straße, die an der *Casita de Campo* vorbeiführte, hatte sich in einen reißenden Strom verwandelt, auf der ein stark angetrunkener, tropfnasser Indianer versuchte, auf die andere Seite zu gelangen. Aber immer wieder riss das Wasser ihm die Füße weg. Er schwankte und stürzte, um schließlich auf allen Vieren weiterzukriechen.

Betrunkene Männer mit trüben, glasigen Augen, abgefüllt bis zur Oberkante, waren hier leider keine Seltenheit. Meist torkelten sie mit ihren Saufkumpanen die Straßen entlang. Sie hatten einander die Arme um die Schultern gelegt und stützten sich gegenseitig. Sie sahen fast alle gleich aus: helle Hemden, die teilweise offen standen, dunkle Hosen, meistens braune, deren Hosenbeine viel zu lang waren und einen altmodischen weiten Schlag hatten. Sie waren ausgefranst oder schlabberten zerschlissen an ihren Beinen herum, weil sie sich immer wieder in den staubigen Sandalen mit den schmutzigen Füßen verfingen.

Durch den vielen Alkohol hatten die Männer ständig den Drang zu urinieren, und so war an mancher Straßenecke einer von ihnen mit offenem Hosenladen zu sehen, der seine Notdurft an einer Hauswand verrichtete. Es war ein wenig berauschender Anblick. Einige der Männer trugen helle Strohhüte. Eine Kopfbedeckung, die besonders bei den chiapanekischen *Campesinos* sehr beliebt zu sein schien.

Auffallend war, dass fast alle Betrunkenen einen stark indianischen Einschlag hatten. Manche tranken bis zum Umfallen. Dann lagen sie bewusstlos am Straßenrand und man wusste mitunter nicht, ob sie überhaupt noch lebten.

Samstags und sonntags war es besonders schlimm. Anscheinend bekamen viele ihr Geld am Wochenende. Aber anstatt es nach Hause zu ihrer Familie zu bringen, setzten sie es in Tequila, Mezcal oder billigen *Posh*, also Zuckerrohrschnaps um. Ihre Frauen wussten meist nicht, wie sie die Familie durchbringen sollten, alle litten Not, weil das Familienoberhaupt alles bis auf den letzten Peso versoff.

Charlotte beobachtete oft, wie Frauen mit ihren Kindern durch die Straßen irrten und nach ihren Ehemännern, Vätern, Söhnen und Brüdern suchten. Wenn sie diese schließlich irgendwo besinnungslos im Vollrausch fanden, knieten sie neben ihnen und versuchten sie wachzurütteln, um sie nach Hause zu holen. Manche Frauen waren zutiefst verzweifelt, schrien und tobten, andere wiederum saßen mit leblosem Gesicht apathisch neben ihren Männern im Straßengraben.

Der Versuch der Frauen, die Alkoholleichen von der Stelle wegzubewegen, wo sie umgefallen waren, war meist vergebens. Viele hatten den Billigfusel literweise in sich reingeschüttet, als wollten sie sich bewusst betäuben, sich ausklinken aus der tagtäglichen Perspektivlosigkeit, einfach den Schalter umlegen und nicht mehr darüber nachdenken. Ihre Situation war sowieso nicht zu ändern.

Und was machten die Frauen? Das, was sie überall auf der Welt taten, wenn sie Männer hatten, auf die kein Verlass war. Sie hielten die Familie zusammen, übernahmen die Pflichten ihrer Männer und ernährten die Kinder, indem sie neben dem Haushalt und trotz Schwangerschaft arbeiteten und versuchten, von irgendwoher Geld aufzutreiben. Das war bei der türkischen Putzfrau von Charlottes Eltern, deren Mann das ganze Geld beim Kartenspiel verprasste, nicht anders als bei Salustia, die Aurelios Schweine versorgte. Doch anstatt ihre Männer vor die Tür zu setzen, ergaben sich die Frauen ihrem Schicksal und ernährten diese Nichtsnutze auch noch mit.

Das Telefon klingelte. Welch süßer Klang in ihren Ohren. Charlotte freute sich immer, wenn jemand sie anrief.

»Hallo, Charly, ich bin's, Anne, wie geht's dir?« Am anderen Ende der Leitung war ihre Freundin.

»Prima, ich fange langsam an, mich zu erholen, bloß der Regen geht mir auf die Nerven. Pack bloß eine wasserdichte Jacke ein, und am besten bringst du auch einen kleinen Schirm mit.«

»Hab ich alles schon im Koffer. Ich wollte dir nur nochmal meine genaue Ankunftszeit in Tuxtla Gutíerrez mitteilen.« Anne erklärte Charlotte nun, dass sie kommenden Montag fliegen und am Dienstagmorgen in Chiapas eintreffe werde.

»Ich freu mich riesig auf dich, Anne. Ich weiß noch nicht, ob Aurelio mitkommen kann, das hängt nämlich immer davon ab, ob er Frühgottesdienst hat und ob jemand stirbt.«

»He? Ob jemand stirbt?«, wiederholte Anne ungläubig.

»Das ist hier so. Wenn du heute stirbst, wirst du morgen beerdigt«, erläuterte ihr Charlotte.

»Das ist ja gruselig! Und wenn du nur scheintot bist, was ist dann?« Anne war geschockt.

»Dann hast du ganz schlechte Karten«, erwiderte Charlotte. »Ich habe Aurelio schon gesagt, wenn ich hier sterben sollte, möchte ich auf jeden Fall nach Deutschland überführt werden. Wenn ich mir vorstelle, die beerdigen mich und ich wache da unten wieder auf.«

»Grauenhaft! Ich glaube, ich storniere meine Reise.« Anne war geschockt.

»Das wirst du mal schön bleiben lassen. Ich verspreche dir, sollte dir je etwas passieren, dass ich dich persönlich nach Hause bringe, und wenn es sein muss, in meinem Handgepäck.« Charlotte lachte.

»Vielen Dank! Das ist mehr als beruhigend.«

»Aber Spaß beiseite. Ich halte das wirklich für riskant, die Leute so schnell zu begraben. Nicht umsonst ist das in Deutschland verboten. Niemand darf vor 48 Stunden beigesetzt werden. Aber lass uns darüber ein anderes Mal diskutieren, sonst wird das Gespräch zu teuer.«

»Und wie komme ich vom Flughafen nach *Teopisca*, wenn Aurelio keine Zeit hat?«, wollte Anne wissen.

»Das ist überhaupt kein Problem, denn Aurelio wird mir seine *Camioneta* leihen. Ich hoffe nur, ich finde in dem Straßengewirr von *Tuxtla Gutiérrez* den Flughafen auf Anhieb. Aber mach dir keine Sorgen. Ganz egal, wer von uns beiden zuerst da ist, wir treffen uns auf dem Flughafen. Der Ankunftsbereich ist so klein, da können wir uns gar nicht verfehlen. Hast du verstanden, auf keinen Fall weggehen.«

»Ja, Mama!« Anne mokierte sich mit Recht über Charlottes mütterliches Getue, obwohl es ihr irgendwo auch guttat, weil sich nie wirklich jemand um sie gekümmert hatte.

»Entschuldige, ich will dich nicht bevormunden, aber *estamos en México*.«

»Red deutsch mit mir, ich verstehe kein Wort«, rief Anne in gespielter Verzweiflung ins Telefon.

»Ich denke, du hast einen Anfängerkurs in Spanisch besucht«, wandte Charlotte ein.

»Ha, ha! Witz komm raus, du bist umzingelt.«

»Also gut«, meinte Charlotte, »ich wollte dir damit zu verstehen geben, dass hier alles anders und nicht immer ungefährlich ist, wenn man sich nicht auskennt und nicht weiß, worauf man achten muss. Das ist alles. Ich will nur nicht, dass dir was passiert.«

»Ach, übrigens, ich habe noch eine Frage: Soll ich etwas gegen Durchfall mitbringen?«

»Brauchst du nicht, ich habe hier alle möglichen Mittel gegen einfachen Dünnpfiff bis hin zu typhusartigen Durchfallattacken, aber ich hoffe, du brauchst sie nicht.« Charlotte lachte. In Sachen Durchfall war sie über die Jahre hinweg zur Expertin geworden.

»Also, Anne, jetzt lass es dir gut gehen. Wenn du noch was wissen willst, ruf mich an. Im Übrigen sehen wir uns dann nächsten Dienstag auf dem Flughafen.«

»Ja, Charlotte, lass es dir auch gut gehen und liebe Grüße an Aurelio. Ich bin gespannt auf ihn.«

»Er auch auf dich, also Tschüss und Bussi.« Die Freundinnen gaben sich so wie immer einen schmatzenden Kuss durchs Telefon.

Charlotte freute sich auf Annes Besuch. Nach den vielen Wochen des Alleinseins war sie froh, ein bisschen mehr Gesellschaft zu haben, und besonders der Gedanke, nachts jemanden im Haus zu wissen, hatte etwas ungemein Beruhigendes. Aber es war auch schön, mal wieder mit jemandem Deutsch reden zu können, denn mitunter war es schon sehr ermüdend, sich immer nur auf Spanisch verständigen zu müssen. Charlottes Spanischkenntnisse bewegten sich mittlerweile auf einem Niveau, wo sie fast alles verstand und auch fast alles sagen konnte. Trotzdem hatte sie das Gefühl, dass sich ihre Ausdrucksfähigkeit nicht mehr wesentlich weiterentwickelte. Mittlerweile jonglierte sie geschickt mit ihrem Wortschatz, Begriffe, die sie nicht kannte, umschrieb sie einfach. Das war zwar clever, führte aber auch zu einer Verarmung der Sprache und ihrer persönlichen Ausdrucksweise. Vielleicht sollte sie, wenn sie wieder daheim war, einen spanischen Konversationskurs besuchen.

»Es wäre schon schön, wenn Aurelio mich zum Flughafen begleiten würde«, dachte Charlotte. Aber er konnte tatsächlich nie so viele Tage im Voraus planen, denn in Mexiko war es Sitte, wenn jemand gestorben war, ihn in der folgenden Nacht daheim im offenen geschmückten Sarg aufzubahren. Die Familie hielt dann Totenwache und die Verwandten kamen, um Abschied zu nehmen, denn am nächsten Morgen würde die Totenmesse in der Kirche gelesen und der oder die Verstorbene anschließend auf dem Friedhof beigesetzt.

Aurelio hatte an den Abenden, an denen er seinen Haushälterinnen etwas über kranke Schweine erzählt hatte und dass er deshalb außerhalb übernachten werde, auch immer noch gefragt, ob jemand gestorben sei.

Wenn man es genau nahm, war die Frage, ob Charlotte und Aurelio am nächsten Morgen nebeneinander aufwachten, auch immer eine Frage von Leben und Tod. Was für eine dramatische Beziehung.

14. BABYTAG

Einen besseren Tag hätte Aurelio sich zum Übernachten nicht aussuchen können. Charlotte hatte einen traumhaften Eisprung in diesem Zyklus. Die morgendliche Temperatur war vor zwei Tagen gesunken und bewegte sich nun nach oben. Die Eizelle in ihrem Körper hatte sich also auf den Weg gemacht und wartete darauf, befruchtet zu werden.

Sie würde Aurelio an diesem Abend so richtig verwöhnen, etwas Gutes für ihn kochen, ihm ein leckeres Getränk kredenzen, wobei sie darauf achten würde, dass sie beide nicht zu viel Alkohol konsumierten. Charlotte würde Rotwein kaufen, der hatte weniger Alkohol als Brandy oder Tequila, sie würde den Tisch schön decken, Kerzen anzünden, sich hübsch zurechtmachen und ihn nach dem Dessert nach allen Regeln der Kunst verführen. Aurelio würde sich bestimmt gerne verführen lassen.

Die Kleiderfrage war gar nicht so einfach, da ging es Charlotte wie allen Frauen. »Was ziehe ich bloß an?« Ratlos schaute sie in ihren Kleiderschrank. Hosen waren zwar bequem, aber nicht weiblich genug. Das Kleid mit den Spaghetti-Trägern war ideal. Es war schön dekolletiert, zeigte nicht zu viel und nicht zu wenig. Aber darin würde sie jämmerlich frieren. In der Regenzeit kühlte das Haus abends immer ziemlich aus. Mist! Sie hatte einfach nichts zum Anziehen. Darum beschloss sie, sich erst einmal zu schminken, vielleicht würde ihr dabei noch eine Idee kommen.

Auf dem Weg ins Bad fiel ihr Blick auf das Telefon. Verdammt! Sie hatte vergessen, daheim anzurufen. Aber jetzt war es zu spät, in Deutschland schliefen sie schon. Sie würde erst wieder morgen früh mit ihrer Mutter telefonieren können. Sie musste an die Reaktion ihrer Eltern denken, als sie ihnen im letzten Jahr kurz nach der Trennung von Oscar eröffnet hatte, dass sie kein Verhütungsmittel nehme und es drauf ankommen lassen würde. Charlotte hatte diesen Nachmittag so präsent vor Augen, als wäre er gestern gewesen.

»Um Himmels willen, Charlotte, was willst du denn in deinem Alter mit einem Kind? Und dein Aurelio, der ist doch auch viel zu alt, um noch Vater zu werden. Überleg mal, der wird schon bald 60. Er könnte eher der Großvater als der Vater sein. Das arme Kind. Kinder wollen junge Eltern. Und außerdem, wenn du glaubst, ihn dadurch von der Kirche wegzubringen, irrst du dich. Das wird nicht funktionieren.« Ihre Mutter hatte alle Register gezogen, um sie von der Idee abzubringen, doch noch ein Kind zu bekommen. Da Charlottes Vater sich meist der Meinung seiner Frau anschloss, hatte sie es sich erspart, mit ihm darüber zu diskutieren.

»Aber ich wünsche mir ein Kind. Ich habe mir immer Kinder gewünscht. Ich fühle mich jung genug, ein Kind großzuziehen. Es wäre die Erfüllung unserer Liebe nach all diesen Jahren. Ich würde das Kind niemals als Druckmittel benutzen. Aurelio kann trotzdem bei der Kirche bleiben, wenn er das will. Er muss uns nur beide liebhaben. Das ist das Einzige, was ich von ihm erwarte.« Charlottes Augen hatten geleuchtet.

»Sei doch nicht so naiv, mein Kind. Wie stellst du dir das vor? Was wird zum Beispiel aus deinem Beruf? Du weißt, wir haben uns immer Enkelkinder gewünscht, aber nicht unter solchen Umständen.« Ihre Eltern hatten sich erst gegenseitig und dann Charlotte mit sorgenvoller Miene angeschaut.

»Hört bitte auf damit! Ich weiß genau, was ich will. Ich bin jetzt 44 Jahre und denke, somit alt genug, um selbst über mein Leben und meine Zukunft zu entscheiden.«

»Den Eindruck haben wir leider nicht. Du rennst in dein Unglück, Charlotte.«

»Kannst du dir denn gar nicht vorstellen, Oscar zu verzeihen und zu ihm zurückzukehren?« Ihr Vater sprach schließlich das aus, was als Frage insgeheim schon die ganze Zeit im Raum gestanden hatte.

»Papa, darum geht es überhaupt nicht. Da gibt es nichts zu verzeihen. Ich liebe Oscar nicht. Ich hätte ihn gar nicht erst heiraten dürfen. Ich habe mir damals etwas vorgemacht. Es gibt für mich kein Zurück. Mein größter Fehler war, dass ich mich nicht schon vor fünfzehn Jahren für Aurelio entschieden habe. Wir könnten heute große Kinder haben, die dann logischerweise auch jüngere Eltern hätten. Aber damals wolltet ihr auch nicht, dass ich zu Aurelio gehe. Ihr habt mit allen Mitteln versucht, mich davon abzubringen.«

»Warum kannst du dir denn nicht wie alle deine Freundinnen einen deutschen Mann suchen und hier glücklich werden?« Ihre Mutter wollte ihre Entscheidung einfach nicht akzeptieren.

»Erstens habe ich das versucht und bin kläglich damit gescheitert, wie ihr wisst, und zweitens tut ihr jetzt gerade so, als ob alle meine verheirateten Freundinnen hier in Deutschland glücklich wären. Da kann ich nur lachen. Wo ich auch hinschaue, in fast allen Ehen kriselt es.«

»Charlotte, du musst uns glauben, es ist nicht so, dass wir dich nicht verstehen. Dein Vater und ich, wir lieben dich über alles, du bist unser einziges Kind, und wir wünschen uns nichts mehr, als dass du glücklich wirst. Es ist auch, offen gestanden, für uns weniger ein Problem, dass Aurelio aus Mexiko kommt und somit am anderen Ende der Welt lebt. Aber dass er auch noch katholischer Priester ist, das hätte uns wirklich erpart bleiben können«, fuhr ihre Mutter nachdenklich fort. »Die katholische Kirche hat unserer Familie immer übel mitgespielt. Du weißt doch, dass meine Großmutter Luise Legrand, also deine Urgroßmutter, sich damals wünschte, dass ich sterbe. Sie hat meine Milch mit Kaffee vermischt und mich den ganzen Tag als Säugling in ein dunkles Zimmer gelegt, während meine Eltern auf Arbeitssuche waren. Wenn dein Opa Carlo es nicht zufällig entdeckt hätte, wäre ich wahrscheinlich gestorben und dich hätte es gar nicht gegeben.«

»Ja, Mama, ich weiß das doch alles und ich weiß auch, wie übel meine Urgroßmutter meiner Oma Amelie mitgespielt hat. Sie hatte in der Hafenstraße keine schöne Stunde. Aber du kannst dafür nicht die ganze katholische Kirche unter Generalverdacht stellen.« Ironisch lächelnd hatte Charlotte ergänzt: »Du wirst es nicht glauben, Mama, aber es gibt auch Gute unter den Katholiken, sogar sehr Gute. Katholiken, die das Wort Gottes ernst nehmen und nicht so bigott sind wie Luise Legrand. Doch lasst uns bitte nicht weiter streiten.« Charlotte hatte erst ihre Mutter und dann ihren Vater in den Arm genommen und ihnen einen Kuss auf die Wange gegeben.

Glücklicherweise hatten die Eltern damals begriffen, dass sie Charlotte dieses Mal nicht umstimmen konnten. Nach und nach hatten sie die Situation akzeptiert.

Charlotte stand vor dem Spiegel und zog sich die Augenbrauen nach. Im Verhältnis zu ihren braunen Augen und dunklen Haaren waren sie viel zu hell. Die hatte sie von ihrem blonden Vater geerbt. Sie nahm den schwarzen Kajal und färbte die unteren Augenlider dunkel. So wirkten ihre Augen ausdrucksvoller.

»Warum will ich ein Kind?« Sie schaute sich intensiv im Spiegel an.

»Warum wünsche ich mir so sehnlich ein Baby von Aurelio?«, fragte sie erneut ihr Spiegelbild.

»Du willst ihm damit beweisen, dass du ihn nie mehr verlassen wirst. Dass er sich deiner sicher sein kann. Dass du für immer bei ihm bleibst. Ein Kind wird euch auf ewig aneinander binden«, erwiderte die Frau im Spiegel.

»Und warum sage ich ihm das nicht offen und ehrlich?«

»Weil du ein unbehagliches Gefühl bei dieser Vorstellung hast. Du befürchtest, er könnte bei dem Gedanken,

Vater zu werden, Angst bekommen«, erwiderte ihr Konterfei.

Charlotte hatte Aurelio gegenüber vor Wochen einmal angedeutet, dass sie sich ein Kind von ihm wünsche. Damals hatte er geantwortet: »Wenn Gott uns in unserem Alter ein Kind schenken will, dann soll es so sein.« Aurelio wusste, dass sie nicht verhütete und er wusste auch, dass sie niemals abtreiben würde. Aber er hatte damals auch zu ihr gesagt »Charlotte, ich möchte, dass du weißt, dass ich dich auch nicht weniger liebe, wenn wir keine Kinder haben. Kinder sind für mich nicht so wichtig.«

Charlotte malte ihre Lippen an. Wie er wohl auf eine Schwangerschaft reagieren würde? Sicherlich wäre er zunächst geschockt. Denn ein Kind würde ihr beider Leben auf den Kopf stellen. Aber wenn er erst sein eigenes Fleisch und Blut im Arm halten würde, wäre er wahrscheinlich glücklich. Charlotte war sich darüber klar, dass sie den größten Teil der Schwangerschaft allein in Deutschland durchstehen musste. Sie wollte in ihrem Alter, sozusagen als Spätgebärende, kein Risiko eingehen. Aber das wusste sie alles. Sie hatte die Situation hundertmal in Gedanken durchgespielt. Natürlich hatte sie Angst davor, ob und wie sie all das bewältigen würde. Auch die Frage, wie es nach der Geburt weitergehen würde, bereitete ihr Kopfzerbrechen. Wäre es wirklich möglich, ihr »Kind der Sünde« zu schützen und die Vaterschaft zu verheimlichen?

Charlotte hatte einmal gehört, dass der Vatikan einen Fundus zur Unterstützung der unerwünschten Kinder von Priestern eingerichtet habe, dass die Frauen daraus jedoch nur etwas bekämen, wenn sie Stillschweigen bewahrten und sich vom Kindesvater trennten. Aber das würde für sie nie und nimmer in Betracht kommen. Erstens würde sie sich niemals von Aurelio trennen und zweitens würde sie von diesen Heuchlern keine müde Mark nehmen. Die sollten ihr Geld behalten. Sie war nicht käuflich!

Charlotte hatte die wildesten Ideen entwickelt, wie sie mit ihrem Kind im nächsten Jahr nach Teopisca zurückkommen könnte. Dabei hatte sich wieder einmal gezeigt, dass Charlotte nicht nur eine blühende Fantasie, sondern auch gute Freunde hatte. Sie würde ihren Freund Alex fragen, ob er mit ihr im nächsten Sommer nach *Teopisca* reisen würde. Alex hatte griechische Eltern, die in den 60er-Jahren als Gastarbeiter in den Jungbusch gezogen waren. Da sie fast gleichaltrig waren, hatten sie schon als Kinder zusammen im Hinterhof der Dalbergstraße gespielt. Er würde sich wunderbar als ihr Mann Oscar und als Vater ihres Kindes ausgeben können. Alex war ihr immer ein loyaler Freund gewesen und würde sicher mitspielen. Sie würden sich nach außen hin als glückliche Eltern überall in *Teopisca* präsentieren. Und da Alex durch seine griechische Abstammung einen dunklen Teint hatte und schwarzhaarig war, würde auch niemand an der Vaterschaft zweifeln und auf die Idee kommen, dass das Kind einen mexikanischen Vater haben könnte. Er würde zwei Wochen in Teopisca bleiben, dann jedoch wegen Problemen bei einer Produktion fürs Fernsehen, vorzeitig zurückkehren müssen. Charlotte und das Kind würden den ganzen Sommer in Mexiko verbringen. Und dann würde in den folgenden Monaten das passieren, was in den täglichen Telenovelas und im wahren Leben ständig passierte. Ihr Mann würde sie mit der jungen Hauptdarstellerin seiner neuen Fernsehserie schamlos betrügen und sie mit dem Kind sitzenlassen. Charlotte, der ihr Mann so übel mitgespielt hatte, würde mit ihrem Kind im darauffolgenden Jahr nach Mexiko zurückkehren, an den Ort, wo sie im letzten Sommer so gücklich mit ihrem Mann gewesen war. Sie würde in Teopisca das Vergessen suchen. Padre Aurelio würde sich natürlich aus christlicher Nächstenliebe um die so vom Schicksal gebeutelte Frau und ihr Baby kümmern. Niemand im Dorf würde umhinkommen, die seelsorgerische Betreuung des *Padre* wertzuschätzen und ihn dafür noch mehr zu achten. Charlotte bekäme mit Sicherheit das Mitgefühl der Frauen, da diese meist aus eigener Erfahrung wussten, was die arme, betrogene Frau aus Deutschland gerade durchmachte. Das klang doch alles unglaublich gut. Ihr Kind würde zu seinem Vater *Padre* anstatt Papa sagen, was schließlich auch nicht so ganz daneben war, denn schließlich ließ sich das Wort auch einfach nur mit »Vater« übersetzen und Aurelio und sie würden genau wissen, wie es gemeint war. Charlotte fand die Idee einfach genial. So musste es gehen. Charlotte kämmte ihre Locken durch und beschloss schließlich, das weite indische Kleid anzuziehen.

Eine weitere Konsequenz einer Schwangerschaft wäre natürlich, die Scheidung von Oscar zu forcieren. Charlotte würde schnell klare Verhältnisse schaffen müssen, damit er keine Ansprüche auf ihr Kind erheben konnte. Sie schlüpfte in die Sandalen mit den goldenen Riemchen und betrachtete sich im Spiegel. Sie sah sehr weiblich, sehr weich aus. Spontan zerknüllte Charlotte ein Unterhemd und schob es unter ihr Kleid. Sie schaute sich von allen Seiten an. Jetzt sah sie aus wie im vierten oder fünften Monat. Wenn sie ein Kind von ihm bekäme, würde Aurelio sie liebevoll *Mamacita*, kleine Mama nennen und ihr sicherlich den Bauch streicheln.

Charlotte hörte das Auto, das gerade in die Einfahrt rollte. Schnell zog sie das Unterhemd aus dem Kleid und stopfte es zurück in die Schublade.

Kurz darauf stand Aurelio in der Tür. Er hatte die Hände hinter dem Rücken. Sie ging auf ihn zu und legte liebevoll die Arme um seinen Hals. »Schön, dass du schon da bist.« Sie gab ihm einen Kuss auf die Lippen und fuhr am Schluss kess mit der Zunge über sein Kinn. Er versuchte im Gegenzug ihre vorwitzige Zunge mit seinen Lippen einzufangen. Sie konzentrierte sich so sehr darauf, ihm auszuweichen, dass sie ihre Nase vergaß, und schon hatte er sie mit seinen Zähnen eingefangen und zwickte sie zärtlich. Dieses Spielchen hatte schon eine lange Tradition. Von Anfang an hatten sie sich immer geneckt. Und sie taten es stets von Neuem und kicherten und alberten herum wie zwei kleine Kinder.

»Auuu, auuu«, Charlotte jammerte übertrieben, bis er schließlich ihre Nase freigab.

»Strafe muss sein, du vorwitziges, freches Ding. Aber ich habe dir trotzdem etwas mitgebracht, weil ich vorwitzige, freche Dinger unheimlich mag.« Er nahm seine Hände nach vorne und überreichte ihr das, was er die ganze Zeit vor ihren Augen verborgen hatte.

»Eine Rose für meine Rose.« Aurelio konnte unglaublich galant sein. Wo er das wohl gelernt hatte? Auf dem Priesterseminar wohl kaum. Er war wahrscheinlich ein Naturtalent.

»Muchas gracias, *mi caballero*«, mein Kavalier. Während sie dies sagte, erinnerte sie sich, dass sie genau diese Blume noch eine Stunde zuvor draußen im Garten gesehen hatte. »Wie lief die Versammlung? Gibt es etwas Neues?«

Aurelio setzte sich an den Tisch und schenkte Wein in ihre Gläser. Seine Miene hatte einen anderen Ausdruck angenommen. Er war ernst geworden.

»Die Situation ist ziemlich brenzlig. Wir haben alle Angst um das Leben von Don Samuel. Er ist dem Gouverneur ein Dorn im Auge. Die Großgrundbesitzer formieren immer neue paramilitärische Gruppen«, seufzte er.

»Sie heuern Killerkommandos an, das willst du doch damit sagen, oder? Nenn das Kind doch beim Namen, Aurelio.« Charlotte stellte die letzte Schüssel auf den Tisch und setzte sich auf den Stuhl gegenüber von ihm. »Diese Schweine! Immer müssen die Anständigen leiden und die Schurken haben Oberwasser. Diese Welt ist ein rechter Misthaufen!« Charlotte ereiferte sich.

»Lass uns von etwas anderem reden, mein Liebling.« Aurelio versuchte sie zu beruhigen. Er wusste, dass Charlotte sich, wenn es um die Menschenrechte ging, fürchterlich in Rage reden konnte. Aber er hatte jetzt keine Lust mehr, das Thema zu vertiefen. Er hatte den ganzen Tag über mit seinen *Compañeros*, seinen Kollegen über nichts anderes gesprochen und fühlte sich ausgelaugt. »Charlotte, der Abend ist doch viel zu schön für so ein düsteres Thema. Er gehört uns allein und die Nacht auch. Übrigens, du siehst ganz bezaubernd aus.« Er erhob sein Glas, stieß mit ihr an und leerte es in einem Zug. Während sie aßen, schenkte er immer wieder nach und fand auch immer einen Anlass, auf den sie trinken konnten: auf Don Samuel, auf ihre Liebe, auf die Gesundheit Charlottes Eltern und auf den Frieden in Chiapas.

So gehörte der Abend Charlotte und Aurelio doch nicht allein, denn Bacchus, der Gott der Fruchtbarkeit und des Weines, war mit von der Partie, wobei er sich in dieser Nacht wohl mehr für den Wein als für die Fruchtbarkeit zu interessieren schien.

Als Charlotte mit geputzten Zähnen unter die Decke kroch, nahm Aurelio sie schlaftrunken in seine Arme und gab ihr einen Kuss. Einige Sekunden später hörte sie sein gleichmäßiges Atmen. Sie befreite sich ein wenig und löschte das Licht. Im Schlaf rückte er gleich nach und drückte sich eng an ihren Körper. Fest umschlungen schliefen sie beide ein.

15. Doña Anna

Charlotte kam frisch geduscht aus dem Bad. Ihre langen schwarzen Haare waren durch die Nässe ganz glatt und so ähnelte sie, zumindest was die Haare anbelangte, in diesem Moment den einheimischen Frauen. Die Menschen in Chiapas waren sehr reinlich. Das war heute und auch schon zu Zeiten der *Conquista* so gewesen.

Während die Mayas und Azteken im 15. Jahrhundert rege ihre Dampfbäder besuchten, puderten die »zivilisierten« Spanier den Dreck und Schweiß zu und stanken wie die Pest. Die aztekischen Priester stellten allerdings eine Ausnahme da. Sie badeten und kämmten sich angeblich nie. Das war jedoch eine längere Geschichte. Die Indianer und *Campesinos* duschten sich jedenfalls täglich und wuschen ihre Haare, auch wenn die Umstände noch so schwierig waren.

Als Charlotte in den Anfängen einmal zu Aurelio sagte, dass sie zwar jeden Tag unter die Dusche gehe, aber nicht jeden Tag ihre Haare wasche, war er sehr erstaunt gewesen. Für ihn war es unverständlich, warum man einen Teil des Körpers nicht reinigte, wenn man sowieso schon unter der Dusche stand. Charlotte hatte das zuvor nie unter diesem Aspekt betrachtet. Aber wahrscheinlich hing es mit den anderen klimatischen Verhältnissen in Deutschland zusammen. Man konnte in Mitteleuropa die Haare nicht rund ums Jahr wie in Mexiko an der Luft trocknen lassen, weil die meisten Monate einfach zu kalt waren.

Sie ging hinüber ins Schlafzimmer, um sich anzuziehen. Leise schlich sie in das Zimmer, dessen rote Vorhänge noch zugezogen waren, denn sie wollte Anne, die am Tag zuvor angekommen war, nicht wecken.

»Guten Morgen, Charly«, rief Anne fröhlich aus den Kissen.

»Guten Morgen. Du bist ja schon wach.« Charlotte gab ihr einen Kuss auf die Wange. Es war schön, nach so vielen Wochen wieder einmal einen Tag mit vertrauten deutschen Tönen zu beginnen.

»Hast du gut geschlafen? Und hattest du genug Platz neben mir im Bett?«

»Ich habe geschlafen wie ein Murmeltier nach dieser halben Weltreise. Ich wundere mich wirklich, wie du diese ständige Hin-und-her-Fliegerei wegsteckst.« Anne schüttelte ungläubig den Kopf.

»Ich bin halt hart im Nehmen«, erwiderte Charlotte grinsend.

Eigentlich hätte Anne unten im Gästezimmer schlafen sollen. Juanita hatte für sie am Morgen bereits das Bett frisch überzogen. Charlotte wollte, dass ihre Freundin sich wohlfühlte und ihr kleines Reich mit einem eigenen Badezimmer für sich ganz allein haben würde. Als Anne jedoch das große Haus sah, hatte sie Charlotte sofort gefragt, ob sie nicht oben bei ihr schlafen könne. Sie hatte gemeint, es mache ihr nichts aus, kein eigenes Bett zu haben. Aber allein da unten fürchte sie sich. Charlotte konnte das nur allzu gut verstehen, hatte sie doch wochenlang selbst gegen ihre Ängste angekämpft nur mit dem Unterschied, dass sie viele Nächte ganz allein in dem Haus verbracht hatte.

Gegen neun Uhr kam wie immer Juanita. Charlotte machte die beiden Frauen miteinander bekannt und Anne mutierte sogleich zu *Doña Anna*, was Charlotte sehr belustigte.

Während sie gemeinsam frühstückten, fragte Charlotte ihre Freundin, was sie denn in den knapp zwei Wochen, die sie bleiben würde, unternehmen wolle.

»Schade, dass du nur so kurz da bist. Was interessiert dich denn am meisten?«

»Also auf jeden Fall möchte ich etwas von den Mayas und Azteken mitkriegen und dann natürlich ein bisschen das Strandleben genießen und braun werden, damit sie daheim sehen, dass ich in Urlaub war. Du weißt ja, in Deutschland wird ein gelungener Urlaub am Bräunungsgrad der Haut gemessen«, erklärte ihr Anne.

»Ich weiß. Aber wenn es danach geht, sehe ich aus, als wäre ich gar nicht weg gewesen.« Charlotte betrachtete kritisch ihre weißen Arme.

»Stimmt. Du siehst richtig bleich aus«, bestätigte Anne.

»Was meinst du denn dazu, Juanita? Bin ich so ein Bleichgesicht?« Charlotte versuchte, Juanita ein wenig in das Gespräch miteinzubeziehen. Das war jedoch wegen der Verständigung nicht ganz einfach, da Anne so gut wie kein Spanisch sprach.

Das Mädchen lächelte Charlotte an und meinte: »Bei dem vielen Regen, den es hier in den letzten Wochen gab, ist das kein Wunder. Aber mir gefällt Ihre Hautfarbe viel besser als meine. Sie sind so schön weiß.«

Charlotte bedankte sich. Es war schon seltsam auf dieser Welt. Der Mensch neigte immer dazu, das haben zu wollen, was der andere hatte. Darum wollten Weiße meistens knackig braun werden und nicht wenige Dunkelhäutige ließen sich bleichen.

»Aber zurück zu unserer Reiseplanung«, griff Charlotte das Thema erneut auf. »Also, das mit den Mayas geht in Ordnung. Die Urwaldpyramide von *Palenque* musst du unbedingt sehen, die wird dir bestimmt gefallen. Wir sind schließlich mitten im Maya-Land. Das erstreckt sich von hier, also vom Süden Mexikos, bis hinunter nach Guatemala und hinüber nach *Belize* und *Yucatán*. Von den Azteken kann ich dir leider nichts zeigen. Es sei denn, du hängst bei deiner Heimreise in Mexico City noch einen Tag dran und schaust dir auf eigene Faust die Ruinen von *Teotihuacán* an. Azteken gibt es hier im Süden nämlich keine. Die lebten mehr in Zentralmexiko. Aber was Strände anbelangt, das ist kein Problem. Bis zur Pazifikküste sind es vier bis fünf Autostunden. Da gibt es mehrere nette, kleine Orte, wo hauptsächlich Einheimische Badeurlaub machen. Also, du siehst, meine liebe Anne, dein Wunsch ist mir Befehl.«

»Wie fändest du es denn, wenn wir Juanita anbieten würden, uns ans Meer zu begleiten?«, fragte Anne plötzlich.

»Auf den Gedanken bin ich noch gar nicht gekommen«, erwiderte Charlotte erstaunt, »aber ich finde, das ist eine gute Idee. Ich kann mir vorstellen, dass sie noch nie aus dem Kaff hier herausgekommen ist.« Charlotte gefiel Annes Vorschlag. Juanita würde sich bestimmt freuen.

Da sie gerade gemeinsam am Frühstückstisch saßen, nutzte Charlotte sogleich die Gelegenheit. »Warst du eigentlich schon einmal am Meer, Juanita?«, begann sie das Gespräch.

»Nein, bisher war ich noch nicht weiter als bis *Tuxtla Gutíerrez.*« Juanita lächelte und schaute kurz von ihrem Teller hoch.

Charlotte blickte Anne an, während sie ihre Kaffeetasse abstellte. »Hättest du denn Lust, mit uns ans Meer zu fahren? Wir würden dich gerne einladen.«

Für einen Moment herrschte absolute Stille im Raum. Dann erhellte sich Juanitas Gesicht für einen Moment zusehends, um gleich darauf wieder ernst zu werden.

»Sag ihr doch noch, dass sie mit uns kommen soll. Wir kaufen ihr auch einen Badeanzug, wenn das ein Problem sein sollte«, drängte Anne ihre Freundin, die es auch sogleich übersetzte.

Juanita zögerte. Dann meinte sie: »Ich würde schon gerne mitkommen, aber ich muss erst meinen Vater fragen, ob er es mir erlaubt.«

»Soll Padre Aurelio ihn fragen? Meinst du, dass er dann eher seine Zustimmung gibt? Du kannst deinem Vater sagen, dass ich elf Jahre Lehrerin war, auf Hunderte von Schülern aufgepasst habe und ihnen in meiner Obhut niemals etwas passiert ist. Ich verspreche ihm, dass ich dich unversehrt zurückbringen werde.« Charlotte wollte Juanita mit diesen Informationen ein paar Argumente für ihren Vater liefern.

Als Juanita am nächsten Tag kam, waren beide gespannt, wie der Vater entschieden hatte. »Und? Alles okay?« Charlotte und Anne schauten Juanita erwartungsvoll an.

»Er hat mir verboten mitzukommen.« Das Mädchen sagte es sehr gefasst und ging dann schnell in die Küche, um das Frühstück zu machen.

»So ein Blödmann!« Anne war wütend.

»Das kannst du laut sagen. Die Frauen hier sind nicht zu beneiden. Erst sind sie in der Abhängigkeit des Elternhauses und von dort aus gehen sie meist übergangslos in die Fänge eines despotischen Ehemannes. Ich bin heilfroh, dass ich in Deutschland geboren bin«, seufzte Charlotte.

»Ich auch, obwohl es bei uns auch noch so ein paar dämliche Machos gibt. Aber diese Spezies ist Gott sei Dank langsam im Aussterben begriffen.« Anne war sauer.

»Hier ist davon leider noch wenig zu spüren. Mexiko ist ein wahres Paradies für Machos und daran wird sich meiner Meinung nach auch so schnell nichts ändern.« Charlotte machte sich da keine falschen Hoffnungen.

»Na, dann bin ich mal gespannt auf deinen Aurelio«, stellte Anne nicht ohne den Anflug eines ironischen Untertons fest.

»Aurelio ist ganz anders«, meinte Charlotte schwärmerisch.

»Warte erst einmal ab. Du weißt doch, Liebe macht blind«, bremste Anne ihren Enthusiasmus.

»Nach fünfzehn Jahren erkennt sogar eine Blinde, was Sache ist, das darfst du mir glauben. Nein, Aurelio ist ein ganz untypischer Mexikaner. Viele deutsche Männer sind wesentlich größere Machos als er«, verteidigte sie ihn.

»Wenn man es genau nimmt, ist er doch gar kein richtiger Mann.« Anne grinste vor sich hin. Sie konnte mitunter ganz schön spitz sein.

»Du weißt hoffentlich, dass du dich gerade in ein gefährliches Fahrwasser begibst. Noch ein Ton mehr, du schläfst heute Nacht allein unten und ich werde *Mochaorejas* bitten, mal kurz bei dir vorbeizuschauen«, konterte Charlotte.

»Wer ist denn das?«, fragte Anne ahnungslos.

»Das wirst du dann schon merken, wenn dir morgen früh ein Ohr fehlt.« Charlotte erzählte Anne nun die Geschichte von *Mochaorejas*, worauf diese einen Gang zurückdrehte und meinte: »Ich weiß schon, dass Aurelio ein richtiger Mann ist, ich meinte nur, weil doch der Zölibat ihm eigentlich verbietet, mit einer Frau zu ..., na ja, du weißt doch schon ... und ein Mann, der nicht mit einer Frau ...« Anne ritt sich immer mehr rein. Aus der Nummer kam sie nicht mehr raus.

»Ich denke, du solltest dich jetzt besser zurückhalten, meine liebe Anne.«

Die Freundin nahm den Vorschlag gerne an.

Während des Frühstücks versuchte Anne, Juanita zu trösten. Sie gab ihr mit Zeichen zu verstehen, dass sie ihr etwas Schönes von der Reise mitbringen würde. Aber das war ein schwacher Trost. Trotzdem ließ sich Juanita nichts anmerken. Nach allem, was sie Charlotte in den letzten Wochen erzählt hatte, war diese Entscheidung eigentlich zu erwarten gewesen.

Am Mittag kam Aurelio zu Besuch. Er umarmte beide Frauen. Anne war für ihn wie ein Familienmitglied.

»Stell dir vor, wir wollten Juanita ans Meer mitnehmen, aber ihr bescheuerter Vater erlaubt es nicht. Das ist vielleicht ein Depp«, erklärte Charlotte Aurelio.

»Wie habt ihr es denn begründet, dass sie mitkommen soll?«, wollte Aurelio wissen.

»Wir haben gesagt, dass wir sie zu einem Kurzurlaub einladen möchten, damit sie auch einmal das Meer sieht.«

»Hättet ihr mich vorher gefragt, hätte ich euch gleich sagen können, dass ihr Vater es niemals erlauben wird, wenn ihr das so anstellt«, erklärte ihnen nun Aurelio.

»Aber warum denn? Ich verstehe das nicht. Ich kann überhaupt nicht nachvollziehen, warum sie nicht mitkommen darf.« Charlotte war noch immer verärgert.

»Das ist nun mal die Mentalität der Leute. Ihr hättet sagen müssen, ihr braucht sie zum Arbeiten und sie muss euch deshalb begleiten. Dann hätte ihr Vater es bestimmt erlaubt. Nach dem, was ich über ihn weiß, hätte er allein schon wegen des Geldes nichts dagegen gehabt.«

»Was ist denn das für ein miserabler Vater, der seinem Kind den Urlaub nicht gönnt?« Charlotte war empört.

»Die Leute sind hier eben nicht sehr aufgeschlossen. Finde dich damit ab, Charlotte.« Aurelio war wie immer nicht aus der Ruhe zu bringen.

»Ich will mich aber nicht damit abfinden. Am liebsten würde ich zu Juanita nach Hause gehen und dem Kerl die Meinung sagen.« Charlotte war richtig sauer.

Aurelio ging auf sie zu und nahm sie in den Arm: »*Tranquilo, calmate, mi amorcito chulo*, beruhige dich, mein Liebling. Frag mich doch einfach das nächste Mal vorher. Zusammen können wir bestimmt manche Missstände verändern. Ich finde es doch auch nicht gut. Aber mitunter muss man eben ein bisschen tricksen, um sein Ziel zu erreichen. Im Tricksen sind wir doch beide geübt, oder?«

Ach, wie recht er doch hatte.

16. Reisepläne

Zwei Hochzeiten, eine Taufe und dann auch noch ein Todesfall, alles kam zusammen und so stand definitiv fest, dass Aurelio sie nicht begleiten konnte. Charlotte war zwar enttäuscht, aber auch realistisch genug, um zu wissen, dass seine Arbeit Vorrang hatte. Anne schien sogar erleichtert zu sein, denn für sie war es wesentlich angenehmer, mit Charlotte allein zu verreisen. Zu dritt wäre sie sich bestimmt mitunter wie das fünfte Rad am Wagen vorgekommen. Aurelio hatte keine Sekunde gezögert, Charlotte seine *Camioneta* anzubieten. Er vertraute ihren Fahrkünsten.

Da er Charlotte bei jedem ihrer Aufenthalte andere touristische Orte in *Chiapas* gezeigt hatte, kannte sie die Region um *San Cristóbal de las Casas* recht gut, wobei unter dem Begriff Region bei der Größe Mexikos in ganz anderen Dimensionen gedacht werden musste. Immerhin war Mexiko fünfeinhalbmal so groß wie das geeinte Deutschland. Wollte man das Land von Norden nach Süden durchqueren, musste man fast 4.000 Kilometer zurücklegen, was übertragen auf Europa der Entfernung vom norwegischen Nordkap bis nach Sizilien entsprach. Die breiteste Stelle von der Atlantik- zur Pazifikküste war vergleichbar mit der Strecke Paris – Budapest. Charlotte würde Anne daher in den zwei Wochen gerade mal einen kleinen Teil von *Chiapas* zeigen können. Sie hatte bereits ein paar Ideen, die sie ihrer Freundin unterbreiten würde, sodass Anne dann selbst entscheiden konnte, was sie sehen wollte.

»Es kommt jetzt ganz darauf an, in welche Richtung wir losziehen. Wenn wir von *San Cristóbal* aus nach *Tuxtla Gutíerrez* aufbrechen, könnten wir beispielsweise auf dem *Rio Grijalva* mit dem Schiff durch den *Cañón del Sumidero*, die Sumidero-Schlucht, fahren. Der Cañón ist großartig, in gewissser Weise vergleichbar mit dem Grand Canon in USA. Der ist, wenn ich recht weiß, in der gleichen Zeit entstanden. Da gibt es Jaguare, Wasserschildkröten und sogar Krokodile«, erklärte Charlotte Anne und geriet dabei fast ins Schwärmen.

»Was? Krokodile! Und die laufen da frei rum.« Die Begeisterung ihrer Freundin hielt sich allem Anschein nach sehr in Grenzen.

»Das ist ein Naturschutzgebiet, da ist alles ziemlich unberührt, und du bist nun mal in einem exotischen Land, da ist das nichts Besonderes. Aber beruhige dich, wir legen nirgends an und auf dem Schiff droht dir keine Gefahr. Die Tiere siehst du nur aus sicherer Entfernung«, beruhigte Charlotte sie und fuhr fort: »Aber wir müssen da nicht hingehen. Allerdings gibt es in dieser Gegend auch noch einen ganz besonderen Ort, den ich persönlich sehr sehenswert finde: *San Juan Chamula*. Die Einwohner, die sogenannten *Chamulas*, sind Maya-Nachkommen vom Stamm der Tzotzilen, die bis heute ihre eigene Sprache sprechen. *San Juan Chamula* ist sehr speziell. Der Ort hat etwas Mystisches, er kommt einem fast ein bisschen unwirklich vor. Dir gefallen doch geheimnisvolle Plätze, oder irre ich mich da?«

»Und was gibt es dort so Geheimnisvolles zu sehen?«, wollte Anne wissen.

»Weißt du, die *Chamulas* haben viele Traditionen ihrer Vorfahren bewahrt. Sie sind zwar einerseits Christen und verehren die katholischen Heiligen, andererseits aber sind sie noch immer in ihrem ursprünglichen indianischen Volksglauben verhaftet. Wenn du ihre Kirche betrittst, glaubst du deinen Augen und Ohren nicht zu trauen. Wobei du im ersten Augenblick eigentlich gar nichts siehst, denn da drin ist es furchtbar dunkel. Dann der Boden. Der ist gänzlich mit Stroh bedeckt und überall laufen Menschen und Tiere herum, denn es gibt dort überhaupt kein Mobiliar, weder Bänke noch Stühle – absolut nichts, wo man sich draufsetzen könnte. Es ist auch ganz schön laut, es herrscht ein ziemliches Stimmengewirr, zum Teil mutet es recht merkwürdig an. Es ist eine Mischung aus Gebeten, Beschwörungen, Flehen und Fluchen. Und erst die Rituale der Schamanen! Die sind echt gewöhnungsbedürftig. Die glauben nämlich, wenn sie ein Huhn schlachten und dabei alle gleichzeitig rülpsen, würden die Dämonen aus dem Körper katapultiert und für immer vertrieben. Darum trinken sie auch jede Menge Cola, mit der Kohlensäure können sie besser aufstoßen. Wie du dir vorstellen kannst, herrscht da drin ein fürchterlicher Gestank. Das ist dann so eine Mischung aus Räucherstäbchen, Kerzen und menschlichen Ausdünstungen.« Charlotte musste lachen, sie erinnerte sich daran, wie sie mit Aurelio zum ersten Mal dort gewesen war und nur noch Bauklötze gestaunt hatte. Sie hätte niemals geglaubt, dass es so etwas heute noch gibt.

»Und da soll ich hin? Das ist ja fast so etwas wie Exorzismus und eklig ist es auch noch. Ich glaube, das ist nichts für mich.« Anne war von Charlottes bisherigen Vorschlägen nicht sonderlich begeistert. »Sag mal, gibt es denn hier in der Nähe keine Pyramiden? Die würden mich viel mehr interessieren«, schlug Anne nun vor.

»Natürlich gibt es die. Hier verstreut findest du jede Menge Tempelanlagen. In *Bonampak*, *Toniná* und *Chinkultic* war ich schon. Aber am besten gefällt mir die Urwaldpyramide von *Palenque*. Die befindet sich von hieraus östlich, in Richtung *Yucatán*. Da sind wir, wenn alles gut geht, ungefähr einen halben Tag unterwegs. Es ist eine sehr schöne Strecke, und weißt du was, da können wir noch einen Abstecher zu den Wasserfällen von *Agua Azul* machen. Die werden dir bestimmt gefallen.« Aus Charlotte sprudelte es nur so heraus. Sie verband mit dem Ort nur schöne Erinnerungen. Irgendwie war es doch schade, dass Aurelio sie nicht begleiten würde, denn *Agua Azul* war eine der ersten Sehenswürdigkeiten, die er ihr vor vielen Jahren gezeigt hatte.

»Also am liebsten wäre mir eine Woche Kultur und anschließend eine Woche Badeurlaub, damit ich gut erholt und braungebrannt nach Hause komme. Sind *Cancún, Cozumel* oder *Playa del Carmen* eigentlich sehr weit von hier entfernt?«

»Das sind mindestens tausend Kilometer. Dahin führt auch keine Autobahn und die Straße macht auch erst mal einen Schwenk nach Süden, bevor sie dann irgendwann einmal nach Osten abbiegt. Da sind wir mindestens zwei Tage unterwegs und müssten auf jeden Fall ein Mal übernachten«, erklärte Charlotte ihrer Freundin.

»Aber das brauchen wir nicht. Wir können uns doch mit dem Fahren abwechseln«, wandte Anne ein.

»Das ist nicht sehr ratsam, denn man sollte in Mexiko, so man es vermeiden kann, nachts nicht unterwegs sein, schon gar nicht wir zwei Frauen allein. Wir müssten uns auf jeden Fall vor Sonnenuntergang irgendwo eine Bleibe suchen. In der Dunkelheit sind die Straßen nämlich nicht sehr sicher. Mexiko ist zwar lange nicht so gefährlich, wie immer wieder insbesondere in der ausländischen Presse behauptet wird, aber wenn du Pech hast, kann es auf einer abgelegenen Straße zu unliebsamen Begegnungen kommen. Es gab in der Vergangenheit immer wieder Fälle, wo Fahrer von Überlandbussen bremsen mussten, weil irgendetwas quer über der Straße lag. Wenn sie dann angehalten hatten, war alles blitzschnell gegangen. Die Fahrer war mit Waffengewalt gezwungen worden, die Türen zu öffnen und der Bus war von mehreren Maskierten geentert und die Passagiere ausgeplündert worden. Aber Raubüberfälle dieser Art passieren nicht nur in Mexiko, sondern überall dort auf der Welt, wo die Gesellschaft aus einem Heer von armen, perspektivlosen Menschen besteht. Es gibt eben immer wieder junge Männer, die sich mit den sozialen Verhältnissen nicht abfinden wollen und meinen, sich das mit Gewalt holen zu müssen, was ihnen aus ihrer Sicht ungerechterweise vorenthalten wird.« Charlotte war diese Problematik seit vielen Jahren bewusst, aber sie hatte keine Lust, das Thema noch mehr zu vertiefen, und darum meinte sie abschließend nur: »Anne, sieh mal, das lohnt sich nicht bei der kurzen Zeit, die du hier bist. Zwei Tage hin, zwei Tage zurück, da bleiben uns gerade mal drei Strandtage. Außerdem ist die *Riviera Maya* mittlerweile total überlaufen und in *Cancún* tummeln sich so viele Amis, dass du gar nicht mehr das Gefühl hast, noch in Mexiko zu sein. Die Landschaft ist zwar schön, aber der Rummel ist grauenhaft. Es gibt so wunderschöne Strände und Landschaften in Mexiko, die noch authentisch sind. Ich weiß nicht, warum alle meinen, sie müssten ausgerechnet in *Yucatán* ihren Urlaub verbringen.«

»Und wo könnten wir sonst noch baden? Ein Mexiko-Urlaub ohne einen Aufenthalt am Strand bringt's doch nicht.« Anne schien sichtlich enttäuscht zu sein.

»Du bekommst schon Sonne und Meer. Lass uns an den Pazifik fahren, das sind knapp 300 Kilometer von hier aus. *Chiapas* hat auch Strände, zwar gibt es da keine All-inclusive-Luxus-Schuppen, aber dafür mehrere kleine Hotels. Dort spürst du noch, dass du in Mexiko und nicht in einem Stadtteil von Miami bist. Ich war vor Jahren mit Aurelio in *Puerto Arista* und in *Puerto Madera*. Diese beiden Orte sind bis heute ursprünglich geblieben. Dort wird es dir bestimmt gefallen.«

»Okay, das klingt ganz gut. Eine Woche Kultur und dann noch eine Woche Strandurlaub«, wiederholte Anne.

Charlotte atmete auf und war froh, dass es ihr letztendlich doch noch gelungen war, Anne davon zu überzeugen, zunächst nach *Palenque* aufzubrechen und anschließend den langen weißen Pazifikstrand von *Puerto Arista* zu genießen. Was Charlotte in diesem Augenblick nicht ahnte, war, dass die beiden Wochen nicht wirklich ein Genuss werden würden, denn es sollten sich ihr und Anne allerhand Unwegsamkeiten in den Weg stellen.

17. PALENQUE

Die beiden Wochen mit Anne waren wie im Fluge vergangen. Mittlerweile befanden sich die beiden schon wieder auf der Rückfahrt von *Puerto Arista* nach *Teopisca*. Charlotte saß hinter dem Steuer, während Anne auf Tauchstation gegangen war. Sie döste auf dem Beifahrersitz vor sich hin. Charlotte wunderte sich nicht darüber, denn Anne hatte in den letzten 14 Tagen immer wieder mit Montezumas Rache zu kämpfen gehabt. Das haute die stärkste deutsche Frau um.

*

In der ersten Woche war Kultur angesagt gewesen. Die Pyramiden von *Palenque* hatte Anne jedoch leider nur von unten genießen können. Durchfallgeschwächt hatte sie sich im Schatten einer Säule auf der untersten der acht Plattformen des Tempels niedergelassen und schlückchenweise Cola getrunken, während Charlotte die zweihundertachtunddreißig Stufen hinaufgestiegen war.

Die Aussicht von hier oben war grandios. Charlotte liebte diese Tempelanlage, es war die einzige von denen, die sie kannte, die mitten im Urwald lag. Archäologen hatten herausgefunden, dass sie im 8. Jahrhundert aus unerfindlichen Gründen von ihren Bewohnern verlassen worden war. In den folgenden Jahrhunderten hatte die Natur sie mit üppiger Vegetation umwoben und sie in einen fast tausendjährigen Dornröschenschlaf versetzt. Sie war erst im 18. Jahrhundert von spanischen Siedlern wiederentdeckt und wissenschaftlich erforscht worden. Erforscht hieß in diesem Fall, dass man die einzelnen Pyramiden durch Brandrodung freigelegt hatte. Durch diese rüde Vorgehensweise waren zahlreiche Stuckverkleidungen und Wandmalereien für immer zerstört worden. Gott sei Dank war jedoch so viel erhalten geblieben, dass trotzdem noch ein anschauliches Bild vom Leben in der Tempelanlage entstehen konnte. Die wichtigste Entdeckung hatte man aber erst relativ spät, nämlich in den fünfziger Jahren des 20. Jahrhunderts tief im Innern der Pyramide gemacht. Dort war man auf einen Sarkophag mit Unmengen von Schmuck und Grabbeigaben gestoßen, in dem die Gebeine eines Priester-Königs ruhten, dessen Haupt eine Jademaske zierte. Vor der Kammer lagen die Skelette von sechs jungen Männern, die wahrscheinlich geopfert worden waren. Menschenopfer, ein entsetzlicher Gedanke aus heutiger Sicht. Für die indigenen Völker Alt-Amerikas hatten sie jedoch eine ganz andere Bedeutung, wobei es mehrere Überlieferungen gab. Eine besagte, dass derjenige, der sein Leben den Göttern opferte, sich dadurch nach seinem Tod einen würdigen Platz in ihrer Nähe sicherte. Eine andere wiederum betraf das traditionelle Ballspiel *Pelote*. Hier gab es Interpretationen, die zu dem Schluss kamen, dass es die Sieger des Spieles waren, die ehrenvoll geopfert wurden. Andere Versionen beschrieben wiederum genau das Gegenteil, dass nämlich den Verlierern das Leben gegen ihren Willen genommen wurde und dass es sich bei ihnen um Sklaven anderer Stämme und Kulturen handelte. Auch Kinderopfer schienen keine Seltenheit gewesen zu sein, um damit die Götter gnädig zu stimmen und dem Volk eine gute Ernte zu bescheren. Sogar Fälle von Kannibalismus wurden in alten Schriften immer wieder angedeutet. Wobei Letztere auch in vielen anderen Kulturen außerhalb Mexikos vorkamen. Charlotte hatte das alles stets als schrecklich empfunden, besonders die Art und Weise, wie man die Opfer tötete, indem man ihnen nämlich das Herz bei lebendigem Leibe aus der Brust riss. Sie konnte nicht glauben, dass irgendjemand so etwas freiwillig erduldete. Für einen modernen aufgeklärten Menschen des 20. Jahrhunderts war das alles schwer nachvollziehbar. Auf der anderen Seite gab es auch heute Menschen, die sich aus einem religiösen Fanatismus und aus der Überzeugung heraus, sich einen besonderen Platz im Jenseits zu verdienen, selbst töteten. In den Nachrichten kamen immer wieder Berichte über Selbstmordattentäter, die sich in die Luft sprengten und andere Menschen gezielt mit in den Tod rissen. Was war aus ihrer Sicht schon die kurze irdische Präsenz gegenüber dem ewigen Leben, das auf den Tod folgte?

Charlotte blickte über den dichten Urwald. Sie wollte nicht weiter diesen trüben Gedanken nachhängen. Die Landschaft war so friedlich und die einzelnen Tempel der Anlage fügten sich harmonisch in das Gesamtbild ein. Die bemoosten Flächen gingen in vielen verschiedenen Grüntönen ineinander über. Wenn sie die Aussicht hätte malen wollen, hätte sie große Mühe gehabt, all die verschiedenen Nuancen aus ein und derselben Farbe zu mischen.

Im Sommer 1983 war sie zum ersten Mal hier oben gesessen, damals mit Liebeskummer im Herzen und der Frage, ob sie Aurelio jemals wiedersehen würde. Es war der erste Tag, nachdem sie sich von der Gruppe getrennt hatten und sie mit ihrer Kollegin Elli in Richtung Karibik losgefahren war. Der Arbeitseinsatz in *Rosas* war zu Ende, eine neue Gruppe aus Deutschland würde in den nächsten Tagen ankommen und da weitermachen, wo sie aufgehört hatten.

Anne riss Charlotte aus ihren Gedanken. Sie winkte ihr von unten zu. Die Arme. Charlotte bedauerte ihre Freundin. Sie war um die halbe Welt gereist und saß jetzt mit Bauchschmerzen am Fuße der Pyramide. Charlotte beschloss, wenigstens ein paar Fotos für sie zu schießen, wenn sie schon selbst nicht hochkommen konnte.

Als sie durch den Sucher ihrer Kamera blickte, musste sie grinsen. Sie hatte nämlich gerade eine Frau mit karierten Shorts im Visier. Charlotte war sich ziemlich sicher, dass es sich um eine Amerikanerin handelte. Ihren Kopf schmückte ein Stofftaschentuch, das an allen vier Enden verknotet war. Mühsam bewegte sie sich auf allen Vieren senkrecht die Pyramide hinauf. Sie hatte einen hochroten Kopf, was nicht zuletzt mit ihrem immensen Übergewicht zu tun hatte.

Als Charlotte Mitte der 70er-Jahre zum ersten Mal in den Semesterferien in den USA gejobbt hatte, waren ihr schon damals die vielen dicken jungen Menschen aufgefallen. Natürlich gab es auch in Deutschland Jugendliche, die zu viele Pfunde auf den Rippen hatten, aber solche wandelnden Fleischberge waren doch eher die Ausnahme. Sie war sich ziemlich sicher, dass dieses extreme Übergewicht ernährungsbedingt war. Die Portionen waren in USA immer riesig gewesen. Die Steaks hingen über den Tellerrand, die Hamburger waren Doppel-Whopper und statt einer Tüte mit einer Eiskugel wurden hier Familienpackungen ausgelöffelt. Das viele Junk-Food, das die Amerikaner in sich reinstopften, wie Marshmallows, Gummibärchen, Chips jeder Art, grün oder hellblau gefärbte Buttercremetorten, Peanutbutter, Mayonnaisen, fette Dressings, süßes Ketchup und als Krönung noch ein pappsüßes Softgetränk, möglichst im Ein-Liter-Becher, taten ein Übriges.

Die junge Frau, deren Oberschenkel in etwa Charlottes Taillenumfang entsprachen, landete schließlich auf ihrer Höhe und mit letzter Kraft brachte sie ein schwaches »hi« heraus.

Charlotte lächelte sie an und antwortete: »Buenas tardes.«

Wieder typisch *Gringa*. Sie waren hier nicht in den USA. Glücklicherweise war noch immer Spanisch die offizielle mexikanische Landessprache. Die Amis hatten den Mexikanern schon genug Terrain im Norden abgeknöpft. New Mexico und Texas hatten bis circa 1840 zu Mexiko gehört. Charlotte ärgerte es, dass die Mehrzahl der Amerikaner, egal wo sie hinkamen, immer davon ausging, dass alle Welt Englisch sprechen musste. Die meisten waren nicht bereit, auch nur ein paar wenige Worte der entsprechenden Landessprache zu lernen. Sie fand dieses Gebaren ausgesprochen unhöflich und arrogant. Sie musste an den Spruch von Porfirio Diaz denken, eines mexikanischen Politikers des 19. Jahrhunderts, den Aurelio gerne zitierte: »*Pobre de México! Tan lejos de Dios y tan cerca de Los Estados Unidos*«, armes Mexiko, so fern von Gott und so nahe an den Vereinigten Staaten. Der Satz war bezeichnend und beschrieb recht anschaulich das Verhältnis Mexikos zu seinem nördlichen Nachbarn. Charlotte fragte sich, wie die junge Frau wohl ihre Pfunde wieder von der Pyramide hinunterbewegen würde. Als sie in deren ängstliche Augen blickte, wurde ihr klar, dass der Amerikanerin gerade derselbe Gedanke durch den Kopf ging. Die Stufen, die zur Pyramide hinaufführten, waren sehr schmal und hoch, es ging steil hinauf und somit genauso steil wieder runter. Der Aufstieg war wesentlich einfacher, denn wenn man das Gleichgewicht verlor, fiel man gegen die Treppe, beim Abstieg hingegen stürzte man ins Leere. Charlotte tat die Frau leid. Ich werde es ihr vormachen, beschloss sie, damit sie sich nicht noch den Hals bricht.

Das Erste, was Aurelio ihr 1984 bei ihrer gemeinsamen Rundreise beigebracht hatte, war, wie man eine Pyramide beging.

»Du musst immer diagonal gehen und die Breite der Treppe ausnützen, dann wird es dir auch nicht schwindelig, weil du nicht nach unten ins Leere blickst. Du kannst dich zur Not auch immer bergwärts auf die Stufen fallen lassen.« Aurelio hatte es ihr vorgemacht und sie war ihm hinterhergelaufen wie das kleine Gänsekind seiner Mutter. So war es ein Kinderspiel, auch wenn die Pyramide noch so steil war.

Obwohl Charlotte recht gut Englisch sprach, wollte sie es der Amerikanerin nun doch nicht zu leicht machen. Charlotte stupste sie leicht an der Schulter und indem sie mit dem rechten Zeigefinger auf ihr eigenes Auge zeigte, signalisierte sie ihr, sie solle jetzt aufpassen und zuschauen. Leichtfüßig begann sie ihren Zickzack-Abstieg und als sie nach ein paar Metern zu der Frau hochblickte, sah sie in ein erleichtert lächelndes Vollmondgesicht. Sie hatte es verstanden, auch ohne Englisch.

Anne saß noch immer an eine Säule gelehnt am Fuß der Pyramide.

»Na, du Säulenheilige!«

»Hör bloß auf, ich fühle mich beschissen und das im wahrsten Sinne des Wortes.«

Charlotte musste grinsen über Annes deutliche Ausdrucksweise. Charlotte hatte das alles Gott sei Dank hinter sich. In den ersten Jahren hatte sie des Öfteren unter Montezumas Rache gelitten, bis sie ihre Ernährung an mexikanische Verhältnisse angepasst hatte. Der Genuss von Chilis und viel scharfer Salsa war wichtig, denn sie töteten die Bakterien ab, allerdings war beides auch abführend. Dem konnte man wiederum nur entgegenwirken, indem man genügend Maistortillas, Bohnen und Bananen aß, die stopften. Damit sich der Durchfall jedoch nun nicht ins Gegenteil kehrte, war es ratsam, morgens eine Papaya zu sich zu nehmen, und nach dem Mittag- oder Abendessen war ein Tequila nicht die schlechteste Alternative.

»Lass uns bitte ins Hotel zurückgehen. Ich fühle mich sicherer, wenn ein Klo in meiner Nähe ist.« Annes Stimme klang matt. Unter ihrem riesigen Strohhut blitzte für einen Augenblick ihr hochrotes Gesicht hervor. Sie sah aus, als wäre sie gerade die Pyramide hinauf- und hinabgestiegen. Sie tat Charlotte leid, sie wusste, wie grauenvoll man sich nach mehrtägigen Durchfallattacken fühlte.

Eine halbe Stunde später trudelten sie in ihrem Hotel ein. Die Anlage, in die sich außer ihnen kein anderer ausländischer Tourist verirrt hatte, befand sich etwas außerhalb von *Palenque*. Sie bestand aus kleinen Bungalows, die sehr mexikanisch anmuteten, was sagen will, dass sie sehr einfach ausgestattet waren. In ihrem Bungalow gab es großfamiliengerecht zwei französische Betten, mit durchgelegenen Matratzen und sauberen, jedoch teilweise perforierten Bettlaken, was durch das viele Schrubben auf dem *Lavadero* kam. Da man in Mexiko grundsätzlich alles kalt wusch, musste man schärfere Waschmittel benutzen. Viele Hotelbesitzer kauften darüber hinaus auch keine Waschmaschinen; warum sollten sie teure technische Geräte anschaffen, wenn es genug billige Arbeitskräfte gab? So wurde alles auf einem geriffelten Steinbecken, einem sogenannten *Lavadero*, per Hand gewaschen, was dem Stoff mit der Zeit sehr abträglich war. Dementsprechend verschlissen sah die Bettwäsche nach mehreren dieser Prozeduren aus.

Anne und Charlotte kam die Großfamilien-Konzeption des Hotelzimmers zugute. Jede von ihnen nahm ein französisches Bett in Beschlag. Nur mit ihren Unterhosen bekleidet, legten sie sich auf die kühlen Laken.

War das eine Hitze!

Der Deckenventilator, der mit maximaler Umdrehung, jedoch ohne große Wirkung arbeitete, hing bedrohlich schief an seinem rostigen Metallhaken an der Decke und machte den Eindruck, als würde er jeden Augenblick in ihrem Bett landen. Aber so war das oft in einfachen mexikanischen Hotels. Die elektrischen Leitungen lagen auf Putz und Kabel und Steckdosen hingen aus der Wand.

Charlotte knipste ihre Nachttischlampe an.

»Es wird schon langsam dunkel, sollen wir noch einmal ins Zentrum von *Palenque* fahren, Anne? Meinst du, du kannst etwas essen?«

»Bitte nicht vom Essen reden, ich glaube, ich muss sonst schon wieder ...« Mit einem Satz war Anne vom Bett aufgesprungen und stürmte ins Badezimmer, dessen Tür sich leider nicht richtig schließen ließ, sodass Charlotte die Leiden der lieben Anne live mitverfolgen konnte. Es hatte sie böse erwischt.

Die Frage nach dem Abendessen wurde schließlich »von oben« gelöst. Anne hatte sich nämlich gerade wieder aufs Bett gelegt, um sich von der Strapaze ihrer letzten Durchfallattacke zu erholen, als es draußen von einem Augenblick zum anderen zu toben anfing. Es stürmte und brauste und plötzlich tat es einen höllischen Schlag. Der Ventilator blieb stehen und sämtliche Lichter gingen aus. Es war stockdunkel im Zimmer und nicht nur dort, sondern in der gesamten Anlage. Charlotte und Anne warteten. Das Licht würde sicher gleich wieder angehen. Aber da irrten sie sich gewaltig. Dummerweise hatten sie weder eine Taschenlampe mitgenommen noch gab es eine Kerze in dem Zimmer. Letztere hätte ihnen sowieso nicht viel genützt, da sie beide Nichtraucherinnen waren und somit auch kein Streichholz oder Feuerzeug dabei hatten.

»Was machen wir jetzt bloß? Ich finde ja nicht einmal die Klotür, so dunkel ist es hier.« Annes Stimme klang verzweifelt.

»Ich könnte versuchen, mich zur Rezeption durchzuschlagen und dort fragen, ob sie nicht wenigstens eine Notbeleuchtung haben oder uns zumindest eine Kerze und Streichhölzer geben könnten.«

»Das schaffst du nicht. Der Weg vom Bungalow zum Eingang der Anlage ist nicht befestigt. Er ist voller Löcher und Wurzeln von den Bäumen. Da brichst du dir den Hals«, meinte Anne resignierend.

»Aber ich hab auch keine Lust, hier stundenlang im Dunkeln auf dem Bett zu liegen. Es ist jetzt gerade mal halb acht. Ich kann noch nicht schlafen. Außerdem habe ich Hunger.«

»Bitte nicht schon wieder vom Essen reden«, flehte Anne sie an.

»Ach, tut mir leid. Entschuldige.« Charlotte hielt einen Augenblick inne. »Aber warte mal, ich glaube, ich habe eine Idee. Lass mich mal machen.« Charlotte war wieder eingefallen, dass sie Aurelios *Camioneta* direkt vor dem Bungalow geparkt hatte. Sie musste versuchen, dorthin zu gelangen. Sie tastete sich mit der Hand am Nachttisch entlang und öffnete die Schublade. Erst jetzt fiel ihr auf, wie dreckig sie war. Ein Teil von einer Spinnwebe blieb sogleich an ihrer Hand kleben und kurz darauf blieben ihre Finger an einem angetrockneten Kaugummiklumpen hängen. Pfui Teufel! Aber schließlich fand sie, was sie suchte: den Autoschlüssel. Sie richtete sich auf und suchte mit den Füßen ihre Schuhe. Hoffentlich saß keine Spinne oder Kakerlake darin.

»Was macht du?« flüsterte ihr Anne zu.

»Warum flüsterst du denn?«

»Ich weiß auch nicht, aber es ist so gruselig im Dunkeln.«

»Du siehst zu viele Horrorfilme.« Charlotte kannte Annes Vorliebe für dieses Genre.

»Weißt du, ich muss gerade an den Film *Psycho* denken, der spielt doch auch in einem abgelegenen Motel. Wenn jetzt dieser Norman Bates hier mit einem Messer hereinkäme ...« Annes Stimme klang verängstigt.

»Du hast eine noch blühendere Fantasie als ich. *Psycho* ist ein Film von Hitchcock und Norman Bates gibt es nicht, das ist der Schauspieler Anthony Perkins. Und nun Schluss damit. Ich gehe jetzt jedenfalls raus zum Auto. Ich denke, bis dorthin werde ich es schaffen und dann mache ich die Lichter der *Camioneta* an. Auf diese Weise werde ich den Weg zur Rezeption sehen. Dort besorge ich uns eine Kerze, etwas zu trinken und für mich noch ein paar Chips, denn ich sterbe fast vor Hunger. Aber zuerst muss ich mal mein T-Shirt finden. Denn wenn ich das Licht der Camioneta anmache, stehe ich sonst barbusig im Scheinwerferlicht. Und die Bewohner der anderen Bungalows werden natürlich schauen, wo das Licht herkommt. Wenn ich bloß wüsste, wo ich vorhin mein T-Shirt ausgezogen habe.«

»Ich meine, es liegt auf dem Hocker am Fußende deines Bettes«, glaubte Anne sich zu erinnern.

Charlotte tastete sich an der Bettkante entlang und griff über den Bettrahmen in Richtung Stuhl. Anne hatte recht gehabt. Schnell streifte sie das Hemdchen über. Dann bewegte sie sich vorsichtig in Richtung Tür, dabei stieß sie ein paarmal mit dem Oberschenkel an die Ecken von Möbelstücken. Das würden wunderschöne blaue Flecken geben. Draußen strich ihr dann noch ein Zweig quer übers Gesicht und das letzte Stück bis zur *Camioneta* krabbelte sie schließlich auf allen Vieren.

Trotzdem saß sie nach wenigen Minuten in dem Auto und schaltete das Licht an. Als sie ins Zimmer zurückkam, saß Anne schon wieder auf dem Klo. Sie hatte es die ganze Zeit unterdrückt.

Charlotte zog ihre Shorts an. »Ich gehe schnell vor zur Rezeption, ich bin gleich wieder da«, rief sie Anne zu.

Als sie auf die Rezeption zuging, erschrak sie und es wurde ihr klar, was diesen wahnsinnigen Knall zuvor verursacht hatte: Das kleine Haus hatte kein Dach mehr.

Einige Leute, die offensichtlich zum Hotel gehörten, liefen aufgeregt hin und her. Sie hatten, nachdem sich der Wind gelegt hatte, ein paar Kerzen aufgestellt, die wenigstens ein bisschen Licht spendeten.

»Was ist denn passiert?«, fragte sie den Mann, der neben ihr stand.

»Es war ein Hurrikan, er kam ganz plötzlich.«

Die Frau daneben ergänzte: »Er hatte eine Geschwindigkeit von hundert Stundenkilometern, hat das Dach der Rezeption wie einen Deckel hochgehoben und in die elektrische Oberleitung geschleudert.«

Erst jetzt sah Charlotte, dass das gesamte Wellblechdach in den Drähten der Strommasten hing.

»Gibt es denn kein Notaggregat?« wollte Charlotte wissen.

»Nein, leider nicht«, meinte das Mädchen, das ihnen den Bungalow bei ihrer Ankunft gezeigt hatte, »aber ich kann Ihnen ein paar Kerzen geben.«

»Okay, geht in Ordnung. Kann ich bei Ihnen auch eine Cola und ein paar Chips bekommen?«

»Claro.« Sie setzte es auf die Rechnung, weil Charlotte bei der ganzen Aktion vergessen hatte, Geld mitzunehmen. Beladen mit ihren Schätzen und ihrem üppigen Abendessen kehrte Charlotte zurück zum Bungalow. Sie zündete die Kerzen an und machte die Lichter der *Camioneta* aus, damit ihnen die Autobatterie am nächsten Tag nicht die nächste Überraschung bescheren würde.

Als sie in den Raum trat, konnte sie Annes gleichmäßiges Atmen vernehmen. Sie war bereits eingeschlafen. Charlotte setzte sich aufs Bett und hing ihren Gedanken nach, während sie die Chips genoss. Sie lauschte in die Stille. Draußen war das feine Zirpen der wiedererwachten Insekten zu vernehmen. Alles erschien jetzt friedlich, es war wie die Ruhe nach dem großen Sturm.

Was Aurelio wohl gerade machte? Ob er auch an sie dachte und sie vermisste? Wäre er jetzt hier, hätten sie bei dem stimmungsvollen Kerzenlicht einen wunderbaren romantischen Abend verbringen können. Ein bißchen flirten, und ein bisschen kuscheln und schmusen und vielleicht auch noch mehr? Was konnte man denn sonst bei einem totalen Stromausfall schon tun? Die Folgen solcher Ereignisse ließen allerdings nicht allzu lange auf sich warten, wie man anderorts bei ähnlichen Geschehnissen in der Vergangenheit immer wieder hatte feststellen können. Denn neun Monate später war es jedes Mal zu einem regelrechten Babyboom gekommen. Wie schade, dass Aurelio so weit weg war. Wieder hatten sie eine Chance verpasst.

18. Puerto Arista

In der zweiten Woche waren Anne und Charlotte wie geplant an den mexikanischen Pazifik nach Puerto Arista gefahren. Das Hotel *Bugambilias*, in dem Charlotte in der Vergangenheit schon mehrere Male mit Aurelio übernachtet hatte, lag direkt am Meer.

Annes Verdauungssystem hatte sich Gott sei Dank mittlerweile etwas beruhigt, und so beschlossen sie, im Restaurant des Hotels, einer offenen, idyllischen *Palapa* mit zahlreichen exotischen Pflanzen, zu Abend zu essen. Sie hatten sich schon am Nachmittag auf der Karte etwas ausgesucht: Avocado-Krabben-Cocktail als Vorspeise, danach *Camerones gigantes empanisados*, panierte Riesengarnelen und als Nachtisch Mango-Eis mit *Rompope*, dem heimischen Eierlikör. An diesem Abend wollten sie es sich richtig gut gehen lassen. Es war endlich mal eine Gelegenheit, aus den legeren Freizeitklamotten herauszukommen und sich chic zu machen. Das *Bugambilias* war zwar kein Luxushotel, hatte aber ein schönes Ambiente. Neben dem Palapa-Restaurant gab es einen *Patio* mit Poolbereich, der sich zum Meer hin öffnete und an deren Ende sich eine idyllische Strandbar befand. In einer solchen Umgebung bekam fast jedes weibliche Wesen Lust darauf, sich ein bisschen mehr als sonst zu stylen. Wer weiß, vielleicht gab es auch alleinreisende Männer? Schließlich war Anne schon seit Jahren Single und wartete noch immer auf ihren Traumprinzen. Es wäre doch nicht schlecht, wenn sie sich auch in einen Mexikaner verlieben würde. Aber Männer hin oder her, sie würden sich heute Abend auf jeden Fall schön schminken, ihre elegantesten Sommerkleider anziehen und auf hochhackigen Riemchenpumps zum Restaurant stolzieren. Sie freuten sich den ganzen Tag über auf den Abend. Sie würden richtig vornehm dinieren mit allem drum und dran.

Der Kellner, der sie zu ihrem Tisch geleitete, war ein ausgesprochen attraktiver Mann, groß und dunkelhaarig, gut gebaut mit einem markanten Gesicht. Wäre Charlotte nicht schon vergeben gewesen, hätte er ihr vielleicht gefährlich werden können. Anne schien der Mann auch zu gefallen, denn als sie sich hinsetzten, hatte sie gemeint: »Hast du gesehen, wie der mich angeschaut hat? Ich glaube, er hat ein Auge auf mich geworfen.« Charlotte war das zwar nicht aufgefallen, aber sie gönnte es Anne und darum ermunterte sie ihre Freundin: »Versuch doch einfach mal dein Glück bei ihm, wenn er dir so gut gefällt. Ich finde ihn auch ausgesprochen gutaussehend. Aber vor allem ist er nett und zuvorkommend, ein Kellner wie aus dem Bilderbuch.«

»Der Abend ist ja noch lang«, meinte Anne mit einem Augenzwinkern, »von der Bettkante würde ich ihn jedenfalls nicht stoßen.«

»Sei bloß vorsichtig, du vergisst wohl ganz, dass wir uns das King-Size-Bett teilen. Das ist zwar breit, aber trotzdem nur für zwei Personen gedacht. Wenn du ihn also verführen willst, dann musst du das am Strand tun. Das ist sowieso viel reizvoller.« Charlotte beschrieb ihrer Freundin die Szene, die sie vor ihrem geistigen Auge sah. Sie hauchte: »Der Schein des Vollmondes spiegelt sich auf der Wasseroberfläche, ein zarter Windhauch streichelt deine Haut, während du in den Armen deines *Mexican Lovers* liegst. Alles ist natürlich untermalt vom Rauschen des Meeres. Ach, wie romantisch.«

Anne schubste sie lachend: »Mensch, sei doch nicht so doof!«

Als ihre *Piña Coladas* kamen, stießen sie erst einmal miteinander an: »Auf einen schönen Abend!«

»Seltsam, das ist so ein schönes Restaurant, aber es scheint so, als ob wir die einzigen Gäste sind. Kannst du das verstehen?« meinte Anne, indem sie sich umblickte.

»Das ist schon seltsam, denn im Hotel sind fast alle Zimmer belegt. Aber auf der anderen Seite ist jetzt auch nicht unbedingt Essenszeit. Wir sind relativ früh dran für mexikanische Verhältnisse«, erwiderte Charlotte.

»Aber dafür können wir jetzt den Sonnenuntergang genießen, schau mal, die Sonne wird jeden Augenblick untergehen«, erwiderte Anne, während sie am Röhrchen ihrer *Piña Colada* herumspielte.

Während sie auf den Horizont blickten und das Farbenspiel genossen, servierte der Kellner ihnen die Vorspeise und zündete die kleine Kerze auf ihrem Tisch an.

»Hier ist es wirklich wundervoll«, schwärmte Anne, während sie die erste Gabel des Krabbencocktails zu sich nahm. »Hm, ist der lecker, und da sind richtig große Crevetten drin.«

»Die mexikanischen *Camerones* sind immer riesig und im Verhältnis zu Deutschland spottbillig«, erklärte ihr Charlotte.

»Aua, eben hat mich was gestochen!« Anne klatschte an ihr Bein. »Ah, schon wieder!«

»Mich eben auch am Rücken. Schau mal, da sind ja jede Menge Moskitos um uns herum«, stellte Charlotte mit einigem Entsetzen fest.

Kurz darauf schlugen die beiden nur noch um sich, um die Plagegeister zu vertreiben. Die waren unbeschreiblich aggressiv. Langsam wurde den beiden auch klar, warum sie die einzigen Gäste des Restaurants waren. Von einem Essvergnügen konnte man wahrlich nicht mehr sprechen. Darum schaufelten sie die ersten beiden Gänge in sich hinein und verzichteten liebend gern auf den Nachtisch. Bloß weg! Sie stürmten mit fliegenden Fahnen zurück in ihr Zimmer. Charlotte hatte nicht bedacht, dass, sich in der *Hora zero*, also bei Einbruch der Dunkelheit, in *Puerto Arista* ein reges Nachtleben entwickelte. Leider nicht in dem Sinn, wie die beiden es sich gewünscht hätten. Es waren nämlich regelrechte Moskitoschwärme über sie hergefallen. Die Blutsauger hatten ihre Rüssel sogar durch ihre Kleider hindurchgesteckt und sie überall gestochen.

Charlotte kratzte sich am ganzen Körper. Sie war übersät von Moskitostichen und zwar an den unmöglichsten Stellen. Anne ging es nicht besser. Zusammen kamen sie auf 133 Stiche. Anne hatte 64 und Charlotte 69.

Am nächsten Tag aßen sie zu Mittag und verzichteten aufs Dinner. Dafür kämpfte sich Charlotte am Abend in einer langen Hose, in Socken und Tennisschuhen sowie mit einer Langarmbluse, einem Schal und Strohhut bekleidet zur Bar durch und besorgte für sich und Anne zwei *Piña Coladas*. Charlotte war verhüllt wie eine Imkerin, damit die Moskitos, zumindest was sie anbelangte, an diesem Abend hungrig bleiben würden. Trotzdem gelang es einem Blutsauger, während sie die beiden Gläser trug, sie im Gesicht zu stechen. Damit waren es dann 70 Stiche.

Obwohl Anne Puerto Arista gut gefiel, vergällte ihr die Moskitoplage ein wenig den Badeurlaub. Darüber hinaus war zu ihrem Leidwesen auch Montezumas Rache wieder zurückgekehrt, sodass sie nicht traurig war, als sie eine Woche später zurück nach *Teopisca* fuhren.

*

Nun saßen sie also in der *Camioneta* und waren auf der Rückfahrt zur *Casita de Campo*. Charlotte hatte sich schon vor Jahren an den mexikanischen Straßenverkehr und die Fahrweise der Einheimischen gewöhnt. Sie gab Gas und überfuhr durchgezogene Linien wie ein waschechter Mexikaner, egal ob einfach oder doppelt. Sie umfuhr schnittig Schlaglöcher und hupte, wenn der Sonntagsfahrer vor ihr kurz vorm Einschlafen war. Sie wollte nicht zu spät in *Teopisca* eintreffen, denn Aurelio hatte ihr versprochen, nach seinem abendlichen Gottesdienst vorbeizukommen und über Nacht zu bleiben. Sie hatten sich zwei lange Wochen nicht gesehen und ihre Sehnsucht nach ihm war groß. Darüber hinaus war sie wieder in der

Mitte ihres Zyklus, der Zeitpunkt war somit ideal, um ein Kind zu zeugen.

»Mensch, fahr schon.« Charlotte klebte an der Stoßstange ihres Vordermannes, um ihn dann im nächsten Dorf an einem *Tope*, einer künstlich angelegten Bodenwelle, zügig zu überholen.

»Penner!« Der kleine dicke Bilderbuch-Mexikaner, der knapp über das Steuer schauen konnte, lachte sie freundlich an. Glücklicherweise verstand er kein Deutsch. Charlotte lächelte freundlich zurück.

»Du fährst wie ein Henker, Charlotte. Gewöhn dir das in Deutschland bloß wieder ab, sonst kannst du deinen Führerschein gleich freiwillig abgeben.« Anne war durch ihre Fahrweise aufgewacht. »Mir ist kotzübel von den vielen Kurven.«

»Ist schon gut. Sei friedlich und schlaf weiter! Wir sind gleich da.«

Eine halbe Stunde später schloss Charlotte das knarrende Hoftor auf und parkte das Auto. Gemeinsam mit Anne schleppte sie das Gepäck nach oben. Insgeheim fluchte Charlotte, dass sie unterwegs so viel Zeug eingekauft hatten: Hängematten, Armbänder, kiloweise Kaffee, Tequila, kitschige Muscheldöschen mit der Aufschrift »Saludo de Puerto Arista«, mit Indianermotiven bestickte Blusen und nicht zu vergessen mehrere Fläschchen mit scharfer Salsa.

Gerade als Charlotte in die Dusche gehen wollte, klingelte das Telefon.

»Hola«, säuselte sie erwartungsvoll in den Hörer.

»Hola también.« Es war Aurelio. Seine Stimme klang sehr formal. »*Como estás*, wie geht's dir? Hattet ihr schöne Tage in *Palenque* und *Puerto Arista*?« Die Art, wie er fragte, klang sehr nüchtern, von Sehnsucht keine Spur.

»Bis auf die Tatsache, dass wir beinahe von einem Dach und einem Elektromast erschlagen wurden und die Moskitos uns aufgefressen haben, war es sehr schön. Ich habe siebzig Stiche am ganzen Körper.« Und mit verführerischer Stimme fügte sie hinzu: »Du kannst das heute Nacht gerne nachprüfen, vielleicht habe ich mich ja auch verzählt.«

Leider ging Aurelio in keiner Weise auf ihre Anspielung ein. »Oye, hör zu, mein Bruder Simon aus den *Estados Unidos*, den USA, ist am letzten Mittwoch gekommen. Ich möchte dir einen Vorschlag machen.« Er sprach abgehackt. Seine Stimme klang einerseits sehr entschieden, andererseits vernahm sie auch eine gewisse Unsicherheit darin. Charlotte ahnte fast, was nun kommen würde.

»Was hältst du davon, Charlotte, wenn ich ihn mitbringe?«

»Weiß er denn etwas von uns?«, fragte sie nach.

»Nein, du bist für ihn die Mieterin meines Hauses«, erklärte ihr Aurelio.

»Na, prima.« Am liebsten hätte Charlotte »Scheiße!« gebrüllt. Er wußte doch ganz genau, was sie davon hielt. Was sollte also diese unnötige Frage? »Du weißt, was das bedeutet. Oder kannst du trotzdem hier übernachten?«, fuhr sie fort.

»Nein, natürlich nicht. Ich muss nach dem Essen mit ihm zurück nach *Rosas* fahren.«

Charlotte verstand Aurelio nicht. Sie hörte überhaupt kein Bedauern in seiner Stimme. Hatte er sich denn nicht nach ihr gesehnt, sich nicht auf ihre gemeinsame Nacht gefreut? Sie war traurig, aber auch verärgert über ihn. Doch so leicht würde sie es ihm nun doch nicht machen, so einfach würde er ihre Absolution nicht bekommen. Er musste das schon selbst entscheiden, ob er seinen Bruder mitbringen wollte oder nicht. Darum antwortete sie ihm nicht das, was er hören wollte, sondern das, was sie tatsächlich fühlte: »Ich fände es schöner, wenn du allein kämst. Aber entscheide es selbst. Ich sehe ja dann, ob du nachher mit oder ohne ihm vor der Tür stehst.«

»Bueno, dann komme ich allein. Ich muss jetzt Schluss machen. Ich muss meinen Gottesdienst halten.« Er klang bedrückt.

Charlotte legte auf. »Das ist doch alles Scheiße.« Sie fühlte sich mies.

»Was ist denn los?« Anne warf die Plastiksandalen, die sie gerade auspacken wollte, wieder zurück in ihren Koffer und nahm Charlotte in den Arm. »Sag schon, was bedrückt dich?«

»Ach, Aurelios Bruder aus den USA ist letzte Woche gekommen, und er wollte ihn heute Abend mitbringen und anschließend mit ihm wieder zurück in seine Gemeinde fahren. Ich habe ihm aber zu verstehen gegeben, dass ich das nicht will. Und nun tut es mir schon wieder leid. Wahrscheinlich hat er große Schwierigkeiten, seinem Bruder klar zu machen, dass er ihn nicht mitnehmen kann.«

»Ich denke auch, dass er ganz schön in der Bredouille ist«, bestätigte ihr Anne.

»Ich hasse solche Situationen. Jetzt habe ich wieder den schwarzen Peter und bin die Böse, weil ich nicht frohen Herzens gesagt habe, dass sein Bruder auch kommen soll.«

»Kannst du ihn nicht noch einmal anrufen?« schlug Anne vor.

»Ich kann es in einer halben Stunde probieren, wenn mein Priester wieder in einen normalen Mann mutiert ist.« Sie konnte sich diesen ironischen Kommentar nicht verkneifen. Wenn sie die Entscheidung rückgängig machen würde, konnte sie ihre Babynacht vergessen. Aber selbst wenn Aurelio blieb, würde die Stimmung sicher auch nicht die beste sein. Es wäre alles andere als eine gute Voraussetzung.

Als hätte sie Charlottes Gedanken gelesen, meinte Anne: »Dann musst du halt mit mir vorliebnehmen.« Anne konnte manchmal drollig sein.

Charlotte lachte. »Mir bleibt wohl nichts anderes übrig. Ich hab mich in den letzten beiden Wochen sowieso schon an dich gewöhnt.«

Anne umarmte und drückte ihre Freundin.

»Vielleicht ist es ja ganz gut, dass er seinen Bruder mitbringt. Dann sieht er mich und nimmt Aurelio eher die Story von der deutschen Familie ab, die sein Haus gemietet hat«, meinte Charlotte schließlich. »Ich denke, du hast vollkommen recht mit deinem Einwand. Abgesehen davon, komme ich mir unheimlich kleinlich vor, wenn ich bei meiner Entscheidung bleibe.«

Eine halbe Stunde später rief Charlotte Aurelio noch einmal an. Gott sei Dank nahm er selbst ab. Wenn die Haushälterin oder gar sein Bruder am anderen Ende gewesen wäre, hätte sie wieder irgendeinen Vorwand suchen müssen.

»Si.« Wieder klang er kurz angebunden.

»Ich möchte dir nur sagen, dass ich mich freue, wenn du deinen Bruder mitbringst. Er ist herzlich eingeladen.« Für einen kurzen Moment war es still in der Leitung.

»Wir sind in einer Dreiviertelstunde da. Ich freue mich auch auf dich.« Seine Stimme hatte sich von einem Augenblick zum anderen verändert. Nun klang sie weich und freundlich. Charlotte spürte, dass ihm ein Stein vom Herzen gefallen war.

»Lasst euch ruhig Zeit. Bis gleich, mein Schatz!« Charlotte war nun doch froh, dass sie über ihren Schatten gesprungen und ihn angerufen hatte. Vielleicht würde er in einer der kommenden Nächte bleiben, da könnte es mit ein bisschen Glück auch noch klappen.

Eine Stunde später saßen sie zu viert im Kerzenschein am Esstisch. Die romantische Stimmung war notgedrungen entstanden, weil einmal wieder einmal der Strom in *Teopisca* ausgefallen war.

Simon war vierzehn Jahre älter als Aurelio und für ihn wie eine Art Vater. Die beiden sahen sich zweifellos ähnlich. Groß, schlank, lange Nasen. So ähnlich würde Aurelio wahrscheinlich in 20 Jahren aussehen. Charlotte betrachtete Aurelio im Kerzenlicht. Er wirkte zweifellos jünger, als er tatsächlich war. Seine Haare sahen bei dieser Beleuchtung ganz dunkel aus, so wie damals, als sie ihn kennengelernt hatte und seine schwarzen Augen funkelten.

Auch Charlotte kam das Kerzenlicht zugute. Sie hatte sich heute Abend besonders sorgfältig geschminkt. Einen kleinen Lidstrich gezogen, der ihre braunen Augen noch mehr betonte, ein wenig Rouge aufgelegt und Schaum in ihre Haare geknetet, damit sie sich in viele kleine Löckchen kringelten, was die Weichheit ihrer Gesichtszüge unterstrich. Aurelio konnte darum auch seinen Blick nicht von ihr lassen. Während Charlotte Simon in ein angeregtes Gespräch über die deutsche Politik nach der deutschen Einheit verwickelte, streifte sie unter dem Tisch einen Schuh ab und streckte ihr Bein in Richtung Aurelio aus, bis sie ihn mit ihrem Fuß erreichte. Sie schob mit ihren Zehenspitzen sein Hosenbein hoch und streichelte die Haut seines Unterschenkels. Aurelio genoss es sichtlich. Es war ein perfekter Abend, denn sowohl oberhalb des Tisches als auch unterhalb ging es um Annäherung und Wiedervereinigung.

Anne hatte zuvor versucht, sich mit Simon, der schon seit vierzig Jahren in Kalifornien lebte, auf Englisch zu unterhalten. Aber das hatte sich als deutlich schwierig erwiesen, denn Simon hatte in seinem mexikanischen Ghetto in den USA ein Englisch entwickelt, das man aufgrund seiner Intonation und Wortwahl nur verstehen konnte, wenn man auch Spanisch sprach. Damit war er nicht allein, denn viele seiner nach den USA emigrierten Landleute sprachen auch *Spanglish*, wie man diese Sprachvermischung offiziell nannte, und so übersetzte Charlotte an diesem Abend in alle Richtungen. Für Anne alles, was Aurelio sagte, auf Deutsch und für Aurelio alles, was Anne sagte, auf Spanisch. Für Simon von Deutsch nach Englisch und für Anne von Englisch nach Deutsch. Die babylonische Sprachverwirrung war perfekt.

Gegen halb elf gingen die Brüder. Die Straße von *Teopisca* nach *Las Rosas* war sehr einsam und darum auch nicht sehr sicher. Sie wollten darum auf jeden Fall vor Mitternacht zu Hause sein.

Als die beiden gegangen waren, setzten Charlotte und Anne sich noch einmal an den Esstisch.

»Hast du auch noch Hunger?« fragte Anne.

»Und wie! Ich habe den ganzen Abend bloß übersetzt und kaum etwas gegessen.«

Sie schenkten sich Wein ein und begannen Hühnerbeine abzunagen und Salatschüsseln zu leeren. Ganz am Schluss machten sie sich noch über den Kuchen her, den sie mit *Rompope* übergossen.

»Schade, dass du schon morgen zurückfliegst, wo es dir jetzt endlich ein bisschen besser geht. Es war richtig schön mit dir. Salud, auf einen guten Heimflug!«

Sie prosteten sich zu.

»Ich komme auch ganz bestimmt wieder. Ich fand es klasse hier, trotz Durchfall, Hurrikan und Moskitos.« Sie mussten beide lachen angesichts der vielen kleinen Widrigkeiten, mit denen sie in den letzten beiden Wochen zu kämpfen hatten.

»Weißt du, ich bewundere dich, dass du den Mut hast, einfach dein Leben hinter dir zu lassen und monatelang allein nach Mexiko zu gehen.« Anne schaute Charlotte mit großen Augen an.

»Eigentlich genieße ich das Alleinsein. Ich bin froh, dass ich hier meine Ruhe habe und endlich einmal zum Nachdenken komme, und dann habe ich dir ja auch gesagt, dass ich an einem Buch schreibe.«

»Apropos Buch. Weißt du schon, welchen Titel es bekommt?« fragte Anne nach.

»Ich bin noch am Überlegen. Auf jeden Fall muss das Wort *Priester* rein und irgendein amouröser Gedanke, damit sich gleich erschließt, um was es geht«, erläuterte ihr Charlotte.

»Also, ich finde das toll, dass du die Anfänge eurer Liebesgeschichte aufschreiben willst. Das wird bestimmt ein Erfolg und ich möchte das erste Exemplar mit einer tollen Widmung.«

»Klar, das bekommst du gerne. Aber erst muss ich es mal fertig schreiben und dann vor allem auch einen Verlag finden, das ist gar nicht so einfach«, gab Charlotte zu bedenken.

»Du schaffst das, du schaffst doch alles.« Anne schien sie zu bewundern.

»Das sieht nur so aus. Ich musste um das meiste sehr hart kämpfen: um meine Ausbildung, um meine Karriere und zuletzt um Aurelio. Und wie es mit meinen Eltern weitergehen soll, darum mache ich mir die größten Sorgen.«

»Die kommen schon ohne dich klar, wenn sie das müssen. Ich werde ihnen jedenfalls, wenn ich zurück bin, berichten, dass es dir gut geht und du sehr glücklich bist.«

»Mach das, Anne! Sie werden es vielleicht nicht hören wollen. Aber sie müssen sich damit abfinden, dass ich immer mal wieder in Mexiko leben werde. Schließlich sind sie der einzige Grund, warum ich nicht ganz von Deutschland weggehe.«

»Wenn du mal für immer hierher ziehst, komme ich am besten mit.« Anne schaute Charlotte mit großen Augen an.

»Das kannst du gerne tun. Ich habe natürlich auch schon darüber nachgedacht, hier für immer zu leben. Aber es geht nicht, zumindest nicht im Augenblick. Ich würde mir das nie verzeihen, meine kranken Eltern allein in Deutschland zurückzulassen. Ich hänge eben doch sehr an ihnen, und abgesehen davon weiß ich auch nicht, ob das für die Beziehung zu Aurelio gut wäre. Dadurch, dass ich immer wieder nach Deutschland zurückfliege, können wir unsere Liebe nach außen besser kaschieren und uns schützen.«

»Kommt Zeit, kommt Rat. Jedenfalls werde ich deine Eltern noch diese Woche besuchen und ihnen einen Kuss von dir geben.«

»Das ist nett von dir, und sag ihnen, dass ich sie sehr liebhabe«, fügte Charlotte hinzu.

»Ich werde ihnen aber auch sagen, dass Aurelio ein ganz besonderer Mann ist und ihr gut zueinander passt«, fügte Anne hinzu, und während sie sich auf den Bauch klopfte, ergänzte sie: »Mein Gott, bin ich vollgestopft. Ich platze gleich.«

Gerade als Charlotte anfing, den Tisch abzuräumen, klingelte das Telefon.

»*Te amo mucho, mi amorcito chulo*«, ich liebe dich sehr, mein Liebling. Aurelio klang sehr zärtlich.

»Ich dich auch.« Sie hatten sich schon tausendundeinmal gesagt oder geschrieben, dass sie sich liebten, und sie würden es sich immer wieder von Neuem bestätigen. In diesen drei trivialen Worten lag so viel Kraft und Magie.

»Ich danke dir noch einmal für den schönen Abend. Meinem Bruder hat es auch gut gefallen, vor allem hast du ihm gefallen. Er fand dich schön und intelligent.«

»Danke. Meinst du, er hat etwas gemerkt, Aurelio?«

»Ich glaube nicht. Und wenn! Ich bin ein erwachsener Mann und weiß, was gut für mich ist. Du bist gut für mich.«

»Irgendwann wird die Stunde der Wahrheit sowieso kommen, Aurelio.«

»Claro, aber das hat noch ein bisschen Zeit. Doch nun zu morgen. Ich bin gegen zehn bei euch. Ich habe mir den ganzen Tag frei genommen. Wir setzen Anne dann am Mittag ins Flugzeug und haben den ganzen Nachmittag nur für uns.«

»Und was ist mit der Nacht?« Es entstand eine kleine Pause.

»Ich weiß es noch nicht. Ich denke, dass ich nach Rosas zurückfahren muss. Aber nun schlaf gut *con los angelitos*, mit den Engelchen, mein Liebling.«

Beinahe hätte sie gesagt: »Danke, Herr Pfarrer.« Aber stattdessen hatte sie ihm einen Gutenachtkuss durchs Telefon gegeben und aufgelegt.

19. Zweifel

Sie hatte sich in Embryostellung in das Sofa eingerollt. Um sie herum war es dunkel, nur eine Kerze spendete ein wenig Licht, sodass sie schemenhaft die Umrisse im Raum erkennen konnte. Charlotte fröstelte. Es war wieder mal einer dieser Momente, wo aus heiterem Himmel ihre Stimmung gekippt war und sie sich nur noch miserabel fühlte. Wenn sie doch endlich diese Gemütsschwankungen in den Griff bekäme!

Seit Anne vor einer Woche zurück nach Deutschland geflogen war, fiel ihr das Alleinsein noch schwerer. Die Tatsache, dass sie Aurelio bedingt durch den Besuch seines Bruders in den letzten Tagen immer nur kurz gesehen hatte, machte die Situation nicht unbedingt einfacher. So war es kein Wunder, dass sie sich von Gott und der Welt verlassen fühlte. Besonders die Nächte waren wieder zu einer regelrechten Herausforderung für sie geworden, denn das Haus mit seinen vielen leeren Räumen entwickelte in der Stille und Dunkelheit eine eigene Dynamik. Wasserrohre rauschten, Holzschränke knarrten, der Wind rüttelte an den Fensterrahmen. Selbst die verschiedenen Tierlaute klangen nachts plötzlich beunruhigend. Tagsüber liebte sie das Grunzen der Schweine, das Blöken von Schafen und Rindern, das Gackern der Hühner und das Bellen und Jaulen der kleinen Hunde in der Nachbarschaft. Diese Geräuschkulisse gaben ihr, dem Stadtkind, das Gefühl, frei und eins mit der Natur zu sein. Sie legte dann meistens die Musikkassette mit der Pastorale von Beethoven auf und versuchte nachzuempfinden, was er wohl damals gefühlt haben musste, als er diese wunderbare Musik schrieb.

Charlotte blickte aus einem der großen Bogenfenster, ihr Blick glitt über die Maisfelder, sie konnte bis hinüber zu dem Hügel mit der Wallfahrtskirche schauen, die in der Dämmerung allerdings nur noch schemenhaft zu erkennen war. Bald würde die Nacht ihren grauen Schleier ausbreiten und den silbernen Schimmer, der tagsüber auf den Feldern lag, verschlingen.

Mexiko hatte hier im Süden viel gemeinsam mit Mittelgebirgsregionen in Deutschland. Würde man die schwarzen Rinderherden durch gefleckte oder braune Kühe und die armseligen Wellblechhütten mit den provisorisch zusammengenagelten Holzverhauen durch blitzblanke Fachwerkhäuser und frisch lackierte Zäune ersetzen, so hätte man auch denken können, man sei im Allgäu. *Chiapas* war trotz der bitteren Armut ein wunderschöner Bundesstaat, vielleicht sogar der schönste Mexikos. Die Landschaft wirkte unberührt, alles war so ursprünglich, fast jungfräulich. Doch leider trog dieser Schein. Hinter den Kulissen sah es anders aus, denn die Umweltprobleme waren enorm. Durch Trockenheit verursachte Waldbrände im Winter waren keine Seltenheit, hinzu kamen das hemmungslose Abholzen der Bäume, das unkontrollierte Versprühen von Insektiziden und Pestiziden und das rigorose Verbrennen aller möglichen Schadstoffe, die dann ungehindert ins Erdreich eindrangen und dort das Grundwasser verschmutzten. Es gab keinerlei Umweltbewusstsein. Charlotte befand sich nun mal in einem Dritte-Welt-Land, in dem die Menschen mit unmittelbar existentiellen Problemen zu kämpfen hatten. Wenn man nicht wusste, wovon man die Tortillas für den nächsten Tag kaufen sollte, erübrigte sich die Frage, ob man sich statt für neue Waren nicht lieber für teurere Recyclingartikel entscheiden sollte.

Charlotte blickte auf die Kerze, die zu flackern anfing. »Geh bloß nicht aus!« Sie stand auf, suchte die Taschenlampe und kehrte mit ihr und einer Decke auf das schützende Sofa zurück. Es war nun schon der dritte Abend hintereinander, an dem der Strom ausgefallen war. Was sollte sie bloß die ganze Nacht machen? Ohne Licht konnte sie weder lesen noch an ihrem Buch schreiben. Der Akku ihres

Notebooks würde zwar noch ein bis zwei Stunden halten, aber bei Kerzenlicht konnte sie die Tasten kaum erkennen. Auch hausfrauliche Verlegenheitsarbeiten waren nicht möglich, und ohne Strom ging natürlich auch der Fernseher nicht. Charlotte fühlte sich grauenhaft. Die Tatsache, dass ganz *Teopisca* im Dunkeln lag und somit auch um das Haus herum absolute Finsternis herrschte, wollte sie sich in letzter Konsequenz gar nicht vorstellen.

Nicht einmal telefonieren konnte sie. In Deutschland war es jetzt mitten in der Nacht und in Mexiko gab es niemanden außer Aurelio, mit dem sie hätte sprechen können und den hatte sie gerade kurz zuvor angerufen. Auf seine Frage, wie es ihr gehe, hatte sie ihm ihr Leid geklagt und ihm gesagt, dass ihr zum Heulen sei und sie sich in der Dunkelheit fürchte. Aber er hatte leider nur wenig einfühlsam reagiert und gemeint, das gehe vorbei, sie solle einfach einen Tequila trinken und mal ausnahmsweise früher ins Bett gehen als sonst.

Charlotte hatte ihm diese Reaktion übel genommen. Sicherlich hatte er es nicht böse gemeint, aber sie hatte das Gefühl gehabt, dass er sich nicht in ihre Situation versetzen konnte. Seine Empfehlung war schon ein seltsamer Trost gewesen. Aber auf der anderen Seite – was hätte er denn tun sollen? Wie hätte er sein Weggehen aus dem Pfarrhaus am späten Abend begründen können? Trotzdem schmerzte es Charlotte, dass sie nicht auch umgeben von anderen Menschen im sicheren Pfarrhaus sein durfte. Auch wenn Aurelio privat mit seinen beiden Haushälterinnen nicht viel anfangen konnte, so befand er sich trotzdem in Gesellschaft. Und jetzt war auch noch sein Bruder Simon da. Wahrscheinlich würden die beiden gerade zusammensitzen, angeregt plaudern und den einen oder anderen Tequila miteinander trinken. Wie gerne wäre sie mit dabei gewesen! Stattdessen saß sie mutterseelenallein in diesem gottverlassenen Haus.

Im Augenblick wurde ihre Liebe wieder einmal auf eine harte Probe gestellt. Warum tat sie sich das alles nur an? Kein vernünftiger Mensch hätte sich auf so etwas freiwillig eingelassen. Das Einzige, was ihre Stimmung ein bisschen hob, war die Vorfreude auf ihren gemeinsamen Sommerurlaub am Meer. Sie hatten beschlossen, in Richtung Karibik zu fahren und ein Apartment im Hotel *Playa Sol* in *Cancún* zu buchen. Dort waren sie schon 1984 gewesen, als sie sich zum ersten Mal nach dem Arbeitseinsatz in *Rosas* wiedergesehen hatten. Obwohl sie beide *Cancún*, nach allem, was sie gehört und gelesen hatten, nicht sonderlich mochten, hatten sie trotzdem beschlossen, einen Teil ihres Urlaubs einmal wieder dort zu verbringen. Sie hatten beide schöne Erinnerungen an damals und diese Entscheidung wahrscheinlich aus purer Nostalgie getroffen.

Wenn Charlotte auf ihre Urlaube mit Aurelio zurückblickte, so waren diese eigentlich die einzigen Zeiträume, in denen sie frei waren. Drei Wochen im Sommer und zwei Wochen im Winter, in denen sie leben konnten wie ein verheiratetes Paar, denn in den Touristengebieten kannte sie niemand. Wenn man es genau nahm, raubte ihnen die katholische Kirche jedes Jahr siebenundvierzig Wochen. Dieser Zölibat war doch so was von krank. Trotzdem nahmen viele gläubigen Christenmenschen ihn hin und hielten es nicht für nötig, diesem unsinnigen Kirchengesetz zu widersprechen. Charlotte war immer ein kritischer Freigeist gewesen. Sie hielt die unbefleckte Empfängnis Mariens für ein Märchen und glaubte nicht, dass Gott seinen Sohn auf die Erde geschickt hatte. Jesus war möglicherweise eine historische Persönlichkeit mit einer charismatischen Ausstrahlung und besonderen Fähigkeiten gewesen. Aber der Gedanke, dass die Kraft, die diesen mit dem menschlichen Verstand nicht zu fassenden Kosmos geschaffen hatte, in dem wir Erdenzwerge eine gänzlich untergeordnete Rolle spielten, sich auf unser unterentwickeltes geistiges Niveau herabgelassen hätte und sich dazu noch menschlicher Vorstellungswelten wie verwandtschaftlicher Beziehungen bedient haben könnte, das erschien Charlotte zum einen vermessen und zum anderen absurd. Die Begebenheiten in den Grimm'schen Märchen waren im Vergleich dazu nicht weniger überzeugend. Wenn Wasser zu Wein und Steine zu Brot werden, Blinde wieder sehen und Lahme wieder gehen konnten, warum sollte dann nicht auch ein Frosch zum Prinzen oder Stroh zu Gold werden können? Aber daran hätte niemand ernsthaft geglaubt. Dabei war die Entstehungs- und Verbreitungsgeschichte der Bibel und der Volksmärchen doch eigentlich gar nicht so unähnlich. Beide Sammlungen waren mündlich weitergegeben und die Texte erst viele Jahrhunderte später aufgeschrieben worden. Beide verrieten viel über die Geschichte und Tradition ihrer Zeit und der Epochen, in denen sie spielten, und man konnte aus ihnen eine Lehre ziehen, mehr aber auch nicht. Die frühen Märchenerzähler hatten wahrscheinlich den Fehler gemacht, anonym bleiben zu wollen, und es versäumt, rechtzeitig darauf zu bestehen, dass ihre Geschichten der Wahrheit entsprachen. Sie waren nicht so geschäftstüchtig wie die frommen Männer der Kirche gewesen, sonst wären die Gebrüder Grimm vielleicht noch zu Propheten erklärt worden und die sieben Zwerge zu Heiligen.

Charlotte konnte grenzenlos sarkastisch werden und sich in das Thema richtig hineinsteigern. Die Amtskirche und der organisierte Glauben gingen ihr nun mal gegen den Strich. Sicherlich hatte diese heftige Reaktion auch damit zu tun, dass Charlotte sich mit Aurelio nur am Rande über die Ungereimtheiten seiner Kirche unterhalten konnte. Er war vom Inhalt der Bibel überzeugt und hätte niemals die Existenz von Jesus Christus als Sohn Gottes, die Jungfrauengeburt Mariens oder auch die Heiligen angezweifelt. Für ihn hatte die Welt ihre Ordnung und die war eindeutig römisch-katholisch. Andere Religionen, Konfessionen und die Gedanken der Philosophen waren zwar interessant, aber für ihn letztendlich sekundär. Esoterik, Astrologie und alternative Weltanschauungen waren nur lächerlich, nicht einmal wert, einen Kommentar dazu abzugeben. Aber wie hätte er auch anders reagieren sollen? Er war schließlich katholischer Priester und überzeugt von dem, was man ihm sein Leben lang gebetsmühlenartig eingetrichtert hatte. Man hatte ihn, was den Glauben anbelangte, nie zu eigenständigem Denken angeregt, sondern ihm über Jahrzehnte hinweg beigebracht, was gut und was schlecht, was richtig und was falsch war. Woher hätte er auch wissen sollen, dass es viele andere Wahrheiten auf dieser Welt gab, die genauso richtig oder falsch sein konnten? Erst nachdem er Charlotte begegnet war, hatte er angefangen, die eine oder andere Aussage kritischer zu hinterfragen. Auch war ihm durch die Liebe zu ihr zum ersten Mal bewusst geworden, dass die Kirche ihm nicht nur etwas gegeben, sondern auch vieles vorenthalten hatte. Er wollte nicht länger auf die Liebe einer Frau verzichten.

Mit einem kräftigen Ruckeln schaltete sich der Kühlschrank wieder ein und die Glühbirne in der Deckenlampe begann zu glühen. Charlotte blickte auf die Uhr. Es war fast Mitternacht. Sie musste auf dem Sofa eingeschlafen sein.

Jetzt würde sie ihre Schlaftablette nehmen, ins Bett gehen und dann hoffentlich bis zum Morgen durchschlafen. Um zwei kämen dann Aurelio und Simon zum Mittagessen. Und dann war es nur noch eine Woche, bis sie in Urlaub fahren würden. Als sie daran dachte, überzog ein glückliches Lächeln ihr Gesicht. Mit der Rückkehr des Lichtes waren auch die trüben Gedanken verschwunden. In den kommenden Wochen würde sie jeden Morgen in seinen Armen aufwachen und ihr erster Blick würde auf sein liebevoll lächelndes Gesicht gerichtet sein. Allein das würde sie schon für vieles entschädigen. Wie viele Paare lagen jede Nacht nebeneinander im Bett und fühlten nichts mehr füreinander? Und das 365-mal im Jahr. Charlotte hatte keinen Grund, mit ihrem Schicksal zu hadern. Sie liebte und wurde seit fünfzehn Jahren geliebt, und es schien nicht aufhören zu wollen.

Wie konnte sie da nur eine Sekunde daran zweifeln, dass sie die richtige Entscheidung getroffen hatte?

20. CANCÚN

»Du hast es ihm einfach so gesagt?« Charlotte schaute Aurelio überrascht, aber gleichzeitig auch erfreut an, während er die *Camioneta* in Richtung *Yucatán* steuerte.

»Ich habe es meinem Bruder gesagt, aber einfach war es nicht.« Aurelio schaute mit einem unsicheren Lächeln zu ihr hinüber. »Du musst wissen, Simon ist ein gläubiger Katholik. Er geht jeden Sonntag mit seiner Frau in die Messe. Er war über Jahrzehnte der Meinung, dass sein kleiner Bruder sein Leben der Kirche geweiht hat, und er war auch stolz, einen Priester in der Familie zu haben. Meine gestrige Eröffnung, dass ich mit der Frau, die ich seit fünfzehn Jahren liebe, nach *Cancún* in die Ferien fahren werde, war für ihn ein Schock. Abgesehen davon hat er auch noch die ganze Zeit gedacht, du hättest mein Haus gemietet und seist eine verheiratete Frau.«

»Dann musstest du ihm also auch gestehen, dass wir hier ganz gewaltig herumgelogen haben. Das wird ihm sicher nicht gefallen haben«, meinte Charlotte nachdenklich.

»Ich denke, am meisten von allem hat ihn erschüttert, dass wir uns schon so lange kennen und diese Beziehung so viele Jahre überdauert hat. Wäre es eine kurzfristige Liebelei, hätte er wahrscheinlich gedacht, dass das schnell wieder vorbeigeht und keinerlei Folgen hat. Aber so wie die Dinge nun mal liegen, muss er davon ausgehen, dass da im Verborgenen etwas gewaltig brodelt, was irgendwann aufbrechen könnte. Das macht ihm, glaube ich, die meisten Probleme.«

»Hat er denn gesagt, dass er mit unserer Beziehung Probleme hat?«, fragte Charlotte nach.

»Nein, natürlich nicht. Erst einmal hat er gar nichts mehr gesagt. Aber seine Blicke haben Bände gesprochen. Ich glaube, er ist ziemlich enttäuscht von mir. Aber er wird es akzeptieren müssen.« Aurelios Stimme klang entschieden, trotzdem vernahm Charlotte auch eine gewisse Traurigkeit. Sie kannte ihn zu gut, er konnte ihr nichts vormachen.

»Er wird es sicher verkraften, er braucht halt ein bisschen Zeit, mein Liebling. Mach dir nicht so viele Gedanken.« Charlotte strich ihm übers Haar. Sie wollte ihn trösten.

»Weißt du, Simon war durch unseren großen Altersunterschied immer wie ein zweiter Vater für mich.« Aurelio hielt inne. »Er ist übrigens derselbe Jahrgang wie dein Vater, wusstest du das, Charlotte?«

»Stimmt. Er ist auch 1925 geboren«, stellte sie fest.

»Aber Simon liebt mich, und ich sehe es so wie du, mit der Zeit wird er es akzeptieren.«

»Das wünsche ich mir auch. Die Vorstellung, dass er in mir die schlimme Verführerin sieht, die dich vom rechten Weg abgebracht hat, ist nicht gerade angenehm.« Sie schaute ihn nachdenklich an.

»Was geht bloß wieder in deinem hübschen Köpfchen vor?« Aurelio streichelte ihre Wange. »Mein Bruder ist trotz allem nicht weltfremd. Er hat mir übrigens gleich am ersten Abend, als er dich kennengelernt hat, gesagt, was du für eine tolle Frau bist. Du seist nicht nur schön, sondern auch intelligent. Du warst ihm spontan sympathisch. Daran merkt man, dass er mein Bruder ist, denn anscheinend haben wir denselben Geschmack, was Frauen anbelangt«, meinte Aurelio lachend.

»Du hast überhaupt keinen Geschmack zu haben in Bezug auf Frauen, Hochwürden! Ich bin schließlich nur ein Fehltritt«, erwiderte sie scherzhaft.

»Und was für ein wunderbarer Fehltritt! Einen, den ich mein Leben lang immer wieder machen möchte.« Er schaute ihr für einen kurzen Moment liebevoll in die Augen.

»Ich finde das sehr mutig von dir, dass du dich deinem Bruder gegenüber zu mir bekannt hast. Ich bin dir dafür sehr dankbar.«

»Ich denke schon, dass er meine Gefühle für dich nachvollziehen kann. Aber er hat natürlich, wie ich dir schon gesagt habe, auch Angst, dass alles auffliegt und ich dann Schwierigkeiten bekomme. Er meinte, ich solle aufpassen, dass niemand etwas merkt. Natürlich wollte er auch wissen, ob ich meinen Beruf an den Nagel hänge. Ich denke, als ich ihm gesagt habe, dass ich nichts dergleichen plane, war er ein wenig beruhigt.«

Charlotte hatte ihm aufmerksam zugehört. Obwohl sie es gut fand, dass Aurelio seinem Bruder reinen Wein eingeschenkt hatte, und obschon sie auch Simons Reaktion nachvollziehen konnte, kränkte es sie doch sehr, dass sein Bruder sie nur als heimliche Geliebte tolerieren würde. Für ihn war es wohl in erster Linie wichtig, den Schein zu wahren und die Affäre geschickt zu verheimlichen. Das Gespräch hatte nun leider eine Wendung genommen, auf die Charlotte hätte verzichten können. Ihre gute Laune war mal wieder von einem Augenblick zum anderen gekippt. Sie hatte jedoch keine Lust, mit Aurelio deshalb eine Diskussion vom Zaun zu brechen. »Ich bin unglaublich müde.« Charlotte stellte die Lehne ihres Sitzes zurück. »Ich werde ein bisschen schlafen, wenn es dich nicht stört.«

»Nein, überhaupt nicht. Ruhe dich aus, Liebste. Du weißt, du bist bei mir in sicheren Händen. Ich werde dich in *Chetumal* wecken, das ist etwa die Hälfte der Strecke. Dort können wir uns dann ein Zimmer für heute Nacht suchen. Bis dahin schaffe ich es auch mit einer schlafenden Kopilotin.« Er lachte.

»Schläfst du noch, mein Liebling?« Aurelio legte zärtlich seine Hand auf ihr Knie.

Charlotte öffnete die Augen. Sie war tatsächlich fest eingenickt. »Sag mal, wo sind wir denn?«

»Wir kommen gleich nach *Juan Sarabia*, von da aus sind es noch rund 25 Kilometer bis *Chetumal*. Wir sind ganz gut in der Zeit. Es dämmert schon ein bisschen, aber bis es richtig dunkel wird, sind wir in der Stadt.«

»Was! Dann habe ich mindestens zwei Stunden geschlafen. Ich kann es nicht fassen!« Sie blickte nach Westen, wo sich das Licht der untergehenden Sonne in den Wölkchen spiegelte.

»Geht es dir gut?« Er schaute kurz zu ihr hinüber.

»Alles in Ordnung«, stammelte sie. »Ich bin nur noch ein bisschen benommen und muss erst richtig aufwachen.«

Aurelio knüpfte an ihr vorangegangenes Gespräch an. »Mir ist während der ganzen Fahrt die Sache mit meinem Bruder nicht aus dem Kopf gegangen, und ich wollte dir eigentlich nur noch einmal sagen, dass du dir keine Sorgen machen musst. Mit der Zeit wird Simon seine deutsche Schwägerin lieben und irgendwann vielleicht sogar stolz auf dich sein. Dass er dich mag, hast du schon gemerkt, sonst hätte er vor unserer Abreise nicht darauf bestanden, dass ich ein Foto von euch beiden mache.«

Aurelio lachte, während er erneut seine Hand fest auf Charlottes Oberschenkel legte und ihn liebevoll drückte. Wie so oft konnte sie sich seiner Heiterkeit nicht entziehen. Sie hatte sich mal wieder viel zu viele Gedanken gemacht und alles, was Aurelio gesagt hatte, im negativen Sinne für sich interpretiert.

Das Hotel in *Chetumal*, in dem sie übernachtet hatten, war sauber und sicher, aber sehr schlicht gewesen. Am meisten hatte es Charlotte jedoch gestört, dass es nicht einmal ein Fenster besaß und das Fernsehkabel mitten durchs Badezimmer lief. Sie kannte das zwar alles schon, aber gewöhnen würde sie sich nie daran. Da das Hotel kein Restaurant hatte, beschlossen sie loszufahren und unterwegs irgendwo einzukehren.

»Mir fällt gerade ein wunderbarer Ort ein, wo wir frühstücken könnten«, meinte Aurelio, als sie aus der Stadt herausfuhren, »aber da müssten wir einen kleinen Umweg machen. Wäre das für dich in Ordnung?«

»Klar, ich bin immer für Neues zu haben, das weißt du doch, und ob wir jetzt eine Stunde früher oder später in *Cancún* ankommen, ist doch egal, schließlich liegen drei wunderbare Wochen vor uns.« Sie seufzte und schaute ihn verliebt an.

»Weißt du, was ein *Cenote* ist, Charlotte?«

Sie zuckte mit den Schultern. »Keine Ahnung, obwohl ich meine, dass ich das Wort schon mal irgendwo gehört habe.«

»Ein *Cenote* ist eine Unterwasserhöhle. Von denen gibt es Tausende hier in *Yucatán*. In der Sprache der Maya bedeutet das Wort *heilige Quelle*. Zum einen dienten sie nämlich den Maya zur Frischwasserversorgung, zum anderen hatten sie eine große Bedeutung in ihrer Mythologie. Auf dem Grund vieler dieser Kalksteinlöcher hat man Opfergaben gefunden, darunter sogar Menschenopfer«, erklärte er ihr.

»Das ist ja schrecklich. Stell dir mal vor, du tauchst da unten und plötzlich liegen da Totenköpfe und Skelette herum.« Charlotte gruselte diese Vorstellung.

»Ich kann mir auch was Schöneres vorstellen«, stimmte er ihr zu, »aber der Tourismus boomt hier. Vor allem die Amerikaner lieben es, in diesen zum Teil bis 60 Kilometer langen Höhlensystemen zu tauchen.«

»Und da willst du jetzt mit mir hingehen? Ich kann doch gar nicht tauchen. Oder sollen wir dort schnorcheln?« Charlotte blickte ihn voller Skepsis an.

»Nein, weder noch.« Er lachte sie an. »Hier in der Nähe ist die *Laguna de Bacalar*. Da gibt es ein schönes Restaurant, das direkt am *Cenote Azul* liegt. Das ist eine der tiefsten Unterwasserhöhlen mit kristallklarem Wasser. Wenn gegen Mittag die Sonne senkrecht durch das Loch in die Höhle fällt, ist der Ausblick traumhaft. Man kann dann sogar die Stalagmiten auf dem Grund erkennen.«

Aurelio hatte nicht zu viel versprochen. Die Höhle war wundervoll. So etwas hatte sie noch nie zuvor gesehen. Sie hatten Glück gehabt und einen Tisch direkt am Rand der Terrasse gefunden, von wo sie den besten Ausblick hatten.

»Magst du auch ein Steak mit Bohnen?«, fragte Aurelio sie, während er die Speisekarte studierte. »Da habe ich jetzt richtig Lust drauf.«

»Ehrlich gesagt, ein Kaffee und ein Sandwich oder irgendein Eiergericht wären mir lieber.«

Der Gedanke, schon am frühen Morgen ein Steak mit Bohnen in sich hineinzustopfen, hatte Charlotte schon vor fünfzehn Jahren erschaudern lassen.

»Meine kleine Deutsche, aus dir wird nie eine richtige Mexikanerin.« Aurelio seufzte.

»Hättest du denn lieber eine mexikanische Frau?«

Aurelio dachte nach, dann meinte er grinsend: »Wenn ich es recht bedenke ...«

»Überleg dir jetzt gut, was du antwortest, mein Lieber!«

Er zögerte: »Ach, vielleicht lieber doch nicht. Mexikanische Frauen haben hier fast alle und wenn schon eine Frau, dann will ich zumindest eine besondere, eine, wie sie nicht jeder hat. Welche Mexikanerin schafft es denn, ihren Mann mit harten oder verbrannten Tortillas am frühen Morgen zu verwöhnen?« Er lachte schallend.

»Du Schuft, weißt du, dass du manchmal ein elender Macho sein kannst!« Lachend boxte sie ihm auf den Arm. Er hatte sie mit dieser Anspielung mal wieder daran erinnert, dass sie es wohl nie lernen würde, vernünftige Maistortillas zuzubereiten.

»Au, eine Mexikanerin würde nie ihren Mann verprügeln.«

»Das hast du verdient! Aber wenn du es wiedergutmachen willst, dann erkläre mir mal bitte, was *Huevos Motuleños* sind.« Sie deutete auf die Karte.

»Soweit ich weiß, sind das geröstete Tortillas mit Bohnenpürree, Tomatensoße, gebratenen *Platanos machos* – Kochbananen –, Avocados, einem Spiegelei und Sauercreme«, überlegte Aurelio.

»Das klingt lecker. Das möchte ich unbedingt probieren«, antwortete Charlotte begeistert.

Nachdem sie bestellt hatten, fragte sie Aurelio, woher denn der seltsame Name komme. »*Huevos Motuleños*, hat das irgendeine Bedeutung?«

Aurelio zuckte mit den Achseln. »Ich habe keine Ahnung.«

»Wenn Sie möchten, Señorita, kann ich es Ihnen gerne erklären«, meinte der ältere Herr am Nachbartisch. »Gestatten Sie, dass ich mich vorstelle? Octavio Montalbán Burciaga, Professor für Geschichte und Politikwissenschaft.«

»Aber gerne.« Charlotte freute sich über das Angebot des zuvorkommenden und anscheinend auch sehr gebildeten Mannes.

»Sehen Sie, dieses Gericht ist wie so viele andere auf der Welt aus der Not heraus entstanden. Man erzählt sich, dass der Revolutionär und spätere Gouverneur von *Yucatán*, Felipe Carrillo Puerto, während der mexikanischen Revolution mit seinen Kumpanen in ein Restaurant in *Motul* kam, das ist eine Kleinstadt in der Nähe von *Mérida*, um dort etwas zu essen. Das Problem war: Der Wirt hatte nicht genügend Teller. Aber da er erfinderisch war, röstete er eine Tortilla als Unterlage und schichtete alle anderen Zutaten darüber. So waren die *Huevos Motuleños* geboren.«

»Eine schöne Geschichte.« Charlotte mochte Erzählungen, die lebensnah waren und zutiefst menschlich. »Jetzt freue ich mich umso mehr, dass ich mir dieses Gericht bestellt habe. Das werde ich nun natürlich mit einem ganz anderen Bewusstsein essen.« Sie bedankte sich herzlich bei dem älteren Herrn, der sich auch sogleich verabschiedete, indem er sie beide anlächelte und höflich seinen hellen Strohhut zog, bevor er ging.

»Eine imposante Persönlichkeit«, stellte Charlotte fest.

Die *Huevos Motuleños* waren ein Gedicht und Charlotte merkte sich genau die Zutaten. In Deutschland würde sie versuchen, das Eiergericht für ihre Eltern und Freunde nachzukochen. Nachdem sie sich den *Cenote* etwas genauer angesehen hatten, fuhren sie los. Charlotte hatte Aurelio angeboten, die nächsten zweihundert Kilometer zu fahren, was er gerne angenommen hatte.

Sie hatten *Chetumal* gerade hinter sich gelassen, als sie in eine Militärkontrolle gerieten. Die Soldaten hatten ein dickes Seil quer über die Fahrbahn gespannt und am Straßenrand Sandsäcke so aufgetürmt, dass es nur noch eine enge Spur gab, in der die Autos hintereinander her fahren konnten. Auf beiden Seiten standen mehrere Uniformierte. Aurelio bezeichnete sie stets als *Viros verdes*, grüne Viren, weil sie grüne Anzüge anhatten. Er mochte das Militär genauso wenig wie Charlotte, die mit Sätzen wie »stell dir vor, es ist Krieg, und keiner geht hin« groß geworden war. Alles, was mit der Armee zu tun hatte, war ihr zuwider. Wäre sie ein Junge gewesen, hätte sie mit Sicherheit den Wehrdienst verweigert.

Die meisten Soldaten hatten einen starken indianischen Einschlag. Es waren einfache Jungs, die man mit irgendwelchen Versprechungen, aber vor allem mit der Aussicht auf einen vernünftigen Sold geködert hatte. Diese hatten der Verlockung nachgegeben, war es doch die einzige Möglichkeit, ihrem armseligen Leben ohne jegliche Zukunftsperspektive zu entrinnen.

Der Schachzug der Regierung, insbesondere Indianer zu rekrutieren, war im Grunde perfide. Denn nicht selten kam es vor, dass indianische Soldaten gegen ihre eigenen Brüder und gegen die Interessen ihres eigenen Volkes kämpfen mussten.

Der oberste Kommandeur der Truppe näherte sich ihrem Wagen. Er trug eine verspiegelte Sonnenbrille und sein breitbeiniger Gang erinnerte Charlotte an John Wayne, kurz bevor er seinen Colt zog.

Sie kurbelte das Fenster herunter, worauf John Wayne sofort seinen Unterarm auf den geöffneten Fensterrahmen legte. Er schaute ihr in die Augen, seine Blickrichtung ließ das zumindest vermuten, denn hinter dem Spiegelglas ließ sich nichts erkennen. »*De dónde vienen y a dónde van ustedes?*«, woher kommen und wohin gehen Sie? In seiner Stimme lag etwas Arrogantes.

Sie hätte ihm am liebsten geantwortet »Ich komme von hier und gehe nach da.« Aber es wäre unklug gewesen, sich mit einem minderbemittelten Wichtigtuer anzulegen, der dazu noch eine unübersehbare Knarre an seinem Gürtel stecken hatte, und so antwortete sie brav mit einem aufgesetzten harmlosen Lächeln: »De *Palenque* venimos y vamos a *Cancún*«, wir kommen von *Palenque* und fahren nach *Cancún*.

Er reckte seinen Hals, blickte in die *Camioneta* und dann mit seiner augenlosen Sonnenbrille wieder auf Charlotte. Schließlich winkte er sie durch.

Mittlerweile hatte Aurelio seinen Sitz zurückgestellt und döste vor sich hin. Während Charlotte die langweilige kerzengerade Strecke, die an beiden Seiten mit hohen Büschen zugewachsen war, in Richtung *Cancún* fuhr, kamen die Erinnerungen an das Jahr 1984 zurück, als sie hier mit Aurelio Urlaub gemacht hatte.

*

Als sie damals mit ihm zum ersten Mal ans Meer gegangen war, hatte sie es kaum fassen können. Nie zuvor hatte sie einen solchen Strand gesehen. Vor ihr breitete sich eine schier endlose Weite aus Sand und Meer aus. Und erst die Farben des Wassers, dieses unglaubliche Türkis! Hätte man es malen müssen, hätte jeder gesagt, was ist das denn für ein Kitsch, das gibt es nicht in der Natur. Aber es war real genauso wie der Sand, der weiß und fein war wie Puderzucker. In der Ferne konnte sie damals das Hilton erkennen, eine der ersten Hotelketten, die dort in den 70er-Jahren sofort investiert hatten, nachdem die mexikanische Regierung damit angefangen hatte, die *Isla Cancún* zu erschließen. Bis zu diesem Zeitpunkt hatte es auf der Insel Cancún nur Fischerhütten, Palmen und riesige Mangrovenwälder gegeben mit unzähligen Schlangen. Besonders die sogenannte Mangroven-Nachtbaumnatter war weit verbreitet. Daher rührte auch der Name *Cancún*, was in der Maya-Sprache nichts anderes bedeutete wie *Schlangennest*. Man verband damals die Nehrung von *Cancún* mit dem Festland, indem man Dämme errichtete. Durch diese Maßnahme bildete sich die reizvolle Lagune *Nichupté*. Gleichzeitig entwickelte man damals die regionale Infrastruktur, baute Straßen, und *Cancún* bekam einen eigenen Flughafen. Man hatte sich vorgenommen, in der Karibik ein zweites touristisches Zentrum aufzubauen, vergleichbar mit *Acapulco* am Pazifik.

Das *Playa Sol*, das Hotel, in dem Aurelio ein Apartment angemietet hatte, lag am Ende der Touristenzone. Es grenzte schon beinahe an die Innenstadt des alten *Cancún*, wo die Einheimischen wohnten, die nun nach und nach ihren Broterwerb in der *Zona hotelera* fanden. Durch die Nähe zum Hafen war der Hotelstrand leider nicht besonders ansprechend, weil von dort jede Menge Dreck ans Ufer geschwemmt wurde.

Sie erinnerte sich noch gut, dass sie die Ankunft im Hotel damals etwas merkwürdig empfunden hatte, da Aurelio sie bat, erst einmal in der *Camioneta* sitzen zu bleiben, während er allein hinein zur Rezeption ging. Als er nach einer Weile zurückkam, hatte er gemeint: »Charlotte, wenn wir jetzt in die Hotelhalle gehen, dann hänge dich bitte nicht bei mir ein und gib mir auch keinen Kuss.«

»Aber warum denn, kennst du hier jemanden, so weit weg von deiner Gemeinde?«, hatte sie ihn erstaunt gefragt.

»Lass uns jetzt erst einmal hineingehen, ich erkläre dir das später.« Er war ausgestiegen und hatte die Koffer ausgeladen. Schön nach Anweisung hatte sie mit ihm zusammen das Gepäck in ihr Apartment getragen, immer darauf bedacht, eine gewisse Distanz zwischen ihnen einzuhalten. Trotzdem war ihr nicht entgangen, dass die Angestellten an der Rezeption sie mit ihren Blicken verfolgt hatten.

Das Hotel machte einen netten Eindruck und das Apartment war überaus geräumig. Es gab zwei Schlafzimmer, ein Wohnzimmer und eine kleine Küche. Hier konnten mindestens acht bis zehn Personen wohnen.

»Lass uns erst mal was trinken«, hatte Arelio gemeint und zwei *Coronas* aus der Kühltasche genommen, während sich Charlotte auf einen der zahlreichen Stühle gesetzt hatte.

»Und wie findest du das Apartment?«, hatte er sie gefragt.

»Es ist toll, aber warum ist es denn so groß? Charlotte hatte ihn fragend angeschaut.

»Die Apartments hier sind alle so groß, weil in ihnen normalerweise Familien wohnen«, hatte er grinsend geantwortet.

Sie verstand seine Reaktion nicht. »Warum sind wir dann nicht in ein anderes Hotel gegangen? Ein kleineres Apartment wäre doch sicher auch billiger gewesen?«

»Weißt du, Charlotte, ich bekomme hier Rabatt und zahle nur die Hälfte.«

Er hatte noch immer diesen fast schon amüsierten Ausdruck um den Mund.

»Und warum das?«, hatte sie nachgehakt. »Kennst du den Besitzer?«

»So kann man es auch nennen«, lachte er. »Nein, lass es dir erklären. Die mexikanische Kirche hat Verträge mit einigen Hotels, in denen dann Priester mit ihren Verwandten verbilligt Urlaub machen können.«

»Priester mit ihren Verwandten?« Ungläubig wiederholte sie seine Worte.

»Priester mit ihren Geschwistern, deren Ehepartnern und Kindern, da braucht man eben viele Betten. Deshalb sind die Apartments auch so groß.«

Charlotte hielt einen Augenblick inne. Kurz darauf hatte sie zögerlich gemeint: »Aber dann wissen die an der Rezeption doch, dass du Priester bist. Und was denken die, wer ich bin? Die glauben nie und nimmer, dass ich deine Schwester bin!« Charlotte war richtig entsetzt gewesen. Deswegen hatten die ihnen so hinterhergeschaut. Mit Sicherheit vermuteten die, dass sie seine Geliebte war. Charlotte hatte einen Schluck Bier genommen und ihr Glas wieder hingestellt. »Aurelio, ich glaube, jetzt brauche ich einen Brandy.«

Er hatte gelacht, während er ihrem Wunsch nachgekommen war und ihr einen *Azteca de oro* einschenkte. »Mach dir darüber keine Gedanken, die sollen doch denken, was sie wollen. Wissen tun sie gar nichts. Jetzt verstehst du sicher auch, warum ich dich gebeten hatte, dich in der Hotelhalle ein wenig distanziert zu verhalten. Und jetzt schau nicht mehr so nachdenklich. Salud, komm, Charlotte, wo ist dein Lächeln, in das ich mich so unsterblich verliebt habe?« Er hatte sie in den Arm genommen und zärtlich geküsst. Wenn sie heute daran dachte, musste sie lachen. Bei aller Brisanz hatte dieses ganze Theater auch komische Züge gehabt. Nun würde der »Priester und seine Verwandte« also erneut im *Playa Sol* einchecken. Aber dieses Mal kratzte es Charlotte überhaupt nicht, vielleicht auch deshalb, weil sie mittlerweile schon Übung im Umgang mit solchen Situationen hatte.

*

»Mein Gott, hat sich *Cancún* verändert.« Charlotte blickte entgeistert auf die zahlreichen Wolkenkratzer, während sie an der Lagune vorbei in die *Zona hotelera* einfuhren. Es waren fast ausschließlich internationale Hotelketten, die sich hier niedergelassen hatten: vom Hyatt, Ramada, Fiesta Americana, Ritz-Carlton und Marriott bis hin zum Club Med, Iberostar, Riu Palac und Barcelo. Alle waren sie vertreten. Charlotte konnte sich lebhaft vorstellen, wo die Gewinne dieser Unternehmen hinflossen. Sicher nicht nach Mexiko. Den einzigen Vorteil, den die Einheimischen davon hatten, war die Chance, einen meist schlecht bezahlten Job zu bekommen. Fast der ganze Küstenstreifen von 23 Kilometern war zugebaut. Das Meer blitzte nur noch an einigen wenigen Stellen zwischen den Bettenburgen hervor.

»Das übertrifft meine schlimmsten Erwartungen. Ich wusste zwar, dass hier schonungslos gebaut wurde, aber so extrem habe ich es mir nun doch nicht vorgestellt«, meinte Charlotte, während sie frustriert die Tourismus-Hochburg betrachtete.

Als sie an die Stelle kamen, wo der *Boulevard Kukulcán*, der sich durch die ganze Hotelzone schlängelte, eine scharfe Linkskurve machte, hatte sie das Gefühl, vor der Geisterbahn der Mannheimer Maimess zu stehen, denn ein riesiger ferngesteuerter Gorilla beugte sich zu ihnen auf die Straße hinab, als wollte er jeden Moment ihr Auto in die Höhe heben. Hier waren auf engstem Raum Bars, Restaurants, Cafés, Discos, Malls, Ladenstraßen und Geschäfte eng aneinandergereiht. Überall blinkten grelle Lampen und bunte Blitze um die verschiedensten Unterhaltungstempel herum, und ein ohrenbetäubender Lärm lag über der ganzen Szenerie. Es war ein Gemisch aus Rock-, Pop- und Techno-Musik, ein Gequietsche, Getöse, Gedröhne, Geschrei und Gegröle. Hier tanzte der Bär! Es schien die Partymeile Cancúns zu sein, in der sich in erster Linie junge Amerikaner tummelten. Charlotte wollte gar nicht wissen, was hier erst nachts los sein würde. Hätte sie es nicht besser gewusst, wäre ihr vielleicht der Gedanke gekommen, sie befinde sich in Disneyland. Hier war nichts mehr mexikanisch. Es wurde fast nur Englisch gesprochen, und man sah fast keine Mexikaner, abgesehen von denen, welche die Touristen bedienten und sie hofierten. Hier hatte das Land komplett seine Identität verloren und war zu einer US-Kolonie verkommen.

Obwohl es ein knappes Dutzend *Playas publicas* in Cancún gab, hatten Charlotte und Aurelio Mühe, die Zugänge zu finden. Leider waren diese öffentlichen Strände entweder gerammelt voll oder an Stellen gelegen, wo das Meer sehr rau war und meist ein heftiger Wellengang herrschte. Da die Hotelketten die besten Küstenabschnitte zu ihren Privatstränden erklärt hatten, mussten sich diejenigen, die sich die teuren Hotels nicht leisten konnten, mit den Resten begnügen. Dabei handelte es sich zumeist um mexikanische Familien, die in einer günstigen Unterkunft oder einem einfachen Hotel im Hinterland wohnten.

Charlotte und Aurelio gefiel die *Playa Delfines* recht gut, weil sie nicht ganz so überlaufen war. Darum fuhren sie während ihres gesamten Aufenthaltes fast täglich dorthin und genossen das Strandleben. Sie spielten Domino, lasen, erzählten, machten Strandspaziergänge, Charlotte fotografierte und manchmal machten sie auch einfach nur Blödsinn. Sie liebte es darüber hinaus, die Menschen zu beobachten. Ihr war schon bei ihrem ersten Aufenthalt in Mexiko aufgefallen, dass fast kein Mexikaner einen Badeanzug trug. Die Männer gingen mit kurzen Hosen ins Wasser und die Frauen mitunter sogar mit T-Shirts und Röcken.

Einmal hatte sie eine Oma sogar im Unterrock ins Meer gehen sehen. Die Gründe dafür waren zum einen Schamgefühl, weil man sich nicht halbnackt zeigen wollte, aber oftmals lag es auch daran, dass sich die Leute schon den Strandurlaub vom Mund absparen mussten und kein Geld mehr für einen Badeanzug oder eine Badehose übrig war.

Charlotte und Aurelio beschlossen, an ihrem vorletzten Urlaubstag nochmals an ihren Lieblingsstrand zu gehen. Schon als sie die Treppen hinunterstiegen, sahen sie, dass das Meer ziemlich aufgewühlt war und man die gelbe Fahne gehisst hatte, was bedeutete, dass man zwar ins Wasser gehen durfte, jedoch vorsichtig sein sollte. Sie beobachteten darum zuerst ein wenig das Treiben in den Wellen. Als sie jedoch sahen, dass Dutzende von Menschen sich im Meer tummelten, in die Wellenbrecher sprangen oder durch sie hindurchtauchten, sahen sie keinen Grund, es ihnen nicht gleichzutun. Aurelio war zwar kein guter Schwimmer – wie übrigens viele andere Mexikaner auch – aber er konnte ein wenig tauchen und sich auf dem Rücken längere Zeit über Wasser halten. Charlotte dagegen war schon von klein auf eine gute Schwimmerin gewesen. Nachdem ihr Vater ihr bereits als kleines Mädchen das Schwimmen beigebracht hatte, waren sie im Sommer immer an die *Blaue Adria* gefahren. Dort hatte sie mit ihrem Vater des Öfteren den Baggersee gemeinsam durchschwommen. Charlotte war im Wasser in ihrem Element. Trotzdem beschlossen Aurelio und Charlotte, an diesem Tag nicht hinauszuschwimmen, sondern nur so weit hineinzugehen, wie sie noch stehen konnten. Bereits nach ein paar Schritten spürten sie, dass eine starke Unterströmung herrschte. Als dann die ersten Wellenbrecher auf sie zustürmten, nahmen sie sich schnell an den Händen und sprangen gemeinsam hoch. Später dann versuchte Charlotte über die Welle hinwegzuhüpfen, während sich Aurelio mit dem Kopf nach vorn in sie hineinstürzte, um durch sie hindurchzutauchen. Es machte ungeheuer viel Spaß. »Mensch du, da kommt ein Riesenbrummer auf uns zu!« Beide stellten sich sogleich in Position, um es auf ihre Weise mit diesem Monster aufzunehmen. Charlotte hatte sich jedoch verkalkuliert, die Welle war einfach zu hoch, und so wurde sie regelrecht von ihr verschlungen. Sie wirbelte herum, alles drehte sich, schließlich schaffte sie es wieder an die Wasseroberfläche. Als sie sich umsah, erschrak sie, denn sie befand sich im offenen Meer. Die Strömung schien sie blitzschnell weit hinausgezogen zu haben. Aber sie war eine gute Schwimmerin, das würde ihr nichts anhaben können. Lediglich auf die brechenden Wellen, die ihr ständig von hinten über den Kopf schlugen, musste sie achten, damit sie kein Wasser schluckte. Sie begann, in Richtung Ufer zu schwimmen, doch sie kam nicht vorwärts. Die Strömung drückte sie immer wieder zurück ins Meer. Sie schwamm Brust, versuchte zu kraulen, aber es war sinnlos. Mittlerweile konnte sie durch den starken Wellengang nicht einmal mehr den Strand sehen.

»Auxilio!« Das war Aurelios Stimme. Sie blickte vorsichtig hinter sich und da sah sie ihn ein paar Meter entfernt von sich auf dem Rücken im Meer treiben, während er immer wieder einen Arm aus dem Wasser streckte und in Richtung Ufer um Hilfe rief. Nun versuchte auch sie mit einer Hand zu winken und schrie ebenfalls: »Auxilio! Auxilio!« Aurelio konnte sich anscheinend ganz gut über Wasser halten, aber er war genauso erfolglos wie sie beim Versuch, zum Ufer zu schwimmen. Sie würden es nicht einmal schaffen, zueinander zu kommen. Irgendwann hörte sie auf, um Hilfe zu schreien. Sie musste versuchen, an Land zu kommen, aktivierte noch einmal ihre ganzen Kräfte und schwamm und schwamm und schwamm. Aber sie kam einfach nicht vom Fleck. »Das ist dann wohl das Ende«, dachte sie in ihrer Todesangst mit heftig klopfendem Herzen. »Ich schaffe es nicht, mich allein aus dieser Lage zu befreien, und Aurelio wird es nicht anders gehen.«

Sie würden beide jämmerlich ertrinken. Es war ganz seltsam, anstatt nun in Panik zu geraten, wurde sie plötzlich ganz ruhig. Sie dachte an ihre Mutter und an ihren Vater. »Papa, du hast du mir so gut das Schwimmen beigebracht und trotzdem werde ich jetzt im Meer sterben.« Sie machte weiter ihre Schwimmbewegungen, spürte aber, wie sich in ihrem Körper Müdigkeit breitmachte. Irgendwann würden sie wahrscheinlich ihre Kräfte gänzlich verlassen, sie würde das Bewusstsein verlieren und auf den Grund des Meeres sinken. Schade, sie hatte noch so viele Pläne gehabt. Aber sie durfte nicht undankbar sein, sie hatte so ein schönes Leben gehabt. Danke, lieber Gott! Sie bewegte ihre Arme immer langsamer und fühlte die Ruhe, die sich in ihrem Körper ausbreitete, es war ein tranceähnlicher Zustand, den sie nie zuvor erlebt hatte und der immer mehr von ihr Besitz nahm. Charlotte fühlte sich so leicht, sie hatte das Gefühl zu schweben und plötzlich überhaupt keine Angst mehr. Sie würde jetzt einfach aufhören zu schwimmen und dann langsam versinken, das Leben loslassen. Doch gerade als sie diese Gedanken und Gefühle durchströmten, tauchte plötzlich wie aus dem Nichts direkt neben ihr ein dunkelbrauner Lockenkopf auf. Er gehörte zu einem jungen Mexikaner, der ihr ein dickes Seil reichte und ihr signalisierte, sie solle es zwar halten, aber durch ihre Hände gleiten lassen. Er würde sich mit dem anderen Ende hinüber zu Aurelio kämpfen. Nach ein paar Minuten hatten sie alle drei das dicke Seil in Händen und der Junge winkte mit hocherhobenem Arm einer Gruppe von Männern zu, die am Strand mit dem anderen Ende des Seils in ihren Händen standen und nun alle zu ziehen begannen.

Charlotte und Aurelio krochen auf allen Vieren aus dem Wasser und blieben zunächst erschöpft im Sand liegen. Um sie herum hatte sich eine Menschenmenge gebildet, die, als sie das Ufer erreichten, freudig geklatscht hatte, wobei der Applaus weniger ihnen als vielmehr ihrem Retter galt.

Als Charlotte nach ein paar Minuten aufstehen wollte, wehrte einer der Männer ab und meinte, sie müsse liegen bleiben. Er hielt ihr einen kleinen Spiegel vor das Gesicht und sie erschrak, als sie ihr kreidebleiches Gesicht sah. »Sie haben einen leichten Schock. Sie müssen langsam machen, sonst kippen Sie uns hier noch um«, erklärte ihr der Mexikaner, der anscheinend ein Rettungsschwimmer war.

Es dauerte gut eine halbe Stunde, bis sie sich einigermaßen erholt hatten. Aurelio und Charlotte gingen zu der Stelle, wo sie zuvor ihre Sachen abgelegt hatten, und kramten in ihren Kleidern und der Badetasche alle Pesos zusammen, die sie finden konnten, um sie ihren Rettern zu schenken. Trotzdem konnte Charlotte sich nicht erklären, wie dieser Unfall passieren konnte. Darum fragte sie den jungen Mann, ob er denn beobachtet habe, was genau geschehen sei. Er erklärte ihr daraufhin, dass er von seinem Überwachungssitz die Riesenwelle gesehen habe, die direkt auf sie und Aurelio zugekommen sei, sie gerade noch am Rande erwischt und ins Meer hinausgezogen habe.

»Ich muss gestehen, ich hatte vorher gar nicht registriert, dass der Strand bewacht war, und ich habe auch nicht gesehen, dass es hier Rettungsschwimmer gibt. Darum habe ich auch nicht geglaubt, dass uns jemand zu Hilfe kommen würde. Ich kann Ihnen gar nicht sagen, wie dankbar ich Ihnen bin.« Charlottes Augen füllten sich mit Tränen.

»Siehst du, da hatte ich einen Vorteil, Charlotte. Ich habe gesehen, dass sich da am Strand etwas tut und sagte mir, jetzt muss ich unbedingt versuchen, mich über Wasser zu halten, bis die bei uns sind. Ich habe zur Madonna gebetet, dass sie uns die Kraft gibt durchzuhalten.« Er legte seinen Arm um Charlottes Schulter und gab ihr einen Kuss.

Als sie kurz darauf wieder auf ihren Badetüchern lagen, fügte er hinzu: »In Zukunft werden wir den heutigen Tag immer feiern, denn heute hat man uns von Neuem das Leben geschenkt. Das ist wie ein Geburtstag.«

Charlotte nickte ihm zu. »Das werden wir tun. Ich möchte mich bei dir bedanken, dass du zu deiner Madonna gebetet und mich in dem Gebet mit eingeschlossen hast. Du hast eben doch einen guten Draht nach oben.« Sie lächelte ihn liebevoll an. Und wenn es aus ihrem Munde auch ein wenig flapsig klang, so musste sie sich doch eingestehen, dass sie in dieser Grenzsituation sehr demütig geworden war und den Mächten, die sie beschützt hatten, von ganzem Herzen dankte.

21. ÜBERRASCHUNG

Charlotte sprang aus dem Bett und schlüpfte in ihre Badelatschen und ihren Morgenrock. Sie hatte verschlafen. Nachdem Aurelio kurz vor Tagesanbruch gegangen war, um pünktlich um 6 Uhr die Messe in *Rosas* zu halten, war sie noch einmal tief eingeschlafen.

Schnell zog sie das Laken ab und stopfte es in die Waschmaschine, dann streifte sie ein neues Betttuch über die Matratze. Juanita sollte keinen Verdacht schöpfen. Sie waren ihr gegenüber sowieso mitunter sehr unvorsichtig gewesen, darum war sich Charlotte auch nicht sicher, ob das Mädchen nicht wesentlich mehr wusste, als es erkennen ließ. Aber auf der anderen Seite sorgte sie sich auch nicht zu sehr darum, weil sie davon überzeugt war, dass Juanita im Zweifelsfall ihr und Aurelio gegenüber loyal sein würde. Sie hatte beide sehr gern und hatte besonders großen Respekt vor dem Padre.

Am Anfang waren sie leichtsinnig gewesen und hatten in ihrer Anwesenheit beide ihre Ringe getragen. Mit Sicherheit war ihr das aufgefallen. Auch die Tatsache, dass Aurelios Hemden und Hosen in Charlottes Kleiderschrank hingen, konnte der Aufmerksamkeit Juanitas gar nicht entgangen sein. Schließlich und endlich hatten ihre Tante und ihre Großmutter ihr bestimmt schon erzählt, dass der Padre des Öfteren hier übernachtete und oftmals nachts oder sehr früh morgens seine *Camioneta* aus der Einfahrt fuhr. Aber Charlotte hatte diesbezüglich vorgebaut. Sie hatte einmal beim Frühstück beiläufig erwähnt, dass der Padre ab und zu im unteren Schlafzimmer übernachten würde, wenn er auf seiner *Rancho*, seiner kleinen Schweinefarm, gewesen sei. Wegen der Unsicherheit auf den Straßen habe er nachts nicht mehr zurück nach *Rosas* fahren wollen und darum habe sie ihm angeboten, dass er unten übernachten könne, da sie diese Räume sowieso nicht bewohne.

Ob Juanita ihr dies tatsächlich abgenommen hatte, war eine ganz andere Frage. Aber sie hatte ihr somit auch eine Antwort auf die Zunge gelegt, für den Fall, dass ihre Verwandten argwöhnisch waren und glaubten, Nachforschungen anstellen zu müssen.

Charlotte hatte noch nie so viel gelogen wie in Chiapas. Aber die Situation ließ ihr keine andere Wahl, als dieses Spielchen zu treiben. Offen gestanden, wurde sie immer besser.

Durch ein Rütteln draußen an der Gartenpforte wurde sie aus ihren Gedanken gerissen. Das war Juanita. Sie war wie immer unglaublich pünktlich. Jeden Morgen stand sie Punkt 9 Uhr vor der Tür. Es war schon merkwürdig, während das Mädchen die deutsche Pünktlichkeit verinnerlicht hatte, wurde Charlotte in Bezug auf die deutschen Tugenden immer lässiger.

Sie lief die Treppe hinunter und öffnete die Tür. Juanita stand in ihrer grün karierten Schürze und dem obligatorischen kleinen Einkaufskörbchen aus Plastik hinter der schmiedeeisernen Gartenpforte.

»Buenos días, Doña Charlotte.« Juanita mit ihren frisch gewaschenen schwarzen Haaren blickte sie fröhlich an. Charlotte fühlte sich im Vergleich zu ihr ziemlich ungepflegt, als sie so ungewaschen, ungekämmt und verschlafen vor ihr stand.

»Buenos días, Juanita. Entschuldige, aber ich bin gerade eben durch dein Rütteln aufgewacht.«

»Ich habe von meiner Mutter frische *Frijoles*, braune Kernbohnen, mitgebracht und hausgemachte Tortillas.« Sie strahlte Charlotte an.

»Fein, dann bekomme ich heute also ein echt mexikanisches Frühstück. Lass mich schnell unter die Dusche gehen. Ich beeile mich. Bis du fertig bist, bin ich auch so weit, okay?«

»Si, Doña Charlotte.«

Juanita war mittlerweile für Charlotte weit mehr als nur eine Haushaltshilfe. Sie hatte das Mädchen richtig gern, manchmal waren es fast mütterliche Gefühle, die sie der fast Achtzehnjährigen entgegenbrachte. Eigentlich hatte Charlotte ursprünglich nur jemanden gesucht, der ihr helfen sollte. Aber daraus hatte sich schnell eine gute freundschaftliche Beziehung entwickelt.

Das Frühstück duftete verlockend. Juanita hatte die Bohnen zerstampft, sie in der Pfanne mit Öl angebraten und die Masse darin so lange hin und her geschoben, bis eine Rolle entstanden war, von der man nun scheibchenweise das feste Bohnenpüree abschneiden konnte. Auch zur Herstellung der *Huevos Rancheros* bedurfte es ein bisschen Geschick. Das rohe Ei musste nämlich genau in der Mitte der gerösteten Tortilla drapiert werden. Das war gar nicht so einfach, weil das Eiweiß gerne von der Tortilla rutschte und das Eigelb mit sich herunterzog. Doch durch ein geschicktes Jonglieren der Pfanne gelang es Juanita, das Ei in die vorgesehene Position zu zwingen. Charlotte legte eine Musikkassette in den Rekorder, bevor sie sich an den Frühstückstisch setzte. Es war die *kleine Nachtmusik* von Wolfgang Amadeus Mozart.

»Ich kenne diese Musik«, sagte Juanita stolz.

»So, wo hast du sie denn gehört?« Charlotte war erstaunt.

»Es ist die Titelmusik von *Los Romanticos*«, erklärte ihr das Mädchen.

»Und was sind *Los Romanticos*?«

»Das ist meine Lieblingsnovela. Sie kommt jeden Abend um acht in Televisa«, erklärte das Mädchen begeistert.

»Weißt du denn auch, von wem diese Musik ursprünglich ist?«

Natürlich hatte Juanita davon keine Ahnung. Der Fernsehkanal hatte Mozarts Musik lediglich für seine Seifenoper benutzt, das war's auch schon. Armer Mozart!

Charlotte erzählte Juanita nun ein wenig von Mozart. Von seiner genialen Musik, wann und wo er gelebt hatte und wie jung und arm er gestorben war.

»Stell dir vor, er war als junger Mann sogar für längere Zeit in meiner Heimatstadt Mannheim, hat sich dort in Constanze verliebt und sie auch später geheiratet.«

»Oh, wie schön!« Juanita hatte Charlotte gespannt zugehört, die Geschichte schien ihr zu gefallen.

Juanita war wirklich ein aufgewecktes Mädchen. Aber leider hatte sie wie die meisten Mädchen des Dorfes die Schule nach den sechs Pflichtschuljahren verlassen müssen. Mädchen brauchten keine Schulausbildung, denn sie heirateten sowieso. Es war viel sinnvoller, sie etwas lernen zu lassen, was sie als Ehefrau und Mutter gebrauchen konnten, und so wurde Juanita Schneiderin, wie fast alle Mädchen in ihrem Dorf. Charlotte musste an ihre Mutter denken; die hatte damals auch Schneiderin gelernt und nicht nur sie, sondern auch viele ihrer Freundinnen. Aber das war vor fast sechzig Jahren gewesen. Anscheinend war hier im Süden Mexikos die Zeit stehen geblieben, denn es herrschte noch immer ein antiquiertes Frauenbild.

»Die Bohnen sind dir heute ganz besonders gut gelungen.« Charlotte schnitt sich eine weitere Scheibe davon ab. Während sie das Messer in der Bohnenrolle versenkte, sah sie, dass auf der anderen Seite des Tisches zwei weiße Umschläge lagen. Mit Schreibmaschine war auf den einen »Doña Charlotte« und auf den anderen »Don Aurelio« getippt.

»Was ist das?« Charlotte sah die beiden Briefe erst jetzt.

»Das ist für Sie, Doña Charlotte, und für Padre Aurelio.« Charlotte fand es interessant, dass auf dem Umschlag »Don« Aurelio stand. So sprach man keinen Geistlichen an. Ob es eine Freud'sche Fehlleistung war? Don und Doña, das klang fast wie ein Paar. Charlotte wurde das Gefühl nicht los, dass Juanita tatsächlich Bescheid wusste. Sie hätte ihr zu gerne anvertraut, dass Aurelio und sie ein Paar seien, aber es war zu gefährlich. Sie musste ihren Mund halten. Niemand durfte etwas Konkretes über ihre Beziehung in der Hand haben.

»Und was ist da drin?«, fragte Charlotte ahnungslos, indem sie nach dem Umschlag mit ihrem Namen griff.

»Ach, ich weiß schon.« Plötzlich kam ihr eine Idee. »Du hast doch diesen Monat deinen achtzehnten Geburtstag. Sind wir etwa eingeladen, deine Volljährigkeit mit dir zu feiern? Dein Weg in die Freiheit?«

Charlotte öffnete den Umschlag und zog die gedruckte Briefkarte heraus. Es war tatsächlich eine Einladung. Aber nicht zum Geburtstag, sondern zur Hochzeit.

Obwohl sie sich beherrschte, war trotzdem ein leichtes Vibrieren in ihrer Stimme nicht zu überhören. »Du heiratest? Ich dachte immer, du willst noch ein bisschen warten?«

»Wir heiraten am 25. September, und ich würde mich sehr freuen, wenn Sie und Padre Aurelio zu unserer Hochzeit kommen würden.«

Charlotte war fassungslos, aber sie versuchte, es sich nicht anmerken zu lassen. »Und das hast du dir gut überlegt? Wie lange kennst du ihn denn schon?«

»Ich habe ihn im Mai kennengelernt. Er ist Chauffeur, er fährt einen der Mikrobusse zwischen *Comitán* und *San Cristóbal de las Casas*.«

Wenigstens hat er einen Job, dachte Charlotte. »Aber meinst du nicht, dass das alles ein bisschen schnell geht?«, wandte sie ein. »Und vor allem, liebst du ihn denn?«

»Ich glaube schon. Rocco hat eine Wohnung und Möbel, einen Kühlschrank und einen Fernseher.«

»Schön, Rocco heißt er also.« Charlotte wusste, dass er für hiesige Verhältnisse keine schlechte Partie war, immerhin hatte er Arbeit und einen eigenen Hausstand.

»Er wird die ganze Feier bezahlen und mein Brautkleid. Es kostet tausend Pesos«, schwärmte Juanita.

»Dein Rocco scheint sehr großzügig zu sein. Darf ich dich noch etwas fragen, Juanita?« Das Mädchen lächelte und nickte.

»Kann es sein, dass du jetzt schon heiratest, weil du daheim ausziehen willst, weggehen willst von deinem Vater?« Charlotte schaute Juanita durchdringend an.

Nach einer Weile nickte diese. »Es wird daheim immer unerträglicher. Ich kann mich meines Vaters kaum noch erwehren.« Traurig und beschämt blickte sie zu Boden. »Und nicht nur das, er nimmt mir auch mittlerweile absolut alles ab, was ich irgendwo verdiene. Wissen Sie, Doña Charlotte, Rocco ist da ganz anders. Er ist so großherzig und aufgeschlossen. Er hat auch gesagt, dass er mir erlaubt, weiter hier für Sie zu arbeiten, wenn Sie in Mexiko sind.« Juanita schaute sie an, als wäre diese Erlaubnis etwas ganz Besonderes. Aber wahrscheinlich war es das auch für mexikanische Verhältnisse. Das waren Zustände wie in Deutschland vor fünfzig Jahren, da hatten die Frauen auch ihre Männer um Erlaubnis fragen müssen, wenn sie eine Arbeit annehmen wollten. Sie durften damals nicht einmal ein eigenes Bankkonto unterhalten. Mein Gott, waren das Zeiten!

Für Charlotte war das alles ein bisschen viel auf einmal: Ehemänner, die um Erlaubnis gefragt werden mussten, wenn die Frau arbeiten wollte. Väter, die ihren Töchtern nichts gönnten, sie finanziell und sexuell ausbeuteten, und schließlich Mädchen, die sich aus diesem Grund von einer Abhängigkeit in die andere stürzten, weil sie sich ein besseres Leben erhofften. Charlotte hätte Juanita am liebsten geschüttelt und gebrüllt: Mädchen, der einzige Weg in die Freiheit ist eine gute Ausbildung, ein Beruf, der dich unabhängig macht. Ich weiß, wovon ich spreche. Ich war ein Kind aus einem Arbeiterviertel, ich habe diesen Kampf geführt. Und schau mich an, ich bin auf niemanden angewiesen und deshalb kann ich auch selbständig über mein Leben entscheiden. Aber was würde das alles jetzt noch nützen? Die Einladungen waren gedruckt, das Aufgebot bestellt. Charlotte versuchte, gute Miene zum bösen Spiel zu machen.

»Werden Sie kommen?« Juanita schaute sie erwartungsvoll an.

»Ich glaube nicht, denn ich fliege doch schon in ein paar Tagen zurück nach Deutschland. Und deine Hochzeit ist doch erst in zwei Wochen. Weißt du, wenn ich zu Hause bin, muss ich gleich wieder arbeiten. Wir haben Kursberatung bei der Volkshochschule, weil das Wintersemester jetzt losgeht, und da muss ich präsent sein. Da haben alle Mitarbeiter Urlaubssperre.«

Juanita war traurig. »Ich hätte mich so gefreut, wenn Sie gekommen wären. Oder mögen Sie mich jetzt nicht mehr, weil ich heirate?«

Charlotte lächelte: »Sag doch nicht so was. Wie könnte ich dir böse sein. Ich wünsche dir alles Glück der Welt, meine Kleine.« Sie nahm das Mädchen in ihre Arme.

Juanita stand auf und begann den Tisch abzuräumen.

»Du musst mir noch sagen, was du dir zu deiner Hochzeit wünschst.«

»Nichts, außer dass Sie kommen.« Sie sagte es fast schon ein bisschen trotzig, dann verschwand sie in der Küche.

Charlotte war gerührt. Auf jeden Fall würde sie Juanita etwas Schönes schenken. Über all diesen Gedanken Juanitas Zukunft betreffend hatte Charlotte ihre eigenen Probleme fast vergessen. Wie gut es ihr doch ging.

Gerade als sie sich an ihr Notebook setzen wollte, um an ihrem Roman weiterzuschreiben, hörte sie draußen einen Wagen vorfahren. Kurz darauf kam Aurelio die Treppe hoch.

»Buenos días, Charlotte. Buenos días, Juanita.«

»Buenos días, Padre Aurelio«, rief Juanita aus der Küche.

»Buenos días, Padre.« Charlotte legt eine besondere Betonung auf das Wort Padre und lächelte ihn freundlich, aber distanziert an.

»Hier ist eine Karte für Sie von Juanita.« Sie reichte ihm die Hochzeitseinladung. Er las die Aufschrift vor: »*Don Aurelio*, aha«, sagte er, indem er den Umschlag öffnete, dabei schaute er Charlotte vielsagend an. Er hatte anscheinend dieselben Assoziationen wie sie.

»Du heiratest, Juanita? Meinen Glückwunsch!« Im Gegensatz zu Charlotte schien er sich über die frohe Botschaft zu freuen. Na ja, das war auch ganz im Sinne der katholischen Kirche, der Frau an Heim und Herd ihren Platz zuzuweisen.

»Werden Sie kommen?« Juanita schaute ihn erwartungsvoll an.

»Ich werde es versuchen. Es hängt davon ab, ob ich an diesem Tag eine Trauung oder Taufe in meiner Gemeinde habe. Aber ich werde probieren, wenigstens bei der *Fiesta* ein bisschen dabei zu sein, falls es mir für den Gottesdienst nicht reicht. Dann kann ich mit dir und deinem künftigen Mann auf euer Glück anstoßen. Wie heißt er denn, der Glückliche? Vielleicht kenne ich ihn ja?«

»Ist möglich, seine Name ist Rocco Luna Grandes«, erwiderte Juanita.

Als Aurelio den Namen hörte, stutzte er. »Ist er der Sohn von Luis Luna?« fragte er nach.

Juanita nickte. »Kennen Sie ihn?« Juanita blickte Aurelio unsicher an.

»Den besten Ruf hat seine Familie nicht gerade, das wirst du sicher auch wissen. Aber das tut nichts zur Sache. Er ist bestimmt ein anständiger Kerl, sonst würdest du ihn ja nicht heiraten, und für seinen Vater kann er nichts.« Aurelio lächelte sie freundlich an.

»Doña Charlotte soll auch kommen, ich wünsche es mir so sehr«, fuhr Juanita fort und überging Aurelios Kommentar.

»Das wird wohl kaum möglich sein, oder?« Aurelio schaute Charlotte fragend an.

»Nein, das wird sicher nicht klappen. Ich habe es Juanita auch schon erklärt.«

»Ach übrigens, Charlotte, ich wollte Sie fragen, ob sie mich nach *Tuxtla Gutíerrez* begleiten wollen. Ich habe dort nämlich etwas zu erledigen und könnte Sie mitnehmen. Sie wollen doch bestimmt noch das eine oder andere besorgen vor Ihrer Heimreise«, schlug Aurelio vor. Er wollte sie anscheinend aus dem Haus locken, um mit ihr allein zu sein. Schließlich blieben ihnen nur noch wenige Tage, da zählte jede Stunde.

»Juanita, kommst du mit allem klar?«

»Si, si, Doña Charlotte, gehen Sie ruhig, ich ziehe dann einfach die Tür hinter mir zu, wenn ich fertig bin.«

»Also dann, bis morgen. Und übrigens, morgen bin ich dran. Es gibt dann ein deutsches Frühstück.«

»Während sie die Treppe hinunterstiegen, meinte Aurelio: »Du solltest ihr nicht mit dem Schlimmsten drohen.« Charlotte gab ihm einen Klaps auf den Rücken.

»Sei nicht so vorlaut. Die deutsche Küche ist gut«, verteidigte sie ihr Land.

»Besonders das Frühstück«, ergänzte Aurelio ironisch. Für ihn war das deutsche Frühstück ein einziger Witz. Eine Scheibe Brot, möglichst noch mit einer pappigen Marmelade, das war doch kein Essen, mit dem man in den Tag starten konnte. Ein Frühstück hatte warm zu sein und musste sättigen, denn die Lebensgeister sollten aktiviert werden. Eier, Steaks, Bratkartoffeln, paniertes Fischfilet, Hühnchen, Gemüse – das war ein Frühstück nach mexikanischem Geschmack. Charlotte hatte es von Anfang an genervt, wenn sie in jedem Urlaub bereits am frühen Morgen mit der Bratpfanne in der Küche hantieren durfte, um ihrem Liebsten nach einer heißen Liebesnacht ein Frühstück zuzubereiten, das ihn wieder aufbauen sollte. Leider war er als Koch genauso unbegabt wie ihr Großvater Carlo Legrand, der nach Aussagen ihrer Mutter sogar das Kaffeewasser hatte anbrennen lassen. Da Aurelio als Priester stets Haushälterinnen gehabt hatte, war er auf diesem Gebiet unbeleckt, und wenn sie die Ferien heil überleben wollten, war es besser, ihn vom Herd fernzuhalten. Aber dafür war er ein hervorragender Geschirrspüler, und Charlotte hatte ihm auch täglich Gelegenheit gegeben, dies immer wieder unter Beweis zu stellen.

Als sie kurz darauf im Auto saßen, sprach Charlotte ihn nochmals auf die Hochzeit an.

»Ich bin ganz schön geschockt, dass Juanita so jung heiraten will«, gestand sie Aurelio.

»Mit achtzehn ist das hier ganz normal«, erklärte ihr Aurelio, »du kannst das nicht mit Deutschland vergleichen. Hier heiraten die Menschen jung und bekommen auch früh ihre Babys. Darum siehst du hier auch jede Menge Kinder. Bei euch in Deutschland gibt es wohl kaum noch Nachwuchs, wenn das stimmt, was ich gelesen habe. Da sieht man wohl nur noch alte Leute, oder?«

Charlotte musste ihm das leider bestätigen. »Wir haben ja auch keine Kinder«, meinte sie traurig, wechselte aber sofort wieder das Thema. »Sag mal, was weißt du über die Familie von diesem Rocco?« Sie schaute ihn interessiert an.

Er seufzte: »Da heiratet sie nicht gerade in die beste Familie ein, denn der Vater von Rocco, dieser Luis Luna, ist ein ganz schlimmer Finger. Der war in seinem Leben wahrscheinlich mehr im Gefängnis als in Freiheit. Zurzeit sitzt er gerade wieder.«

»Und weshalb? Was hat er verbrochen?« wollte sie wissen.

»Frag mich lieber, was er nicht gemacht hat, das geht schneller.«

»Und was heißt das?« Charlotte war entsetzt.

»Entführungen, Drogendelikte, Geldwäsche und Prostitution, der hat schon überall mitgemischt«, erklärte er Charlotte, die immer verstörter wurde.

»Das ist ganz schrecklich. Wenn Juanita da bloß nicht vom Regen in die Traufe kommt.«

22. Abschied

Charlotte würde sich niemals ans Abschiednehmen gewöhnen. Die letzten Monate sind wie im Flug vergangen, dachte sie, während sie in der aufgeräumten *Casita de Campo* neben ihren fast leeren Koffern saß und zum letzten Mal ihre Lieblingskassette hörte. Es waren Lieder von Abschied, Liebe und Schmerz. Charlotte wartete auf Aurelio, der sie abholen und zum Flughafen bringen würde. Ihr Herz war übervoll. Voll von Abschiedsschmerz und der Traurigkeit darüber, bald wieder so unendlich weit weg von ihm zu sein. Der einzige Trost, den sie hatte, war die Tatsache, dass sie zu Hause nachts keine Angst mehr haben musste, denn ihre Wohnung in der Schwetzinger Vorstadt war sicher. Obwohl sie dieses Mal nur vier Monate getrennt sein würden, fiel es ihr furchtbar schwer, Aurelio zu verlassen.

Die schönsten Momente in Charlottes Leben waren die, wenn auf dem Frankfurter Flughafen die Maschine abhob und den europäischen Boden verließ. Dann wusste sie, dass sie Aurelio nun mit jeder Sekunde ein Stückchen näher kommen würde. Die schlimmsten waren die, in der sie sich jetzt gerade befand. Sie hatte alles, was offen herumgestanden war, in Kisten und Schränken verstaut, Bilder abgehängt und die Lampen wegen des Staubes mit Plastiksäcken verhüllt. Das Haus sah kalt und leblos aus. So würde es nun bis zu ihrer Rückkehr bleiben. Sie selbst würde auch eine Wandlung durchmachen und in ihr anderes Leben zurückkehren. Aus der hingebungsvollen mexikanischen Priesterfrau würde im nächsten Vierteljahr wieder die erfolgreiche Singlefrau in der zweiten Chefetage der Volkshochschule werden.

Während sie bei strömendem Regen bergauf und bergab die kurvenreiche Straße zum Flughafen fuhren, dabei riesige Wasserpfützen durchquerten und Streckenabschnitte passierten, die dem Druck der Wassermassen nicht hatten standhalten können, sodass an manchen Stellen die halbe Fahrbahn weggeschwemmt worden war, hörten sie Musik. Es war eine dieser Kassetten, die man an jeder Straßenecke für ein paar wenige Pesos bekommen konnte. Raubkopien zu ziehen und sie zu verkaufen, war hier an der Tagesordnung, denn niemand ahndete Urheberrechtsverletzungen. Pedro Infante, einer der beliebtesten mexikanischen Sänger und Schauspieler der 50er-Jahre sang mit seiner sonoren Stimme herzerwärmende Serenaden und Boleros. Seine Melodien gefielen Aurelio so gut, dass er Charlotte bei jeder Gelegenheit dessen Lieder vorsang. In Mexiko säuselte er sie in ihr Ohr und in Deutschland auf ihren Anrufbeantworter. Sein Gesang war wohlklingend, denn als Priester konnte er natürlich gut singen, wenn auch in seinem beruflichen Repertoire Liebeslieder nicht unbedingt vorkamen.

»*Conocio una linda Alemanita y la quiero mucho*«, ich kenne eine hübsche kleine Deutsche und ich liebe sie sehr ... Aurelio sang Charlotte an.

»Es ist lieb von dir, dass du für mich singst, aber mir ist nicht zum Singen zumute«, meinte sie traurig. Sie betrachtete ihn und fügte hinzu: »Weißt du, manchmal habe ich das Gefühl, dass mir unsere Trennung viel mehr ausmacht als dir.«

»Wie kommst du denn darauf?« Aurelio wollte ihren Einwand nicht so stehen lassen.

»Weil du so heiter wirkst und mir auch nie sagst, dass du traurig bist«, erklärte sie ihm.

»Ich bin doch genauso betrübt wie du. Das müsstest du doch wissen. Ich versuche doch nur, es zu verdrängen, sonst fällt uns beiden die Trennung noch schwerer, mi amorcito chulo.« Aurelio streichelte ihr über die Wange.

»Aber wenn ich sehe, dass du genauso leidest wie ich, hilft mir das. Du weißt ja, geteiltes Leid ist halbes Leid.« Sie blickte zu ihm hinüber und kämpfte gegen die Tränen an.

»Nicht traurig sein, Liebling. Du kommst doch gleich nach Weihnachten wieder. Dann fahren wir zwei Wochen an den Pazifik und genießen Sonne, Meer und Strand. Nur wir beide. Wir werden Tag und Nacht zusammen sein und niemand wird unsere Zweisamkeit stören.«

»Ich weiß, ich tröste mich doch auch damit.« Charlotte gab ihm einen Kuss auf die Wange. »Aber es tut eben immer furchtbar weh, wenn wir uns trennen müssen.«

Während Aurelio den Wagen durch den Urwald steuerte, fragte Charlotte plötzlich unvermittelt: »Meinst du, Johannes Paul II. stirbt bald?«

»Wie kommst du denn darauf? Was dir so alles durch den Kopf geht!« Aurelio blickte sie erstaunt an.

»Gestern hat AOL im Internet eine Umfrage bei seinen Mitgliedern gemacht, die sinngemäß lautete: Soll der Papst aus gesundheitlichen Gründen freiwillig abdanken, da er augenscheinlich seinem Amt nicht mehr gerecht werden kann?«

»Und was kam dabei heraus?« Die Frage hatte sein Interesse geweckt.

»Stell dir vor, über 80 Prozent derer, die ein Votum abgegeben haben, waren für seinen Rücktritt.«

»Ich denke auch, Johannes Paul II. sollte zurücktreten, damit endlich unter seinem Nachfolger die Gedanken des Zweiten Vatikanischen Konzils umgesetzt werden können. Darauf warten meine *Compañeros* und ich schon seit fast vierzig Jahren.«

»Meinst du, sein Nachfolger könnte tatsächlich den Pflichtzölibat aufheben?«

»Das ist durchaus möglich, es ist doch sowieso längst überfällig. Es gibt jetzt schon in *Chiapas* jede Menge indianische Diakone, die verheiratet sind und es auch bleiben wollen. Da muss sich etwas bewegen. Mit dem Pflichtzölibat wird es in Lateinamerika in den kommenden Jahren nicht genügend Priesternachwuchs geben. Wenn sich der

Vatikan nicht bewegt, kann das langfristig zu einer Existenzfrage werden, denn die Zukunft der katholischen Kirche liegt nun mal in Lateinamerika. In Afrika und Asien ist der Islam im Vormarsch, in Nordamerika sind es die protestantischen Sekten und bei euch in Europa gibt es immer mehr Kirchenaustritte.«

»Wie ich es ja auch gemacht habe.« Charlotte stimmte ihm zu.

»Meine kleine Atheistin!« Aurelio lachte.

»Du, das verbitte ich mir, ich bin keine Atheistin, bloß weil ich keinem dieser kirchlichen Vereine mehr angehöre. Ich bete jeden Abend und bin im Reinen mit der Kraft, die mich geschaffen hat. Dazu brauche ich keine Maria, keine Heiligen und schon gar keinen Priester. Ich habe meinen direkten Draht zu meinem Schöpfer. Es tut mir leid, mein Liebling, aber wenn alle Menschen wie ich fühlen würden, wärst du bedauerlicherweise arbeitslos.«

»Gott sei Dank sind nicht alle wie du, mi bandida.« Aurelio zwinkerte ihr zu.

Für Aurelio war es sicher nicht einfach, mit einer Frau zusammenzuleben, die keine Katholikin und seit einem halben Jahr nicht einmal mehr kirchensteuerzahlende Christin war. Aber es wäre ihm nie in den Sinn gekommen, ihr vorzuschreiben, was sie zu glauben hatte. Er hatte ihr im Vorfeld nur gesagt, sie solle sich gut überlegen, ob sie wirklich aus der Kirche austreten wolle, aber letzten Endes sei es eine Gewissensentscheidung, die sie ganz allein treffen müsse. Er vertraue ihr, denn er wisse, dass sie es sich nicht leicht machen würde. Er meinte weiter, dass es nichts mit ihrer Beziehung zu tun habe und er ihre Beweggründe akzeptiere.

Charlotte hatte lange mit sich gekämpft, war jedoch immer mehr zu dem Entschluss gekommen, dass sich Glaube nicht organisieren lasse, sondern eine sehr persönliche Sache zwischen einem Menschen und seinem Schöpfer sei.

Sie war Gott am nächsten, wenn sie am Abend mit gefalteten Händen in ihrem Bett lag und den Kontakt zu ihrem Schöpfer herstellte. Sie betete dann für alle Menschen, die sie liebte und kannte, und alle, die in Not waren, und am Schluss für Aurelio, ihre Eltern und sich selbst. Vor allem aber dankte sie Gott dafür, dass er ihr ein erfülltes Leben geschenkt hatte und insbesondere für Aurelios Liebe. Das ganze Brimborium und Larifari in der Kirche und speziell in der katholischen hatte für Charlotte nur wenig mit Gott zu tun und lenkte nur vom Wesentlichen ab. Die Nähe zu Gott fand sie selbst auf einer spirituell-meditativen Ebene und der Weg zu ihm führte nach innen und nicht nach außen. So war es nur konsequent, der Kirche den Rücken zu kehren.

Was die Ersparnisse an Kirchensteuer anbetrafen, so hätte Charlotte es als schäbig empfunden, dieses Geld für sich zu behalten. Darum war sie unmittelbar nach ihrem Kirchenaustritt gleich Mitglied von *Amnesty International* und *Terre de femmes* geworden. Außerdem gab es so viele Arme um sie herum, egal ob in Chiapas oder mittlerweile auch auf Deutschlands Straßen, dass sie ihre eingesparte Kirchensteuer mühelos unter die Bedürftigen bringen konnte und so bis zum Monatsende sogar mehr ausgab als zuvor.

Die Sache mit der Kirchensteuer hatte sie sowieso schon immer geärgert. Das war auch eine dieser Ungereimtheiten. Die katholische Kirche schwamm im Geld. Der Vatikan war unermesslich reich und der Vatikanstaat verprasste genau wie die europäischen Königshäuser riesige Summen. Die Priester in der Dritten Welt hingegen, die vom frühen Morgen bis in die tiefe Nacht hinein – und das sieben Tage in der Woche – ihren Dienst verrichteten, bekamen nichts für ihre Arbeit. Sie lebten von der Hand in den Mund, von dem, was sie durch ihre Dienstleistungen innerhalb der Gemeinde verdienten. Dadurch hatten sie gar keine andere

Wahl, als lebenslang im Schoß von Mutter Kirche zu bleiben. Mit ihrer Ausbildung im Priesterseminar konnten sie außerhalb der Kirche kaum etwas anfangen. Bei Aurelio war die Rechnung glücklicherweise dank Charlotte und dank seiner Schweinezucht nicht aufgegangen.

»Meinst du, wir werden es noch erleben, dass der Zölibat fällt?«, meinte Charlotte nachdenklich. »Dann könnten wir doch irgendwann noch heiraten, ganz egal, ob wir bis dahin achtzig oder neunzig oder noch älter sind. Mir wäre das wichtig, einfach um ein Signal zu setzen, dass unsere Liebe am Ende doch noch gesiegt hat.« In ihrer Stimme lag eine trotzige Euphorie. »Aber ehrlich gesagt, ich glaube nicht mehr daran.«

»Ich möchte nicht so lange warten, mi amorcito chulo, ich möchte dich gerne ein bisschen früher heiraten. Vielleicht setze ich mich mit 70 einfach ab und gehe aufs Altenteil. Aber für mich gibt es den Zölibat sowieso nicht, so wie ich mit dir lebe.« Er grinste vor sich hin.

»Da bin ich mal gespannt.« Sie lächelte ihn erstaunt an. »Sag mal, kennst du eigentlich Priesterkollegen, die Kinder haben?«

»Ich habe von einigen gehört.« Er antwortete ein wenig zögerlich.

»Ja, und was passierte dann mit ihnen und ihren Kindern?« Charlotte hatte das schon immer wissen wollen.

»Soweit ich weiß, gab es Gespräche des Bischofs mit den Betroffenen und sie wurden mit ihren ›illegalen‹ Familienmitgliedern in eine andere Gemeinde versetzt, um das Gerede der Leute zu beenden.«

So einfach war das. Immer wieder dieselbe Taktik: verheimlichen, heucheln und lügen. Die ganze Sache wurde einfach verschleiert und der *Padre*, der keiner sein durfte, blieb im Amt. Die Dummen waren die in Sünde gezeugten Kinder und die Mütter dieser ungewollten Früchte einer verbotenen Liebe. Was für ein morbides, frauenfeindliches

Gesetz dieser Zölibat doch war. »Ich hoffe, du hast recht mit deiner Vermutung, dass der Zölibat bald abgeschafft werden könnte«, seufzte Charlotte.

»Zumindest scheint man drüber rege zu diskutieren«, wandte Aurelio ein. »Ich habe nämlich in einem Interview in der Zeitschrift *El Processo* gelesen, Johannes Paul II. solle gesagt haben, er wolle nicht als der Papst in die Kirchengeschichte eingehen, der den Zölibat abgeschafft hat. Das sagt doch alles. Unter seinem Pontifikat wird sich nichts ändern. Aber das Thema geistert zumindest im Vatikan herum.«

»Weißt du, dass in den letzten 30 Jahren weltweit rund hunderttausend Priester der Kirche den Rücken gekehrt haben, weil sie dem Zwang zur Enthaltsamkeit nicht länger nachkommen wollten?«, fragte ihn Charlotte und fuhr fort: »Habe ich dir eigentlich schon mal von Eugen Drewermann erzählt?«

»Nein, wer ist das?« Aurelio konnte mit dem Namen nichts anfangen.

»Er war katholischer Priester und wurde aufgrund seiner liberalen Ansichten suspendiert. Der hat in einem Gespräch im *Spiegel*, das ist so eine ähnliche Zeitschrift wie dein *Processo*, eine so finde ich nette Geschichte erzählt. Er hat einmal eine Rede vor ehemaligen katholischen Priestern und ihren Frauen gehalten. Vor ihm hatte ein Moraltheologe in seinem Vortrag gemeint, die katholische Kirche müsse ein *Ethos des Scheiterns* anerkennen, die Priester müssten die Chance haben, sich mit der Kirche zu versöhnen. Drewermann wollte das so nicht stehen lassen, und indem er sich den Priestern zuwandte, hatte er gesagt: ›Wollt ihr die Frau, die jetzt neben euch auf der Bank sitzt, wirklich als die Sünde eures Lebens betrachten? Wollt ihr nicht lieber ehrlich hinausrufen: Sie ist wie ein Engel in mein Leben gekommen und ich bin Gott dankbar dafür?‹ Ein toller Mann, findest du nicht auch?« Charlotte war von Drewermann, diesem sanftmütigen Kämpfer mit seinem großen Herzen und klaren Verstand begeistert.

»Ein toller Mann, und wie recht er hat, du mein Engel!« Aurelio fuhr an den Straßenrand und hielt an. Er löste den Sicherheitsgurt und nahm Charlotte in die Arme. »Lass mich dich noch einmal ganz fest drücken. Ich liebe dich unendlich. Du bist das Beste, was mir in meinem Leben passieren konnte.«

Sie küssten sich lange und innig in dem Bewusstsein, dass es der letzte Kuss für viele Wochen sein würde.

23. RÜCKFLUG

Um sie herum war es dunkel. Im Flugzeug herrschte eine Stille, die nur vom Flüstern einzelner Mitreisender oder von unterdrücktem Niesen und Husten unterbrochen wurde. Das monotone Rauschen der Lufthansa-Maschine, die sich ihren Weg durch die Finsternis zurück nach Deutschland bahnte, hatte auf viele eine einschläfernde Wirkung. Charlotte blickte sich um. Die Vielfalt an Schlafstellungen in der räumlich begrenzten Economy Class war unerschöpflich: Während die einen mit angezogenen Beinen dasaßen, hatten andere sie steif ausgestreckt, sodass sie bis weit unter den Sitz des Vordermannes reichten. Manche hatten ihre Stirn auf die Rückenlehne des Vordersitzes gelehnt, wieder andere den Kopf auf ein Kissen, das sie in den Spalt zwischen Seitenwand und Lehne geklemmt hatten, und dann gab es auch welche, die ihre Beine über die Seitenlehne hinweg gelegt hatten und sie im Mittelgang baumeln ließen, während ihr Kopf auf den darüber verschränkten Armen ruhte. Die meisten waren in Decken gehüllt. Schließlich waren da noch die Paare, die über zwei Sitze hinweg fast schon kamasutramäßig ineinander verkeilt versuchten, den Transatlantikflug in die Heimat einigermaßen zu überstehen. Allerdings fanden sie nur selten eine paritätische Position. Einer war immer der Dumme. Zur Abwechslung waren es in diesem Fall meist die Männer. Das schwache Geschlecht ruhte oft mit praller Körperfülle auf den mitunter schlaffen Muskeln der vermeintlich ach so starken Männer. Aber wer ein rechter Mann sein wollte, musste da ohne einen Mucks durch.

Charlotte war hellwach. Als Bauchschläferin konnte sie im Flugzeug nur schwer einschlafen. Außerdem fuhren alle möglichen Gedanken in ihren Gehirnwindungen Achterbahn. Trotzdem versuchte sie das, was ihr durch den Kopf ging, zu sammeln und zu ordnen. Gleichzeitig war sie unendlich traurig, denn Sekunde um Sekunde bewegte sie sich immer weiter weg von Aurelio. Sie spürte, wie ihre Sehnsucht nach ihm mit jeder Meile wuchs.

Charlotte zog die Fensterklappe leise nach oben und blickte durch das Bullauge hinaus zum Himmel. Was für eine Pracht! Wie eine Kuppel wölbte sich das sternenübersäte Firmament um sie herum. Das waren lauter kleine Sonnen, viele davon aus fremden Galaxien. »Wir Erdbewohner schaffen es gerade einmal, von den neun Planeten unseres Sonnensystems die beiden nächstgelegenen in absehbarer Zeit zu erreichen«, dachte sie. Wenn sie sich vorstellte, dass es Millionen von Sternen, also von Sonnensystemen gab und diese gerade mal eine Galaxie bildeten und dass sich da draußen mehr Galaxien als Sterne befanden, wurde ihr erneut klar, wie klein und unwichtig der Mensch doch war.

Allein dieses Wissen machte es ihr unmöglich, die Leitsätze der Kirche ernst zu nehmen. Aus welchem Grund sollte der Schöpfer dieses gewaltigen Universums, in dem es mit Sicherheit die unterschiedlichsten Lebensformen gab, Interesse daran haben, einen Sohn auf die Erde zu schicken, der dazu noch von einer Jungfrau geboren werden musste. Sie konnte so etwas einfach nicht nachvollziehen, was sie jedoch nicht daran hinderte, Aurelios Glaube daran zu respektieren.

Wie schnell die Monate vergangen waren und was sich alles ereignet hatte! Die Wochen in *Cancún* waren schön gewesen. Sie hatten zusammen gelebt wie ein richtiges Ehepaar. Aurelio hatte sie morgens mit einem Kuss geweckt und jede Nacht war sie in seinen Armen eingeschlafen. Aber mit Aurelio war es überall schön, und sie war auch schon gespannt, wohin er mit ihr im Winter reisen würde.

Sie schloss die Fensterklappe und kuschelte sich tiefer in ihren Sitz. Sie zog die Decke bis zur Nasenspitze hoch, denn es war elendig kalt. Warum die nur immer die Klimaanlage so hoch stellen mussten? Wenn Aurelio jetzt da wäre, könnte er sie ein bisschen wärmen. Aber der lag jetzt wahrscheinlich in seinem Bett in *Rosas* und schlief tief und fest. Sie schaute auf ihre Armbanduhr. Noch sechs Stunden. Vielleicht sollte sie doch versuchen, sich wenigstens ein bisschen auszuruhen.

Sie war tatsächlich eingeschlafen, denn als sie erwachte, war es in der Kabine taghell und es wurde schon das Frühstück serviert, was bedeutete, dass sie spätestens in zwei Stunden landen würden. Als dann die Räder der Maschine auf der Landebahn aufsetzten, spürte sie, wie ihr Lebensgefühl ein anderes wurde. Mexiko hatte sie hinter sich gelassen und Deutschland hatte sie wieder.

Vor ihrer Wohnungstür drückte sie dem Taxifahrer zehn Mark in die Hand. »Danke fürs Rauftragen. Was hätte ich bloß ohne Sie gemacht!«

»Des is schunn guud.« Obwohl der Mann gerade noch wie eine Dampflok geschnauft hatte, lief er sogleich wieder flink die Treppe hinunter und winkte ihr nur noch kurz zu. Er wollte sich nicht anmerken lassen, dass es ihm nicht leicht gefallen war, die Koffer in den fünften Stock hochzutragen. Er hatte das wohl unterschätzt.

Manchmal verfluchte sie ihre Wohnung, obwohl sie sich in ihr sehr wohl fühlte. Es war schön, über den Dächern einer Großstadt zu wohnen. Wenn sie auf ihrem Balkon stand, hörte sie das typische monotone Rauschen, das über jeder großen Stadt lag. Ein flimmerndes Geräusch, das sich aus unzähligen Einzeltönen zusammensetzte, die nicht mehr voneinander unterschieden werden konnten. Es deutete auf ein reges Leben um sie herum. Dazwischen ertönte weit entfernt das dumpfe, kaum noch vernehmbare Nebelhorn eines großen Schiffes. Schließlich hatte Mannheim den zweitgrößten Binnenhafen Deutschlands.

Sie liebte es, so weit oben zu wohnen, es gab ihr ein Gefühl von Freiheit. Aber fünfter Stock ohne Fahrstuhl, das war schon manchmal eine Herausforderung.

Charlotte schloss die beiden Sicherheitsschlösser auf. Ihr erster Blick galt dem Faxgerät, aus dem eine weiße Papierfahne hing. Das war sicher das Willkommensfax von Aurelio. Sie zog ihre beiden Koffer in die Diele.

Wie lieb er doch war. Das letzte Mal hatte er das auch so gemacht, dass er ihr gleich nach seiner Rückkehr nach *Rosas* ein Fax geschickt hatte, um sie damit als Erster in Deutschland zu begrüßen und ihr dadurch die Rückkehr leichter zu machen. Wie weit weg er schon wieder war, ihr Liebster! Jetzt war sie gerade mal zwanzig Stunden von ihm getrennt und doch vermisste sie ihn schon wieder ganz schrecklich. Charlotte gab der Eingangstür mit dem Fuß einen leichten Stoß. Sie fiel ins Schloss.

Charlotte riss das Fax schwungvoll ab und begann zu lesen. Enttäuscht zerknüllte sie es. Werbung!

Sie war traurig. Aurelio hatte sie dieses Mal vergessen. Von einer Minute zur anderen merkte sie, wie Traurigkeit und ein Gefühl der Unsicherheit in ihr hochstiegen. Es war jetzt etwa fünf Uhr abends, in Mexiko war es gerade mal zehn Uhr morgens. Aurelio war vormittags meist in irgendwelchen Gemeinden unterwegs. Wenn sie jetzt anrufen würde, wäre eine seiner Haushälterinnen dran. Sie konnte ihn wahrscheinlich erst wieder morgen früh erreichen. Aber vielleicht würde er sich noch melden. Manchmal hatte er sie auch schon nach seinem Mittagessen angerufen, dann war es in Deutschland elf Uhr nachts, um ihr einen Gute-Nacht-Kuss vor dem Schlafengehen zu schicken.

Die Wohnung war leblos. Kein Wunder, denn sie war vier Monate lang verlassen gewesen. Alles erschien ihr fremd. Nur Anne war anscheinend in den letzten Tagen dagewesen, denn ihre Pflanzen waren alle noch ziemlich feucht.

Charlotte stellte ihren Rucksack auf einem Küchenstuhl ab, schenkte sich Wasser ein und setzte sich an den Tisch. Sie trank das Glas genüsslich aus. Das Mannheimer Wasser hatte einen guten Geschmack. Wie einfach das Leben hier in Deutschland doch war. Man öffnete den Hahn und trank das Wasser aus der Leitung, ohne befürchten zu müssen, krank zu werden. Das purifizierte Wasser, das sie in den vergangenen Monaten aus dem *Garrafón* getrunken hatte, war meist nach dem zweiten Tag nicht mehr wirklich genießbar gewesen. Es hatte dann einen schalen, fast schon muffigen Geschmack angenommen.

Sie schaute hinüber zum Wandkalender. Einhundertfünfzehn Tage und ebenso viele Nächte lagen vor ihr ohne Aurelio, ohne seine Nähe, seine Zärtlichkeiten und seine Küsse. Einhundertfünfzehn Tage, das waren fast siebzehn Wochen. Wochen mit Telefonaten und ab und zu einem Fax, Wochen, in denen ihre Sehnsucht nach ihm manchmal unerträglich würde. Verlorene Wochen, gestohlene Tage, und alles nur wegen einer verkrusteten Amtskirche. Charlotte merkte, wie sich ihre Augen mit Tränen füllten und sie ihre Küche nur noch durch einen Schleier sah. Es war wieder einer dieser Momente, in denen sie sich schrecklich allein fühlte. Einer der Momente, in denen sich ihre Kehle zuschnürte und sie einen bitteren Geschmack auf der Zunge spürte. In denen sie ihre Liebe zu Aurelio und ihr Leben insgesamt hinterfragte. Würden sie jemals frei leben können, so wie andere Menschen auch? Charlotte seufzte. Auch wenn er vom Heiraten sprach und ihr immer wieder seine Liebe beteuerte, lag eine ganz normale gemeinsame Zukunft doch noch immer in weiter Ferne. Er definierte sein Leben und sich selbst nun mal in erster Linie über die Kirche. Es war auch vermessen von ihr gewesen zu glauben, sie könne ihn so einfach aus deren Fängen befreien. Wie hatte ihr Jugendfreund Alex im letzten Sommer gemeint: »Hast du eigentlich einmal ausgerechnet, wieviel Zeit seines Lebens Aurelio in den Armen von Mutter Kirche verbracht hat und wieviel in deinen? Natürlich hatte Charlotte es gleich ausgerechnet. Die Quote, die herauskam, war vernichtend für sie. Es waren rund 16.500 Tage zu 270 Tagen. Alex hatte sie nur angeschaut und gegrinst. Und da stellst du ihn vor die Entscheidung: die Kirche oder ich? Bist du wahnsinnig? Alex hatte sie in den Arm genommen und fest gedrückt. Du bist eine Verrückte, Charlotte! Aber vielleicht mag ich dich gerade deshalb so gern. In solchen Momenten hatte es ihr besonders gut getan, einen so guten Freund wie Alex zu haben, der sie mit freundschaftlicher Zärtlichkeit tröstete und sie gleichzeitig auf den Boden der Tatsachen zurückholte. Charlotte wurde wieder etwas ruhiger. Es war immer dasselbe. Wenn sie nach dem Mammutflug über den Atlantik und nach insgesamt zwanzig Stunden Rückreise in Deutschland ankam, war sie erschöpft, hellwach, todmüde und aufgekratzt zugleich.

Sie stand auf und ging zum Telefon. Jetzt musste sie zuallererst ihre Eltern anrufen und dann würde sie versuchen, ein bisschen zu schlafen. Die beiden waren sehr lieb. Die Erleichterung darüber, dass Charlotte wieder zurück in Deutschland war, konnte man ihnen deutlich anmerken. Ihre Eltern hatten im letzten Jahr einen erstaunlichen Prozess durchlaufen. Sie versuchten nicht mehr, sie von Aurelio fernzuhalten, sondern hatten akzeptiert, dass sie immer wieder zu ihm zurückkehren würde. Sie verabredete sich mit ihnen für den nächsten Tag zum Frühstück.

»Ich bin dann gegen neun Uhr bei euch und bringe die Brötchen mit.« Nach dem Ende des Telefonats legte sie sich auf ihr Bett. Sie war schrecklich müde. Der Jetlag hatte sie voll im Griff.

Als sie aufwachte, war es stockdunkel in der Wohnung, und sie dachte im ersten Augenblick, sie sei in der *Casita de Campo*. Sie tastete im Dunkeln nach der Jesus-Nachttischlampe, aber da war nichts. Schließlich schlug sie sich den Arm an einem Möbelstück an, und als sie mit der Hand darauf entlangfuhr, um zu ertasten, was das war, identifizierte sie es als die antike Holztruhe, die in Deutschland neben ihrem Bett stand. Langsam kam ihre Erinnerung zurück. Sie knipste ihre Designerlampe mit dem Schirm aus blauem Milchglas an und blickte auf ihren Wecker. Es war ein Uhr nachts. Aurelio hatte sie also auch am Abend nicht angerufen. Charlotte war traurig und enttäuscht. Er konnte mitunter so zärtlich und einfühlsam sein und dann auch wieder so distanziert. Die Männer waren doch alle gleich. Wie sollte sie das deuten, dass er sich noch nicht gemeldet hatte? Machte ihm die Trennung denn so wenig aus?

Sie stellte ihren Wecker auf halb sieben. Sie würde ihn morgen früh anrufen, bevor sie zu ihren Eltern ging. Das Spielchen »wenn du mich nicht anrufst, rufe ich dich auch nicht an« war ihr zu albern. Sie hatte es, als sie jünger war, öfters praktiziert, aber jedes Mal hatte sie selbst dabei am meisten gelitten.

Am nächsten Morgen klingelte pünktlich der Wecker und riss sie aus dem Schlaf. Mit halb geschlossenen Augen tastete sie sich an der Bettkante entlang hinaus in den Flur zu ihrem Telefon. Sie nahm es mit ins Bett und wählte Aurelios Nummer.

Nach dem sechsten Läuten meldete er sich. »Bueno!«

»Hallo, ich bin's. Ich wollte dir nur sagen, dass ich gut zu Hause angekommen bin.« Sie versuchte, fröhlich zu klingen.

»Schön, hattest du einen angenehmen Flug?«

»Bis auf ein paar heftige Turbulenzen über dem Atlantik war alles in Ordnung.«

»Das freut mich. Wie geht es deinen Eltern?« Er klang sachlich.

»Danke, es scheint ihnen den Umständen entsprechend gut zu gehen. Ich habe allerdings bisher nur mit ihnen telefoniert. Papa hat leider schon die ganze Zeit große Probleme mit der Luft.«

»Sie sind sicher froh, dass du wieder da bist.«

»Warum war er nur so förmlich?« Charlotte missfiel der Verlauf des Gespräches, denn Aurelio war unglaublich zurückhaltend.

»Und du? Vermisst du mich?« Sie konnte sich nicht beherrschen, diese Frage zu stellen, obwohl sie die lieber von ihm gehört hätte.

»Claro!« Seine Antwort kam kurz und straff. Warum war er nur so kühl? »Ich werde jetzt langsam ins Bett gehen. Und was machst du?«, fuhr er fort.

»Ich werde noch eine Stunde schlafen, bevor ich zu meinen Eltern zum Frühstücken gehe.«

»Also dann, mein Liebling, *un buen día*, einen schönen Tag für dich, und grüße deine Eltern von mir. Ich schicke dir viele Küsse.« Schmatzende Geräusche wurden von beiden Seiten quer über den Atlantik geschickt und dann war die Leitung tot.

Bei Charlotte blieb ein schales Gefühl zurück. Das Gespräch hatte sie nicht beruhigt. Er war so reserviert gewesen. Ob irgendetwas passiert war? Die Ungewissheit nagte einmal wieder an ihr. Sollte sie mit diesen Empfindungen tagelang ausharren? Sie wählte noch einmal seine Nummer. Dieses Mal meldete er sich schneller.

»Bueno?«

»Ich bin's noch einmal. Ich wollte dich nur fragen, ob alles in Ordnung ist?«

»Aber Charlotte, natürlich ist alles in Ordnung. Warum fragst du mich das?« Er klang verwundert.

»Du klingst so emotionslos, so gar nicht liebevoll«, sagte sie traurig.

»Ach, das bildest du dir doch nur ein, *mi amorcito chulo*. Und jetzt schlaf noch ein bisschen. *Buenas noches!*«

Er schickte ihr noch ein paar Küsse durchs Telefon, dann legten sie erneut auf.

Jetzt war es ihr wenigstens ein bisschen wohler, obschon sie alles andere als glücklich war. Aber vielleicht bildete sie sich das auch alles nur ein. Jedenfalls wollte sie nicht länger darüber nachdenken und darum nahm sie ihr Kopfkissen in den Arm, schloss die Augen und schlief noch einmal ein.

Charlotte klingelte ein paarmal kurz hintereinander. Der Rhythmus war immer derselbe, er war unverkennbar und während sie mit dem Fingerknöchel spielerisch an die Tür pochte, hörte sie ihre Mutter den Gang entlangschlurfen und leise rufen: »Ich komme!«

Ihre Mutter schloss zuerst das schwere Sicherheitsschloss oben, das wie ein Balken quer über der Tür lag, und dann das kleinere darunter auf. Sie strahlte Charlotte an. »Wie schön, dass du wieder da bist.« Unverkennbar kamen diese Worte aus tiefstem Herzen. Charlotte nahm ihre Mutter in die Arme und sagte: »Ich bin auch froh, dass ich wieder bei euch bin.« Obwohl sie Aurelio sehr vermisste, meinte sie es ernst.

Während ihre Mutter die Tür wieder sorgsam verriegelte, ging Charlotte in die Küche. Ihr Vater saß am Küchentisch mit seiner Nasenbrille. Als er sie hörte, blickte er hoch und ein warmherziges Lächeln überzog sein Gesicht. Trotzdem war diese tiefe Traurigkeit in seinen Augen, die Charlotte schon vor ihrer Abreise große Sorgen gemacht hatte.

Sie ging auf ihn zu und nahm ihn in den Arm. Für ein paar Sekunden sprachen sie nicht. Wortlos streichelte Charlotte ihm übers Haar. Dann meinte sie »Na, Papa, was macht die Luft?«

Er brauchte ihr nicht zu antworten. Sein Gesichtsausdruck sprach Bände. »Gestern hätte ich beinahe wieder den Notarzt geholt«, antwortete ihre Mutter stattdessen. »Er hat wieder keine Luft bekommen.«

»Das Wetter macht mir eben sehr zu schaffen.« Ihr Vater versuchte es herunterzuspielen.

Charlotte hätte ihn so gerne getröstet. Aber womit? Sie wusste, dass seine Krankheit unheilbar war. Sein Zustand würde nicht mehr besser werden. Zu viele Bläschen waren in seiner Lunge abgestorben und diese würden sich auch nicht mehr regenerieren. Irgendwann würde er ersticken oder sein Herz, das wegen der Lungenkrankheit Schwerstarbeit leisten musste, einfach stehen bleiben. Der Gedanke daran war schrecklich, sie hätte ihn am liebsten verdrängt. Ihr Vater tat ihr so unendlich leid, er hätte einen schöneren Lebensabend verdient gehabt. Charlotte versuchte, wenn sie mit ihrer Mutter allein war, sie immer mal wieder mit dem Gedanken vertraut zu machen, dass sie ihren Mann überleben würde. Aber diese Gespräche waren immer sehr schwierig, denn ihre Mutter hatte Angst davor und wollte das nicht hören. Die beiden waren nun schon 47 Jahre verheiratet und sie liebten sich noch immer. Unzählige Male hatten sich die beiden versichert, dass sie sich immer wieder heiraten würden und dass sie das Wichtigste im Leben füreinander seien.

Während des Frühstücks erzählte Charlotte von Mexiko, richtete Aurelios Grüße aus und teilte ihren Eltern mit, dass sie nach Weihnachten wieder zu ihm fliegen würde. Sie berichtete ihnen von Annes Besuch, von ihrer netten Haushaltshilfe Juanita, von den Mayas, von Pyramiden und von Sonne, Strand und Meer. Charlotte vermied es jedoch tunlichst, auch nur ein Sterbenswörtchen über ihre Ängste und Zweifel zu äußern. Und dass sie und Aurelio in *Cancún* beinahe ertrunken wären, behielt sie für sich. Das sollten sie niemals erfahren.

24. SEHNSUCHT

Es war mal wieder einer dieser langweiligen Sonntage, die typisch für Ende Oktober zu sein schienen. Es nieselte und alles war grau in grau. Irgendwie färbte das Wetter auf Charlottes Stimmung ab. Sie schaltete das Radio ein. »*Near, far, wherever you are*«, nah, fern, wo auch immer du bist ... – Celine Dion sang gerade Charlottes aktuelles Lieblingslied. Sie hatte sich ein paar Tage zuvor mit Anne die neue Verfilmung von *Titanic* angesehen. Beide hatten sie gelitten, hatten bis zum bitteren Ende 210 Minuten lang tränenüberströmt in ihren gepolsterten Sitzen des Cineplex ausgeharrt, in der einen Hand die Popcornschale und in der anderen das zerknüllte durchweinte Papiertaschentuch, während Kate Winslet sich mit letzter Kraft an die Schiffsplanke klammerte und Leonardo di Caprio sich opferte, um nach einem allerletzten Liebesschwur für immer und ewig in den Tiefen des eisigen Atlantiks zu versinken. Er hauchte sein junges Leben für seine Liebste aus. Ach! Es war so schön traurig! Und wenn dieses Gefühlskino auch nicht mit ihrer Realität vergleichbar und zudem kitschig war, so musste Charlotte doch an Aurelio denken, an ihre große Liebe und an die Angst, diese wieder zu verlieren.

Sie blickte aus ihrem Küchenfenster durch die tropfnassen Glasscheiben in den tristen Hinterhof, in dem es keinen einzigen Baum, dafür aber noch ein letztes Hinterhaus gab, das an das Ende des 19. Jahrhunderts erinnerte, als dieser Stadtteil ein Arbeiterviertel war genauso wie die Neckarstadt West, die Filsbach und der Jungbusch, aus dem sie stammte. Vielleicht hatte sie sich deshalb in diesem Viertel gleich so wohlgefühlt.

Leise sang sie mit Celine Dion mit und spürte, wie sich in ihrer Magengegend alles zusammenzog. Sie hatte solche Sehnsucht nach Aurelio, nach dieser erfüllten und gleichzeitig auch wieder unerfüllten Liebe. Es gab Momente, da fragte sie sich, in was sie eigentlich verliebt war? In Aurelio oder in die Sehnsucht nach ihm? Anne hatte sie vor vielen Jahren mal gefragt, ob sie sich nicht vielleicht absichtlich einen Priester ausgesucht habe, weil sie sich im Grunde ihres Herzens eigentlich gar nicht fest an einen Mann binden wollte. Sie fand die Idee damals abwegig. Aber wer wusste, vielleicht war an der Theorie doch etwas dran. Vielleicht wollte sie sich tatsächlich nicht mit einer ganz normalen Beziehung begnügen, die, wenn der Alltag sie erst einmal erreicht hatte, sich nach kurzer Zeit oft erbarmungslos abnutzte. Vielleicht wollte sie sich dieses wunderbare, dieses so einzigartige Gefühl des Verliebtseins auf ewig erhalten. Möglicherweise hielt sie es diesbezüglich mit Schiller, der es in einem Aphorismus einmal so ausgedrückt hatte: »Zwischen Sinnenglück und Seelenfrieden bleibt dem Menschen nur die bange Wahl.«

Trotzdem, wenn sie einen Wunsch frei gehabt hätte, würde sie sich gewünscht haben, dass der Papst morgen den Zölibat aufhebe. Aber die Uhren im Vatikan schlugen bekanntlich langsam und sie würden die Auflösung dieses unsinnigen Kirchengesetzes höchstwahrscheinlich nicht mehr erleben. Erst vor ein paar Jahren hatte der Papst die Exkommunikation von Galilei zurückgenommen, weil er vor rund 350 Jahren behauptet hatte, die Erde drehe sich um die Sonne. Bei diesem Tempo würden nicht einmal ihre Urenkel, sofern sie je welche hätten, die Aufhebung des Zölibats erleben. Aurelio war in dieser Frage wesentlich optimistischer, er hoffte noch immer, dass irgendwann ein Papst gewählt würde, der die Arbeit Johannes XXIII. vollenden würde.

Aber vielleicht maß Charlotte den Reformen der katholischen Kirche viel zu große Bedeutung bei. Möglicherweise wurde aus einer Liebe erst dadurch eine große Liebe, weil sie sich nicht erfüllte. Was verlieh denn letztendlich der Liebe eine Unsterblichkeit? Wurden Romeo und Julia nicht deshalb zum Sinnbild der ewigen großen Liebe, weil sie starben, genauso wie Jack in *Titanic*? *Casablanca* wäre auch nie zum Liebesfilm aller Zeiten erklärt worden, wenn Ricks »Kleine« ihm jeden Morgen in die Augen geschaut hätte. Trennung und Tod schienen der Liebe Unsterblichkeit zu verleihen. Was für eine absurde Logik, die jedoch den Tod betreffend auch auf Menschen zutraf. Marilyn Monroe, Prinzessin Diana, Grace Kelly und Evita Perón, aber auch James Dean, Freddy Mercury, John F. Kennedy und Che würden nie altern. Sie würden strahlend schön bleiben für immer und ewig. Charlotte war richtig ins Philosophieren gekommen. Den einen oder anderen Gedanken würde sie in ihrem Buch festhalten. Apropos Buch. Sie hatte, seit sie aus Mexiko zurück war, immer mal wieder in ihr Manuskript, das immerhin schon fast 80 Seiten lang war, hineingeschaut und sich über das eine oder andere Gedanken gemacht, aber sie hatte nicht daran weitergeschrieben. Das Einzige, was sie entschieden hatte, waren das Bild für das Cover und der Titel gewesen. Sie hatte lange überlegt, wie sie den Roman nennen sollte, und alles Mögliche in Erwägung gezogen. Wenn es exotisch klingen sollte, könnte sie es *Mexikanische Rhapsodie* nennen, *Der Priester an meiner Seite*, wenn sie eher auf den Zölibat anspielen wollte. Vielleicht sollte der Titel auch ein bisschen erotisch und provozierend sein und satirisch die Frage stellen: »Was schert den Papst das Ehebett?« Die Ideen waren alle nicht schlecht, aber sie griffen nicht so richtig. Doch dann kam ihr der Zufall zu Hilfe. Charlotte liebte Literaturverfilmungen, eine besondere Vorliebe hatte sie für Schwarz-Weiß-Filme der 50er- und 60er-Jahre. Eines Abends, als sie auf ihrem Sofa lag und von einem Kanal zum anderen zappte, blieb sie an einem solchen Film hängen. Er handelte von einem Mann, der aus dem Zuchthaus entlassen wurde und versuchte, sich ein bürgerliches Leben aufzubauen, jedoch letztendlich scheiterte. Im Abspann wurden Schauspieler und Regisseur aufgeführt und am Schluss stand da: »Nach dem Roman *Wer einmal aus dem Blechnapf frisst* von Hans Fallada.« Sie las es laut vor und da machte es plötzlich Klick. *Wer einmal einen Priester küsst*. Genau das war es! Sie hatte ihren Titel. Als Bild nahm sie eine Fotografie, die ihre Künstlerfreundin Mandy ein Jahr zuvor im Louvre aufgenommen hatte, es war die Abbildung der Skulptur *Amor und Psyche* von Antonio Canova, die ihrer Meinung nach genau ihre Gefühlswelt widerspiegelte.

Heute war ein regnerischer Tag, den sie zum Schreiben nutzen würde. Darum kramte sie ihre alten Tagebücher hervor, zog das ausgedruckte Manuskript heraus und setzte sich an ihr Notebook. Wenn sie es schaffte, in ihrer Freizeit ab und zu daran zu arbeiten und auch in den Winterferien in Mexiko sich weiter mit dem Skript zu beschäftigen, würde sie ihren Roman vielleicht schon bald veröffentlichen können.

Die Idee, ein Buch zu schreiben, war genial gewesen. Sie konnte sich auf diese Weise einiges von der Seele schreiben, war Aurelio sowohl gedanklich als auch mit dem Herzen sehr nah und die letzten 58 Tage bis zu ihrem Wiedersehen würden wie im Flug vergehen.

25. Machos und Mütter

Der junge Mann, der neben Charlotte im Flugzeug saß, erinnerte sie ungemein an Julio. Er hatte einen ähnlichen Haarschnitt, blond gefärbte Strähnchen und auch das gleiche herausfordernde Blitzen in den Augen. Sein ärmelloses dunkelgraues Achsel-Shirt betonte seine gut durchtrainierten Oberarme und natürlich durfte auch ein Madonnen-Medaillon nicht fehlen. Die Goldkettchen an seinem Handgelenk taten ein Übriges, sie verstärkten seine eindeutig-zweideutige Ausstrahlung.

Wer weiß, vielleicht tat sie ihm auch unrecht. Aber er wirkte nun mal auf sie wie einer dieser hübschen Dritte-Welt-Jungs, die sich an betuchte *Gringas* jeden Alters verkauften, um besser über die Runden zu kommen. Aber sie würde es wahrscheinlich im Laufe des Fluges herausfinden, denn von Washington nach Mexico City waren es immerhin fast fünf Flugstunden. Charlotte flog nicht gern über die USA, denn zum einen verlängerte die Zwischenlandung die Flugzeit um mindestens vier bis fünf Stunden, zum anderen ärgerten sie die Schikanen der US-Behörden. Leider war es nämlich nicht möglich, obwohl es ein und dieselbe Fluglinie war, das Gepäck von Frankfurt bis zum Bestimmungsort Mexico City durchzustellen. Sie musste es in Washington oder Chicago oder Atlanta – abhängig von der Airline – am Gepäckband abholen und erneut mit ihm durch die Kontrolle gehen. Wenn sie mit der Air France, der KLM, der Iberia oder British Airways, die alle ebenfalls Mexikoflüge anboten, über Paris, Amsterdam, Madrid oder London flog, ging das Gepäck immer bis zum Bestimmungsort durch. Warum machten die Amis bloß so einen Aufstand? Am liebsten flog sie direkt mit der Lufthansa, aber deren Tarife waren dieses Mal derart unverschämt hoch gewesen, dass sie United Airlines gebucht hatte, welche die Tickets zu einem unschlagbaren Preis angeboten hatten.

Charlottes Gedanken kehrten zurück zu Julio, dem vierzehnjährigen Jungen, der ihnen damals in Mexico City von dem deutschen Benediktiner-Pater Karl-Wilhelm, dem Repräsentanten der CWE in Lateinamerika, in das Projekt mitgegeben worden war. Er hatte damals behauptet, er habe den armen Straßenjungen in der Metro von Mexiko City aufgelesen und ihn aus Mitleid mitgenommen. »Jetzt soll er euch einfach mal zu eurem Arbeitseinsatz in *Chiapas* begleiten und danach schickt ihr ihn nach Mexiko City zurück, ich werde mich derweil um eine Schulausbildung für ihn kümmern«, hatte er ihnen versichert. Bert und die anderen nahmen ihm das damals ab, während Charlotte ihre Zweifel hatte. Sie konnte es nicht begründen, aber dieser Karl-Wilhelm hatte etwas an sich, was ihr überhaupt nicht gefiel.

Was wohl aus Julio geworden war? Charlotte wurde traurig. Wahrscheinlich war er nach dem Arbeitseinsatz wieder auf dem Straßenstrich von Mexico City gelandet. Über fünfzehn Jahre war das nun her. Fünfzehn lange, kurze Jahre. Als die Gruppe nach dem Projekt von *Las Rosas* weggegangen war, hatte Bert, ihr Gruppenleiter, Julio in *San Cristóbal* in den Bus zurück in die Hauptstadt gesetzt. Damals hatte Charlotte ihn zum letzten Mal gesehen und danach nie wieder etwas von ihm gehört. Als sie jedoch einige Jahre später einmal mit Bert telefoniert hatte, teilte er ihr mit, dass Karl-Wilhelm in Bolivien im Knast saß wegen sexuellen Missbrauchs von kleinen Jungs. Somit war Charlotte erst viele Jahre später in ihren dunklen Ahnungen gegenüber Karl-Wilhelm bestätigt worden. Alles, was er gesagt hatte, war erstunken und erlogen gewesen. Er hatte niemals beabsichtigt, Julio eine Schulausbildung zukommen zu lassen, sondern ihn für die Befriedigung seiner unterdrückten sexuellen Bedürfnisse missbraucht. Bei Charlotte war ein bitterer Geschmack zurückgeblieben, denn sie verzieh sich nicht, dass sie allen Schwierigkeiten zum Trotz damals in der Sache mit Julio nicht aktiver geworden war. Hätte sie ihrem Bauchgefühl nachgegeben, hätte sie Julios Rückkehr in sein Milieu vielleicht verhindern können. Möglicherweise lebte er schon gar nicht mehr und hatte die typische Strichjungenkarriere zwischen Sex und Drogen gemacht. Vielleicht war er letztendlich an Aids oder, wie man in Mexiko sagte, an *Sida* gestorben.

Die amerikanischen Stewardessen schoben ihren Getränkewagen durch die Reihen. Charlotte bestellte sich einen Campari Soda, während ihr Nachbar einen Bacardi wählte. »Cheers.« Er lachte sie herausfordernd an.

»Salud«, erwiderte sie lächelnd und hielt seinem Blick stand. Er meint nun bestimmt, dass er ein leichtes Spiel bei mir hat, dachte sie. Sollte er es doch ruhig glauben, der Bubi, das war ganz unterhaltsam und verkürzte die Zeit an Bord ein wenig. Er würde sie jetzt bestimmt gleich fragen, ob sie Spanisch spreche, und versuchen, sie auszufragen.

»*Habla usted español?*«, sprechen Sie Spanisch, begann er wie erwartet die Konversation.

»Wie Sie hören, kann ich mich verständigen«, antwortete Charlotte amüsiert.

»Es gibt wenige Amerikaner, die Spanisch sprechen, wo haben Sie das gelernt?«, fuhr er fort.

»Vielleicht liegt es daran, dass ich keine Amerikanerin, sondern Europäerin bin und darum nicht erwarte, dass die ganze Welt meine Muttersprache beherrscht«, erwiderte sie ihm. »Aber abgesehen davon, hat mir das meiste mein Mann beigebracht.«

»Dann muss Ihr Mann gut Spanisch sprechen«, meinte er bewundernd.

»Das sollte er auch, denn er redet in dieser Sprache schon sein ganzes Leben lang.«

»Ach, so, Ihr Mann ist Spanier? Und warum macht er nicht mit Ihnen zusammen Urlaub in Mexiko? Reist er nicht gern?«

Es belustigte Charlotte, wie festgefahren die Vorstellungswelt in den Köpfen der meisten Menschen doch war. Er kam einfach nicht auf das eigentlich Naheliegende, nämlich dass ihr Mann Mexikaner war. Aber das hatte Charlotte schon öfters erlebt. Dass ein *Gringo* sich eine feurige Mexikanerin zur Frau nahm – wobei *feurig* in Bezug auf die in der Mehrzahl eher zurückhaltenden mexikanischen Frauen eine gewagte Formulierung war – konnten die meisten gut nachvollziehen. Dass aber eine emanzipierte Frau aus den USA oder Mitteleuropa freiwillig eine Beziehung mit einem lateinamerikanischen Macho einging, lag außerhalb ihrer Vorstellungswelt.

»Sie stellen ziemlich viele Fragen auf einmal, junger Mann«, stellte Charlotte fest und meinte weiter, »ich will versuchen, sie mit einem Satz zu beantworten: Mein Mann ist Mexikaner.«

»*Su marido es mexicano*«, Ihr Ehemann ist Mexikaner? Er blickte sie erstaunt an.

»Si.« Gut, das mit dem *Marido* stimmte zwar nicht ganz, denn Aurelio war zwar ihr Mann, aber nicht ihr Ehemann, aber sie würde ihn in diesem Glauben lassen, denn das schützte sie vor eventuellen Annäherungsversuchen. Während des nachfolgenden Gesprächs musste Charlotte ihren ersten Eindruck zum Teil revidieren. Er erzählte ihr nämlich, dass er in New York lebe und dort arbeite. Nach zwei Jahren kehre er nun zum ersten Mal wieder nach *Puebla* zurück, um mit seiner alleinstehenden Mutter wenigstens den Jahreswechsel zu verbringen. Charlotte musste insgeheim grinsen. Das war typisch mexikanisch. Es konnten noch so schwere Jungs sein, wenn es um ihre Mütter ging, wurden die meisten plötzlich wieder zu kleinen Buben, die nach der Mama riefen. Am deutlichsten wurde dies am Muttertag, der in Mexiko immer am 10. Mai gefeiert wurde und dem viel mehr Bedeutung beigemessen wurde als in Deutschland. An diesem Tag gab es dann auf dem *Zócalo* einer jeden Stadt Festtagsstimmung mit Musik und Lobeshymnen sowie gefühlvolle Lieder für die Mütter. Allerdings beschränkten sich die Aktivitäten der Machos meist auf diesen einen Tag im Jahr. Die restlichen 364 Tage ließ sich die Krone der Schöpfung dann wieder von ihren Frauen und Müttern bedienen. Charlotte erinnerte sich, wie Aurelio ihr vor sechzehn Jahren, als sie nach dem Frühstück gemeinsam den Abwasch machten, erzählte, dass ein mexikanischer Ehemann selbst dann, wenn seine Frau bettlägerig krank war, sich niemals herablassen würde, das Geschirr zu spülen. Er würde es stehen lassen, bis seine Frau wieder gesund war. Eine solche Arbeit sei unter seiner Würde.

Charlotte war damals ob dieser Offenbarung ziemlich entsetzt gewesen, hatte es jedoch nicht versäumt, Aurelio gleich zu loben und ihm zu versichern, sie sei unglaublich froh darüber, dass er eine andere Einstellung dazu hatte. Sie hatte damals nicht weiter mit ihm über dieses Thema diskutiert, sondern ihn weiter abtrocknen lassen, schließlich war er ja auch kein mexikanischer Ehemann, sondern ein katholischer Priester.

»Und werden Sie Ihre Mutter dann an Silvester schön ausführen?« fragte Charlotte ihn.

»Nein, nein! *Mi Mamacita*, mein Mütterlein, wird mein Lieblingsgericht für mich kochen. Das lässt sie sich nicht nehmen«, antwortete er freudestrahlend. Hatte Charlotte es sich doch gedacht. Es war genauso, wie sie es vermutet hatte, nicht er würde seine Mutter verwöhnen, sondern sie ihn. So war das eben in Mexiko. Natürlich wollte der Junge noch mehr von ihr wissen. Wo sie wohnten, was ihr Mann beruflich mache und vieles mehr. Charlotte erzählte ihm, dass sie einen Teil des Jahres in *Chiapas* lebten und ihr Mann Lehrer sei. Schließlich waren Priester auch irgendwie Lehrer. Trotz allem scheute sich der Bursche nicht, sie nach ihrer Adresse zu fragen, indem er hinzufügte, er würde sie gerne einmal besuchen. Die Art, wie er dies sagte, ließ keinen Zweifel daran, dass er dabei in erster Linie sie wiedersehen wollte und weniger Interesse daran hatte, ihren Mann kennenzulernen.

Du bist also doch ein kleiner Draufgänger, dachte sie bei sich und meinte kurz darauf zu ihm: »Ich weiß nicht, ob das so eine gute Idee ist, denn *mi hombre es muy celoso*«, mein Mann ist sehr eifersüchtig.

Diese Aussage schien er sofort zu verstehen und so bedurfte es danach keiner weiteren Erklärung mehr. Er lächelte verständnisvoll, nickte mit dem Kopf und verzichtete gerne auf die Adresse. Als Mexikaner kannte er die Einstellung seiner Geschlechtsgenossen nur allzu gut. Dass Aurelio, wahrscheinlich durch seinen klerikalen Hintergrund, kaum zur Eifersucht neigte, konnte er schließlich nicht wissen.

Die Ankunft in Mexico City war wie immer. Alles war Charlotte vertraut und auch der Weiterflug am nächsten Morgen in Richtung Süden verlief problemlos.

Die Maschine setzte Punkt 8 Uhr 20 auf dem Rollfeld von Tuxtla Gutíerrez auf, und da sie vorne in der zweiten Reihe saß, stieg sie als eine der Ersten aus. Die schmale Gangway mit dem Trolley hinunterzusteigen war jedes Mal ein Balanceakt. Da jedoch die mexikanischen Männer auch ihre guten Seiten hatten – denn sie waren besonders gegenüber fremden Frauen und zwar nicht nur dann, wenn sie langbeinig, jung und blond waren, außerordentlich zuvorkommend –, fand sie immer wieder einen *Caballero*, der ihr behilflich war. Manchmal war es eben doch ganz nützlich, alles, was man als mitteleuropäische Frau über Emanzipation wusste, für einige Sekunden zu vergessen. Zumindest so lange, bis man die Gangway unten war.

26. Huatulco

Charlotte blickte sich um, weit und breit war kein Aurelio zu sehen. Vielleicht stand er im Stau oder es war mal wieder eine Straße gesperrt, weil irgendeine Berufsgruppe streikte. Nicht selten waren es Lehrer. Das kam hier öfters vor, denn es war ein probates Mittel, um auf sein Anliegen aufmerksam zu machen. Das konnte dann Stunden dauern. Auch wenn sie beide durchaus Verständnis für die Streikenden hatten, schließlich war Charlotte selbst Mitglied der Lehrergewerkschaft, so zerrten solche Situationen doch ganz schön an den Nerven, insbesondere wenn man befürchten musste, seinen Flug nicht mehr zu erreichen.

Charlottes Befürchtungen schienen an diesem Tag jedoch unbegründet zu sein, denn in diesem Augenblick betrat Aurelio die Ankunftshalle. Sie atmete auf und ein freudiges Lächeln überzog ihr Gesicht. Aurelio schaute so aus wie immer, wenn sie ihn nach längerer Abwesenheit das erste Mal wiedersah. Er wirkte dann nämlich immer sehr priesterlich in seiner Körperhaltung und in seinen Bewegungen und auch in seiner Bekleidung. Mit leicht nach vorne geneigten Schultern kam er in seinem altmodischen grauen Polyesteranzug aus den 70er-Jahren auf sie zu. Er wirkte ein wenig unsicher, was jedoch daran lag, dass er nie wusste, ob irgendjemand auf dem Flughafen ihn kennen würde. Darum waren auch seine ersten Küsse eher freundschaftlich und die Umarmung so distanziert, dass mindestens noch der Heilige Geist zwischen sie gepasst hätte.

Sie schafften Charlottes Koffer, die wie schon beim letzten Mal mit allen möglichen Haushaltsgegenständen vollgepackt waren, zu seiner *Camioneta*. Hier im Schutz der anderen parkenden Autos geschah dann die wundersame Verwandlung vom Priester zum Mann. Aurelio zog Charlotte so nah an sich heran, dass sie kaum noch atmen konnte. Sie spürte das wilde Pochen seines Herzens auf ihrer Brust, während er damit begann, sie leidenschaftlich zu küssen. Als sie ihn nach dieser zwischen Liebenden angemessenen Begrüßung erneut betrachtete, nahm sie ihn anders wahr. Seine Gesichtszüge hatten sich gewandelt, jetzt waren sie entspannt und locker und auch seine Körperhaltung war aufrecht und nicht mehr so verkrampft wie zuvor. Als er leger um das Auto herumging, war er wieder der Aurelio, den sie im Sommer zurückgelassen hatte. Wenn er jetzt noch seine Jeans und eines der Hemden angehabt hätte, die sie ihm zu seinem letzten Geburtstag geschenkt hatte, hätte sie geglaubt, nie weggewesen zu sein.

Die zweieinhalb Stunden Fahrt durch den Urwald, bestritt Aurelio mehr oder weniger einarmig, weil Charlotte immer wieder auf der Bank zu ihm hinüberrutschte und in seinem Arm lag. Jede gerade Strecke nutzten sie dazu, sich von Neuem zu küssen und nicht einmal in den Kurven konnte er es sich verkneifen, über ihre Beine zu streichen und ihre zarte Haut zu bewundern. Die Fahrt nach Teopisca verging wie im Fluge.

»Ich möchte, dass unser erstes Beisammensein nach den vielen Wochen ein ganz besonderer Augenblick ist«, meinte er, als er mit ihr Arm in Arm die Treppe der *Casita de Campo* hochstieg.

»Aber es ist doch immer etwas Besonderes, mein Liebster«, erwiderte Charlotte. Während er die Schlafzimmertür öffnete, zog er sie noch näher an sich und küsste sie erneut.

Als Charlotte ihre Augen öffnete, staunte sie nicht schlecht. Aurelio hatte den Raum für ihr erstes Zusammensein wunderschön gestaltet. Die roten Vorhänge waren zugezogen, sodass die Sonne, die von draußen dagegen schien, das ganze Zimmer in ein rötliches Licht tauchte. Das Bett hatte er frisch überzogen, die Decke zurückgeschlagen und in der Bodenvase prangte ein riesiger Strauß mit dunkelroten Rosen. Auf den Nachttisch hatte Aurelio die beiden Weingläser aus schwerem, rotem Glas gestellt, die er 1984 für sie gekauft hatte, als sie sich zum ersten Mal wiedersahen. Daneben stand eine Flasche Rotwein, die bereits entkorkt war. Überall im Raum hatte er Kerzen verteilt, die er nun anzuzünden begann. Dann schenkte er den Wein ein. Charlotte war zutiefst gerührt und betrachtete ihn zärtlich mit strahlenden Augen. Aurelio hatte alles so liebevoll vorbereitet. Sie konnte sich nicht erinnern, dass jemals ein Mann in Deutschland sich so um sie bemüht hatte.

Er reichte ihr einen der beiden roten Pokale und stieß mit ihr an: »Auf deine Heimkehr. Willkommen zu Hause, meine Frau!«

Sie nahm einen großen Schluck, schließlich war es für sie gefühlte sieben Stunden später, also abends, da konnte sie sich ein Gläschen genehmigen. Ihre innere Uhr hatte sich noch nicht an die Uhrzeit der Neuen Welt angepasst. Aurelio leerte problemlos sein Glas, auch wenn es erst zwölf Uhr mittags war und er nicht unter einem Jetlag litt. Er war wesentlich trinkfester als sie.

Er nahm Charlotte das Glas aus der Hand und während sie sich umarmten, sanken sie auf das weiße Laken. Was nun folgte, waren mehr als die üblichen Zärtlichkeiten. Er bedeckte ihren Körper mit innigen Liebkosungen und sie hätte sich keinen einfühlsameren und fantasievolleren Liebhaber vorstellen können. Sie begegnete ihm mit der gleichen Leidenschaft.

»*Que felicidad, que felicidad! Te amo mucho y me faltabas tanto*«, was für eine Glückseligkeit! Ich liebe dich sehr, du hast mir unglaublich gefehlt, hauchte er in ihr Ohr.

»Du hast mir auch sehr gefehlt!« Sie biss ihm zärtlich ins Ohrläppchen. »Ich liebe dich mehr als alles auf der Welt.«

Dann versanken sie ineinander, um schon kurz darauf in Schwerelosigkeit miteinander abzuheben. Losgelöst von Zeit und Raum entschwebten sie in unendliche Sphären.

Als sie aus ihrem Rausch erwachten, lagen sie noch eine ganze Weile nahe beieinander. Sie mochten sich nicht trennen und wollten sich immer und immer wieder fühlen. Nach der langen zeitlichen und räumlichen Trennung konnten sie nicht genug voneinander bekommen. Sich körperlich zu vereinen und dabei auch noch zur seelischen Einheit zu werden, war eine unbeschreibliche Erfüllung, ein Geschenk, dass sie für alle Entsagungen entschädigte.

Aurelio rollte sich schließlich zur Seite, von wo er sie betrachtete. »Es wird Zeit, dass wir ans Meer fahren, damit du deine vornehme Blässe verlierst, meine *Gringa*!« Er lachte laut mit dem für ihn typischen Aurelio-Lachen, während seine dunkle Hand über ihre weiße Hüfte glitt. Der Unterschied zwischen ihren Hautfarben war enorm. Charlotte hatte die deutsche Winterfarbe mitgebracht, und er war noch dunkler als im letzten Sommer, denn in der Zeit ihrer Abwesenheit hatte er mit seinen Priesterkollegen ein paar Tage am Meer verbracht.

»Weißt du schon, wo wir hinfahren?« fragte sie ihn, während sie sich aufsetzte.

»Ich habe von Bekannten gehört, dass es am Pazifik in der Nähe von *Puerto Escondido* einen kleinen, netten Badeort geben soll, der gerade touristisch erschlossen wird«, erklärte er ihr.

»Nicht schlecht. Hauptsache, es ist nicht so ein Moloch wie *Cancún*. Wie heißt der Ort denn?« Er hatte sie neugierig gemacht.

»*Huatulco*. Genauer gesagt, *Bahias de Huatulco*, da gibt es nämlich jede Menge kleiner Badebuchten, wo man wunderbar schnorcheln kann.« Aurelio geriet fast ein bisschen ins Schwärmen.

»Buchten. Das klingt gut. Bloß keine offene See, davon bin ich bedient!« Charlottes Einstellung zum Meer hatte sich nach ihrem Unfall im letzten Sommer grundlegend geändert. Sie hatte mittlerweile einen riesigen Respekt vor Wellen und nicht unerhebliche Angst vor Unterströmungen.

»Das kann ich gut verstehen, mein Schatz, mir geht es genauso. Aber der Pazifik scheint dort, wo sich dieser Ort befindet, recht gemäßigt zu sein. Ein anderer Vorteil von *Huatulco* ist, dass es nicht weit weg von hier liegt. Es sind gerade mal zwischen 500 und 600 Kilometer, das schaffen wir an einem Tag, da müssen wir nicht einmal übernachten.«

»Wann, denkst du, können wir aufbrechen?« wollte Charlotte wissen.

»In zwei Tagen, habe ich gedacht. Dann können wir Silvester schon dort feiern. Was meinst du?«

»Super. Ich freue mich riesig drauf. Endlich Ferien und Freiheit und niemand kennt uns! Wunderbar!« Charlotte hätte die ganze Welt umarmen können.

Die beiden folgenden Tage gestalteten sich ruhig. Charlotte war noch voll im Jetlag und schlief tagsüber, während sie nachts hellwach war. Dann kochte sie Tee oder putzte ein wenig im Haus herum. Nach vier Monaten war die *Casita de Campo* wieder ziemlich eingestaubt und überall hingen Spinnweben. Deshalb packte Charlotte ihre Sachen auch gar nicht alle aus, sondern richtete nur einen Koffer mit Kleidern, die sie am Meer brauchen würde. Obwohl sie gerne mit Juanita gesprochen hätte, weil es sie brennend interessierte, wie es ihr ging, und sie vor allem wissen wollte, ob sie glücklich mit ihrem Mann sei, hatte sie trotzdem beschlossen, erst nach ihrem Urlaub mit ihr Kontakt aufzunehmen. Es war vielleicht besser, wenn sie gar nicht wusste, dass Charlotte wieder im Lande war. So würde die Gerüchteküche gar nicht erst angeworfen werden.

Aurelio hatte nicht zu viel versprochen. *Huatulco* war zauberhaft. Eine Bucht war schöner als die andere und jede war irgendwie anders. Da gab es welche, zu denen man nur mit einem kleinen Boot gelangen konnte, sie waren fast menschenleer. Andere wiederum konnte man nur zu Fuß durch ein kleines Wäldchen erreichen oder indem man auf einem engen Trampelpfad zwischen Felsen hinabstieg. Unten stieß man dann auf eine *Palapa*, eine kleine Hütte mit Strohdach, wo man *Refrescos*, *Agua de Jamaica* oder *Tamarindo*, *Cocos*, *Cervecas*, *Cacahuates* oder *Sabritas*, also Limonaden, Saftgetränke, Kokosnüsse, Bier, Erdnüsse oder Chips kaufen konnte. Am meisten freuten sie sich jedoch über die *Hamacas*, die zwischen den Palmen aufgehängt waren. Wenn man etwas konsumierte, durfte man sie benutzen, solange man wollte, und so lagen sie oft stundenlang leicht hin und her schaukelnd in einer der Hängematten, ließen sich eine leichte Brise um die Nase wehen und genossen das Rauschen des Meeres.

Manche Buchten konnte man zwar mit dem Auto erreichen, aber es war mühsam und langwierig, denn man musste über zwanzig Kilometer hinweg eine steinige, sandige Piste überwinden. Trotzdem hatten Charlotte und Aurelio sich eines Morgens zum Strand von San Augustin aufgemacht. Schweißgebadet waren sie nach über einer Stunde an einer wunderschönen einsamen Bucht mit einer kleinen Fischerhütte angekommen, die gleichzeitig als Restaurant fungierte, in dem man gegrillten Fisch und Meeresfrüchte zubereitete, angekommen. Sie hatten bei der Frau des Fischers ihr Essen bestellt, aber entschieden, vorher erst einmal zum Schnorcheln zu gehen. Der Strand war fantastisch. Feiner weißer Sand, hier und da eine Palme und ein imposantes vorgelagertes Riff, das an einer Stelle wie die Kuppe eines Berges aus der Wasseroberfläche herausragte. Drum herum plätscherte das Wasser mit kleinen sanften Wellenbewegungen dagegen, sonst war die See spiegelglatt und glasklar und schimmerte in allen möglichen Blautönen.

»Ist das schön.« Charlotte stand am Strand und blickte hinauf aufs Meer. »Hier gefällt es mir tausendmal besser als in *Cancún*. Das ist so ein wunderbarer Strand und vor allem muss man hier keine Angst haben.« Sie begann, ihre Taucherbrille überzuziehen und ihren Schnorchel unter dem Gummiband zu befestigen, während Aurelio mit seinen Flossen kämpfte. »Willst du die wirklich anziehen?« fragte sie ihn. Sie selbst mochte keine Flossen, weil diese sie zu sehr in ihrer Bewegungsfreiheit behinderten. »Da drüben am Riff werden wir bestimmt jede Menge Fische sehen.« Während sie dies sagte, ging sie weiter ins Wasser hinein, kühlte sich ein wenig ab, um sich gleich darauf abzustoßen und loszuschwimmen.

Charlotte hatte nicht zu viel erwartet. Trotz der Ufernähe wimmelte es von Fischen in allen Größen und Farben. Am besten gefielen ihr die bunten Doktorfische mit ihren unterschiedlichen Maserungen. Es gab sie in so vielen Variationen: gestreifte, gepunktete in Blau und Zitronengelb, manchmal waren sie auch unifarben. Meist waren sie in kleinen Gruppen unterwegs. Einige Fische waren sehr zutraulich und kamen ganz nah an Charlottes Finger herangeschwommen. »Komm her, ich esse dich auch nicht.« Glücklicherweise hatte sie sich einen Salat aus Meeresfrüchten bestellt. Faszinierend waren auch die Fischschwärme. Hunderte kleiner Fische schwammen in bestimmten Formationen an ihr vorbei, als hätten sie eine perfekte Choreografie eingeübt. Respekt hatte Charlotte vor dem *Pez aguja*, dem Nadelfisch oder Hornhecht. Er verdankte seinen Namen seiner Form, denn er sah wie eine 30 Zentimeter lange Nadel aus. Obwohl er im Wasser stand und sich kaum bewegte, traute ihm Charlotte nicht und machte einen Bogen um ihn herum.

Wie immer legte sie sich bewegungslos ins Wasser und ließ sich treiben. So konnte sie diese faszinierende Unterwasserwelt am besten beobachten, denn sie schreckte die Fische nicht auf. Am liebsten hätte sie hier stundenlang verweilt, denn stets gab es etwas Neues zu entdecken, und manche Fische machten sich einen Spaß daraus, sich hinter ihr anzusammeln. Nach einiger Zeit tauchte Aurelio neben ihr auf. Sie verständigten sich per Handzeichen, nebeneinander um den Felsen herumzuschwimmen. Was für ein beeindruckender Anblick. Dieser Felsen war ein richtiger Mikrokosmos. Plötzlich wurde sie etwas unsanft aus ihrer Schwärmerei gerissen, denn irgendetwas hatte ihren Oberarm berührt, der sogleich wie Feuer brannte. Charlotte wandte sich um, konnte jedoch nichts erkennen, da ihre Taucherbrille angelaufen war. Als sie jedoch kurz darauf genauer hinsah, bekam sie Panik. Sie rüttelte Aurelio heftig, tauchte kurz mit dem Kopf aus dem Wasser, entfernte den Schnorchel und rief ihm zu: »Da ist alles voll mit *Medusas*. Nichts wie raus!« In Windeseile schwammen sie zurück in die Richtung, aus der sie gekommen waren, und rannten aus dem Wasser, wobei Charlotte ohne Flossen eindeutig im Vorteil war. Ernüchtert ließen sie sich in den Sand fallen. Gott sei Dank hatte nur eine einzige sie berührt. Aurelio hatte Glück gehabt, er war mit keiner in Kontakt gekommen.

»Tut es sehr weh?« fragte er sie.

»Ach was. Es fühlt sich an wie eine kleine Verbrennung. Aber wenn wir weiter um den Felsen herum geschnorchelt wären, hätten wir schlechte Karten gehabt. Das waren Hunderte, wenn nicht Tausende von Quallen, die sich da angesammelt hatten. Ich habe gedacht, ich sehe nicht recht«, antwortete Charlotte.

»Aber schön sahen sie aus, wie kleine Fallschirmspringer«, meinte Aurelio.

»Schon. Aber in der Menge haben sie mich eher an die Invasion der Amerikaner in der Normandie erinnert, da sind 1944 über 17.000 Fallschirmjäger abgesprungen«, meinte Charlotte.

»Du meinst den D-Day?«, fragte Aurelio nach und lachte. »Du hast wirklich eine blühende Fantasie.«

Nach dieser Erfahrung war die *Playa de San Augustin* erst mal aus der Liste ihrer Lieblingsstrände gestrichen. Dagegen fühlten sie sich an der *Playa Entrega*, an der sich ein einfaches Fischrestaurant an das andere reihte, ausgesprochen wohl. Der Strand war ideal zum Schnorcheln und er war vor allen Dingen auch gut mit dem Auto zu erreichen. Schön war es auch in *Santa Cruz*, wo die Jachten lagen und immer mal wieder ein Kreuzfahrtschiff anlegte. Dadurch waren die Cafés und Restaurants hier etwas eleganter und es gab auch unzählige Geschäfte, in denen Silberschmuck, Lederwaren, die typische Textilkunst von *Oaxaca* mit ihren üppigen Stickereien und sonstige Souvenirs verkauft wurden.

Charlottes Lieblingsstrand befand sich jedoch an der Peripherie des Ortes. *Bocana de Copalita*, lag genau an der Stelle, wo der Urwaldfluss Copalita ins Meer mündete. Da es keine Bucht war, konnte man hier nicht schwimmen, denn das Meer war offen und dementsprechend rau. Doch dafür wurde man mit der Wildheit und Ursprünglichkeit dieses kilometerlangen Sandstrandes entlohnt. Charlotte liebte es, hier lange Spaziergänge besonders in den späten Nachmittagsstunden zu machen, wenn es nicht mehr so heiß war. Durch die hohen Wellen und die großen Schwankungen der Gezeiten wurde alles Mögliche angespült. Es gab Steine in vielen verschiedenen Farben und Muscheln, mitunter waren sogar Skelettteile von toten Tieren darunter, einmal sogar ein blitzsauber ausgewaschener Schädel vermutlich eines Wildhundes, aber vor allem gab es jede Menge Treibholz. Manchmal waren es sogar ganze Bäume, die wie bizarre Skulpturen aus dem Sand ragten. Charlotte hatte das Gefühl, dass Gott sich auf diesem Fleckchen Erde als Bildhauer präsentierte.

Doch nicht nur das Meer faszinierte die beiden. Auch das Städtchen selbst war einzigartig. *La Crucecita* war der Ortskern, der erst in den 70er-Jahren gegründet worden war. Hier hatten sich damals Einheimische niedergelassen und nach typisch mexikanischem Muster eine Kleinstadt aufgebaut. Alle Straßen verliefen im rechten Winkel zueinander und im Zentrum der Ansiedlung war der *Zócalo*, um den herum sich die Kirche und verschiedene Gebäude der Ortsverwaltung befanden. Hier schlug das Herz von Huatulco, hier traf man sich am Abend, saß auf den Bänken, erzählte miteinander, ging spazieren, manchmal gab es sogar Musik und ein paar fliegende Händler, meist waren es Indianer, die Kunsthandwerkliches anboten.

Nach und nach hatten sich hier auch ein paar Ausländer niedergelassen. Einige Kanadier, die im warmen Süden überwinterten, darüber hinaus gab es Franzosen und mehrere Italiener, die ein kleines Eiscafé oder eine Pizzeria eröffnet hatten. Es gab auch eine Markthalle, in der es alles Mögliche zu kaufen gab und viele *Abarrotes* sowie einen kleinen Supermarkt. Sogar ein Kinocenter hatte am Ortsrand aufgemacht, in dem man hauptsächlich Filme aus den USA mit mexikanischen Untertiteln sehen konnte. Dadurch, dass *Huatulco* erst so spät gegründet worden war, gab es kaum verfilzte Strukturen innerhalb der Bewohnerschaft. Hier mischte sich niemand in die Angelegenheit des anderen ein, Klatsch und Tratsch gab es so gut wie nicht und die Art und Weise, wie man einander begegnete, war von Liberalität und Toleranz geprägt. So war es nicht verwunderlich, dass Aurelio und Charlotte sich beide vom ersten Moment an wohl an diesem Ort fühlten. Er hatte seine mexikanische Identität bewahrt und trotzdem eine gewisse Internationalität entwickelt. *Huatulco* hatte genau so viel Tourismus, wie man für sein Wohlbefinden brauchte.

»Weißt du, dass es der Schönste aller Orte ist, die wir je besucht haben?«, meinte Charlotte zu Aurelio, als sie am Silvesterabend in der lauschigen Patio, im offenen Innenhof des Hotels *Flamboyant*, das direkt am *Zócalo* von *La Crucecita* lag, saßen und warteten, dass der Zeiger auf die Zwölf springen würde und das Jahr 1999 einläutete. Sie hatten eine Flasche Cidre vor sich stehen, denn es gab weder Sekt noch Champagner, das kannte man in *Huatulco* nicht. Dafür hatte man ihnen zwei Schälchen mit jeweils zwölf Weinbeeren hingestellt.

»Ich finde dieses Fleckchen Erde so schön, ich könnte mir gut vorstellen, hier mit dir zu leben«, meinte Charlotte verträumt.

Aurelio blickte in den sternenklaren Himmel. »Das könnte ich auch, und wer weiß, was er da oben noch alles mit uns vorhat, vielleicht landen wir tatsächlich irgendwann einmal hier.« Er zog Charlotte an sich und küsste sie.

»Das wäre wunderschön. Hier könnte ich es aushalten. Meinst du, es wird irgendwann einmal wahr?« Sie schaute ihn voller Sehnsucht an.

»Warum nicht«, erwiderte Aurelio, »ich mache mir öfter darüber Gedanken, als du vielleicht denkst. Aber lass uns darüber ein anderes Mal reden, denn ich habe da so eine Idee. Warte, bis wir wieder in *Teopisca* sind.«

Charlotte schaute ihn verwundert an. Was er ihr wohl vorschlagen würde? Sie war gespannt, aber sie würde ihn nicht bedrängen. Wenn sie eines in den letzten beiden Jahren gelernt hatte, dann war es, Geduld zu haben.

»Sag mal«, fuhr sie fort, » warum haben die uns denn Weinbeeren hingestellt? Ich hätte Erdnüsse oder ein bisschen Käse mit Oliven besser gefunden. Die machen doch zusammen mit diesem Apfelschaumwein Sodbrennen.« Charlotte betrachtete das Obst skeptisch. Sie hatte das Gefühl, dass allein schon vom Hinsehen ihre Magensäure anschwoll.

Er lachte: » Da kommst du nicht drum herum, meine Liebe. Das ist ein alter spanischer Brauch, den unsere lieben Eroberer mitgebracht haben. Jede Beere steht für einen Monat des kommenden Jahres. Wenn jetzt um 12 Uhr die Kirchenglocken läuten, musst du bei jedem Glockenschlag eine in den Mund nehmen und dir etwas wünschen.«

Charlotte blickte ihn leicht verstört an. »Dieser Brauch ist eine Herausforderung. So schnell kann ich doch gar nicht schlucken.«

»Dann isst du sie eben langsamer, ich glaube, deine Wünsche erfüllen sich trotzdem«, beruhigte Aurelio sie lächelnd.

Als dann um zwölf Uhr die Glocken das neue Jahr einläuteten, begannen sie beide ihre Weinbeeren eine nach der anderen zu essen. Charlotte hielt bei jeder einzelnen einen Moment inne, schloss die Augen und wandte ihr Gesicht gen Himmel.

»Was hast du dir gewünscht?« fragte er sie.

»Das verrate ich dir nicht. Da bin ich abergläubisch, sonst geht es vielleicht nicht in Erfüllung«, antwortete sie ihm. »Und du?«

»Ich verrate auch nichts«, meinte er fast schon trotzig, und anstatt weiterzusprechen, schlossen sie sich wie alle um sie herum in die Arme und wünschten sich alles Gute für das gerade angebrochene neue Jahr

»Weißt du, dass gerade das letzte Jahr dieses Jahrtausends beginnt?«, meinte Aurelio.

»Ja, nächstes Jahr beginnt eine neue Epoche. Schon komisch, dass dann eine Zwei vor der Jahreszahl steht. Ich kann mir das noch gar nicht so richtig vorstellen«, antwortete Charlotte.

»Ich schon«, erwiderte er, »und ich fühle auch, dass sich in dem neuen Millenium mein Leben gewaltig verändern wird. Die Zeichen stehen auf Abschied, aber auch auf Neuanfang.« Aurelio blickte sie nachdenklich an.

»Ich habe ein Lieblingsgedicht, in dem es genau darum geht«, meinte Charlotte. »Es ist von Hermann Hesse und heißt *Stufen*. Lass mich nachdenken. Ganz bekomme ich es auswendig nicht zusammen, aber vielleicht kann ich einen kleinen Abschnitt für dich rezitieren:

Es muss das Herz bei jedem Lebensrufe
bereit zum Abschied sein und Neubeginne,
um sich in Tapferkeit und ohne Trauern
in andre, neue Bindungen zu geben.
Und jedem Anfang wohnt ein Zauber inne,
der uns beschützt und der uns hilft zu leben.

27. Panne

Die beiden Wochen in *Huatulco* waren wunderschön gewesen, leider waren sie viel zu schnell vergangen. Allerdings hatte es auf der Heimfahrt noch einen kleinen Wermutstropfen gegeben. Die Fernstraße, die von *Huatulco* in Richtung *Salina Cruz* führte, war gebirgig und führte um ein paar Kilometer ins Hinterland versetzt an der Küste entlang. Es war eine langweilige Strecke, an der alle zehn bis zwanzig Kilometer eine kleine Ansiedlung lag, Straßendörfer mit einfachen niedrigen, meist nicht einmal verputzten Häusern, dazwischen rechts und links vertrocknete graue Bäume und Gestrüpp.

Aurelio hatte Charlotte das Lenkrad übergeben. Ihr bereiteten die Kurven keine Probleme, schließlich hatte sie elf Jahre im Schwarzwald gelebt und genug Gelegenheit gehabt, das Fahren in gebirgigem Gelände zu üben. Was sie jedoch störte, war die Tatsache, dass der Wagen nicht richtig zog und sie hatte darüber hinaus den Eindruck, dass es mit jedem Kilometer schlimmer wurde.

»Warum fährst du denn so langsam den Berg hinauf? Gib doch mal ein bisschen mehr Gas, Charlotte«, forderte Aurelio sie auf.

»Du hast gut reden, das liegt nicht an mir, sondern an deinem Auto. Ich fahre schon die ganze Zeit mit Bleifuß. Das Gaspedal ist ganz durchgedrückt und trotzdem werde ich immer langsamer«, verteidigte sie sich.

Sie hatte kaum ihren Satz beendet, als der Wagen stockte und anfing, kleine Sprünge zu machen wie ein Kaninchen. Sie hoppelten regelrecht den Hügel hinauf, und Charlotte schaffte es gerade noch, den Wagen in Richtung Straßenrand zu steuern. Dann gab der Motor seinen Geist auf.

»Das hat uns gerade noch gefehlt«, seufzte Charlotte.

»Komm, lass mich mal ans Steuer.« Sie stiegen aus und wechselten die Seiten. Aurelio drehte den Schlüssel um, doch es tat sich nichts.

»Was machen wir denn jetzt bloß? Wir sind mitten in der Pampa. Hier ist kein Dorf, und keine Menschenseele ist zu sehen, absolut gar nichts. Wir befinden uns in *The middle of nowhere*. Gibt es in Mexiko so etwas wie Notruftelefone?« Sie stellte die Frage, obwohl sie die Antwort eigentlich schon kannte, denn sie hatte noch nie eine solche Säule gesehen.

»Ich muss dich enttäuschen, aber solche technischen Einrichtungen kennt man hier nicht«, meinte Aurelio kopfschüttelnd.

»Und was machen wir jetzt?« Sie schaute ihn besorgt an.

»Jetzt sichern wir erst einmal die Stelle ab«, erklärte er ihr. »Wir stehen ja mitten in der Kurve.«

»Wo hast du denn dein Warndreieck?«, wollte Charlotte wissen. »Hoffentlich nicht unter all den Koffern und Taschen.«

»Warndreieck? So etwas besitze ich nicht«, erklärte er ihr seelenruhig.

»Aber das ist doch Pflicht.« Ihre Stimme klang vorwurfsvoll.

»Hier ist gar nichts Pflicht.« Er lachte. »Wir sind nicht in Deutschland, mein Liebling. Hier legt man ein paar Steine und ein paar Äste auf die Fahrbahn, dann weiß jeder Bescheid.« Während er dies sagte, ging er schon auf das Gebüsch zu und kam kurz darauf mit einem Bündel Gestrüpp zurück, das er hinter der Kurve auf die Straße legte.

Charlotte atmete tief durch. Wahrscheinlich würde sie sich nie an das mexikanische Improvisationstalent gewöhnen. Doch es sollte noch drastischer kommen.

Sie standen eine ganze Weile am Straßenrand, bis endlich ein Auto angefahren kam. Aurelio ging nach vorne und gab dem Fahrer mit entsprechenden Handbewegungen zu verstehen, dass er doch bitte anhalten solle. Der blieb auch tatsächlich stehen. Es war ein junger Taxifahrer, der zunächst die Kühlerhaube anhob und sich den Motor anschaute. Dann schüttelte er den Kopf: »Das kann ich leider nicht reparieren. Es scheint die Benzinpumpe zu sein. Ich kann Ihnen nur anbieten, Sie ins nächste Dorf abzuschleppen. Da hat mein Onkel eine kleine Werkstatt.«

Charlotte atmete auf, als sie das hörte. Wenigstens kamen sie von der Straße runter. Allerdings gestaltete sich das Abschleppen etwas anders, als sie es sich vorgestellt hatte, denn weder der Taxifahrer noch Aurelio besaßen ein Abschleppseil. Das war nämlich auch keine Pflicht.

Doch wie sollten sie dann von hier wegkommen? Auch jetzt kam wieder das unnachahmliche Improvisationstalent der Mexikaner zum Einsatz. Denn Aurelio zog eine der Decken, die Charlotte in *Huatulco* gekauft hatte, teilweise aus dem Kofferraum heraus, ließ diese schützend über die Stoßstange hängen und schloss die Tür, sodass die Decke verklemmt war und nicht herausrutschen konnte. Dann fuhr der Taxifahrer hinter sie und drückte ihren Wagen mit der Stoßstange weg. Er trieb sie kilometerlang vor sich her, während Aurelio sein Auto nur noch lenken musste. Für Charlotte war es eine gefühlte Ewigkeit, die der junge Mann sie bergauf, bergab, linksherum und rechtsherum quer durch den Urwald schob. Charlotte staunte nicht schlecht. Auf so eine Idee wäre in Deutschland kein Mensch gekommen. Aber da gab es schließlich auch Automobilclubs. Wieder wurde ihr bewusst, wie bequem das Leben in Deutschland war.

Da es mittlerweile schon später Nachmittag war, teilte ihnen der Besitzer der Werkstatt mit, dass er das Auto an diesem Abend nicht fertigreparieren könnte, aber das sei nicht so schlimm, denn es gebe im Ort eine kleine Pension und auch ein Restaurant, wo sie etwas zu essen bekämen.

So lästig Charlotte dieses Missgeschick empfunden hatte, so sehr freute sie sich letztendlich darüber, dass dadurch ihre Ferien um einen Tag verlängert wurden. Das Missgeschick hatte ihr eine zusätzliche Nacht in Aurelios Armen geschenkt.

28. Rocco

Der Wecker ratterte erbarmungslos. Es war fünf Uhr morgens und noch stockdunkel draußen. Sie fröstelte, denn darüber hinaus war es auch noch grimmig kalt. Charlotte befreite sich aus Aurelios Umarmung und knipste die kleine Jesus-Nachttischlampe an. Mit noch halb geschlossenen Augen tastete sie den Nachttisch ab, bis sie das Ungeheuer endlich fand und zum Schweigen brachte.

Aurelio streckte sich unter der Decke. Er war noch hundemüde, denn sie hatten, wie meist, wenn sie zusammen die Nacht verbrachten, nur wenig geschlafen. Sie mussten so lange Zeit aufeinander verzichten, dass sie in den wenigen Monaten, in denen sie zusammen waren, nicht voneinander lassen konnten. Aurelio setzte sich auf die Bettkante und schlüpfte schnell in seine Hose und seinen dicken Pullover.

»Es ist schon spät, ich muss mich beeilen, mein Schatz.«

»Soll ich dir nicht noch schnell einen Kaffee machen?« Charlotte machte Anstalten, ebenfalls aufzustehen.

Aurelio hielt sie jedoch fest: »Du bleibst schön im Bett liegen. Du hast Ferien.« Er legte die Polyesterdecke mit dem Hundemotiv auf die schwere Steppdecke »Damit du nicht frierst, wenn ich dich jetzt nicht mehr wärmen kann.« Fürsorglich stopfte er die Decken an beiden Seiten unter ihren Körper, sodass sie eingemummelt war bis zur Nasenspitze. »Ich muss dann halt nach der Frühmesse duschen und frühstücken«, murmelte er vor sich hin, »vorher schaffe ich das nicht mehr.« Und wieder zu Charlotte gewandt, meinte er: »Ich komme morgen Nachmittag so gegen zwei Uhr, dann können wir uns die Ankunft des Papstes in Mexico City ansehen. Du brauchst nichts kochen, ich bringe etwas mit. Und nun schlaf schön weiter, meine Liebste, und *sueña con los angelitos*«, träume mit den Engelchen.

Im Gehen kämmte er sich die Haare streng und akkurat nach hinten. Vor ihrer Bettseite blieb er noch einmal stehen.

Er beugte sich zu ihr hinunter, nahm ihr Gesicht in beide Hände und gab ihr einen Kuss auf die Stirn. Schweigend ging er zur Tür hinaus. Auf dem Weg von seiner Bettseite zur Tür war er wieder zum Priester geworden.

Charlotte hörte, wie unten die Tür ins Schloss fiel und er den Motor anließ. »In einer Dreiviertelstunde wird er in seiner Soutane in der Kirche von *Rosas* mit feierlicher Miene die Frühmesse zelebrieren, umhüllt von Weihrauch und den Düften unserer erfüllten Liebesnacht«, dachte sie und musste bei dieser Vorstellung unweigerlich grinsen. Sie nahm Aurelios Kopfkissen in ihre Arme und glücklich schlief sie nochmals ein.

Als sie drei Stunden später erwachte, war es draußen taghell und es gackerte, zwitscherte und blökte aus allen Himmelsrichtungen. Charlotte hätte ewig so daliegen können, sie fühlte sich so wohl und geborgen zwischen den Laken, die noch immer den Duft ihrer unstillbaren Lust verströmten.

Aber es half alles nichts. Es ging bereits auf Viertel nach acht zu. In einer Dreiviertelstunde würde Juanita zum ersten Mal nach fünf Monaten wieder zu ihr kommen. Charlotte war gespannt, was sie zu berichten hatte, denn es interessierte sie brennend, wie es dem Mädchen im letzten halben Jahr ergangen war. Sie hatte schon versucht, Aurelio auszufragen, aber der hatte Juanita in den letzten Monaten nicht gesehen und darum auch nichts sagen können. Das war auch kein Wunder, denn er kam, wenn Charlotte in Deutschland war, nur ab und zu wegen seiner Schweinezucht nach *Teopisca*. Dann schaute er bei Salustia rein und fuhr kurz draußen an der *Casita de Campo* vorbei.

Jetzt musste Charlotte sich sputen, denn bis Juanita eintreffen würde, musste Charlotte geduscht haben und alle Spuren der »Sünde« mussten beseitigt sein. Die Heimlichtuerei nervte Charlotte gewaltig. Es entsprach so überhaupt nicht ihrem Charakter, und darum hatte sie schon mehrfach ernsthaft darüber nachgedacht, ob sie Juanita nicht doch reinen Wein einschenken sollte.

Als Charlotte die Tür öffnete, erschrak sie. Juanita sah schlecht aus. Sie hatte dunkle Ränder um die Augen, und nichts in ihrem Gesicht erinnerte mehr an das frische, junge Mädchen, das sie im letzten Sommer kennengelernt hatte. Sie trug den obligatorischen *Mandil*, der jedoch nicht verbergen konnte, dass sie schwanger war. Ihren Rundungen nach zu urteilen, musste sie eine erfolgreiche Hochzeitsnacht erlebt haben, denn sie war mindestens im vierten Monat. »Komm rein, Juanita.« Charlotte umarmte sie. »Ich freue mich, dich zu sehen.«

Schweigend gingen sie miteinander ins Esszimmer. »Bevor du zu arbeiten anfängst, trinken wir erst einmal eine Tasse Kaffee zusammen. Ich habe schon einen gekocht. Komm, setzt dich hin. Es steht schon alles auf dem Tisch«, begann Charlotte das Gespräch. Als sie kurz darauf nebeneinander am Tisch saßen, trank Juanita stumm ihren Kaffee. Sie erschien Charlotte überaus ernst.

»Juanita, was ist mir dir?« Sie blickte das Mädchen besorgt an. »Du bekommst ein Baby, wie ich sehe, aber du wirkst nicht wie eine glückliche werdende Mama auf mich, oder irre ich mich da?«

Juanita schüttelte den Kopf.

»Was ist passiert? Ist dein Mann nicht gut zu dir? Betrügt oder schlägt er dich? Ich sehe doch, dass es dir nicht gut geht.« Sorgenvoll betrachtete Charlotte das Mädchen.

Juanita blickte auf, und während ihr die Tränen kamen, sagte sie: »Mein Mann lebt nicht mehr. Rocco hat sich Ende November das Leben genommen.«

Charlotte schlug die Hände vor den Mund, sie war entsetzt über das, was sie da hörte. »Das ist ja schrecklich! Dein Mann hat sich umgebracht?« wiederholte sie stockend, während sie Juanitas Hand ergriff. »Ich kann dir gar nicht sagen, wie leid mir das tut. Ich habe deinen Mann leider nicht persönlich gekannt, aber das erschüttert mich.« Für einen Augenblick war Charlotte sprachlos. Als sie langsam ihre Fassung zurückgewann, meinte sie: »Magst du mir ein bisschen was von ihm erzählen und auch über das, was passiert ist?«

Juanita nickte und dann begann sie, ihr all das zu berichten, was sich in den letzten Monaten ereignet hatte. Es war eine traurige Geschichte. Zunächst erzählte sie von ihrer Hochzeit. Es musste ein wunderschönes Fest gewesen sein. Sie betonte noch einmal, dass sie es sehr bedauert habe, dass Padre Aurelio nicht gekommen sei.

»Ich weiß, er hat es mir erzählt«, erklärte ihr Charlotte, »er wäre gerne dabei gewesen, aber in seiner Gemeinde in *Rosas* hat es am Abend zuvor einen Todesfall gegeben und so war er den ganzen Tag mit den Trauerfeierlichkeiten beschäftigt.«

Juanita beschrieb ihren Rocco als freundlichen, großzügigen Mann und sagte Charlotte, dass sie nie in ihrem Leben so glücklich gewesen sei wie in der kurzen Zeit mit ihm. Sie erzählte ihr, dass er schon ein paar Tage nach ihrer Heirat den Kontakt zu seinem Vater abgebrochen habe. Dieser sei nämlich aus dem Gefängnis entlassen worden und bei ihnen zu Hause aufgetaucht. Rocco habe ihm jedoch die Tür gewiesen und ihm gesagt, er wolle nichts mehr mit ihm und seinen verbrecherischen Machenschaften zu tun haben. Dann erzählte Juanita ihr mit strahlenden Augen, dass im Oktober ihre Periode ausgeblieben sei und Rocco, als er gehört habe, dass er Vater werde, sich wahnsinnig gefreut habe und sie sogar schon Namen für ihr Kind ausgesucht hätten. Aber dann sei Rocco Mitte November plötzlich sehr bedrückt gewesen und eines Tages sei er nicht mehr nach Hause gekommen. Tagelang habe man nach ihm gesucht und sie sei während der Zeit durch die Hölle gegangen. Sie hätten ihn schließlich in einem Waldstück gefunden, erhängt an einem Baum. Juanita weinte bitterlich, als sie Charlotte all das schilderte.

»Weiß man denn, warum er sich das Leben genommen hat?«, hakte Charlotte nach.

»Seine Freunde und mein Vater meinten, er sei depressiv gewesen. Die Leute zerreißen sich natürlich die Mäuler und behaupten alles Mögliche.« Juanita schniefte in ihr Taschentuch. »Insbesondere weil er auch keine richtige Beerdigung bekommen hat. Der Priester unserer Pfarrei hat sich geweigert, ihn beizusetzen, weil Selbstmord eine Todsünde sei.«

»Mein Gott, was für ein Idiot.« Charlotte war wütend über die Unmenschlichkeit dieses Priesters, der sich anmaßte, eine Kirche zu vertreten, welche die Liebe predigte, und selbst zu keinerlei Empathie für seine Mitmenschen fähig war. »Schade, dass du nicht Padre Aurelio gefragt hast. Er hat mir mal von einem vergleichbaren Fall in seiner Gemeinde erzählt. Er hat damals mit Don Samuel gesprochen und der Bischof hatte ihn darin bestärkt, für die Frau eine Messe zu lesen. Padre Aurelio hätte deinen Mann mit Sicherheit beerdigt.«

»Mir ging es damals furchtbar schlecht, ich hatte keine Kraft, mich dagegen zu wehren«, erklärte Juanita, und Charlotte wurde klar, dass das Mädchen mit dieser Situation hoffnungslos überfordert gewesen war.

»Aber mich würde doch interessieren, Juanita, was du persönlich glaubst, warum er sich umgebracht hat?« Charlotte ließ die Sache keine Ruhe.

Juanita schaute sie traurig an. »Ich weiß es nicht, warum er es getan haben soll. Ich hatte nie den Eindruck, dass er Depressionen hatte. Vielleicht war es auch alles ganz anders. Da gibt es einiges, was mir nicht aus dem Kopf gehen will. Aber darüber kann ich nicht reden, Doña Charlotte. Das ist gefährlich«, meinte sie abschließend.

»Das hat doch sicher mit seiner Familie zu tun, oder?« Charlotte hatte Juanitas Anspielungen verstanden. Charlotte waren die ganze Zeit schon Aurelios damalige Kommentare eingefallen, als er gehört hatte, dass Rocco der Sohn von Luis Luna war.

Juanita nickte. »Armando meint jedoch, ich solle die Toten ruhen lassen und nicht länger irgendwelchen Verschwörungstheorien nachhängen.«

»Armando. Wer ist Armando?« Charlotte hatte diesen Namen noch nie gehört.

Juanita zögerte einen Moment, dann erklärte sie: »Armando ist mein neuer Mann. Er war ein Freund von Rocco und hat sich meiner angenommen. Ich wusste nach dem Tod von Rocco nicht mehr, wo ich noch hingehen sollte. Seine Familie hat mich aus unserer Wohnung gejagt und nach Hause wollte ich nicht zurück. Mein Vater benimmt sich schlimmer denn je. Meine Mutter geht durch die Hölle. Dahin wollte ich auf gar keinen Fall. Ich habe Ihnen das nie so deutlich gesagt, Doña Charlotte, aber mein Vater hatte nicht nur diese junge Geliebte, er hat sich auch, seit ich zwölf Jahre war, immer wieder in mein Bett gelegt. Deshalb habe ich doch auch so früh geheiratet, ich wollte daheim unbedingt raus. Und als mich Armando vor Weihnachten gefragt hat, ob ich seine Frau werden will, und mir versprach, für mich und mein Kind zu sorgen, habe ich seinen Antrag angenommen. Anfang des Jahres bin ich dann zu ihm und seiner Mutter gezogen.« Juanita hatte schnell und ohne Punkt und Komma geredet. Es war geradezu aus ihr herausgesprudelt, als wollte sie sich Luft machen.

Für Charlotte war all das harter Tobak. Sie musste ob dieser Offenbarungen erst einmal tief durchatmen. Sie empfand das alles nur noch chaotisch. Juanita stürzte sich von einer Abhängigkeit in die andere in der Hoffnung, zur Ruhe zu kommen und ihrem Leben endlich Sicherheit und Stabilität zu geben. Aber das konnte doch nie und nimmer der richtige Weg sein. Trotzdem konnte Charlotte das Mädchen irgendwie verstehen. Wo hätte sie als junge schwangere Witwe schon hingehen sollen? Blieb nur zu hoffen, dass dieser Armando ein anständiger Kerl war. Charlotte würde ihn in den nächsten Wochen sicher noch kennenlernen. Für den Augenblick hielt sie es jedoch für besser, das Gespräch nicht zu vertiefen.

29. HABEMUS PAPAM

Als sie aus der Dusche herauskam, fror sie erbärmlich. Das Haus war wie immer kalt. Den ganzen Morgen über war es nebelig gewesen und hatte geregnet, was absolut ungewöhnlich für die Jahreszeit war. Normalerweise waren die mexikanischen Winter trocken. Aber auf der ganzen Welt schien das Klima verrückt zu spielen. Auf den Kanaren gab es Unwetter, die Vereinigten Staaten von Amerika litten unter gewaltigen Schneemassen und in Deutschland stieg das Thermometer im Januar auf 15 Grad Celsius.

Überall wurde gemutmaßt, dass dies die Folgen von *El Niño* seien. Eine weltweite Klimaverschiebung schien wohl unabwendbar. Im Internet und in den Fernsehnachrichten wurde lapidar festgestellt, dass die globale Veränderung des Wetters weitere Katastrophen zur Folge haben werde. So werde das Ansteigen der Ozeane immer mehr Menschen ihren Lebensraum rauben und Anbaugebiete vernichten, was zu zahlreichen Hungersnöten führen werde. Der mexikanische Nachrichtensprecher von *TV Azteca* verlas diese Hiobsbotschaften mit einem telegenen Lächeln auf den Lippen, dass man hätte meinen können, er verstehe die Texte überhaupt nicht, die er vorlas. Er sprach in einer Art und Weise über Symptome, die langfristig die Vernichtung jeglichen Lebens auf unserem Planeten bedeuten konnten, als würde ihn das alles nicht betreffen. Charlotte fiel ein altes Zitat von Jane Fonda ein: »Wir gehen mit dieser Welt um, als hätten wir noch eine zweite im Kofferraum.« Wie recht sie doch hatte.

Aber wahrscheinlich war der Nachrichtensprecher mit seinen Gedanken schon bei der nächsten Meldung, der Nachricht, die seit Wochen das mexikanische Fernsehen und das ganze mexikanische Volk in Atem hielt: der Besuch des Papstes.

Seit Charlotte in Mexiko angekommen war, beherrschte dieses Thema die Medien. *Juan Pablo II.*, Johannes Paul II., *El Santo Papa*, der Heilige Vater würde Mexiko zum vierten Mal besuchen. Im Fernsehen wurde jede Werbepause zwischen den allabendlichen Telenovelas dazu benutzt, um in einem Spot auf den Besuch hinzuweisen. Am unerträglichsten fand Charlotte die Sequenz, in der ein junges Ehepaar seiner kleinen Tochter im Esszimmer freudestrahlend erzählte, dass der Papst in ein paar Wochen nach Mexiko komme. Die Mutter, die einen kleinen Jungen auf dem Arm hielt, bekam bei diesen Worten einen verklärten Blick, worauf ihr Ehemann sie liebevoll anschaute und sie schließlich umarmte. Dann sah man eine Rückblende: Dieselbe Frau lag weinend mit ihrem Mann im Bett. Sie hatte Angst vor einer Fehlgeburt, fürchtete, ihr Kind zu verlieren. Doch dann fiel ihr Blick auf das gerahmte Foto vom Juan Pablo II., das auf ihrem Nachttisch stand. Sie griff danach, küsste es und begann zu beten. Damit war die Rückblende beendet und die Einstellung im Esszimmer wurde wieder aufgegriffen. Das kleine Mädchen lächelte nun seine Mutter an und sagte: »Mami, du hast bestimmt gerade daran gedacht, dass der liebe Papst meinen kleinen Bruder Juan-Pablo gerettet hat.« Die Mutter nickte mit Tränen in den Augen und die ganze Familie umarmte sich.

Charlotte bekam jedes Mal das kalte Grausen, wenn sie diesen Werbespot über sich ergehen lassen musste. Wenn Aurelio da war, grinste er nur kommentarlos. Charlotte war von seiner Reaktion seltsam berührt. Sie schien gewollt zweideutig zu sein, denn er wollte offensichtlich dazu keine klare Stellungnahme abgeben.

In einem anderen Spot wurden die Mexikaner aufgefordert, eine bestimmte Telefonnummer anzurufen und Seiner Heiligkeit eine Nachricht zu hinterlassen. Dies erschien zunächst harmlos. Der Haken dabei war nur, dass die Anrufer dafür gewaltig löhnen mussten. Umgerechnet fast eine

Mark pro Minute. Betrachtete man das Durchschnittseinkommen der Mexikaner, war das eine gewaltige Summe. Im Vergleich dazu waren die Telefonsexnummern, für die die Privatsender in Deutschland nachts Werbung machten, direkt preisgünstig.

In Hunderten von Bussen waren Mexikaner für umgerechnet rund zweihundert Mark pro Person aus allen Landesteilen angereist, um bei der Ankunft des Pontifex in Mexico City dabei zu sein.

Schließlich war es so weit. Um 13.30 Uhr sollte die Alitalia auf dem Flughafen der Hauptstadt landen. Natürlich wurde alles live übertragen. Charlotte hatte gerade den Fernseher eingeschaltet, um das Spektakel mitzuerleben. Ein wahnsinniger Menschenauflauf. Tausende geladener Gäste waren auf dem Flughafen und rund vier Millionen auf den Straßen von Mexico City. Es herrschte regelrechte Volksfeststimmung. Rheinische Karnevalsumzüge am Rosenmontag waren dagegen Peanuts.

Sie hatte sich gerade mit einem *Refresco*, einem Erfrischungsgetränk auf der kleinen Couch niedergelassen, als die Tür zum Wohnraum aufging. Aurelio stand im Türrahmen.

»Ist er schon gelandet?« Er blickte gespannt auf den Bildschirm.

»Nein, aber die Maschine muss jeden Moment auftauchen und zum Landeanflug ansetzen.«

»Ein großer Moment. Im ganzen Land werden in jedem Ort die Glocken der Kirchen läuten.« Aurelios Augen leuchteten leicht euphorisch.

Charlotte konnte das alles nur schwer nachempfinden. wie konnte er nur so viel Begeisterung aufbringen für den Mann, der einen großen Anteil an ihrem persönlichen Unglück hatte? Der mariengläubige Pole Karol Wojtyla hatte alles eingerissen, was der reformwillige Johannes XXIII. beim Zweiten Vatikanischen Konzil angestoßen und eingeleitet und der konservative Paul VI. ausgesessen hatte und was der fortschrittliche Johannes Paul I. vollenden wollte. Bedauerlicherweise hatte er dieses Bestreben nicht überlebt, denn man hatte ihn einen Monat nach seiner Wahl zum Papst im Vatikan ermordet. Eigentlich hätte Karol Wojtyla sich niemals Johannes Paul II. nennen dürfen, da er mit seinem unmittelbaren Vorgänger absolut überhaupt nichts gemein hatte. Er war alles andere als zukunftsgewandt und in keiner Weise reformwillig. Insofern war es nicht erstaunlich, dass er unmittelbar nach seiner Wahl nichts Besseres wusste, als in seinem ersten Hirtenbrief alle Priester an die Einhaltung des Zölibats zu erinnern. Als ob es kein größeres Problem auf dieser Welt gäbe.

Schließlich tauchte die Maschine auf. Doch anstatt die Landung am Fernsehapparat mitzuverfolgen, stürmte Aurelio zum Telefon. »Ich muss zu Hause anrufen, damit sie die Glocken läuten.«

Es tat Charlotte noch immer weh, wenn er von »zu Hause« sprach und damit nicht die *Casita de Campo* in *Teopisca*, sondern das Pfarrhaus in *Rosas* meinte. Aber vielleicht erwartete sie auch zu viel. Schließlich lebte er dort seit über zwanzig Jahren.

»Nehmt schon ab!« Aurelio wartete ein ganze Weile, dann meinte er: »So ein Mist, ich habe den Anrufbeantworter nicht rausgenommen. Na ja, dann wird eben nicht geläutet.« Er legte auf und ging zum Sofa hinüber, wo er sich neben Charlotte niederließ. Er gab ihr einen Kuss auf die Wange. »Wie geht es dir, mi amorcito chulo? Hast du schon etwas gegessen?«

»Nein, und du?«

»Ich habe uns ein halbes Hühnchen vom Holzkohlengrill mitgebracht, damit meine *linda Alemanita*, meine hübsche Deutsche, nicht verhungert.«

»Hm, lecker.« Das letzte Mal hatte sie *Pollo al Carbón* im vorigen Sommer bei der Fußball-WM gegessen. Charlotte liebte die Hähnchen, die die Frauen vor ihren Häusern zubereiteten und verkauften. Sie stellten einfach einen Tisch vor ihre Haustür, improvisierten einen kleinen Grill aus einer großen Metallschale mit glühender Holzkohle und einem Rost darüber. Darauf wurden dann mehrere halbe Hähnchen gegrillt, indem man sie platt drückte, damit sie innen gut durchgegart waren und außen eine knusprige Haut bekamen. Das Fleisch war zart und überhaupt nicht fettig und die Haut hatte den typischen Holkohlengeschmack.

Charlotte holte schnell zwei Teller aus der Küche und stellte sie auf den kleinen Tisch vor dem Sofa.

»Magst du einen *Vino de Mesa*? Ich habe einen kalt gestellt.«

Aurelio hatte sich angewöhnt, mit ihr immer Weißwein zum Essen zu trinken. *Vino de Mesa* sagte nichts über die Weinqualität aus. Als Aurelio Charlotte zum ersten Mal zu einem *Vino* eingeladen hatte, war sie sehr erstaunt gewesen, dass er ihr einen Brandy einschenkte. Schließlich stellte sich heraus, dass die Mexikaner jedes hochprozentige alkoholische Getränk als *Vino* bezeichneten und dass das, was man in Europa unter Wein verstand, in Mexiko unter *Vino de Mesa* lief.

Er öffnete die Flasche, stand auf und goss formvollendet, indem er den linken Arm nach hinten nahm, ein wenig Wein in ihr Glas.

»Kosten Sie, Doña Charlotte.«

Er konnte schrecklich komisch sein. »Der Wein mundet mir sehr, nehmen Sie Platz, Padre Aurelio!«

Er schenkte die beiden Gläser voll und setzte sich wieder neben sie.

In diesem Augenblick sahen sie das päpstliche Flugzeug auf der Landebahn aufsetzen. »Lass uns auf die Ankunft deines oberen Chefs trinken.« Charlotte erhob ihr Glas.

»Prosit, mi amor.« Er stellte sein Glas ab. »Ich freue mich, dass du mit mir auf die Ankunft des Papstes trinkst.

Ich meine das im Ernst, Charlotte. Es bedeutet mir sehr viel. Das ist ein großer Tag für das mexikanische Volk. Die Leute hier sind sehr fromm und sie verehren *el grande Papa*.«

Angesichts dieser Aussage brachte Charlotte es nicht übers Herz, ihm zu sagen, dass sie ihren Trinkspruch nicht so ganz ernst gemeint hatte. Ihr ging das Theater, das die Mexikaner wegen des Papstes abzogen, gewaltig auf die Nerven. So ganz kommentarlos konnte sie es jedoch auch nicht hinnehmen. »Tut mir leid, aber trotz allem kann ich die Vergötterung des Papstes nicht nachvollziehen. Man könnte glauben, der liebe Gott käme persönlich.«

»Jetzt übertreibst du aber gewaltig«, wandte Aurelio ein.

Die Tür des Flugzeuges öffnete sich und nachdem alle möglichen Begleiter und Sicherheitskräfte die Gangway hinuntergeeilt waren, erschien Seine Heiligkeit in der Tür. In diesem Augenblick wurde der Flughafen von einem nicht enden wollenden Jubelgeschrei erschüttert. Sprechchöre skandierten seinen Namen und während er zitternd und leicht schwankend die Stufen hinunterstieg, stimmte eine Kapelle *Cielito lindo* an, und ein Kinderchor sang dazu.

»Er sieht sehr angeschlagen aus«, meinte Aurelio nachdenklich. »Der Flug hat ihn wahrscheinlich sehr angestrengt.«

»Er sollte weniger reisen. Es scheint so, als ob er ernsthaft krank ist. Seinem Zittern nach zu urteilen, scheint er Parkinson zu haben«, stellte Charlotte nüchtern fest.

Mühsam stieg er die Gangway hinunter, wo er schon von dem mexikanischen Präsidenten Ernesto Zedillo und dessen Ehefrau Nilda Patricia Velasco erwartet wurde. Sie bereiteten ihm einen herzlichen Empfang. Aurelio verdrehte die Augen, als er das Staatsoberhaupt sah. »Dieser Heuchler, spielt hier vor den Kameras den frommen Katholiken, und in Wirklichkeit macht er Don Samuel die größten Schwierigkeiten und schickt immer mehr Militär nach *Chiapas*.«

»Dein Chef weiß das, sofern er Zeitung liest. Dem ist wohlbekannt, was hier abgeht. Schau doch mal, wie wohlwollend er den Zedillo umarmt. Der Vatikan konnte doch schon immer gut mit den Mächtigen. Denk doch bloß an das Konkordat, das Pius XII. mit Hitler geschlossen hat.«

»Du siehst das zu eng. Was soll Johannes Paul II. denn machen?« Aurelio versuchte einzulenken.

»Was er machen soll? Charakter beweisen. Den Ausbeutern und Unterdrückern dieser Welt das Wort Jesu Christi um die Ohren hauen und ihnen zur Not auch Konsequenzen androhen, wenn sie sich danebenbenehmen. Der deutsche Schriftsteller Rolf Hochhuth hat in einem seiner Bücher die berechtigte Frage gestellt, was wohl passiert wäre, wenn Pius XII. allen deutschen Katholiken, die in die NSDAP eintreten wollten, mit Exkommunikation gedroht hätte. Aber stattdessen hat der Vatikan sich mit den Nazis arrangiert, nur damit ihre Pfründe unangetastet blieben.

»Meine kleine Revolutionärin!« Aurelio nahm sein Glas. »Prosit, mein Schatz, reg dich nicht so auf. Das ist es nicht wert.«

Charlotte trank einen Schluck Wein und sagte nichts mehr. Trotzdem ärgerte es sie insgeheim, dass von ihm kein Wort der Kritik am Papst kam. Aurelio versuchte die Handlungen der römisch-katholischen Kirche immer irgendwie zu rechtfertigen oder zu entschuldigen. Schließlich nahm Charlotte ein Hühnerbein und begann, es abzunagen. »Papst hin oder her, ich habe Hunger und außerdem wird alles kalt.«

Das Präsidentenpaar geleitete unter dem ohrenbetäubenden Lärm der Jubelnden den Papst auf dem roten Teppich zu einem thronartigen Sessel. Dort verlas Zedillo eine frömmelnde, anbiedernde Grußbotschaft. Er stellte sich als der Repräsentant des tiefreligiösen mexikanischen Volkes dar und nutzte die Gelegenheit, seine politischen Positionen kundzutun.

»So ein Schauspieler, es ist eine Schande!« Aurelio schüttelte den Kopf.

Der Papst verkündete daraufhin Grußworte auf Spanisch. Er war sehr schlecht zu verstehen. Seine Stimme war gebrochen und er nuschelte. Kaum hatte er geendet, brach wieder begeisterter Beifall vermischt mit Jubelgeschrei aus. Frauen verschiedener indigener Stämme übergaben ihm nun Geschenke und auch ihre Kinder durften sich Seiner Heiligkeit nähern. Er umarmte die Kleinen und küsste und herzte sie. Diese Geste mit den kleinen Vorzeigeindianern verfehlte ihre Wirkung nicht. Alle waren ergriffen. Als die Kamera ins Publikum schwenkte, konnte man jede Menge zu Tränen gerührter Mexikaner sehen.

»Ist das ein Theater, was hier abgezogen wird. Findest du das nicht peinlich?« Charlotte schüttelte verständnislos den Kopf.

»Meine Landsleute sind nun mal sehr gefühlsbetont. Das müsstest du doch wissen.«

»Sie sind irreal und hysterisch. Was tut der Papst denn tatsächlich für die Armen und die Kinder? Jeden Tag verhungern Tausende von Kindern auf dieser Welt. Der Vatikan ist immens reich. Aber anstatt konkret zu helfen, reist der Papst in der Welt herum und verkündet den Gläubigen, sie sollten bloß keine Verhütungsmittel nehmen. Das ist doch unmenschlich. Es kann doch nicht Sinn eines gerechten, liebevollen Gottes sein, dass seine Geschöpfe in perspektivlose Situationen hineingeboren werden, nur um zu leiden.«

»Reg dich nicht so auf, Charlotte. Die Welt ist nun mal so.« Aurelio war nicht aus der Ruhe zu bringen.

Mittlerweile hatte der Papst sein Papamobil erreicht. Im Konvoi verließen er und seine Begleiter das Flughafengelände, um durch die breiten Boulevards von Mexico City zu fahren. *TV-Azteca* und *Televisa* filmten von einem Helikopter aus die Straßen. Sie waren schwarz von Menschen.

Vier Millionen Gläubige und Schaulustige säumten eng aneinander gedrängt den Straßenrand. Dahinter rannten unzählige dem Papamobil hinterher, um dem Papst so lange wie möglich nahe zu sein. Alle wollten ihren *Papa* sehen, ihm vielleicht sogar für einen Sekundenbruchteil in die Augen blicken oder von ihm gesehen werden. Ein Kamerateam des neu gegründeten Fernsehsenders *CNN en español* interviewte verschiedene Personen.

»Mein Kind ist krank«, sagte eine junge Mutter, »ich werde es so halten, dass der Heilige Vater es sieht, dann wird es bestimmt gesund.« Eine andere Frau meinte: »Ich habe Krebs, Juan Pablo II. wird mich heilen.« »Heute ist der schönste Tag meines Lebens«, schluchzte eine ältere Dame, »dass ich das noch erleben darf.« Der Mann neben ihr stellte fest: »Der Papst ist eine große Persönlichkeit, er ist ein guter Mensch, der Gott hier auf Erden würdevoll vertritt. Wir sind ihm alle so dankbar.«

»Aber das stimmt doch alles überhaupt nicht. Er ist der schlechteste Papst der letzten vierzig Jahre. Ein Opportunist und Konformist, der die Uhren am liebsten zurückstellen würde.« Wie konnten Menschen nur so unpolitisch und ignorant sein. Charlotte würde das niemals begreifen.

»Das siehst du falsch, Charlotte. Er mag Fehler machen, aber er ist extra zum Abschluss der panamerikanischen Bischofssynode nach Mexiko gekommen. Das ist ein wichtiges Zeichen. Er hat offen bekannt, dass die Zukunft der katholischen Kirche in Lateinamerika liegt, und den Indianern verkündet, dass sie die neuen Evangelisten seien. Das ist eine Anerkennung und Aufwertung ihrer Persönlichkeit.«

»Aber das ist doch so durchsichtig, Aurelio. Das sagt er doch nur aus Opportunismus. Er sucht nach Einflussnahme, weil er genau weiß, dass er in Mitteleuropa keinen Pfifferling mehr gewinnen kann. Die Leute laufen ihm in Scharen weg, weil er stockkonservativ ist.«

»Schau mal, Charlotte, das sind doch zumindest kleine Schritte auf dem Weg zu einer neuen Entwicklung im nächsten Jahrtausend. Klar, er wird den Zölibat nicht abschaffen. Aber vielleicht kommt der nächste Papst aus Lateinamerika und vielleicht wird einer seiner Nachfolger die längst überfälligen Reformen in Angriff nehmen.«

»Ob wir bis dahin noch leben?« Charlotte merkte, wie das Thema sie zu belasten begann.

Während der Übertragung gab der Sprecher von *TV Azteca* ein Umfrageergebnis bekannt. Sie hatten ihre Zuschauer im Vorfeld des Papstbesuches gefragt, ob das Kommen von Juan Pablo II. ihr Leben in irgendeiner Weise beeinflussen würde. 88 Prozent hatten mit Ja geantwortet.

»Das ist unglaublich. Mein Leben würde er nur beeinflussen, wenn er den Zölibat endlich abschaffen würde«, stellte Charlotte lakonisch fest.

»Und was würde dann passieren? Würdest du in Deutschland alles aufgeben und für immer zu mir nach Mexiko kommen?« Aurelio schaute sie ernst an.

»Du weißt genau, dass das im Moment nicht geht. Der Gesundheitszustand meiner Eltern hat sich in den letzten Jahren zusehends verschlechtert. Ich kann nicht permanent in Mexiko bleiben und sie ganz allein lassen«, erklärte sie ihm.

»Also, was willst du dann, Charlotte? Unsere Situation hat überhaupt nichts mit dem Papst zu tun. Sei froh, dass sich die Frage jetzt nicht stellt.«

»Aber sag mir trotzdem, würdest du mich denn heiraten, wenn der Zölibat fallen würde?«

»Du kennst doch meine Antwort, Charlotte. Ich habe dir schon einmal gesagt, wenn morgen das Gesetz fällt, werde ich dich übermorgen heiraten. Ich liebe dich und werde dich lieben, solange ich lebe. Daran hat sich nie etwas geändert.«

»Ich weiß«, sagte Charlotte leise und wischte sich verstohlen eine Träne ab. Sie war in ihrer Gefühlsduselei den Mexikanern wohl doch nicht so ganz unähnlich.

30. ANONYM

Es war ein wunderschöner Freitagnachmittag gewesen. Aurelio und Charlotte waren zur Mittagessenszeit, was in Mexiko zwischen 14 und 16 Uhr bedeutete, nach *San Cristóbal* ins *Cayuco*, ihrem Lieblingsrestaurant gefahren. Das *Cayuco* war in der ganzen Region dafür bekannt, dass es die besten *Mariscos*, Meeresfrüchte, zubereitete. Außerdem servierten sie als *Galanteria de la casa*, Aufmerksamkeit des Hauses, vorweg verschiedene leckere Salsas, grüne und rote Chilisoßen mit knusprigen Tortilla-Chips. Alles war hausgemacht. Es gab hier *Camerones*, Garnelen, die so groß waren wie Charlottes Finger. Sie standen auf der Speisekarte in jeder nur denkbaren Zubereitungsweise: gekocht oder gegrillt *al natural*, in Knoblauchbutter oder Olivenöl gebraten, serviert in cremiger Sahne- oder in scharfer Chipotlesoße, paniert mit Semmelbröseln oder Kokosraspeln, einfach nur mit Käse gratiniert oder in einer ausgehöhlten Ananashälfte im Ofen mit Käse überbacken. Es gab sie als Cocktail in einer kalten Tomaten-Zwiebel-Soße mit Avocadostückchen und Koriander, als *Consomé*, also in einer Brühe, als Salat mit Mayonnaise oder als *4 x 4*, was bedeutete, dass man je vier davon in vier verschiedenen Zubereitungsweisen serviert bekam. Charlotte und Aurelio bestellten sich von Letzterem eine Portion. Sie würden sie teilen, denn mit dem Beilagensalat, dem obligatorischen Reis, den es in Mexiko zu jedem Essen gab, und den Tortillas würden sie mehr als satt werden.

Das Restaurant war wie immer voll bis auf den letzten Platz. Sie bekamen nur noch einen Tisch in der hintersten Ecke, was ihnen nicht unrecht war, denn die Chance, dass sie jemand zusammen sah, der Aurelio kannte, bestand in *San Cristóbal* immer. Es war jedoch etwas ungeschickt, dass der Kellner sie quer durchs Restaurant zu ihrem Tisch geleiten musste.

Abgesehen von den wunderbaren *Camerones* war ein weiterer Grund, warum Charlotte und Aurelio das *Cayuco* zu ihrem Lieblingsrestaurant erkoren hatten, die Tatsache, dass es hier *Vino de Mesa* gab. Sie bestellten sich einen chilenischen Weißwein und prosteten sich gut gelaunt zu, während sie ihr Essen genossen.

»Wenn ich mir vorstelle, wie teuer die in Deutschland sind! Wenn du dort Garnelen bestellst, dann hast du kaum etwas auf dem Teller und zahlst ein Heidengeld dafür«, erklärte Charlotte Aurelio, während sie genussvoll in eines der Krebstiere biss. »Und die Zubereitungsweise ist daheim auch langweilig: kalt in Cocktailsoße oder warm mit Knoblauch. Da können wir echt noch etwas von Mexiko lernen.«

»Siehst du, mein Schatz, wenn du irgendwann mal für immer hier lebst, dann bekommst du jeden Tag davon«, erwiderte Aurelio und prostete ihr erneut zu.

»Jeden Tag dich und *Camerones* ...« Charlotte dachte nach. »Wenn das ein Angebot ist, werde ich darüber nachdenken«, scherzte sie.

»Ich bin sicher, irgendwann wird das so sein. Der Tag wird kommen, an dem wir uns nicht mehr trennen müssen.« Die Art und Weise, wie Aurelio dies sagte, berührte Charlotte sehr. Sie hatte das Gefühl, dass er es ernst meinte.

Den Rest des Nachmittags verbrachten sie in der Doppelhängematte auf der Terrasse der *Casita de Campo*. Aurelio hatte das Haus so geplant, dass die Terrasse nicht einsehbar war. Sie genossen die Ruhe der ländlichen Idylle und ließen sich von den Sonnenstrahlen wärmen. Gegen Abend musste Aurelio zurück nach Rosas. Er hatte noch einen Gesprächskreis mit seinen Katecheten. Charlotte beschloss, den Abend zum Schreiben zu nutzen. Sie kam ganz gut vorwärts mit ihrem Buch, mit ein bisschen Glück würde sie heute die Seite einhundertzwanzig erreichen. Ihr erster Roman – der Gedanke gefiel ihr. Allerdings würde es sicher nicht einfach sein, einen Verleger zu finden. Eine 46-Jährige, die ihren ersten Roman veröffentlichen wollte, war sicher nicht die Traumautorin für einen Verlag. Aber darüber musste sie sich jetzt noch keine Gedanken machen. Wenn es so weit war, würde ihr sicher etwas einfallen. Nun hieß es erst einmal schreiben, schreiben, schreiben.

Charlotte wurde aus ihren Gedanken gerissen, als das Telefon plötzlich klingelte. Sie schaute auf die Uhr. Es war kurz nach 18 Uhr. Aurelio war jetzt in seiner Versammlung und ihre Eltern schliefen sicherlich schon, denn in Deutschland war es ein Uhr nachts. Und wenn es doch ihre Eltern waren? Hoffentlich war zu Hause nichts passiert.

Sie lief hinüber zum Telefon und nahm ab. »Hallo«, meldete sie sich.

Am anderen Ende war eine Frauenstimme zu hören, die irgendetwas auf Spanisch nuschelte, das Charlotte jedoch nicht verstand. Wahrscheinlich hatte sich die Frau verwählt. »*Usted ha marcado un falso número*«, Sie haben sich verwählt, Señora, sagte sie freundlich und wollte gerade auflegen, als die Stimme am anderen Ende »no!« sagte und gleich darauf gut verständlich fragte: »Das ist doch das Haus von Padre Aurelio!«

»Ja«, antwortete Charlotte, »aber der Padre lebt nicht hier. Er wohnt in seiner Gemeinde in *Rosas*. Mein Mann und ich haben das Haus von ihm gemietet. Er ist ein guter Freund von uns. Soll ich ihm etwas ausrichten, wenn ich ihn sehe? Ich weiß allerdings nicht, wann er wieder vorbeikommt.« Charlotte hatte plötzlich das Gefühl, vorsichtig sein zu müssen. In der Stimme der Frau lag etwas Unangenehmes, etwas Scheinheiliges. Sie spürte, dass sie sich in Acht nehmen musste.

»Wir wissen, dass er mit Ihnen zusammen ist.« Dieses Mal verstand Charlotte jedes einzelne Wort. Zunächst glaubte sie, ihren Ohren nicht zu trauen. Ihr blieb fast das Herz stehen. Es war einer der Augenblicke, in denen in einem Bruchteil von Sekunden Tausende von Gedanken durch das Hirn jagen. Der Wichtigste von allen war, sich jetzt bloß zusammenzunehmen und die Ruhe zu bewahren.

»Ich verstehe nicht, was Sie meinen.« Charlotte hatte sich wieder ein wenig gefangen. »Mein Mann und ich haben das Haus von Padre Aurelio gemietet.«

Es war Charlotte gelungen, mit ruhiger Stimme zu reden. Dadurch gewann sie ihr Selbstvertrauen und ihren Kampfgeist zurück. Sie würde sich nicht unterkriegen lassen, darum fuhr sie fort: »Ich denke, wenn Sie Padre Aurelio sprechen wollen, dann sollten Sie ihn am besten in *Rosas* anrufen.« Charlotte wartete auf keine weitere Reaktion, sagte nur noch »adiós« und legte auf.

Sie setzte sich auf den nächstbesten Stuhl. Trotz allem war sie geschockt. Alles Mögliche ging ihr durch den Kopf. Jetzt ging das also los. In Deutschland hatten ihre Freunde sie sowieso schon immer gefragt, wie das denn überhaupt möglich sei, dass sie mit Aurelio in Mexiko mehr oder weniger zusammenlebe. Charlotte hatte immer wieder geantwortet, dass die Leute sehr freundlich zu ihr seien und es niemanden kümmere. Aber ganz so problemlos war es wohl doch nicht. Da war sie einem Irrtum erlegen. Aber wer weiß, vielleicht war der Anruf auch nur eine Eintagsfliege und sie würde von der Frau nie mehr etwas hören.

Sie wollte gerade zurück zu ihrem Schreibtisch, als das Telefon wieder klingelte. Für einen Moment überlegte Charlotte, ob sie rangehen sollte. Ob es wieder dieselbe Frau war? Es konnte doch auch jemand anders sein, obwohl es eigentlich unwahrscheinlich war. Vielleicht war es die pure Neugier, warum sie den Hörer abnahm. »Hola.« Im selben Moment bereute sie es schon, denn es war tatsächlich noch einmal diese Frau.

»Sie gehen mit ihm, obwohl Sie wissen, dass Padre Aurelio katholischer Priester ist!« Ihre Stimme klang bedrohlich.

Eine kurze Stille entstand. Charlotte bebte innerlich, gewann aber schnell ihre Selbstbeherrschung wieder und startete den Gegenangriff. Von der würde sie sich nicht so leicht unterkriegen lassen.

»Natürlich weiß ich, dass der Vermieter unseres Hauses ein Priester ist. Und wo liegt das Problem? Dürfen mexikanische Priester ihre Häuser nicht vermieten?« Sie verlieh ihrer Stimme bewusst einen arroganten Unterton.

»Wir wissen, dass Sie mit ihm zusammen sind und wir überlegen, mit seinem Bischof darüber zu sprechen.« Die Frau blieb hartnäckig.

Charlottes Nerven waren zum Zerreißen angespannt. Die Situation kam ihr so bizarr, so unwirklich vor. Aber sie durfte sich nichts anmerken lassen.

»Ich weiß nicht, was Sie wollen. Ich habe Ihnen schon vorhin gesagt, dass wir Padre Aurelios Haus gemietet haben und mit ihm befreundet sind, und wenn Sie meinen, Sie müssten darüber den Bischof informieren, dann sollten Sie das tun. Im Übrigen, wer sind Sie überhaupt?«

»Wir sind Leute aus *Teopisca*«, die Stimme der Frau war merklich unsicherer geworden, sodass Charlotte einen zweiten Vorstoß wagte: »Was heißt hier *wir*? Ich spreche mit *einer* Person, nämlich mit Ihnen. Wer sind Sie? Oder sind Sie zu feige, Ihren Namen zu nennen?«

Wortlos legte die Frau am anderen Ende auf.

Charlottes Hände zitterten. Obwohl sie sich tapfer gehalten hatte, war sie angeschlagen. Das Gespräch hatte sie ziemlich mitgenommen.

Was war, wenn die Frau tatsächlich zum Bischof ging? Und was war, wenn Aurelio Angst bekam, Existenzangst so wie im vorletzten Sommer, als sie zu ihm nach Jahren zurückgekehrt war? Ihr Herz krampfte sich zusammen. Die unbeschreibliche Angst von damals, ihn verlieren zu können, stieg wieder in ihr hoch. Wie ein aufgeschrecktes Tier lief sie im Wohnzimmer hin und her. Wie würde Aurelio reagieren? In den beiden folgenden Nächten schlief Charlotte schlecht trotz der Schlaftablette. Sie hatte Angst davor, wie er diese Nachricht aufnehmen würde.

Wie besprochen schaute Aurelio am Sonntagnachmittag bei ihr vorbei. Gut gelaunt kam er die Treppe hoch. »Na, mein Liebling, wie geht es dir?«

Charlottes Gesichtsausdruck war ernst. »Setz dich bitte, Aurelio, ich muss dir etwas erzählen.« Glücklicherweise war Sonntag. So konnten sie ungestört reden, weil Juanita nur unter der Woche kam. Charlotte hatte zwar ein paar Tage zuvor gegenüber Juanita ein paar eindeutige Bemerkungen gemacht, aus der diese schließen konnte, dass den Padre und Charlotte doch mehr verband, als sie nach außen zeigten, aber das musste Aurelio nicht unbedingt wissen. Es wäre ihm sicher nicht recht gewesen. Aber Charlotte hatte es satt gehabt, sich ständig verstellen und lügen zu müssen. Sie vertraute darauf, dass Juanita sie nicht verraten würde.

Er nahm am Küchentisch Platz und ergriff ihre Hand. »Was ist passiert, mein Schatz? Geht es deinem Vater schlechter, musst du früher zurückfliegen?«

»Nein, es betrifft dich und mich. Ich habe vorgestern Abend zwei anonyme Anrufe von einer Frau bekommen.« Sie erzählte ihm nun so genau wie möglich, wie das Gespräch verlaufen war. Dabei stiegen Tränen in ihre Augen.

»Aber Charlotte, du wirst dich doch davon nicht beeindrucken lassen. Was sollen denn die Tränen?« Nach einer Weile fuhr er fort: »Ich glaube, ich weiß, wer das war.« Aurelio nahm die Geschichte gelassen auf. »Komm, jetzt lass uns erst einmal einen Tequila trinken. Der ist gut für die Nerven.« Er stand auf und holte zwei Gläser und den Tequila aus dem Schrank. Während er einschenkte, meinte er: »Die kann es einfach nicht lassen.« Er dachte kurz nach. »Claro! Dann war sie es doch. Ich war mir nicht ganz sicher. Als uns vorgestern im *Cayuco* der Kellner zu unserem Tisch gebracht hat, bildete ich mir für einen Augenblick ein, sie aus den Augenwinkeln heraus an einem der Tische am Fenster mit anderen sitzen gesehen zu haben.«

»Von wem redest du? Wer ist diese Frau?« Charlotte war neugierig geworden, wer sich hinter der Stimme der anonymen Anruferin verbarg.

»Das war Doña Gloria Davila, mit der hatte ich früher schon Ärger. Sie wohnt hier im Ort und hat schon vor Jahren, als ich noch Priester in Teopisca war, versucht, mir das Leben schwer zu machen. Aber sie ist nicht damit durchgekommen, diese alte Beißzange! Da musst du dir nichts draus machen. Die ist im ganzen Ort für ihre böse Zunge bekannt.«

»Und wenn sie tatsächlich zum Bischof geht?« Charlotte war trotz allem unsicher.

»Soll sie doch gehen. Was kann sie denn sagen? Dass ich mit dir essen war? Dass ich ab und zu im unteren Teil meines Hauses übernachte? Wenn sie mich denunziert, muss sie aus der Anonymität heraustreten und dazu ist sie viel zu feige. Prosit, mein Liebling, und jetzt mach dir keine Sorgen mehr. Bis jetzt ist noch niemand neben unserem Bett gestanden. Was kann sie schon vorbringen?«

Charlotte fiel ein Stein vom Herzen. »Weißt du, ich war mir nicht sicher, wie du reagieren würdest, ich hatte plötzlich furchtbare Angst, dich zu verlieren.«

Aurelio stand auf und nahm sie in den Arm. »Du kannst mich doch gar nicht verlieren, denn ich gebe dich nie mehr her. Wenn sie mich eines Tages aus der Kirche rausschmeißen sollten, dann gehen wir zusammen nach Deutschland oder Spanien oder sonst irgendwohin in Mexiko. Ich verspreche dir, Charlotte, ich werde dich niemals verlassen, geschweige denn unsere Liebe aufgeben. Nichts und niemand kann mich dazu bewegen.«

Wenn die anonymen Anrufe für Charlotte auch schlimm gewesen waren, so hatten sie doch dazu geführt, dass Aurelio in einer klaren und eindeutigen Weise Stellung bezogen hatte, wie er dies fast nie zuvor getan hatte. Vielleicht hatte ihr die Frau ungewollt einen Gefallen getan. Trotzdem blieb bei ihr ein ungutes Gefühl zurück. Es war das Gefühl, dass eine Schraube anfing, sich zuzuziehen.

31. Abgründe

Das Schicksal hatte es in den letzten beiden Tagen nicht gut mit Charlotte gemeint. Alles war zusammengekommen. Begonnen hatte es mit einem verzweifelten Anruf ihrer Mutter. Sie machte sich große Sorgen um den Zustand von Charlottes Vater. Ihre Mutter hatte am Telefon bitterlich geweint. Nach achtundvierzig Jahren Ehe hatte sie Angst, dass ihr Mann sie allein auf der Erde zurücklassen würde. Charlotte hatte am Telefon all ihre Kraft zusammengenommen und ihre Gefühle kontrolliert. Sie hatte versucht, zuversichtlich zu klingen und ihre Mutter zu trösten. »Ganz egal, was passieren wird, du kannst dich immer auf mich verlassen. Ich werde dich niemals allein lassen, Mama.« Ihre Mutter hatte laut geschluchzt. Nachdem Charlotte aufgelegt hatte, konnte sie sich jedoch nicht mehr beherrschen und ließ ihren eigenen Gefühlen freien Lauf. Sie brach in Tränen aus und konnte nicht mehr aufhören zu weinen. Die Ängste ihrer Mutter hatten sich auf sie übertragen. Der Gedanke, ihr Vater könne bald sterben, war auch für sie unerträglich. Sie liebte ihn von ganzem Herzen. Er war der gütigste, großherzigste und freundlichste Mensch, den sie kannte. Dies war sicher auch der Grund, warum jeder ihn gern hatte. Obwohl er eine schwere Jugend gehabt hatte – die Nazis hatten seine Mutter aus politischen Gründen 1942 in Auschwitz ins Gas geschickt – war er nie verbittert gewesen. Ganz im Gegenteil, er hatte dieses traumatische Ereignis in Liebe seinen Mitmenschen gegenüber umgemünzt. Trotzdem war er regelmäßig verstummt, wenn Charlotte ihn auf ihre Großmutter und auf Auschwitz angesprochen hatte. Er hatte sie dann nur schweigend angeblickt, und wenn sie den glasigen Schein und die Trauer in den Augen ihres Vaters bemerkte, hatte sie aufgehört, ihn weiter zu bedrängen.

Die schlimmen Nachrichten von zu Hause wühlten sie auf und versetzten sie in höchste Unruhe. Wurde sie daheim nicht viel mehr gebraucht als hier? Sollte sie vorzeitig zurückfliegen oder die letzten drei Wochen wie geplant noch in Mexiko bleiben? Wie ernst war die Situation? Sie betete zu Gott, er möge ihr einen Weg weisen, dass sie eine gute Entscheidung treffen würde. Und er half ihr. Denn als sie in der folgenden Nacht um vier Uhr morgens aufwachte, wusste sie, was sie tun würde. Sie stand auf und ging zum Telefon. Noch ein wenig im Halbschlaf wählte sie die Nummer des Hausarztes ihrer Eltern in Deutschland. Dort war es jetzt elf Uhr vormittags. Am anderen Ende meldete sich eine Stimme, die sie mit einem stereotypen Satz begrüßte: »Praxis Dr. Martens, guten Morgen, was kann ich für Sie tun?«

»Guten Tag, hier spricht die Tochter von Siegfried Jüngert. Ich rufe aus Mexiko an. Könnten Sie mich bitte schnell mit Doktor Martens verbinden?«

»Einen Augenblick, ich stelle Sie gleich durch.« Und dann ertönte der Automat. »Bitte warten. Sie werden gleich verbunden. Bitte warten. Sie werden gleich verbunden. Bitte warten. Sie werden gleich verbunden.«

Nach dem dritten Mal meldete sich gottseidank der Arzt. »Martens.«

»Guten Tag, Dr. Martens. Hier spricht Charlotte Jüngert. Ich bin die Tochter von Siegfried Jüngert. Ich rufe von Mexiko aus an wegen meines Vaters. Ich mache mir große Sorgen um ihn und wollte Ihre Meinung zu seinem Zustand hören.«

»Ihrem Vater geht es nicht gut, ich besuche ihn zurzeit jeden Tag und gebe ihm eine Spritze. Aber in dem Stadium der Krankheit kann ich nicht mehr viel für ihn tun. Ihr Vater ist austherapiert.«

»Soll das heißen, dass ich damit rechnen muss, dass er stirbt? Bitte sagen Sie es mir offen. Dann fliege ich nämlich sofort zurück.«

»Na ja«, er machte eine kurze Pause, »sein Gesamtzustand ist alles andere als stabil, aber ich würde ihn im Moment nicht als lebensbedrohlich bezeichnen. Wie lange bleiben Sie denn noch in Mexiko?«

»Mein Rückflug ist normalerweise in drei Wochen.«

»Sie werden verstehen, dass ich bei einem Patienten mit einer so schweren Krankheit keine definitiven Aussagen machen kann, doch ich denke nicht, dass Ihr Vater so schnell sterben wird. Aber bitte nageln Sie mich nicht darauf fest.«

»Natürlich nicht. Ich verstehe Sie. Aber für mich ist es schwer, die Situation aus der Ferne einzuschätzen, denn mein Vater klagt kaum, er ist unglaublich tapfer. Jedoch das, was mir meine Mutter am Telefon sagt, beunruhigt mich schon sehr. Er hat angeblich sehr viel abgenommen und überhaupt keinen Appetit mehr.«

»Das stimmt, er hat abgenommen. Doch das ist nicht schlecht, weil dadurch sein Herz weniger belastet wird. Und da ist er sehr gefährdet, weil das Lungenemphysem sein Herz angreift. Aber wie gesagt, ich würde es im Moment nicht so akut sehen.«

»Ich danke Ihnen vielmals, Herr Doktor. Sie haben mir mit dem Gespräch sehr geholfen. Jetzt kann ich die Sachlage besser einschätzen. Aber ich hätte noch eine große Bitte an Sie. Sagen Sie meinen Eltern nicht, dass ich angerufen habe.«

»Geht in Ordnung und Ihnen alles Gute.«

»Vielen Dank nochmals. Auf Wiederhören.«

Charlotte legte auf und kehrte zurück ins warme Bett. Einerseits war sie nun etwas beruhigter, weil ihr Vater glücklicherweise nicht in akuter Lebensgefahr war, andererseits war sie nicht umhingekommen herauszuhören, dass die Monate oder Wochen, die ihrem Vater noch blieben, gezählt waren. Der Tod ihres Vaters würde nicht nur Schmerz und Trauer bedeuten, sie würde in diesem Augenblick auch die volle Verantwortung für ihre Mutter übernehmen. Wie würde es dann mit ihr und Aurelio weitergehen? Sie zwang sich, jetzt nicht weiter darüber nachzugrübeln. Wenn die Situation da sein würde, hätte sie noch genug Zeit, sich damit auseinanderzusetzen.

Charlotte schlief noch ein paar Stunden und stand rechtzeitig genug auf, damit sie geduscht und angezogen war, als Juanita um neun Uhr kam. Sie setzte sich mit Juanita an den Tisch, sie tranken Kaffee und plauderten über Gott und die Welt. Charlotte tat das Gespräch gut, es lenkte sie ein bisschen von ihren Sorgen ab.

»Armando hat Sie gestern Mittag mit Padre Aurelio in *San Cristóbal* gesehen«, meinte Juanita und nahm einen Schluck Kaffee.

»Dein Armando muss sich geirrt haben, vielleicht hat er Padre Aurelio in *San Cristóbal* gesehen, aber ich war da nicht dabei. Ich war gestern den ganzen Tag zu Hause.« Wie konnte Juanitas Mann so etwas erzählen, er kannte sie doch gar nicht?

Juanita schwieg. Augenscheinlich war es ihr unangenehm, Charlotte darauf angesprochen zu haben.

»Vielleicht war das ja eine andere Frau, mit der er unterwegs war. Wer weiß, wer weiß?« Charlotte lachte tiefgründig, sie nahm das Ganze nicht ernst. Wahrscheinlich hatte Aurelio jemanden aus seiner Gemeinde im Auto mitgenommen. War auch nicht so wichtig. Jedenfalls freute sie sich, dass er heute Mittag zum Essen kommen würde.

Am Tag zuvor war sie ein wenig enttäuscht gewesen, weil er sie kurzfristig angerufen hatte, um ihr mitzuteilen, dass er, wenn überhaupt, erst später vorbeischauen könnte. Er hatte ihr erklärt, ihm sei etwas dazwischengekommen. Wenn sie ihn recht verstanden hatte, musste er wohl noch in eine Gemeinde fahren. Charlotte hatte daraufhin einen Nudelauflauf zubereitet, sie wollte ihn überraschen, falls er sich doch noch sehen ließe. Doch leider kam Aurelio erst spät abends und konnte auch nicht lange bleiben. Er erzählte ihr kurz, dass er seine Pläne habe ändern müssen, weil er in *San Cristóbal* Verschiedenes habe erledigen müssen. Charlotte hatte bedauert, dass er sie nicht gefragt hatte, ob sie ihn begleiten wolle. Schließlich würde sie bald nach Hause fliegen und wollte bis dahin so viel Zeit wie möglich mit ihm verbringen. Bevor er ging, hatte er nur gemeint, sie solle den Nudelauflauf doch für morgen aufheben, er käme dann gerne zum Essen.

Kurz nach drei war Aurelio dann mit einer hausgemachten Fleischspezialität, die seine Haushälterinnen zubereitet hatten, vor ihr gestanden. »Hola, mi amorcito chulo, como est*á*s?« Er umarmte und küsste sie, wie er es meistens tat. »Hast du einen Weißwein im Kühlschrank?«

Er öffnete die Kühlschranktür, holte die Flasche heraus und machte sich mit dem Korkenzieher an ihr zu schaffen, während Charlotte den Nudelauflauf und das Fleisch auf den Tellern verteilte.

Aurelio hatte sich über die Jahre hinweg angewöhnt, Wein zum Essen zu trinken. Charlotte hatte sich anfangs gewundert, warum er immer den Weißwein dem Rotwein vorzog, bis sich dann einmal im Gespräch herausgestellt hatte, dass seine Vorliebe für Weißwein darin begründet lag, dass er schon sein Leben lang jeden Morgen bei der Frühmesse auf nüchternen Magen einen Schluck roten Messwein trinken musste, der das Blut Christi symbolisierte. Charlotte konnte das gut nachvollziehen, wahrscheinlich wäre ihr da auch die Lust auf Rotwein vergangen.

Während des Essens erzählte er ihr von einem jungen Mann, der einen Tag zuvor in der ersten Kurve hinter *Teopisca* in Richtung *San Cristóbal* einen tödlichen Unfall gehabt habe und dass der Mann Frau und Kinder hinterließ.

»Wie schrecklich, wenn ein so junger Mensch sterben muss.« Charlotte räumte nachdenklich den Tisch ab. In diesem Zusammenhang fiel ihr Rocco ein. Sie hatte Aurelio keine Einzelheiten über seinen Tod erzählt, denn sie hatte Juanita versprechen müssen, mit niemandem darüber zu reden.

»Möchtest du einen Nachtisch, mein Liebling? Ich habe einen Schokoladenpudding gemacht, einen aus deutschem Puddingpulver.«

Aurelio legte seinen Arm um ihre Taille, als sie vor ihm stand, zog sie zu sich herunter und gab ihr einen innigen Kuss.

»Einen Nachtisch? Ich möchte zwei, und bitte einer süßer als der andere.«

Während Charlotte die Schälchen mit dem Pudding auf den Tisch stellte, meinte sie beiläufig: »Was war das eigentlich für eine Frau, mit der du gestern in *San Cristóbal* unterwegs warst? Du bist nämlich gesehen worden.«

Als er nicht gleich antwortete, meinte sie scherzend: »War das Patrizia?« Sie lachte, sie wollte ihn ein bisschen provozieren.

Er schaute von seinem Pudding hoch und antwortete: »Ja, das war Patrizia. Woher weißt du das?« Er sagte es in einem Ton, als wäre es die selbstverständlichste Sache der Welt. Die Antwort traf Charlotte wie ein Schlag ins Gesicht. Sie glaubte, ihren Ohren nicht zu trauen. Aber es kam noch besser, als er in einer kaum zu überbietenden Unschuld hinzufügte: »Sie hat mich angerufen und wollte mich unbedingt ins *Cayuco* zum Mittagessen einladen. Ich hatte zwar keine große Lust dazu und auch nur wenig Zeit, habe dann aber eingewilligt und mich dort mit ihr getroffen. Eigentlich hätte ich viel lieber mit dir gegessen.«

»Ich glaube, ich bin im falschen Film.« Charlotte murmelte es auf Deutsch vor sich hin.

»*Mande*«, bitte? Aurelio hatte sie nicht verstanden und schaute sie fragend an. Sie beachtete ihn nicht. Das durfte doch wohl nicht wahr sein! Während sie in der *Casita de Campo* für ihn kochte, ging er mit seiner Ex-Geliebten essen. Wer weiß, vielleicht war Patrizia ja gar keine »Ex«. Charlotte spürte, wie sich ihre Gesichtszüge veränderten und eine unglaubliche Wut in ihr hochstieg. Sie stand auf, drehte sich um und ging in die Küche. Wie sollte sie sich verhalten? Es einfach hinnehmen? Sich beherrschen? Über der Sache stehen? Oder ihm deutlich zeigen, was sie fühlte, und ihrer Enttäuschung Luft machen?

»Darum bist du also gestern so spät gekommen. Jetzt wird mir einiges klar.« Sie zählte eins und eins zusammen.

»Aber ich habe nicht gesagt, dass ich zum Mittagessen komme.« Aurelio versuchte sich zu verteidigen.

»Ich hatte dich aber so verstanden. Ich war der Meinung, du musst in eine Gemeinde und kommst dann vielleicht zum Essen hier vorbei. Aber du hattest ja anscheinend andere Pläne.« Die Verärgerung in ihrer Stimme war nicht zu überhören. Ohne ihn anzusehen, ging sie zurück ins Wohnzimmer und schaute aus dem Fenster. Sie war enttäuscht und deprimiert, sie verstand ihn nicht. Wie hatte er nur so etwas tun können?

»Charlotte, glaube mir, das war ein ganz harmloses Treffen. Wir haben nur etwas zusammen gegessen und getrunken. Das hat mit dir und mir überhaupt nichts zu tun. Ich schwöre dir bei Gott, dass ich seit Jahren nichts mehr mit ihr habe und ich ihr in keiner Weise irgendwelche Liebesbezeugungen gemacht habe. Es war rein freundschaftlich.«

Während er dies sagte, war er aufgestanden und hatte seinen Arm um sie gelegt.

»Fass mich nicht an!« Sie wies ihn zurück und schüttelte seinen Arm ab, während sie sich ein paar Schritte von ihm entfernte.

Er folgte ihr, legte erneut seine Arme um sie und drehte sie um. Widerstrebend ließ sie es geschehen. »Charlotte, ich liebe nur dich, das weißt du genau. Ich würde niemals ...« Alles, was er nun noch sagte, rauschte an ihr vorbei. Charlotte hörte ihm nicht mehr zu. Sie war desillusioniert. Ihr Vertrauen in ihn war erschüttert.

»So langweilig, wie du immer getan hast, kann sie wohl doch nicht sein, schließlich hast du es vorgezogen, den Tag gestern mit ihr statt mit mir zu verbringen.«

»Charlotte«, er seufzte, »es tut mir leid. Ich glaube, ich habe da einen Fehler gemacht, aber ich habe mir wirklich nichts Böses dabei gedacht.«

»Was glaubst du denn, wie ich mich fühle, wenn du dich heimlich mit einer anderen Frau triffst? Ich lebe monatelang ohne dich in Deutschland allein und freue mich wie wahnsinnig auf die Zeit, in der ich bei dir sein kann, ich fliege vom anderen Ende der Welt hierher, nur um wenigstens für ein paar Wochen in deiner Nähe zu sein, und wenn ich dann hier bin, kann ich dich auch nicht immer sehen, weil du weiter deiner Arbeit nachgehen musst. Aber dass du dich dann auch noch mit deiner Ex-Geliebten verabredest, dafür habe ich null Verständnis. Ich hatte mich schon gewundert, warum du mich nicht nach *San Cristóbal* mitgenommen hast. Jetzt wird mir natürlich alles klar. Selbst wenn da nichts war, warum musst du dich ausgerechnet mit ihr treffen, wenn ich in Mexiko bin? Auf diese Weise stiehlst du uns noch Stunden von der wenigen Zeit, die wir füreinander haben.«

»Ich weiß, es war falsch und ich kann nur nochmals wiederholen, es tut mir leid. Es war das erste Mal nach langer Zeit, dass ich sie wiedergesehen habe«, entschuldigte er sich.

»Aurelio, das interessiert mich überhaupt nicht. Triff dich mit ihr, wann immer du willst. Mach, was du willst und von mir aus kehr zu ihr zurück. Aber dann bleib auch bei ihr. Und lass mich zufrieden.« Sie befreite sich mit einem heftigen Ruck aus einer Umarmung und setzte sich auf das Sofa. Er blickte sie entgeistert an.

»Ausgerechnet wenn ich da bin, musst du mit Patrizia ausgehen. Dazu noch in das Restaurant, wo du vor Kurzem mit mir warst. Ich werde das *Cayuco* nie mehr betreten.«

Er setzte sich neben sie auf das Sofa und legte ruhig den Arm um ihre Schultern.

»Du glaubst doch selbst nicht, was du mir gerade sagst. Ich schwöre dir bei allem, was mir heilig ist, dass nichts mehr mit Patrizia war, seit du zu mir zurückgekehrt bist. Du weißt genau, dass ich sie nie wirklich geliebt habe.«

»Ich weiß nicht mehr, was ich noch glauben soll.« Charlottes Vertrauen in ihn war erschüttert.

»Du steigerst dich da in etwas hinein, was nicht so ist, wie du es dir ausmalst. Ich wollte ihre Einladung eigentlich gar nicht annehmen. Dann tat sie mir aber leid und ich dachte, da ist doch nichts dabei.« Er versuchte, ihr die Situation zu erklären.

»Warum hast du es mir dann nicht gesagt, wenn nichts dabei war?«

»Weil ich vielleicht insgeheim geahnt habe, wie du reagieren würdest. Und außerdem warst du es, die gesagt hat, dass sie dir leid täte. Du hast mir damals im Auto nach der Preisverleihung vorgeworfen, dass ich sie schlecht behandelt habe, und mir sogar unterstellt, dass sie wegen mir zur Alkoholikerin geworden ist. Ich habe mir das zu Herzen genommen Vielleicht habe ich ihr wirklich unrecht getan und wollte ihr jetzt auch deshalb ihre Bitte nicht abschlagen.«

»Jetzt erzähl mir bloß noch, du hast dich wegen mir mit ihr verabredet.« Charlotte konnte sich einen sarkastischen Unterton nicht verkneifen.

»Charlotte, lass uns bitte aufhören zu streiten. Kannst du mir denn nicht nochmal verzeihen? Ich verspreche dir, ich werde mich nie mehr mit ihr treffen.«

»Ich glaube, du weißt manchmal gar nicht, wie schwierig die ganze Situation für mich ist. Auch wenn ich nichts sage und heiter bin, glaube bloß nicht, dass mir dieses Leben leicht fällt. Es kostet mich viel Kraft zu akzeptieren, dass ein Teil von dir immer bei deiner Kirche sein wird. Aber du musst wissen, dass ich nicht bereit bin, dich auch noch mit Patrizia zu teilen.«

»Du teilst meine Liebe mit gar niemandem. Die Kirche ist mein Beruf, das ist meine Arbeit. Nicht mehr und nicht weniger. Und Patrizia ist eine alte Freundin, mit der ich einmal zusammen war. Aber das ist längst Geschichte.«

Er stand auf und zog sie hoch zu sich. Seine Arme umklammerten fest ihren Körper und er bedeckte ihr Gesicht mit Küssen.

»Bitte sei nicht mehr verärgert, Charlotte. Wir gehören zusammen und unsere Ringe sind das äußere Zeichen dafür. Für mich bist du meine Frau und ich fühle mich mit dir verheiratet.«

Das, was er sagte, klang zwar schön und es war ihm auch gelungen, sie in ihrem Ärger zu beschwichtigen, trotzdem wollte ihre Traurigkeit nicht weichen. »Sei mir nicht böse, aber ich denke, es ist besser, wenn du jetzt gehst. Ich möchte allein sein.«

»Verzeihst du mir?«, fragte er beim Hinausgehen und schaute sie erwartungsvoll an.

»Ich verzeihe dir«, hörte sich Charlotte sagen. Und als er die Tür hinter sich geschlossen hatte, fügte sie hinzu: »Aber vergessen werde ich es nicht.«

Als Aurelio gegangen war, fühlte Charlotte sich jämmerlich. Vielleicht sollte sie Anne anrufen und sich bei ihr ausheulen. Aber was sollte sie zu ihr sagen? Aurelio war mit einer alten Freundin essen und ich überlege mir, ob ich ihn deshalb verlasse? Auf diese einfache Formel gebracht, klang es lächerlich. Aber es war eben nicht auf diese einfache Formel zu bringen. Die Zusammenhänge waren viel komplizierter. Wären sie ein normales Paar gewesen, dann hätte es diesen Konflikt überhaupt nicht gegeben. Dann hätte Aurelio Patrizia sagen können, dass er mit Charlotte zusammen war, und seine Ex-Geliebte wäre von allein weggeblieben. Aber dadurch, dass er Priester war, musste er Charlottes Existenz vor ihr verheimlichen, weil er befürchten musste, dass sie ihn aus Eifersucht oder Rache denunzieren würde, nach der Devise »wenn ich ihn nicht haben kann, dann soll ihn keine haben«. Schließlich hatte Aurelio, als er sich von Patrizia trennte, nur gesagt, sie würden nicht zueinander passen. Patrizia wusste nicht, dass es eine andere Frau in Aurelios Leben gab. Insofern musste Charlotte damit rechnen, dass Patrizia nicht lockerlassen würde. Charlotte seufzte. Im Augenblick hatte sie das Gefühl, als würde alles über ihr einstürzen. In Deutschland erwarteten sie ihr todkranker Vater und ihre verzweifelte Mutter und in Mexiko wurde sie mit anonymen Anrufen bombardiert, mit einer ehemaligen Geliebten konfrontiert und durch die Kirche massiv in ihrer Freiheit eingeschränkt, in der Freiheit, mit dem Mann, den sie liebte, normal zusammenzuleben. Wo würde das alles bloß hinführen?

32. Erwachen

Charlotte war an diesem Tag zu nichts mehr fähig gewesen. Sie hatte zwar noch versucht, ein wenig zu schreiben, sich aber nicht konzentrieren können. Wie hätte sie auch nach dieser heftigen Auseinandersetzung etwas über den Beginn ihrer wunderschönen Liebesgeschichte zu Papier bringen können? Ihre Gefühle fuhren Karussell. Ich liebe dich, ich liebe dich nicht, du bist mir egal. Alles stimmte. Und alles stimmte auch wieder nicht.

Sie nahm ihre allabendliche Schlaftablette, zusammen mit dem Tequila würde sie hoffentlich durchschlafen. Sie gähnte. Langsam begann die Tablette zu wirken. Sie schloss die Augen und spürte, wie die Anspannung aus ihrem Körper wich und sie ins Land der Träume hinüberschwebte.

Aurelio setzte sich vorsichtig auf die Kante seiner Bettseite. Er zog seine Uhr aus, wie er es immer tat, weil er Angst hatte, er könne Charlotte mit dem Metallarmband kratzen. Sie hörte, wie er sie auf dem glatten Holz seines Nachttisches ablegte. Er zog ein Stück der Polyesterdecke zu sich herüber und schlüpfte darunter. Dann kuschelte er sich an ihren Rücken und legte seinen Arm um ihre Taille. Was für ein schönes Gefühl! Sie fühlte sich so geborgen in seinen Armen. Nur warum waren sein Arm und auch sein Körper so kalt? Heiß war es nur an ihren Füßen, wo die Bettflasche ihre Hitze verströmte. Langsam kam Charlotte zu sich.

»Erschrick nicht, mi amorcito chulo«, flüsterte Aurelio ihr beruhigend ins Ohr.

»Wo kommst du denn her, mitten in der Nacht?« Charlotte war von einem Augenblick zum anderen hellwach. Sie blickte auf ihren Wecker. »Es ist ein Uhr!«

»Ich weiß und bin jämmerlich durchgefroren. Ich wünsche mir nur, dass meine Frau mich ein bisschen wärmt.« Er kuschelte sich noch näher an sie und Charlotte genoss es.

»Ich kann es noch immer nicht fassen. Die Straße zwischen *Teopisca* und *Rosas* ist doch so einsam und nachts sehr gefährlich. Warum machst du so etwas?« Sie war froh, dass er heil bei ihr angekommen war.

»Weißt du, Charlotte, ich lag in meinem Bett und konnte nicht schlafen, weil mir so vieles durch den Kopf gegangen ist. Irgendwann habe ich es nicht mehr ausgehalten und mich einfach ins Auto gesetzt.«

»Deine Haushälterinnen! Was wirst du zu denen sagen, wo du mitten in der Nacht warst? Und was ist mit deiner Sechs-Uhr-Messe morgen früh?«

»Mach dir keine Sorgen. Mir wird schon irgendetwas einfallen, was ich zu Chila und Antonita sage. Notfalls müssen wieder meine Schweine herhalten. Und zum Gottesdienst werde ich wieder zurück sein.« Er gab ihr einen Kuss aufs Ohr.

Sie drehte sich zu ihm um. »Du bist unmöglich. Du bist der unmöglichste Mann, der mir jemals begegnet ist.«

»Aber hoffentlich auch der Außergewöhnlichste«, unterbrach Aurelio sie lachend.

»Außergewöhnlich in jeder Hinsicht!« Sie streichelte ihm über das Haar, zog seinen Kopf zu sich und küsste ihn lang und innig. Wie konnte sie diesem Mann noch böse sein?

»Charlotte«, seine Stimme wurde ernst, »du darfst nicht an meinen Gefühlen zweifeln. Ich liebe und begehre dich. Du bist für mich die wunderbarste Frau, die ich kenne. Du glaubst doch nicht im Ernst, ich würde wegen Patrizia unsere Beziehung gefährden!«

Als Charlotte ihm antworten wollte, legte er seinen Finger auf ihre Lippen: »Psst, jetzt nicht, mein Liebling. Lass uns morgen Nachmittag nochmals in Ruhe darüber reden. Ich muss dir nämlich noch einiges dazu erzählen, und dann möchte ich, dass wir das Thema ein für alle Mal begraben. Und jetzt lass uns schlafen. Es wird eh eine kurze Nacht.«

Er drehte sich zur Seite und knipste die kleine Jesus-Nachttischlampe aus. »Du gestattest doch, dass er auch Feierabend macht? Außerdem muss er auch nicht alles sehen.«

Was für ein Priester war das? Und was für ein Mann? War er tatsächlich so lieb und unschuldig, oder war er ein ausgekochtes Schlitzohr? Vielleicht war er beides? Es gab so vieles, was sie hätte sagen wollen. Aber morgen war auch noch ein Tag.

Kurz darauf stieß Charlotte mit einem leichten Fußtritt die Bettflasche von der Matratze. Aurelio strömte mittlerweile so viel Hitze aus, dass die Wärme unter der Decke für zwei reichte. Sie hörte seine gleichmäßigen Atemzüge und legte ihr Gesicht auf seine Schulter, während er im Einschlafen ihre Hand in die seine nahm und zu sich hinüberzog, sodass sie halb auf seiner Brust lag. Dann schlief sie ein.

Aurelio ging in aller Frühe so leise und unauffällig, wie er nachts gekommen war. Sie spürte im Halbschlaf seine Lippen auf den ihren, das Türschloss knackste und weg war er. Hochwürden war auf dem Weg zur Frühmesse. Sie lächelte, während sie wieder hinwegdämmerte.

Ausnahmsweise regnete es an diesem Sonntagnachmittag einmal nicht.

»Lass uns den Kaffee doch auf der Terrasse trinken, es ist so schönes Wetter.«

»Bueno.« Aurelio nahm seine Tasse und ging hinaus. Charlotte folgte ihm mit zwei Sitzkissen. Sie spannte den Sonnenschirm auf.

»Ich wollte dich übrigens noch nach *Rosas* einladen«, erzählte er ihr. »Ich habe dir doch vor Kurzem von dem Fest erzählt, das ich zu Ehren von Don Samuel organisiere. Die Indianer und Landarbeiter aus der ganzen Umgebung werden kommen, um ihren *Tatic* zu feiern. Es wird eine richtige kleine Wallfahrt werden.«

»Was ist das denn für ein Fest?«, wollte Charlotte wissen.

»Im Grunde genommen gibt es drei, wenn nicht sogar vier Anlässe dafür: der 75. Geburtstag von Don Samuel, seine 50-jährige Priesterweihe, dass er in diesem Monat 40 Jahre Bischof von San Cristóbal ist und schließlich auch, dass es das letzte Jahr ist, bevor er in den Ruhestand geht.« Die Begeisterung für seinen Chef war in Aurelios Stimme unüberhörbar.

»Ich finde es toll, dass du ein Fest für ihn organisierst. Er hat es verdient.« Charlotte bewunderte Don Samuel ungemein. Er war eine der wenigen Lichtgestalten in der katholischen Kirche.

»Ich würde mich freuen, wenn du kommst. Du könntest Juanita und Lupita mitbringen«, zwinkerte er ihr zu, »dann ist es unauffälliger. Ich lass dir auch gerne meine *Camioneta* hier.«

Charlotte dachte kurz nach. »Warum eigentlich nicht! Ich werde meine Kamera mitnehmen und ein paar Fotos schießen«, meinte sie schließlich.

»Mach das. Da gibt es Motive ohne Ende, denn einige der Maya-Stämme kommen bestimmt in ihren farbenprächtigen Kostümen. Ich bin sicher, es wird dir gefallen«, ermunterte Aurelio sie. »Eine Bitte hätte ich allerdings noch an dich«, fügte er hinzu.

»Und die wäre?« Charlotte konnte sich nicht vorstellen, was er von ihr wollte.

»Könntest du mir deinen Sonnenschirm für Don Samuel leihen? Weißt du, in meine Kirche passen nicht alle rein, die kommen werden, und deshalb findet die Veranstaltung im Freien statt. Ich habe aus diesem Grund auch ein Podest anfertigen lassen, bloß um die Mittagszeit kann es darauf ganz schön heiß werden.«

»Wofür ist denn dieses Podest?«

Aurelio lachte: »Na ja, da steht auch noch ein Tisch drauf. Das Ganze soll den Altarraum ersetzen, schließlich wird der Bischof eine Messe mit mir zusammen halten.«

»Ihr Mexikaner seid unschlagbar im Improvisieren.« Charlotte amüsierte sich. Es gefiel ihr, wie man hier mit ein wenig Kreativität aus dem Nichts etwas auf die Beine stellte: »Natürlich kannst du den Sonnenschirm haben. Es ist mir eine Ehre, ihn für Don Samuel zur Verfügung zu stellen. Du kannst ihn nachher gleich mitnehmen.«

»Ich habe übrigens auch ein *Taticmobil*, so eine Art Papamobil zusammen mit meinen Katecheten gebaut. Einer von ihnen hat seinen kleinen Lieferwagen dafür zur Verfügung gestellt.«

Charlotte staunte nicht schlecht, als sie das hörte. »Da bin ich jetzt aber gespannt.«

»Lass dich überraschen, mein Schatz.«

Während Charlotte sich neben ihn setzte, erinnerte sie Aurelio an das, was er in der letzten Nacht gesagt hatte: »Du wolltest doch heute noch einmal mit mir über Patrizia sprechen.«

Er nickte. »Du weißt ja, dass ich sie schon sehr lange kenne«, begann er schließlich, »und du weißt auch, dass es nic die große Liebe war. Daraus habe ich auch ihr gegenüber nie einen Hehl gemacht. Aber sie hat unser Verhältnis anders gesehen und meine Trennung von ihr nie verkraftet. Mir ist damals nach der Preisverleihung unser Gespräch nicht aus dem Kopf gegangen und ich wollte versuchen, eine freundschaftliche Beziehung zu Patrizia aufzubauen. Aber es funktioniert nicht.«

»Und warum funktioniert es nicht?«

»Weil Patrizia ein sehr heftiges Temperament hat und weil mir nach dem Restaurantbesuch vor zwei Tagen klar geworden ist, dass sie noch immer nicht aufgegeben hat. Sie versucht mich mit allen Mitteln zurückzuerobern. Aber ich will Patrizia nicht. Du bist die Frau, mit der ich zusammenbleiben will, solange ich lebe. Trotzdem muss ich die Sache mit Patrizia vorsichtig angehen. Sie könnte nämlich Nachforschungen anstellen und versuchen, uns zu schaden.«

»Was heißt das, uns zu schaden? Wieso sollte sie mir schaden wollen? Sie weiß doch gar nicht, dass es mich gibt.«

»Ich denke, sie weiß von deiner Existenz. Sie hat schon ganz am Anfang, als wir uns kannten, herausbekommen, dass ich mit einer Deutschen in Urlaub war. Sie fand damals einen Liebesbrief von dir im Auto und hat sich benommen wie eine Furie.«

»So indifferent, wie du dich damals verhalten hast, musst du dich nicht wundern. Aus ihrer Sicht hast du sie betrogen. Du hast nie Klartext mit ihr gesprochen.«

»Das konnte ich nicht. Sie arbeitet in *San Cristóbal* im Gesundheitszentrum und hätte mir mit meiner Schweinezucht gewaltig Steine in den Weg legen können. Das wollte ich vermeiden. Ich würde ihr auch zutrauen, dass sie einen anonymen Brief an den Bischof schreibt.«

»Meinst du, dass sie so weit gehen würde?« Charlotte legte ihre Stirn in Falten.

»Sie kann ziemlich massiv werden. Aber vielleicht hast du recht. Ich darf mich nicht einschüchtern lassen und muss klarere Signale setzen. Sie muss endlich begreifen, dass es vorbei ist.« Er schwieg einen Augenblick, dann meinte er etwas zögerlich: »Ich muss dir in diesem Zusammenhang noch etwas sagen, denn ich möchte keine Geheimnisse vor dir haben. Patrizia hat mir im *Cayuco* eine Videokassette geschenkt. Ich habe sie mir daheim angesehen und gedacht, mich trifft der Schlag.«

»Und warum, was ist denn auf dieser Kassette?« Charlotte war neugierig geworden.

»Du kannst sie dir gerne ansehen, aber du musst mir versprechen, dass du mir nicht böse bist und dich auch nicht ärgerst.«

Charlotte zögerte. Je nachdem, was darauf war, würde vielleicht alles nur noch schlimmer werden.

»Was ist so schlimm daran?«

»Es sind Zusammenschnitte verschiedener Szenen. Man sieht Frauen mit nacktem Busen, eine Liebesszene in der Badewanne und es geht um einen Priester, der Probleme mit seiner Sexualität hat«, erklärte er ihr. Charlotte spürte, dass ihm die ganze Angelegenheit unangenehm war.

»Und diese Kassette hat sie dir einfach so gegeben? Warum hast du sie denn überhaupt angenommen?«

»Ich wusste doch gar nicht, was drauf ist. Sie hat mir vor Jahren einmal eine Videokassette gegeben, auf der eine Reportage über die Zapatistische Befreiungsarmee in *Chiapas* war. Sie hatte es im Satelliten-Fernsehen in den USA aufgezeichnet. Ich dachte, es ist etwas Ähnliches drauf. Aber wie gesagt, du kannst sie dir gerne ansehen.«

Charlotte beschloss, sich die Videokassette anzuschauen, vielleicht würde sie dadurch manches besser verstehen. Aurelio holte sie aus seinem Auto, bevor er zurück nach *Rosas* fuhr. »Wir sehen uns dann morgen, mein Schatz. Aber ich ruf dich heute Abend vor dem Schlafengehen noch einmal an. Mich interessiert deine Meinung.«

Als er gegangen war, betrachtete sie die Kassette von allen Seiten. Patrizia hatte sie fein säuberlich beschriftet: »*Viaje de exploración y otros*«, Entdeckungsreise und anderes. Dieser Titel sagte überhaupt nichts über den Inhalt aus. In eine Ecke des Etikettes hatte sie in kleinen krakeligen Buchstaben ihren Vornamen geschrieben, »Patrizia«.

Charlotte schob die Kassette ein und setzte sich aufs Sofa. Es waren tatsächlich Sexszenen, die sie aus verschiedenen Filmen zusammengeschnitten hatte. Sie schienen aus den USA zu stammen, denn die Akteurinnen und Akteure sprachen, sofern sie nicht stöhnten, Englisch, die Sequenzen waren jedoch mit spanischen Untertiteln versehen. Da sah man Frauen mit großen und kleinen Brüsten in Bars an Stangen aufreizend tanzen oder sich auf Autos räkeln. Erst präsentierten sie in aufreizender Form nur ihren Busen, um dann ihre knappen Tangas abzustreifen und ihren rasierten

Schambereich in verführerischer Weise darzubieten. Andere wieder wiegten ihr Gesäß rhythmisch hin und her und die Kamera nahm ihre straffen Hintern in Nahaufnahme auf.

Nun folgten mehrere Ausschnitte aus Softpornos, in denen sie es in Badewannen, hinter Theken, auf Tischen, unter der Dusche, am Strand und im Swimmingpool trieben. Alle möglichen Positionen waren zu sehen. Die Darsteller waren gelenkig und probierten das halbe Kamasutra aus.

Patrizia hatte achtzehn verschiedene Filmsequenzen aneinandergeschnitten. Was für eine Arbeit, denn das bedeutete, sie hatte sich achtzehn Pornos angesehen und dann die entsprechenden Stellen ausgesucht und sie zusammengesetzt. Sie war sicherlich wochenlang, wenn nicht monatelang damit beschäftigt gewesen. Was wiederum bedeutete, sie hatte das alles von langer Hand vorbereitet. Ihre Absicht lag auf der Hand. Aurelio hatte sich ihr seit gut zwei Jahren entzogen und sie versuchte nun, seine sexuellen Bedürfnisse zu schüren, die er dann bei ihr befriedigen sollte.

Aber da war sie leider einem Irrtum aufgesessen. Das Videoband war der Beweis dafür, dass sie wohl doch nichts von Charlottes Existenz ahnte.

Das Videoband hatte noch einen zweiten Teil. Es waren Ausschnitte aus verschiedenen Episoden einer Telenovela mit dem Titel *Padre Pablo*.

Gezeigt wurde ein Priester in Aurelios Alter, dessen Körper dem von Aurelio nicht unähnlich war. Er hatte erotische Fantasien, wünschte sich mit Frauen zu schlafen, hatte aber durch sein Gelübde ein schlechtes Gewissen, was dazu führte, dass er ein kleines Mädchen schlug, das sexuelle Gefühle in ihm auslöste. Schließlich ging er zu einer Prostituierten und bestrafte sich anschließend in seiner kargen Zelle, indem er sich auspeitschte, um für sein Vergehen zu sühnen.

In der nächsten Sequenz sah man ihn in einer Bar, wo eine Nackttänzerin auf orientalische Trommelrhythmen tanzte. Kurz darauf bewegte er sich in seiner spartanischen Zelle nackt nur mit Strapsen bekleidet auf dieselben Töne, schaute dabei verklärt und lüstern in die Kamera und streichelte sich selbst am ganzen Körper.

Das Ganze steigerte sich immer mehr. Schließlich, dem Wahnsinn nahe, versuchte er sich mit einem Messer zu entmannen, wurde jedoch gerettet, kam in eine psychiatrische Klinik, wo er nach einiger Zeit als geheilt entlassen wurde. In der Schlussszene sah man schließlich, wie er erneut in sexuelle Wahnvorstellungen verfiel und sich in seiner Verzweiflung schließlich im Glockenturm erhängte.

Das war heftig. Patrizia hatte die 180-Minuten- Kassette vollständig bespielt. Charlotte atmete tief durch, dann ging sie in die Küche und holte sich ein Bier und eine kleine Tüte mit scharfen Mais-Chips. Patrizias Botschaft war klar. Es war ihre Art, um Aurelio zu kämpfen. Aber mit was für einer kranken Strategie!

Das Telefon klingelte.

»*Hola, como estás*«, hallo, wie geht's dir? Es war Aurelio.

»Ich habe mir die Videokassette angesehen. Und ehrlich gesagt, ich bin ganz schön geschockt.«

»War ich auch. Und was meinst du dazu?«

Charlotte zögerte mit ihrer Antwort. »Was ich dazu meine, ist eigentlich nicht so wichtig. Viel wichtiger ist, was du darüber denkst.«

»Bueno, der erste Teil war ganz nett anzusehen, aber weiter auch nichts.«

»Hat dich das, was du gesehen hast, nicht erregt?« Ein bisschen neugierig war sie schon auf seine Reaktion.

»Nicht besonders, ehrlich gesagt. Das habe ich doch alles in natura viel schöner und vor allem mit der Frau, die ich liebe und die mich liebt.«

»Alter Filou!« Charlotte lachte ins Telefon.

»Nein, das ist mein Ernst. Das sind zwar alles blutjunge Dinger mit festen Brüsten und straffem Hintern, aber dieses ganze Getue ist doch absolut seelenlos. Das hat doch mit Liebe überhaupt nichts zu tun.«

Charlotte freute sich, dass er so reagierte. Sie war sich nicht hundertprozentig sicher gewesen, wie die Bilder auf ihn gewirkt hatten. Patrizia hatte ihn jedoch ganz falsch eingeschätzt. »Und was hast du bei dem zweiten Teil empfunden?«, fragte ihn Charlotte.

»Frag mich lieber nicht. Im ersten Moment habe ich sie gehasst. Aber als guter Christ kann ich mir solche Gefühle nicht erlauben«, meinte er ironisch. »Ich finde es schlichtweg unverschämt von ihr.« Er schien sehr wütend auf sie zu sein.

»Was wirst du tun?« Charlotte war gespannt, was er antworten würde.

»Ich werde ihr die Kassette zurückgeben und ihr sagen, dass sie meine Freundschaft missbraucht hat und ich unter diesen Umständen keinen Kontakt mehr mit ihr haben möchte.«

»Glaubst du, dass sie das akzeptieren wird?«

»Das ist mir absolut egal. Ich weiß nur, ich werde mich nicht mehr mit ihr treffen. Ich werde das Thema ein für alle Mal aus der Welt schaffen.«

»Das willst du wirklich tun? Nach all den Jahren?«

»Ja, ich werde einen endgültigen Schlussstrich unter dieses Kapitel ziehen.«

Nachdem sie aufgelegt hatten, waren Charlottes Gefühle gemischt. Einerseits war sie erleichtert, dass das Thema Patrizia vom Tisch war, andererseits tat sie ihr auch leid. Wie unglücklich musste Patrizia sein. Dieses Videoband mit der Einladung »komm zu mir und lebe deine sexuellen Bedürfnisse bei mir aus« und der Drohung »wenn du es nicht tust, dann wirst du wie der Priester in der Telenovela enden« erschien Charlotte wie der Hilferuf einer zutiefst verzweifelten Frau. Patrizia hatte ihn zurückgewinnen wollen, aber mit dieser Aktion genau das Gegenteil bewirkt. Sie hatte ihn für immer verloren.

33. Fiesta

»Was für ein Empfang! Sie haben sogar die Büsche an den Straßenrändern mit bunten Bändern für uns geschmückt.« Charlotte blickte kurz nach hinten, wo Juanita und Lupita saßen und sich über ihre Bemerkung amüsierten, während sie Aurelios *Camioneta* weiter durch die Hauptstraße von *Rosas* steuerte. Sie musste höllisch aufpassen, dass ihr niemand ins Auto lief, denn es war ein reges Treiben in den Straßen. Alle wollten sie zu der *Fiesta*.

Aurelio hatte das Fest für Don Samuel wochenlang organisiert. Er hatte seine Kollegen aus den Nachbargemeinden eingeladen sowie verschiedene Gruppen, die in irgendeiner Form in der Diözese mitarbeiteten. Marimba-Gruppen, darunter die *Hermanos Diaz*, die über die Region hinaus bekannt waren, sowie Sängerinnen und Sänger würden auftreten. Einzelne Personen aus den *Comunidades* würden Verlautbarungen, Gedichte und Bibelstellen vorlesen und auch kleine Reden würden gehalten. Mehr als fünftausend Menschen wurden erwartet.

Aus einem entgegenkommenden Auto winkte ein Mann Charlotte zu. Sie wunderte sich, denn hier kannte sie niemanden. Als er dann näher kam, nahm er abrupt seine Hand herunter. Er hatte wohl zu spät bemerkt, dass in der *Camioneta* nicht Padre Aurelio, sondern eine fremde Frau saß. Charlotte glaubte einen gewissen Argwohn in den Blicken der Menschen am Straßenrand zu bemerken. Sie wunderten sich bestimmt, wenn sie Aurelios Auto erkannten, dass eine Frau darin saß und dazu noch eine relativ junge und hübsche *Gringa*.

Was wohl in den Köpfen dieser Menschen vor sich ging?

Wenn Charlotte in der Vergangenheit in Aurelios *Camioneta* durch *Teopisca* gefahren war, hatte sie nicht selten das Gefühl gehabt, dass alle Bescheid wüssten. »Seht mal, da fährt die Geliebte des Priesters. Die Sünderin, die Maria

Magdalena, die unseren *Padre* verführt hat.« Sie bildete sich ein, das Wispern hinter ihrem Rücken zu hören. In den Augen frommer Katholiken war natürlich Charlotte die Täterin, die mit Raffinesse ihr Opfer verführt hatte. Padre Aurelio war ihr verfallen, hatte sich ihrer teuflischen Reize nicht erwehren können. Der Arme! Im Mittelalter hätten diese Frommen Charlotte wahrscheinlich als Hexe verbrannt, um die Seele des heiligen Mannes zu retten. Aber vielleicht bildete sie sich das alles auch nur ein und es waren lediglich Hirngespinste, die sich nur in ihrem Kopf abspielten.

»Ich denke, wir sollten hier parken und die letzten drei Quadrate zu Fuß gehen.« Die *Muchachas* waren einverstanden.

Die beiden Mädchen, die zwanzigjährige Tante mit ihrer achtzehnjährigen schwangeren Nichte, hakten sich unter, während Charlotte, die die beiden um gut einen Kopf überragte, neben ihnen herlief.

»Der da drüben hat Sie eben ganz verliebt angeschaut, Doña Charlotte«, gluckste Lupita unter vorgehaltener Hand. Sie amüsierte sich offenbar köstlich.

»Dabei könnte ich locker eure Mutter sein.« Und mit Blick auf Juanitas gewölbten Bauch fügte sie hinzu. »Dann würde ich sogar demnächst Oma werden.« Charlotte und die Mädchen lachten bei dieser Vorstellung.

Die drei bogen in die Straße ein, die auf den *Zókalo* zuführte. Zahlreiche Menschen füllten bereits den Platz. Junge Mädchen in ihren selbst genähten Festtagskleidern hatten sich, meistens in Zweier- oder Dreiergruppen, untergehakt. Ihre Kleider ähnelten sich alle im Stil, es waren einfarbige Zweiteiler aus Chemiefasern, immer tailliert und knieumspielt. Wahrscheinlich verwendeten alle dasselbe Schnittmuster. Die wenigsten mexikanischen Frauen trugen Hosen.

Aus diesem Grund hatte Charlotte heute auch einen schwarz-weiß gemusterten Rock angezogen. Sie würde sowieso schon durch ihre Hautfarbe auffallen. Obwohl sie dunkle Haare und braune Augen hatte, würden ihre Gesichtszüge sie verraten. Sie hatte eben so gar nichts Mexikanisches an sich. Am auffälligsten war jedoch ihre Statur. Obwohl sie mit ihren 1,65 Metern für deutsche Verhältnisse nicht sonderlich groß war, überragte sie in Mexiko fast alle. Es war also nicht notwendig, dass sie noch dadurch Aufmerksamkeit erregte, dass sie so ziemlich die einzige Frau in Hosen war.

Zahlreiche Mütter mit Babys auf dem Arm bevölkerten den Platz. Mexiko war ein kinderreiches Land. Sie bahnten sich einen Weg quer über den Platz. Aurelio hatte das Podest, das schon eher einer kleinen Bühne glich, gegenüber der Kirche errichten lassen. Dort hatte sich ein Künstler an einer Art Bühnenbild erprobt. Der Versuch, die Kirche perspektivisch zu malen, war jedoch misslungen. Sein Werk war ziemlich dilettantisch. Aber war das wirklich wichtig? Zweifellos konnte man an dem Bild erkennen, dass er sich sehr bemüht hatte, und letztendlich zählte nur das.

Die ganze Bühne war mit Blumen geschmückt, hauptsächlich mit Gladiolen. Doch die Krönung war der Altar, den Aurelio aufgebaut hatte, denn neben Kerzen und einem Kreuz erstrahlte dort auch Charlottes bunter Sonnenschirm in seinem mit Wasser gefüllten Plastikfuß, den sie aus Deutschland mitgebracht hatte. Das profan-sakrale Arrangement mutete schon eigenartig an.

»Mire su sombrilla, Doña Charlotte.« Juanita hatte den Sonnenschirm auch erkannt und zeigte erstaunt auf den Altar.

»Psst. Nicht so laut, das müssen doch nicht alle wissen.« Charlotte legte ihren Zeigefinger auf die Lippen und lachte das Mädchen an.

Der ganze Platz war mit bunten Luftballons, glänzenden Girlanden, kleinen Fähnchen sowie echten und künstlichen Blumen geschmückt. Viele Menschen hatten sich auf den

Stufen niedergelassen, die zum Kirchenportal hinaufführten.

Junge pubertierende Kerle blödelten herum und versuchten durch entsprechendes Gehabe ihre »Männlichkeit« unter Beweis zu stellen. Sie wollten damit die gleichaltrigen Mädchen beeindrucken. Die Geschlechter bewegten sich hier in *Chiapas* in klar getrennten Gruppen. Sie vermischte sich lange nicht so wie in Deutschland. Einige Stände waren auch aufgebaut worden, die *Refrescos* und *Dulces* sowie Mangos, *Tacos*, Musikkassetten und bedruckte T-Shirts verkauften.

Charlotte blickte hinauf zum Kirchenportal, wo gerade eine Marimba-Gruppe ihre Instrumente aufbaute. Die Sängerinnen trugen schwarze, mit kräftigen Farben bestickte lange Kleider und hatten rote Nelken in ihren fast schon blauschwarzen langen Haaren. Charlotte versuchte sich an 1983 zu erinnern, als sie zum ersten Mal vor diesem Gotteshaus gestanden hatte. Es war eine typisch mexikanische Kirche im Stil des Kolonialbarocks. Sie hatte alles noch bildlich vor Augen, obwohl sechzehn Jahre, fast ein Drittel ihres Lebens, dazwischenlagen. Es kam Charlotte einerseits vor wie gestern, andererseits wie eine Ewigkeit.

Charlotte sah sich mit den anderen der CWE-Gruppe an einem Sonntagmorgen zum ersten Mal zu einem katholischen Gottesdienst gehen. Sie dachte an den alten Bettler, der in seinen zerrissenen staubigen Lumpen barfuß vor der Kirche gestanden und um ein Almosen gebeten hatte und an sein dankbares Gesicht, als Charlotte ihm ein paar Pesos in seine faltige Hand gelegt hatte. Und natürlich hatte sie Aurelio in seiner weißen Soutane vor Augen, wie er damals auf die Indianer in den ersten Reihen einredete.

»Es geht euch schlecht? Und was macht ihr? Sagt schon, was tut ihr, damit es euch besser geht? Ich höre nichts.« Und nach einer Pause: »Ihr tut nichts? Na, dann geht es euch noch viel zu gut. Warum beschwert ihr euch dann?«

Er forderte sie heraus, er wollte sie aus ihrer Lethargie wecken. Sie blickten ihn jedoch hilflos an.

»Hört genau zu, vor Gott sind alle Menschen gleich. Ihr alle seid seine Kinder. Da gibt es kein Arm und kein Reich. Den Geringsten unter euch, den liebt er am meisten. Er ist ein gerechter Gott. Aber die Menschen sind nicht gerecht. Also müsst ihr euch, um Gottes Gebot zu folgen, für eine gerechte Welt einsetzen. Gott sagt: ›Du sollst deinen Nächsten lieben wie dich selbst.‹ Also müsst ihr eurem Nachbarn helfen, wenn ihm Unrecht angetan wird.« Die Indianer nickten demütig mit dem Kopf. Sie hatten die Botschaft verstanden. Auch Charlotte hatte verstanden. Es gefiel ihr, wie sich hier die Kirche auf ihre Ursprünge besann und auf der Seite der Armen und Schwachen kämpfte. Charlotte war begeistert von Padre Aurelio, wie geschickt er die Bibelzitate mit politischen Inhalten vermischte. Hätte er ihnen gesagt, ihr müsst solidarisch sein, ihnen womöglich geraten, eine Gewerkschaft zu gründen, dann hätten viele Indianer ihn zum einen nicht verstanden und zum anderen hätte die Polizei oder das Militär ihn sehr schnell am Wickel gehabt wegen politischer Agitation und wegen Volksverhetzung. Aber das einfache Gebot der Nächstenliebe, *liebe deinen Nächsten wie dich selbst*, das in sich eine ähnliche Botschaft trug, schützte ihn vor politischer Verfolgung. Jeder hatte einen Nächsten, alle wurden sie von den Großgrundbesitzern ausgebeutet, und wenn jeder sich für seinen Nächsten einsetzte und dafür Sorge tragen sollte, dass ihm Gerechtigkeit widerfahre, dann konnte dies langfristig nur Streik oder Widerstand gegen die Mächtigen bedeuten.

Die Befreiungstheologie war schlau, nutzte sie doch die Botschaft Jesu Christi in ihrer ganzen sozial-politischen Dimension wie einen Schutzschild.

»Setzen wir uns dort vorne hin?« Juanita zeigte auf die klapprigen Holzstühle, von denen sechs Reihen unmittelbar vor dem Altar aufgestellt waren.

»Ja, das ist ein idealer Platz, da können wir den Bischof gut sehen«, erwiderte Charlotte, der es in Wirklichkeit darum ging, Aurelio besser zu sehen.

Sie ließen sich in der vorletzten Reihe nieder. Charlotte setzte sich auf einen Stuhl am Rand, damit sie zum Fotografieren problemlos aufstehen konnte. Wenn die *Peregrinación*, die Wallfahrt mit dem *Taticmobil*, aus der Richtung kam, aus der sie sie vermutete, dann saßen sie hier günstig. Plötzlich hörte Charlotte Aurelios Stimme. Sie drehte sich um und sah ihn weit entfernt oben am Kirchenportal, dort wo die Marimbas aufgebaut waren. Er hatte eine Flüstertüte in der Hand: »Der Bischof und die Pilgerfahrer werden in wenigen Minuten hier eintreffen. Rückt ein wenig zusammen und macht einen Gang frei, damit Don Samuel ohne Probleme zum Altar gelangen kann. Ich erwarte von euch, dass ihr euren geliebten Bischof mit der gebührenden Hochachtung und Herzlichkeit willkommen heißt.«

Während er kurz darauf die Kirchentreppe hinunterging, blickte er suchend in alle Richtungen. Wahrscheinlich hielt er nach ihr Ausschau. Charlotte stand auf und trat ein wenig aus der Reihe heraus. Da sie fast alle überragte, konnte er sie nun nicht mehr übersehen. Als Aurelio sie erblickte, hellte sich sein Gesicht für einen Moment auf. Während er auf die Bühne zuschritt, streifte er Charlotte im Vorbeigehen unmerklich und schaute ihr kurz in die Augen. Den Mädchen nickte er freundlich zu. Dann richtete er wieder seinen Blick nach vorne. Das alles ging so schnell, dass es einem Außenstehenden wahrscheinlich gar nicht auffiel.

Charlotte war froh, dass sie dieses Mal daran gedacht hatte, ihren Ring auszuziehen, denn Aurelio hatte seinen wie immer am Finger. Sie wollte eine Situation wie im letzten Sommer in der Kathedrale vermeiden.

Dann kamen die ersten Wallfahrer um die Ecke. Der Zug bestand zum größten Teil aus indianischen Landarbeitern. Sie hatten Schilder gemalt von den Schutzheiligen ihres Ortes oder mit dem Namen ihrer Gemeinde. Auf dem Banner von *Teopisca* war das Konterfei des Bischofs gemalt. Andere wiederum trugen Transparente mit dem Namen von Samuel Ruíz. Es tauchten immer mehr Menschen auf und am Schluss war der Platz derart überfüllt, dass das *Taticmobil* Mühe hatte, die Bühne zu erreichen. Das Gefährt war eine gelungene Konstruktion. Aurelio hatte auf der offenen Ladefläche einen thronartigen Holzstuhl befestigen lassen mit einem gespannten weißen Laken als Sonnenschutz darüber. Der Wagen war mit Blumen und Palmwedeln geschmückt. Die Menschen, die neben dem Fahrzeug hergingen, hatten Blumensträuße und Kerzen in ihren Händen und skandierten immer wieder: »*Tatic! Amigo! El pueblo está contigo!*" – Väterchen! Freund! Das Volk ist an deiner Seite!

Don Samuel wurde von vier Leibwächtern begleitet, die ihm halfen, mithilfe einer weißen Leiter von dem Wagen herabzusteigen. Auf der Bühne wurde er von Aurelio, der mittlerweile in eine weiße Soutane gehüllt war und seine mit indianischen Motiven bestickte Stola angelegt hatte, in Empfang genommen.

Der Bischof nahm zunächst auf einem Stuhl hinter dem Altar Platz. Er schaute lächelnd über die Köpfe seiner Schutzbefohlenen hinweg und nickte dem ein oder anderen zu. Als er in Charlottes Richtung sah, blieb sein Blick an ihr haften. Obwohl Charlotte nicht glaubte, dass er sie in diesem Moment mit Aurelio in Verbindung brachte, hatte sie doch das Gefühl, dass er sie wiedererkannte. »Wo habe ich diese Frau schon einmal gesehen?« Sie hörte förmlich das Rattern in seinen Gehirnwindungen. Aber Gott sei Dank blieb ihm keine Zeit, weiter darüber nachzudenken, denn nun ging die Messe los.

Was nun folgte, war zunächst der übliche liturgische Singsang, der durch die Tatsache, dass er auf Spanisch stattfand, nicht besser wurde. Charlotte konnte damit nichts anfangen. Aurelio schien darin jedoch aufzugehen, denn er sang laut ins Mikrofon, um alle zum Mitsingen zu ermutigen. Dann folgte ein Gebet. Einer der Katecheten trat nach vorne und richtete eine Fürbitte zur Vergebung der Sünden an Gott. Kurz darauf wurde Charlotte hellhörig und hörte dem Mann gebannt zu: »Und vergib denen, die anderen Unrecht zufügen, und denen, die andere unterdrücken. Wir bitten um Vergebung für alle die Mächtigen, die die Schwachen in unserem Land beherrschen und deren Rechte beschneiden. Wir bitten um Vergebung für alle, die ihre Macht missbrauchen und ihren Mitmenschen Leid zufügen. Herr, vergib ihnen, und führe sie auf den richtigen Weg.« Was für ein geschickter Schachzug gegen die Mächtigen und die Regierung. Anstatt zu sagen, wir klagen die Regierung an wegen der Ausbeutung der Landarbeiter und Indianer und wir prangern die öffentliche Korruption an, beteten sie für das Heil der Täter und konnten so Täter und bestehende Missstände in der mexikanischen Gesellschaft ungehindert aussprechen. Ein Lächeln überzog Charlottes Gedanken, als sie erkannte, wie gescheit die ganze Veranstaltung aufgebaut war. Aurelio war sich treu geblieben, denn er benutzte dieselbe Taktik wie vor 16 Jahren, als sie ihn zum ersten Mal predigen hörte. Diese ganze *Fiesta*, die nach außen Don Samuel gewidmet war, die Messe und alles drum herum war gleichzeitig eine Solidaritätsveranstaltung für die Armen. Im nächsten Jahr würden Wahlen sein und bis dahin musste dem Volk klar gemacht werden, dass die amtierende Regierungspartei nach Jahrzehnten endlich abgewählt werden musste.

Als sie Aurelio ansah, wurde ihr klar, dass er sie die ganze Zeit betrachtet hatte, und sie bemerkte das leichte Grinsen um seinen Mund, als wollte er ihr sagen: »Begreifst du, warum meine Arbeit so wichtig ist?«

Während die Bänke fast ausschließlich von Mestizen belegt waren, hatten sich die meisten Indianer auf den Boden gesetzt. Viele der Frauen trugen ihre Babys in großen Stoffbahnen direkt am Körper. Es war mittlerweile so voll, dass Charlotte sich kaum noch rühren konnte. Ein älterer Mann hatte sich einen Stuhl besorgt und sich noch neben sie in den Gang gezwängt. Er war gut angezogen und schien der Mittelschicht anzugehören. Der Mann hatte Charlotte freundlich angelacht, während er den Indianerinnen missbilligende Blicke zugeworfen hatte.

Eine kleine Frau mit ihrem Sohn, die zuvor neben Charlotte gestanden hatte, war von ihm abgedrängt worden und stand nun zwangsläufig ein wenig vor ihm, worauf der Alte damit begann, sie mit seinen spitzen Fingern am Rücken anzustupsen, und ihr befahl, sich hinzusetzen. Die Indianerin und ihr Sohn gehorchten widerstandslos und quetschten sich nun in einen kleinen Spalt zwischen den Stühlen, wo sie sich nicht mehr rühren konnten und von der ganzen Messe nichts mitbekamen. Charlotte ärgerte die Situation. Da sprach der Bischof von Gleichheit und Brüderlichkeit und der fromme Katholik neben Charlotte begriff absolut gar nichts. Schnell wurde sie sich klar darüber, dass sie das nicht zulassen wollte. Sie beugte sich nach vorne und legte ihre Hand vorsichtig auf die Schulter der zusammengekauerten Frau. Diese schaute sie mit großen Augen erstaunt an.

»Kommen Sie, setzen Sie sich auf meinen Stuhl.« Die Frau zögerte zunächst, als sie jedoch ihr Angebot wiederholte, nahm sie es freudestrahlend an. Charlotte nahm nun den Platz der Frau ein, nur dass sie überhaupt nicht daran dachte, sich auf den Boden zu setzen, sondern vor ihrem Nachbarn stehenblieb. Der machte gute Miene zum bösen Spiel und hätte niemals gewagt, ihr Befehle zu erteilen. Charlotte frohlockte innerlich und freute sich, dass sie den Mut aufgebracht hatte, einzugreifen und jemanden wenigstens ein bisschen zu beschützen. Das war einfach ein schönes Gefühl.

Der Bischof erzählte eine Anekdote aus seinem Leben, die bei Charlotte sehr unterschiedliche Gefühle auslöste.

»Ein kleiner Junge hat mich einmal gefragt: ›Don Samuel, hast du Kinder?‹ worauf ich ihm geantwortet habe: ›Tausende!‹ Der Kleine hat daraufhin nachgehakt und gefragt: ›Und wer ist deine Frau?‹ Ich habe ihm geantwortet: ›*Chiapas*!‹« Als er das sagte, hob er seine Hand mit dem Bischofsring in die Höhe. »Dies ist das Zeichen meiner Vereinigung mit *Chiapas*.«

Das Volk tobte und Aurelio und die anderen Priester strahlten über diese wohlklingenden Worte. Obwohl Charlotte den Bischof schätzte, hätte sie ihm zu gerne gesagt, dass er mit einer aktiven, engagierten Ehefrau an seiner Seite viel mehr für Chiapas hätte tun können. Es gab Lebensbereiche, die er aufgrund seines Amtes überhaupt nicht erfassen konnte.

Als die Messe vorüber war, verschwanden die geistlichen Würdenträger in Aurelios Pfarrhaus. Chila hatte ihnen ein opulentes Mahl zubereitet. Für die fast fünftausend Menschen hatte die Pfarrei kostenlos Trinkwasser bereitgestellt. »So haben sich die Zeiten geändert und die Kirche mit ihnen«, dachte Charlotte. Jesus hatte noch fünftausend Menschen gespeist, wenn es stimmte, was in der Bibel stand – die Kirche bestand doch immer auf dem großen Wahrheitsgehalt der Heiligen Schrift. Aber die Diözese von *San Cristóbal* war nun mal arm und der Vatikan gab keinen Peso.

Charlotte lud die Mädchen in eine kleine *Taqueria* ein und spendierte ihnen *Refrescos* und *Tacos*. Die beiden Mädchen suchten sich zum Nachtisch noch zwei Stücke von einer pinkfarbenen, sehr chemisch wirkenden Cremetorte aus, während Charlotte gerne darauf verzichtete. Bevor sie zurückfuhren, schlug sie den Mädchen noch einen Rundgang über den Markt vor. Als sie durch die Straßen schlenderten, versuchte sie sich an damals zu erinnern. Das Einzige, was ihr bekannt vorkam, war das große Eingangstor zur Markthalle. Charlotte wäre zu gerne die Straße hinuntergegangen, wo das Haus mit dem Innenhof lag, in dem sie 1983 gewohnt hatten. Aber Juanita musste zurück, denn ihr Mann wartete. Charlotte hatte den Eindruck, dass dieser Armando seine Juanita ganz schön unter der Fuchtel hatte.

Während Charlotte die *Camioneta* in Richtung *Teopisca* steuerte, dösten die Mädchen auf dem Rücksitz vor sich hin. Die Landschaft von Chiapas war gerade hier einfach schön: sanfte Hügel, dazwischen weite grüne Ebenen, ein großer See, von Weiden eingerahmt, und jede Menge Pferde, die frei herumliefen. Da nichts eingezäunt war, musste man immer damit rechnen, dass irgendein Tier die Fahrbahn kreuzte. Darum fuhr Charlotte langsam. Leider war sie fast die Einzige, die sich so verhielt. Die Mexikaner dachten nicht daran, auf die Bremse zu gehen. Sie schrieben es der Dummheit des jeweiligen Tieres zu, wenn sie es überfuhren. Charlotte hatte noch nie so viele überfahrene Hunde gesehen wie in Mexiko. Rücksichtnahme gegen Tiere schien hier ein Fremdwort zu sein. Sie hatte mit Aurelio des Öfteren über dieses Thema diskutiert. Über die Einstellung des Christentums zum Tier und wo der Platz des Menschen in der Natur sei. Sie sagte ihm, dass sie die Bibelstelle »macht euch die Erde untertan« als geradezu fatal empfand, weil die Menschen sie als Freibrief für die Ausbeutung der Natur missbrauchten. Über die Jahre hinweg waren ihre Worte bei ihm auf fruchtbaren Boden gefallen, denn er hatte seinen Fahrstil dem Charlottes angepasst und achtete wesentlich bewusster auf das Wohlergehen von Tieren. Aber damit nicht genug, Charlotte hatte auch bewirkt, dass er in der einen oder anderen Predigt auf einen respektvolleren Umgang mit der Schöpfung verwies.

Es sah alles so paradiesisch, so unberührt und so friedlich aus. Jetzt fehlte nur noch ein Einhorn und dass Pegasus aus den Wolken herausflog und auf der Weide landete. Die Landschaft war beinahe unwirklich schön und Charlotte genoss sie. Ihre Glücksgefühle bezogen sich jedoch in diesem Augenblick nur auf die Naturschönheiten, denn gleichzeitig war sie auch traurig. Veranstaltungen, bei denen Aurelio als Priester in Soutane und Stola auftrat, taten ihr nicht gut. Sie holten sie immer wieder auf den Boden der Tatsachen zurück und machten ihr klar, dass es eben doch nicht ein Beruf wie jeder andere war.

Charlotte ließ Juanita in der Nähe ihres Hauses aussteigen. Sie bedankte sich überschwänglich für den schönen Tag. Nachdem sich auch Lupita verabschiedet hatte, öffnete sie das große Tor der *Casita de Campo* und fuhr die *Camioneta* auf den Abstellplatz. Aurelio saß jetzt in fröhlicher Runde bei Brandy und Tequila mit dem Bischof und seinen Kollegen im Pfarrhaus von *Rosas*.

Sie ging ins Haus. Als die große Tür hinter ihr ins Schloss fiel, war sie wieder allein. Es war kalt und einsam. Ob sie sich je daran gewöhnen würde? Die Vorstellung, dass sie noch jahrelang so leben sollte, war nicht sehr erhebend.

Was Charlotte in diesem Augenblick noch nicht wusste, war, dass ihre Tage in der *Casita de Campo* gezählt waren.

34. Schlussakkord

Es gibt Tage, die sollte man ersatzlos aus dem Kalender streichen. Dieser war einer davon. Schon in aller Frühe hatte das Telefon geklingelt. Charlotte war aus dem Tiefschlaf hochgeschreckt, verschlafen hatte sie den Hörer abgenommen.

»Hallo!« Sie ging davon aus, dass es ihre Eltern waren.

Doch weit gefehlt. Stattdessen hauchte irgendeine Frauenstimme schwer verständliche Sätze ins Telefon. Ihr war sofort klar, was die Anruferin damit bezweckte, hatte jedoch so getan, als würde sie gar nichts verstehen. Anstatt zu antworten, hatte Charlotte nur unzählige Male auf Deutsch »Hallo« wiederholt. Schließlich war es ihr gelungen, die Frage »no tienes vergüenza?« aus dem Kauderwelsch der anderen herauszufiltern, es hieß so viel wie »schämst du dich nicht?« Die Frauenstimme klang genauso bösartig wie die vom ersten anonymen Anruf. Trotzdem hatte Charlotte den Eindruck, dass es sich nicht um diese Doña Gloria Davila handelte. Aber das machte die Sache nicht besser. Ganz im Gegenteil, anscheinend gab es jetzt schon zwei Personen, die ihnen hinterherspionierten und sich vorgenommen hatten, ihnen das Leben schwer zu machen.

Der Tag war genauso verkorkst weitergegangen, wie er begonnen hatte, denn auch Juanita hatte ihr ein paar Stunden später schlechte Nachrichten überbracht. Ihre Mutter hatte am Abend zuvor ihrem Vater mitgeteilt, dass sie ihn mit ihren Kindern verlassen würde. Woraufhin er sie am Morgen rausgeworfen und sie angeschrien hatte, sie solle sich zum Teufel scheren und sich von den Kindern fernhalten, sonst würde er sie windelweich prügeln.

Charlotte seufzte. »Deine Mutter hat das nicht sehr geschickt angepackt. Bei diesem Mann hätte sie mit so einer Reaktion rechnen müssen. Sie hätte sich doch denken können, dass der sie nicht so einfach gehen lässt. Warum hat sich deine Mutter eigentlich gerade jetzt von ihm getrennt?«

»Da kam einiges zusammen. Er hat ihr schon die ganze Zeit kein Geld mehr gegeben, sie ständig betrogen und sie dann auch wieder geschlagen. Meine Mutter hat gesagt, dass sie das nicht mehr ertrage. Und dann ...« Juanita zögerte. »Dann habe ich ihr auch noch erzählt, dass er sich schon seit Jahren immer wieder in mein Bett gelegt und mit mir bestimmte Dinge gemacht hat.« Juanita sagte es sehr verschämt. »Vielleicht ist alles meine Schuld, ich hätte es für mich behalten müssen, denn meine Mutter ist fast durchgedreht, als ich ihr das gebeichtet habe.«

»Das vergisst du jetzt aber ganz schnell. Du hättest es deiner Mutter schon viel früher sagen müssen. Und schämen muss sich hier nur einer und das ist dein krimineller Vater. Er ist ein Schwein. Eigentlich gehört er angezeigt. Aber ich weiß, dass das nicht geht.« Charlotte war wütend, aber sie nahm sich zusammen und strich Juanita stattdessen zärtlich über die Wange. Armes Mädchen. Was für grauenhafte Zustände! »Und wie soll es jetzt weitergehen?«

»Ich weiß es nicht. Meine Mutter leidet fürchterlich, sie ist todunglücklich. Sie ist jetzt bei meiner Großmutter nebenan. Aber da kann sie nicht bleiben.«

»Klar, ich kenne die Hütte deiner Großmutter. Doña Rosita, Lupita und Iris wohnen sehr beengt. Kann sie denn nicht bei dir unterkommen? Du wohnst doch mit deinem Mann bei seiner Mutter, oder?« Charlotte glaubte sich zu erinnern, dass Juanita ihr das erzählt hatte.

Das Mädchen schüttelte den Kopf: »Das geht leider nicht. Das Haus von Armandos Mutter ist sehr klein und die Situation dort ist sowieso nicht einfach.« Die Traurigkeit des Mädchens war nicht zu übersehen.

»Sag mal, Juanita, bist du denn glücklich?« Charlotte konnte ihre anfänglichen Zweifel nicht so leicht ablegen.

»Schon. Armando behandelt mich ganz gut und er steht auch zu mir, obwohl ich von einem anderen Mann schwanger bin. Nur seiner Mutter, der passt das überhaupt nicht, und das lässt sie mich auch spüren. Aber wo sollen wir hingehen? Ich versuche, irgendwie mit ihr auszukommen. Aber ich kann sie unmöglich fragen, ob sie auch noch meine Mutter aufnimmt.«

Charlotte dachte kurz nach, dann meinte sie: »Hör mal zu, Padre Aurelios Haus ist groß genug und das Schlafzimmer unten steht sowieso meistens leer. Wenn du willst, kann deine Mutter hier für einige Zeit wohnen, bis sie eine Lösung gefunden hat.«

»Das würden Sie für uns tun?« Etwas zögerlich fügte Juanita hinzu: »Hätten Sie etwas dagegen, wenn ich auch hier übernachte? Ich möchte meine Mutter im Augenblick ungern allein lassen.«

»Wenn dein Mann nichts dagegen hat, soll es mir recht sein.« Charlotte war über die Vorstellung, die kommenden Nächte nicht allein in dem Haus verbringen zu müssen, gar nicht so unglücklich.

»Nein, nein, Doña Charlotte, das geht schon in Ordnung. Armando ist diesbezüglich großzügig.«

»Wann wollt ihr kommen? Ist acht Uhr okay?«

Juanita nickte glücklich.

Kurz nach acht standen die beiden vor ihrer Tür. Charlotte nahm Yolanda, die vom Weinen ganz verquollene Augen hatte, in ihre Arme. »Ihre Tochter hat mir alles erzählt. Es tut mir leid, dass Sie so große Probleme haben. Aber jetzt bleiben Sie erst einmal ein paar Tage hier. Vielleicht klärt sich die Situation.« Charlotte versuchte, sie ein bisschen zu beruhigen. Wirklich trösten konnte sie Yolanda jedoch nicht. Zusammen bereiteten sie das Gästezimmer für die Nacht vor. Charlotte kramte noch ein paar Decken heraus, damit sie nicht frieren würden. Schließlich lud sie die beiden Frauen nach oben auf einen Tequila ein.

Yolanda war sehr verzweifelt. »Er hat gesagt, wenn ich ihn verlasse, sehe ich meine Kinder nie mehr.«

»Das hat nicht er zu entscheiden. Ich denke, Sie brauchen einen guten Rechtsanwalt.« Charlotte versuchte, ihr Mut zu machen.

»Rechtsanwälte sind teuer. Das kann ich mir nicht leisten«, antwortete Yolanda traurig.

»Ich werde Ihnen helfen. Wenn Sie wollen, können wir morgen zusammen nach *San Cristóbal* fahren. Ich werde die Kosten für Ihren Rechtsanwalt übernehmen.« Charlotte wusste, wenn sie Yolanda nicht beistehen würde, hätte die keine Chance, sich gegen ihren brutalen Mann durchzusetzen.

Am nächsten Morgen frühstückten sie alle drei zusammen. Sie unterhielten sich über alles Mögliche und waren sich einig darüber, dass sie am Nachmittag gemeinsam einen Rechtsanwalt aufsuchen würden.

Während einige Zeit später Juanita und ihre Mutter den Tisch abräumten, blickte Charlotte aus ihrem Küchenfenster. Da sah sie, wie Yolandas Mann in seiner rostigen *Camioneta* vorfuhr und vor der Hütte von Doña Rosita hielt. Gleich darauf öffnete er die wacklige Pforte und ging auf die Hütte seiner Schwiegermutter zu. Er hatte den kleinen Giovanni an der Hand. Charlotte rief Yolanda zu sich. Als sie ihren Sohn sah, bat sie Charlotte, ihr schnell die Tür aufzuschließen. Das war wohl wahre Mutterliebe. Sie konnte gar nicht so schnell schauen, wie Yolanda in den Garten ihrer Mutter lief.

Charlotte wollte gerade mit Juanita die Wäsche aufhängen, als es draußen an der Gartenpforte klopfte. Es war Armando, Juanitas neuer Mann. Charlotte ging hinunter. Vor ihr stand ein kräftiger, etwas gedrungener junger Mann. Er war etwas kleiner als Charlotte, wirkte ein wenig grobschlächtig, hatte jedoch ausdrucksvolle Augen unter dichten, buschigen Augenbrauen. Typenmäßig war er Juanitas erstem Mann gar nicht so unähnlich. Als sie ihm die Hand hinstreckte, lächelte er sie freundlich an. Er wirkte eigentlich ganz sympathisch. »Komm rein. Ich darf doch Du sagen?«

»Klar, Doña Charlotte.«

»Du kannst das Doña ruhig weglassen.« Es war Charlottes erneuter Versuch, die hierarchischen Strukturen Mexikos aufzuweichen. Natürlich klappte es nicht.

»Magst du einen Kaffee?«

»Sehr gerne, Doña Charlotte.«

Sie setzten sich alle zusammen an den Küchentisch. Armando begann zu erzählen und erklärte Charlotte, dass er der Adjutant eines Lkw-Fahrers sei und 1.200 Pesos im Monat verdiente. Im Augenblick gebe es allerdings keine Fahrten. Die Aufträge kämen stets von einem Tag auf den anderen rein und manchmal sei er sogar mehrere Wochen unterwegs, je nachdem, wo es hingehe. Dafür sei er dann auch immer wieder mal für längere Zeit zu Hause. »Ich bin viel herumgekommen und kenne mich gut in Mexiko aus.« In diesem Zusammenhang wies er Charlotte gleich auf einige schöne Strände und interessante touristische Orte hin, von denen sie jedoch die meisten schon kannte. Trotzdem schien er ein kluges Kerlchen zu sein, denn er war einer der wenigen, der wusste, dass es nach dem Zweiten Weltkrieg zwei deutsche Staaten gegeben hatte. Den meisten war nicht mal bekannt, dass Deutschland in Europa lag, geschweige denn, dass es je geteilt war.

Charlotte sagte ihm, sie freue sich, dass er und Juanita geheiratet hätten, und sie wünsche ihnen für ihre gemeinsame Zukunft alles Gute, worauf Armando zärtlich Juanitas Hand in die seine nahm und meinte, dass er sie sehr liebe. Charlotte lächelte Juanita an. Sie freute sich aufrichtig für sie.

»Es ist schön von dir, dass du nichts dagegen hast, dass Juanita hier übernachtet. Sie bleibt zwar wegen ihrer Mutter hier, aber ich will nicht verhehlen, dass mir das nicht unrecht ist. Ich habe in der letzten Nacht nämlich seit langer Zeit mal wieder ohne Schlaftablette geschlafen, weil ich wusste, dass ich in Gesellschaft bin. Ich fühle mich nämlich nicht sehr wohl, wenn ich die Nacht allein im Haus verbringe.«

»Ich wollte hier auch nicht allein wohnen«, bestätigte Juanita, »es ist schon ganz schön abgelegen.«

»Ich kann gut verstehen, dass Sie sich hier nicht wohlfühlen«, meinte nun Armando. »Die Fenster im ersten Stock haben nicht einmal ein Schutzgitter, es ist überhaupt kein Problem, hier einzusteigen, und die Eisenfenster sind auch ganz leicht zu öffnen. Außerdem hat jeder im Ort mitbekommen, dass nur Sie das Haus bewohnen.«

Obwohl Charlotte ihn nicht nach seiner Meinung gefragt hatte, bestätigte er ihr alle ihre Befürchtungen, was sie sehr beunruhigte.

»Padre Aurelio sollte jemanden einstellen, der das Haus nachts bewacht«, meinte er weiter.

»Gibt es hier denn Sicherheitsdienste?«, wunderte sich Charlotte.

»Klar, das ist nur eine Frage des Preises. Es gibt immer Leute, die sich als Wachen anstellen lassen. Ich habe das auch schon gemacht«, erklärte er ihr. Charlotte wurde nun klar, warum er das alles sagte und was er damit bezweckte. Augenscheinlich suchte er einen solchen Job. Da sie jedoch genau wusste, dass Aurelio niemanden einstellen würde, war es müßig, dieses Thema weiterzuverfolgen.

»Ah, der Padre hat die eingeworfenen Fensterscheiben austauschen lassen.« Armando blickte zu den beiden Fenstern in der Küche und dem Esszimmer.

»Waren da Scheiben eingeworfen? Das wusste ich gar nicht.« Charlotte war überrascht, denn Aurelio hatte ihr nichts davon erzählt. Wahrscheinlich hatte er sie nicht beunruhigen wollen. »Ich weiß, dass vor Jahren einmal versucht wurde, in das Haus einzubrechen. Aber das ist ewig lang her, da war ich Gott sei Dank noch nicht hier.« Sie versuchte, ihrer Stimme einen lässigen Ton zu verleihen.

»Es ist, wie gesagt, überhaupt kein Problem, in dieses Haus hineinzukommen, für richtige *Ladrónes* ist das ein Kinderspiel.« Armando ließ nicht locker.

Leider spürte Charlotte, wie nun doch unterschwellige Ängste in ihr hochstiegen, denn Armando bestärkte sie in all ihren Befürchtungen, die Sicherheit des Hauses betreffend, und bestätigte ihr das, was Aurelio nie hatte wahrhaben wollte. Juanitas Mann schien sich verdammt gut mit dem Thema auszukennen. Als Armando ging, blieb Charlotte mit einem sehr ungleichem Gefühl zurück.

Kaum hatte er sich verabschiedet, war Yolanda von ihrer Mutter zurückgekommen. Sie hatte ihren kleinen Sohn an der Hand und strahlte übers ganze Gesicht. Immer wieder umarmte sie den Kleinen und sagte: »Nicht wahr, du bleibst bei deiner Mama.«

Im nachfolgenden Gespräch musste Charlotte feststellen, dass Yolanda alle am Vorabend und Morgen gefassten Vorsätze über Bord geworfen hatte. Sie habe sich entschlossen, wegen der Kinder zu ihrem Mann zurückzukehren, teilte sie der erstaunten Charlotte mit.

Obwohl sie Yolandas Konflikt bis zu einem gewissen Grad nachvollziehen konnte, fiel es ihr trotzdem schwer, deren heftige Gefühlsschwankungen zu verstehen. Es kam ihr kindisch und überhaupt nicht verantwortungsvoll vor, wie sie sich verhielt. Es war eine Art, Probleme anzugehen, die ihr gänzlich fremd war. Aber Charlotte hatte genug eigene Sorgen und meinte darum lediglich zu Yolanda, sie hoffe, dass sie die richtige Entscheidung treffe und ihr Mann sich tatsächlich ändere, so wie er es ihr anscheinend gerade versprochen hatte. Zumindest hatte er für den Augenblick klein beigegeben.

Am Nachmittag kam Aurelio vorbei und Charlotte berichtete ihm, was sich alles zugetragen hatte. Als er von dem erneuten anonymen Anruf hörte, meinte er zu Charlotte, er müsse ihr in diesem Zusammenhang noch etwas erzählen. Daraufhin gestand er ihr, dass es in den letzten Wochen noch andere Aktivitäten gegeben habe. Es seien nämlich zwei anonyme Briefe in *Rosas* eingegangen. Einer an ihn persönlich und ein anderer an seine Haushälterinnen. Letzteren habe er jedoch glücklicherweise abfangen können. Außerdem habe ihm der Sekretär des Bischofs mitgeteilt, dass jemand einen Beschwerdebrief an Don Samuel geschickt habe.

»Im Augenblick kommt es aber wirklich von allen Seiten. Was sollen wir bloß tun?« Charlotte wirkte bekümmert.

»Gar nichts, mein Liebling. Bleib ganz ruhig! Wir lassen alles auf uns zukommen.« Er gab ihr einen zärtlichen Kuss auf den Handrücken.

»Du hast Nerven. Manchmal wünsche ich mir ein wenig von deiner Gelassenheit. Glaubst du eigentlich noch immer, dass diese Doña Gloria Avila hinter allen Anrufen steckt?«

»Nein, da habe ich mich geirrt. Ich denke, der erste Anruf kam tatsächlich von ihr. Aber bei der letzten Anruferin muss es sich um jemanden aus meiner Gemeinde gehandelt haben. Kann es sein, dass Juanita doch etwas weiß?« fragte er Charlotte, indem er sie tiefgründig anschaute.

Sie wurde ein wenig verlegen, denn sie konnte sich denken, wo es herrührte. Als Juanita sie nämlich einige Tage zuvor auf Aurelios Badelatschen, die er versehentlich unter seiner Bettseite vergessen hatte, ansprach, hatte sie ihr anvertraut, dass sie ein Paar seien. Juanita hatte sie angelächelt und gemeint: »Ich freue mich, dass Sie mir das sagen, aber ich habe es schon längst gewusst. Sie können sich auf mich verlassen. Ich werde mit niemandem darüber reden, Sie beide sind so ein schönes Paar.«

»Ich muss dir was gestehen.« Charlotte atmete tief durch. »Ich habe es ihr vor Kurzem gesagt. Mir blieb einfach nichts anderes übrig.«

Er stöhnte. »Frauen! Dass ihr nichts für euch behalten könnt.«

»Jetzt mach mal langsam. Ich habe es ihr nur deshalb gesagt, weil du deine Latschen unter dem Bett hast stehen lassen. Außerdem wollte ich sie nicht länger anlügen. Du machst es dir ganz schön einfach.« Charlotte wollte das nicht so auf sich sitzen lassen.

»Also jedenfalls sieht es ganz so aus, als ob Juanita nicht dichtgehalten hat. In einem der anonymen Briefe wird, wenn auch nicht namentlich, auf sie verwiesen, als eine sichere Informationsquelle in *Teopisca*.«

»So ein Mist! Aber ich glaube nicht, dass Juanita uns verraten hat. Ich vermute eher, dass es ihre Mutter war. Vielleicht hat sie es irgendwie mitbekommen. Juanitas Mutter erscheint mir sehr labil, vielleicht hat sie ja geredet.«

»Du bist einfach zu vertrauensselig, mein Liebling.«

»Ich weiß, es war falsch, und es tut mir auch furchtbar leid. Aber es wäre schwer gewesen, unsere Beziehung vor Juanita noch länger zu verheimlichen.«

Am Abend klingelte es an der Tür. Charlotte war erstaunt, als Juanita und ihr Mann vor ihr standen. Armando hatte eine kleine Reisetasche in der Hand.

»Doña Charlotte, Armando hat gemeint, wir könnten bei Ihnen unten im Gästezimmer schlafen, damit Sie sich die letzten Tage, die Sie noch hier sind, nicht ängstigen müssen. Wir passen auf Sie auf«, erklärte ihr Juanita und blickte sie freundlich an.

Obwohl sich Charlotte ein bisschen überrumpelt fühlte, wollte sie die beiden nicht vor den Kopf stoßen und bat das Pärchen herein. »Dann haben wir heute Nacht einen Mann im Haus, da kann nichts mehr schiefgehen«, lachte sie.

Charlotte lud sie nach oben in ihr Wohnzimmer ein. Dort saßen sie bei Kerzenlicht und klassischer Musik zusammen. Juanita und Charlotte tranken *Corona*, während Armando sich mehrere *Cuba libre* mischte, deren Wirkung nicht ausblieb. Je glasiger seine Augen vom Rum wurden, desto lockerer wurde auch seine Zunge. Für einen Mexikaner kannte er sich gut in klassischer Musik aus, wusste, wer Mozart und Beethoven waren, und kannte die *Tres Tenores* José Carreras, Luciano Pavarotti und Placido Domingo. Er mochte die Musik von Verdi und Puccini und hatte eine Vorliebe für italienische Opernarien.

Charlotte war verblüfft. Es war sehr ungewöhnlich für einen jungen Mexikaner, dass er so viel wusste. »Da hast du dir einen gescheiten Mann ausgesucht, Juanita. Wann habt ihr eigentlich geheiratet?«, wollte Charlotte wissen.

»Wir leben in *Union libre*«, antwortete Juanita.

»Was heißt das?« fragte Charlotte ohne Hintergedanken weiter. Ihr war klar, dass Juanita, nachdem sie Witwe und dazu noch schwanger war, sicherlich nicht mehr kirchlich geheiratet hatte.

»Wir sind nicht verheiratet, wir leben ohne Trauschein zusammen«, meinte Juanita etwas kleinlaut. Charlotte war überrascht, denn das Mädchen hatte das vorher nie erwähnt. Sie hatte es ihr anscheinend bewusst nicht erzählt.

Während Armando an seinem dritten *Cuba* nippte und dabei seinen kleinen Finger mit dem schweren silbernen Ring abspreizte, ergänzte er, sie müssten sich erst einmal prüfen. Juanita sehe ja jetzt am Beispiel ihrer Mutter, wie schwer es sei, sich zu trennen, wenn man erst mal verheiratet sei.

»Das stimmt zwar einerseits, da muss ich dir recht geben, aber wenn ihr gemeinsame Kinder haben wollt, dann ist das für deine Frau eine Rechtsunsicherheit, wenn ihr nicht verheiratet seid. Denn sie trägt dann die alleinige Verantwortung für eure Kinder.«

Armando meinte, er wolle sowieso keine weiteren Kinder haben, während Juanita stumm daneben saß.

Gegen zehn Uhr rief Aurelio nochmals an und fragte, ob alles in Ordnung sei. Charlotte teilte ihm mit, dass Juanita und ihr Mann bei ihr wären und er sich keine Sorgen machen müsse. Sie verabredeten, dass er übermorgen vorbeikäme, weil er dann auch wieder seine *Camioneta* brauche.

Charlotte kehrte zum Tisch zurück. »Du warst also ein Freund von Rocco«, begann sie.

Er ging sofort darauf ein. »Wir waren sehr gute Freunde. Wir haben oft einen zusammen getrunken«, erwiderte er mit immer glasiger werdenden Augen, während er sich erneut Rum nachschenkte.

»Roccos Tod ist sehr tragisch«, stellte Charlotte betroffen fest, »ich kann es gar nicht glauben, dass ein werdender Vater sich das Leben nimmt, zumal er sich – nach dem, was Juanita mir erzählt hat – doch sehr auf das Kind gefreut hat. Das ist irgendwie unbegreiflich.«

»Er hatte große Probleme«, sagte Armando, während er allwissend den Kopf schüttelte.

»Was waren das denn für Probleme?« Charlotte wollte das schon etwas genauer wissen, und da Armando eine rechte Plaudertasche zu sein schien, würde sie ihm sicher so einiges entlocken können. Ihm gefiel es anscheinend, sich mit der Frau aus Deutschland zu unterhalten, denn er hatte das Gefühl, dass sie ihn ernst nahm, und das hob ungemein sein Selbstwertgefühl. Charlotte war sich fast sicher, dass er ihr alles beantworten würde. Ob es allerdings die Wahrheit wäre? Wer weiß.

»Er ist nie über den Tod seiner Mutter hinweggekommen«, sagte Armando im Brustton der Überzeugung.

»Tut mir leid, aber für mich passt das alles nicht zusammen. Juanita hat mir erzählt, dass der Tod seiner Mutter schon viele Jahre zurückliegt. Und dann hängt er sich ausgerechnet auf, wenn er eine Frau geheiratet hat, die er liebt, mit der er ein neues Zuhause hat und die auch noch ein Kind von ihm erwartet? Ich habe dir schon vorhin gesagt, da bringt sich niemand um.« Charlotte konnte ihre Zweifel nicht für sich behalten. Ich muss ein bisschen vorsichtiger sein, dachte sie gleichzeitig, ich sollte ihm nicht zu deutlich zeigen, dass ich an der Selbstmordtheorie meine Zweifel habe.

»Es gab noch andere Gründe«, begann Armando von Neuem. »Er liebte nämlich eine andere *Muchacha*. Die Freundin, die er vor Juanita hatte, war eigentlich seine ganz große Liebe. Noch einen Tag vor der Hochzeit gestand Teresa ihm, sie würde zu ihm zurückkehren, wenn er Juanita nicht heiraten würde. Aber da war es schon zu spät. Ich glaube, er hat Teresa unendlich geliebt und konnte es nicht verwinden, sie für immer verloren zu haben. Darum hat er sich umgebracht.«

Charlotte schaute Juanita an und sah, wie diese gegen ihre aufsteigenden Tränen ankämpfte. Warum hatte er das bloß gesagt? Armando musste doch wissen, dass er Juanitas Gefühle mit solchen Behauptungen zutiefst verletzte. In Charlotte machte sich ein enormes Unbehagen breit, gleichzeitig bekam sie eine unsägliche Wut auf ihn.

»Ich kann nicht glauben, was du da sagst. Das nimmst du doch alles nur an.«

»Nein, nein, ich weiß es von Teresa, ich kenne sie gut, denn wir wohnen in derselben Straße«, versicherte er ihr.

»Da muss man vorsichtig sein. Das Mädchen kann viel behaupten, jetzt, wo Rocco sich nicht mehr wehren kann.« Zu Juanita gewandt meinte Charlotte: »Ich würde das alles an deiner Stelle nicht so ernst nehmen.«

Armando wollte gerade damit fortfahren, über Rocco herzuziehen, als sie ihm das Wort abschnitt. »Ich denke, wir sollten das Thema ruhen lassen.« Charlotte begann, sich extrem unwohl zu fühlen. Sie hatte Armando zunächst als ganz unterhaltsam und aufgeweckt wahrgenommen, aber nun empfand sie ihn als taktlos und brutal. Irgendetwas in ihrem tiefsten Innern signalisierte ihr, dass es ratsam war, sich vor dem jungen Mann in Acht zu nehmen. Charlottes Sensoren waren auf Empfang, insbesondere als er meinte, er müsse ihr noch unbedingt etwas erzählen.

»Ich habe mir überlegt, ob ich Ihnen das überhaupt sagen soll«, begann Armando seine Rede, »aber ich habe etwas beobachtet, was Sie bestimmt interessiert.«

»So, und das wäre?« Charlotte schaute ihn gespannt an.

»Vor ein paar Tagen standen zwei Männer vor Ihrem Haus, haben es sich ausgiebig betrachtet, und beim Vorbeigehen habe ich gehört, wie sie meinten, in dem Haus würde eine reiche Ausländerin allein wohnen. Sie erwähnten weiter, dass da sicherlich eine Menge zu holen sei, möglicherweise sogar Bares.«

Irgendetwas gefiel Charlotte nicht an dieser Geschichte. Sie wirkte sehr konstruiert. Sie war sich fast sicher, dass sie erstunken und erlogen war und er in Wirklichkeit etwas anderes bezweckte. »Die beiden müssen ganz schön bescheuert sein, ein solches Gespräch direkt vor meiner Haustür zu führen, wenn sie etwas planen, meinst du nicht?«

Armando zuckte mit den Achseln.

»Außerdem liegen die da auch ganz falsch. Ich würde niemals im Haus Geld aufbewahren. Ich habe ein Konto bei der *Banamex* und hebe dort immer nur so viel ab, wie ich zum Leben brauche. Es rentiert sich also nicht, hier einzubrechen.«

»Manchmal kommen sie auch, um Hausrat zu stehlen«, wandte Armando ein.

»Die sollen mich doch einfach fragen, ob ich ihnen einen Teller oder ein Bettlaken schenke, das wäre für alle Beteiligten einfacher«, scherzte Charlotte, obwohl ihr eigentlich überhaupt nicht zum Scherzen zumute war. Sie spürte, dass sich hinter Armandos Verhalten eine Taktik verbarg. Es hatte sich ihr nur noch nicht erschlossen, worauf er letztendlich hinauswollte. Doch sie würde das Spielchen mitspielen. »Aber ganz abgesehen davon, habe ich genug Mittel, um mich zu verteidigen.«

»Haben Sie etwa eine Pistole?«, fragte er sie interessiert, und sie glaubte ein winziges Blitzen in seinen Augen zu erkennen.

»Vielleicht.« Charlotte grinste und antwortete bewusst nicht eindeutig. »Ich habe schon meine Mittel, um Banditen in die Flucht zu schlagen. Das darfst du mir glauben.« Das war natürlich weit übertrieben. Aber es konnte nichts schaden, diese Information in die Welt zu setzen.

Als die beiden nach unten in ihr Schlafzimmer gegangen waren, kuschelte Charlotte sich in ihr Sofa. Sie war extrem aufgewühlt. Alles, was Armando ihr mitgeteilt hatte, passte irgendwie nicht zusammen. Sein Verhalten hatte viele Fragen aufgeworfen: »Erzähle ich der Frau, die ich angeblich liebe, dass ihr Ex-Mann und der Vater ihres ungeborenen Kindes sich aus Liebe zu einer anderen nach einem halben Jahr Ehe umgebracht hat? Setze ich so etwas über meinen toten Freund in die Welt? Kann jemand im Vorbeigehen ein so langes Gespräch, wie das der beiden angeblichen Einbrecher erfassen? Sie fragte sich natürlich auch, ob Armando, wenn er so ein guter Freund von Rocco gewesen war, nicht auch Kontakte zu dessen Familie hatte, vor allem zu seinem kriminellen Vater. Wer wusste, vielleicht verkehrte Armando genau in diesen zwielichtigen Kreisen. Und die beiden Typen, die er angeblich belauscht hatte, waren möglicherweise seine Kumpane, die ihn vorgeschickt hatten, hier im Haus alles auszuspionieren, um so ihren Einbruch besser planen zu können. Charlotte war nicht entgangen, wie Armandos Augen durch die Wohnung gewandert waren und er besonders den Fernseher, die Nähmaschine, das Faxgerät und ihr Notebook ins Visier genommen hatte. Dann sein Versuch herauszufinden, ob sich Bargeld im Haus befinde, und schließlich die Krönung von allem, seine

Frage, ob Charlotte eine Waffe besitze. Sie musste nur eins und eins zusammenzählen. Es lag doch vollkommen klar auf der Hand, was er vorhatte. Armando würde sich, wenn Charlotte und Juanita eingeschlafen waren, unten aus dem Schafzimmer stehlen und seinen Kumpanen die Gartenpforte und die Haustür öffnen. Dann hätten sie freie Bahn. Wer wusste, was sie ihr antun würden.

Alle diese Gedanken hatten ihr den Schlaf geraubt und sie hatte darum beschlossen, wach zu bleiben, um sich falls nötig mit allen Mitteln zu verteidigen. Sie hatte in Deutschland einmal gehört, dass die meisten Einbrüche zwischen ein Uhr nachts und fünf Uhr morgen verübt wurden.

Mit Kissen, Decken und allen ihren Verteidigungsutensilien – von der Schneiderschere über das Küchenmesser bis hin zu der kleinen Alarmanlage und dem Spraygas hatte sie sich in das Sofa regelrecht eingegraben und Türen und Fenster nicht aus den Augen gelassen.

Charlotte hatte in die Dunkelheit gelauscht. Sollten sie versuchen, über die Terrasse einzusteigen, musste sie sich den Fluchtweg nach unten offen halten. Sollte Armando ihnen unten die Tür öffnen, musste sie das rechtzeitig mitkriegen, um sich oben schnell einschließen zu können. Ihre Nerven waren zum Zerreißen angespannt.

Glücklicherweise war jedoch nichts von dem eingetroffen, was sie sich ausgemalt hatte. Irgendwann im Morgengrauen schien sie im Sitzen eingeschlafen zu sein. Als sie erwachte, war es draußen hell. Sie atmete tief durch und streckte sich. Ihre Glieder waren ganz steif – kein Wunder, so verkrampft, wie sie die Nacht verbracht hatte. Doch jetzt, wo draußen die Sonne schien, waren die Ängste, die in der dunklen Nacht von ihrer Seele Besitz genommen hatten, wieder verschwunden. Wer weiß, vielleicht waren das alles nur Hirngespinste gewesen und Armando nur ein harmloser Bursche mit einer blühenden Fantasie und wenig Taktgefühl, der in seiner jugendlichen Spontaneität die Wirkung seiner Worte unterschätzt hatte. Obwohl Charlotte die Gedanken, die sie die ganze Nacht hindurch geplagt hatten, innerlich bereits abgehakt hatte, war es ihr trotzdem ein Anliegen, nochmals mit Juanita in aller Ruhe über den Abend zuvor zu sprechen.

Als das Mädchen zu ihr nach oben kam, war Armando bereits gegangen.

»Juanita, ich möchte mich nicht in dein Leben einmischen, aber ich wollte dir noch einmal sagen, dass du das, was Armando gestern über Roccos Tod gesagt hat, nicht ernst nehmen solltest. Auch denke ich, es wäre nicht schlecht, wenn du deinen Lebensgefährten ein bisschen im Auge behieltest. Da ist irgendetwas an ihm, was mir nicht gefällt. Ich mag mich ja irren, aber versprich mir, vorsichtig zu sein. Du weißt, dass ich dich gern habe. Darum täte es mir sehr leid, wenn du in dein Unglück rennen würdest.« Während Charlotte das sagte, fasste sie das Mädchen sanft an den Schultern.

Juanita schaute Charlotte traurig an und plötzlich begann sie zu weinen. Die Tränen, die sie am Vorabend unterdrückt hatte, brachen nun hervor. Charlotte nahm sie spontan in den Arm und streichelte ihr Haar. »Pssst, ist doch schon gut. Ich weiß, es hat dich zutiefst verletzt, was er gesagt hat. Wenn ich an deiner Stelle gewesen wäre, hätte mich das auch bis ins Mark getroffen. Selbst wenn es wahr wäre, was ich nicht glaube, hätte er es niemals äußern dürfen, wenn er dich wirklich liebt.«

»Er will, dass ich Rocco hasse«, schluchzte sie, »und außerdem hat er gelogen. Er arbeitet nicht. Er hängt Tag und Nacht irgendwo mit seinen Freunden herum und schlägt die Zeit tot. Wir leben von den wenigen Pesos, die ich verdiene. Ich hatte vor ein paar Tagen nicht einmal mehr genügend Geld, um ein paar Tortillas zu kaufen.«

Charlotte packte sie an den Schultern und schaute sie eindringlich an: »Mädchen, bist du wahnsinnig! Was willst du mit diesem Typen? Der beutet dich doch nur aus. Willst du diesen Mann auch noch ernähren? Schick ihn zum Teufel. Jetzt wird mir auch seine Strategie klar. Er macht Rocco schlecht, um selbst in einem besseren Licht zu stehen, damit du in seinen Armen Trost suchst, bei ihm bleibst und ihn weiterhin aushältst.«

Charlotte und Juanita setzten sich an den Küchentisch, und sie erzählte dem Mädchen, dass sie die ganze Nacht nicht geschlafen hatte, und teilte ihr auch alles das mit, was ihr gestern durch den Kopf gegangen war.

Juanitas Reaktion war anders, als Charlotte es erwartet hatte. Denn anstatt über ihre blühende Fantasie zu lachen, bestätigte ihr das Mädchen all ihre Befürchtungen. Armandos Freunde waren Kleinkriminelle, die nachts auf Raubzüge gingen, weil sie alle weder Arbeit noch Geld hatten.

Charlotte war geschockt, als sie das hörte. Was für einen fatalen Fehler hatte sie begangen. Sie hatte die Verbrecher regelrecht in ihr Haus eingeladen. Wahrscheinlich hatte sie verdammtes Glück gehabt, dass sie es letzte Nacht nicht versucht hatten, in die *Casita de Campo* einzudringen. Vielleicht hatten sie es nicht getan, weil auch Juanita im Haus gewesen war. Oder Armando war zu betrunken gewesen, um ihnen die Tür zu öffnen. Es war letztendlich zweitrangig, warum sie vor diesem ungebetenen Besuchern verschont geblieben war. Klar war jedoch, dass sie das Haus im Visier hatten und es nur eine Frage der Zeit war, wann sie sich Zutritt verschaffen würden. Sie war hier nicht mehr sicher und darum würde sie das Haus noch heute verlassen.

Während Charlotte tief durchatmete, fuhr sie die staubige Piste entlang in Richtung des Ortsausgangs von *Teopisca*. Gott sei Dank hatte Aurelio seine *Camioneta* noch nicht abgeholt, sodass sie mobil war. »Bloß weg von hier, adíos, *Teopisca*!«

Sie würde keine weitere Nacht in der *Casita de Campo* bleiben, keine Schlaftabletten mit Starkbier mehr zu sich nehmen und keine Waffensammlung im Nachttisch mehr benötigen. Charlotte wollte nur noch weg. Sie würde sich in einem schönen Hotel in *San Cristóbal* einmieten. Ein Hotel, in dem sie sich sicher fühlte und nicht die ganze Nacht wach verbringen musste, um sich bei einem eventuellen Überfall retten zu können. Mein Gott, hatte sie sich letzte Nacht jämmerlich gefühlt!

Die Sonne stand fast horizontal und schien grell in ihre Augen. Durch die staubigen Scheiben konnte sie zeitweise fast nichts mehr sehen. Aber sie kannte die Straße gut mit all ihren *Topes*, *Baches* und *Vibradores*. Nie wieder wollte sie ohne Aurelio eine Nacht in diesem Haus verbringen. Im Nachhinein musste sie sich überhaupt wundern, dass sie es dort im letzten Sommer drei Monate allein ausgehalten hatte.

Wie schön die Landschaft doch war! Der blaue Himmel, die kühle, frische Luft, die bewaldeten Hügel, deren wild wachsende Bäume einen undurchdringbaren Urwald bildeten. Dort gab es noch eine unberührte Tier- und Pflanzenwelt. Die Lichtverhältnisse waren extrem, wechselten sie doch übergangslos von fast totaler Dunkelheit in den Waldgebieten zu in gleißendem Sonnenlicht liegenden golden glänzenden Maisfeldern. Charlottes Liebe zu Mexiko war in den letzten beiden Jahren öfter als einmal auf die Probe gestellt worden. Aber nach den letzten Ereignissen hatte sie tiefe Risse bekommen. Die Einblicke, die sie in die sozialen und besonders auch in die familiären Verhältnisse bekommen hatte, waren ernüchternd. Ihre Faszination für Land und Leute und für die mexikanische Kultur war einer tiefen Nachdenklichkeit gewichen. Ob sie jemals wieder unbeschwert auf Land und Leute würde schauen können?

35. Si Dios quiere

Charlotte rief Aurelio aus einem Telefonbüro in San Cristóbal an. Sie musste ihm unbedingt mitteilen, dass sie in *Teopisca* ausgezogen war, denn er würde zu Tode erschrecken, wenn er dort vorbeikäme und sie nicht vorfinden würde. Sie hatte noch vor ihrer Abreise versucht, von der *Casita de Campo* aus mit ihm zu telefonieren, ihn aber nicht erreicht.

Sie ließ es mehrmals klingeln. »Geh schon ran«, murmelte sie vor sich hin. Endlich nahm er ab.

»Hallo, ich bin's, Charlotte. Aurelio, wir müssen unbedingt reden.«

»Aber was ist denn los, mein Liebling, du bist ja ganz aufgelöst.«

»Ich bin in *San Cristóbal*, aus der *Casita de Campo* ausgezogen.«

»Aber warum das denn? Was ist denn um Gottes Willen passiert?« Er klang bekümmert.

»Am Telefon kann ich dir das nicht erklären. Ich bin im Hotel *Maria Angelina* in der Nähe der *Iglesia de San Ramón*. Kannst du kommen?«

»Natürlich kann ich kommen, allerdings erst gegen Abend. Bleiben kann ich aber leider nicht. Ist mit dir alles in Ordnung?«

»Jetzt schon. Die letzte Nacht war furchtbar. Aber wie gesagt, am Telefon kann ich dir das nicht alles erzählen. Da sind mehrere Dinge zusammengekommen. Wenn du da bist, werde ich dir alles erklären. Mach dir keine Sorgen um mich und vergiss nicht, ich liebe dich.«

»Ich dich auch!« Sie gaben sich einen Kuss durchs Telefon und legten auf.

Was für ein wunderbares Gefühl, keine Angst mehr haben zu müssen. Sie legte sich auf das Bett und deckte sich zu. *San Cristóbal* war noch kälter als *Teopisca*, denn es lag nochmals um 600 Meter höher. Glücklicherweise hatte sie noch im letzten Moment daran gedacht, ihr Heizkissen einzupacken. Eigentlich wollte sie ein wenig schlafen, aber sie kam einfach nicht zur Ruhe. In ihrem Kopf ratterte es noch immer. Sie schaltete den Fernseher ein und landete auf dem Kanal von *Televisa*. Dort liefen gerade die Mittagsnachrichten. Der Sender machte seit einiger Zeit täglich eine Umfrage, bei der er die Meinung seiner Zuschauer zum aktuellen Zeitgeschehen wissen wollte. Als Charlotte die Frage des Tages hörte, staunte sie nicht schlecht. Passender zu ihrer Situation hätte sie nicht sein können. *Televisa* hatte nämlich wissen wollen, wie die Mexikaner die Sicherheit im Lande in Bezug auf Entführungen, Diebstähle und Raubüberfälle einschätzten. Über achtzig Prozent der mexikanischen Bevölkerung hatte sie mit *pesimo*, also miserabel eingestuft. Dass ihre Angst vor unliebsamen nächtlichen Besuchern begründet war, hatte ihr somit sogar das Fernsehen bestätigt.

Aurelio klopfte gegen fünf Uhr an die Tür ihres Hotelzimmers. »*Que pasó, mi amor?*«, was um Gottes Willen ist denn passiert, mein Schatz? Er wirkte ziemlich durcheinander. »Ich verstehe das alles nicht.«

Charlotte ging auf ihn zu und umarmte ihn. »Ich konnte nicht länger in der *Casita de Campo* bleiben. Aber setz dich bitte hin, dann werde ich dir alles von Anfang an erzählen. Nun berichtete sie ihm ausführlich, was geschehen war. »Weißt du, du hast kürzlich gesagt, ich soll nicht so vertrauensselig sein. Ich muss gestehen, du hattest vollkommen recht damit. Ich bin nun mal mein Leben lang vertrauensvoll und offen auf Menschen zugegangen. Aber seit das mit den anonymen Anrufen angefangen hat, kann ich das nicht mehr. Ich habe es seither in *Teopisca* vermieden, aus dem Haus zu gehen, wenn es nicht unbedingt nötig war. Stattdessen habe ich mich in dem Haus vergraben, in meinem eisigen, bedrohlichen Gefängnis. Abgesehen von der

Fiesta in *Rosas* habe ich tunlichst darauf geachtet, nicht gesehen zu werden. Wenn ich im Auto durch *Teopisca* fahre, wähne ich heute in dem Gesichtsausdruck der Menschen etwas Feindseliges und bilde mir ein, ihre Ablehnung. zu spüren. Die Gesichter, in denen ich einmal so viel Freundschaft und herzliche Aufnahme gesehen habe, werden zu hässlichen, kalten Fratzen, weil ich derart verunsichert bin, dass ich sie nicht mehr anders wahrnehmen kann. Ich finde das so schrecklich.« Charlotte war unendlich traurig. »Als ich damals hierhergekommen bin, habe ich meine *Chiapanekos* geliebt, aber heute ist mein Herz voller Misstrauen. Ich hätte nie gedacht, dass sich meine Liebe zu Mexiko so wandeln könnte.«

Aurelio nahm sie in den Arm und versuchte sie zu trösten. »Das hast du richtig gemacht, dass du hierher gefahren bist. Ich glaube, ich habe die Situation in vieler Hinsicht unterschätzt. Wir müssen jetzt beide stark sein, mi amorcito chulo.« Während er dies sagte, griff er in seine Jackentasche und holte einen zusammengefalteten Brief heraus.

»Den hat mir heute Don Samuel geschickt.« Er gab ihr den Umschlag.

Charlotte betrachtete das abgegriffene graue Kuvert von allen Seiten und schaute Aurelio unsicher an. Dieser ermunterte sie: »Mach ihn auf.«

Sie zog eine Karte heraus mit dem Briefkopf des Bischofs und der Fotokopie eines handgeschriebenen Briefes.

Don Samuel schrieb:

»Lieber Aurelio, beiliegend sende ich Dir die Kopie eines Briefes, der mir gestern zugestellt wurde. Da ich Dich telefonisch nicht erreichen konnte, möchte ich Dich auf diesem Wege bitten, Dich mit Deinem Gemeindemitglied in Verbindung zu setzen und über die Vorwürfe, die er Dir macht, direkt zu sprechen. Möge Gott die Angelegenheit erhellen und Ruhe walten lassen. Don Samuel, *Obispo de San Cristóba de las Casas*.«

»Ist es schlimm, was in dem Brief steht?« Charlotte schaute Aurelio besorgt an.

»Ich habe schon angenehmere Schreiben erhalten.« Aurelio grinste. »Aber du solltest ihn selbst lesen und dir eine Meinung bilden.«

Der Brief war zwei Seiten lang. Der Schreiber, ein gewisser Ronaldo Manuel Capilla Torres, warf Aurelio vor, seine Arbeit zu vernachlässigen, häufig außerhalb des Pfarrhauses zu übernachten und wochenlang seine Gemeinde im Stich zu lassen. Viele ehemalige Angehörige seiner Pfarrei seien deshalb schon zu protestantischen Sekten übergelaufen. Dann zählte er akribisch die Daten auf, in denen Aurelio in den letzten eineinhalb Jahren abwesend gewesen sei. Es waren exakt die Zeiten, in denen Aurelio mit Charlotte in Urlaub gewesen war. Obwohl der Schreiber es unterließ, Aurelio zu beschuldigen, er habe ein Verhältnis mit einer Frau, suggerierte er es dem Bischof natürlich mit seinen Anspielungen. Denn wie ließ sich seine Abwesenheit sonst erklären?

Charlotte faltete den Brief zusammen. »Puh.« Sie atmete tief aus. »Das ist heftig! Jetzt ist es also so weit. Sie wollen uns fertig machen. Unsere Liebe zerstören.« Sie legte ihre Hand auf die seine. Er ergriff sie und ihre Ringe berührten sich.

»Ich werde das schon irgendwie hinbiegen. Ich werde mit dem Mann reden. Ich kenne ihn flüchtig. Er ist ein Ex-Militär.«

»Ex-Militär.« Sie wiederholte seine Worte. »Das hat uns gerade noch gefehlt. Ein obrigkeitshöriger Befehlsempfänger, der nach oben kuscht und nach unten tritt und meint, er müsse uns jetzt schikanieren.« Charlottes hasste den hierarchischen Aufbau des Militärs und den Befehlston, der dort herrschte.

»Reg dich nicht auf, mein Schatz. Don Samuel kennt ihn auch. Der Mann ist ein Hardliner und ein Rassist. Er hat meine Arbeit für die Indianer und somit auch die von Don Samuel nie geschätzt. Die politische Arbeit der Diözese war den Militärs stets ein Dorn im Auge. Ich denke, Don Samuel wird, wenn es hart auf hart kommt, auf unsrer Seite sein.«

»Meinst du?« Charlotte hatte ihre Zweifel. »Was der Mann schreibt, stimmt ja irgendwo schon, oder? Wir waren tatsächlich in den genannten Zeiten weg. Rein rechtlich haben wir nicht so gute Karten. Dieser verdammte Zölibat versetzt uns in eine schwache Position und stärkt alle Neider, Denunzianten und Heuchler. Wir können uns nicht einmal öffentlich wehren. Ich fühle mich so verdammt hilflos.«

Aurelio umfasste ihre Hand nun noch fester als zuvor. »Du musst dich nicht hilflos fühlen. Ich weiß mich schon zu wehren, obwohl die Situation natürlich unangenehm ist. Es gab nämlich, während wir in Ferien waren, noch weitere anonyme Schreiben. An die Gemeindesekretärin, an meine Haushälterinnen, an mehrere Katecheten. Insgesamt waren es acht Briefe, die anonym versendet wurden.«

»Aber das ist ja schrecklich! Und was stand drin?« Charlotte war fassungslos.

»Eigentlich die Wahrheit, wenn ich es genau nehme, nämlich dass ich eine Frau habe.« Er küsste ihre Hand. »Und was für eine wunderbare.«

»Aber Aurelio, ich finde das überhaupt nicht lustig, das ist doch alles nur furchtbar. Was machen wir jetzt bloß?«

»Du machst gar nichts. Du genießt höchstens den Rest deiner Ferien, bummelst ein bisschen durch *San Cristóbal*, kaufst dir was Schönes und machst mich glücklich, wenn ich bei dir bin.« Er hielt inne und nach einer Weile meinte er: »Du hast recht, es ist nicht lustig.« Er wurde ernst. »Aber ich werde mich zu verteidigen wissen. Die Mehrheit der Menschen in meiner Gemeinde ist loyal und schätzt mich. Feinde habe ich nur unter den wohlhabenden Mestizen, den Kaziken und eben den *Viros verdes*, den Militärs. Ich werde die Angelegenheit öffentlich machen. Am nächsten Sonntag werde ich im Anschluss an die Messe sagen, dass es Gemeindemitglieder gibt, die mich verleumden und versuchen, mir mit anonymen unhaltbaren Beschuldigungen zu schaden.«

»Aber ist das denn nicht gefährlich in unserer Lage?« Charlotte war sich nicht sicher, dass das der richtige Weg war.

»Angriff ist die beste Verteidigung. Ich drehe den Spieß einfach um. Die anonymen Briefeschreiber müssen nämlich jetzt Angst haben, entlarvt zu werden, und da anonyme Briefeschreiber meist ziemlich feige sind, wird es ganz schnell aufhören.«

»Du hast Nerven. Ich hätte den Mut nicht.« Charlotte entdeckte gerade eine ganz neue Seite an Aurelio.

Charlotte wusste von ihren ersten Aufenthalten in *Rosas*, dass Aurelio von den meisten Menschen in seiner Pfarrei sehr geachtet, wenn nicht sogar verehrt wurde. Aber sie fand trotzdem, dass er verdammt hoch pokerte. Auf der anderen Seite fragte sie sich, was er sonst tun sollte? Sich weiter in die Enge treiben zu lassen, war auch keine Lösung.

»Lass mich nur machen.« Er tätschelte ihr beruhigend die Hand.

»Wie haben eigentlich die Empfänger der Briefe reagiert?«, wollte Charlotte wissen.

»Sie sind alle auf meiner Seite und haben mich in Schutz genommen. Sie trauen mir nicht zu, eine Frau zu haben.« Er gab ihr einen Kuss auf die Wange. »Du siehst, ich werde wieder einmal total unterschätzt. Ich liebe dich, Charlotte. Mach dir keine Sorgen. Wir kriegen die letzten Jahre schon noch rum. Ich werde alles langfristig vorbereiten. Ich habe nächste Woche ein Gespräch mit Don Samuel. Vielleicht werde ich ihm vorschlagen, mich zu versetzen. Nach fast zwanzig Jahren in derselben Gemeinde wäre ein Wechsel an der Zeit. Ich werde ihm bei der Gelegenheit gleich mitteilen, dass ich mich gesundheitlich nicht sehr gut fühle und dass dies auch der Grund für meine häufigen Abwesenheiten ist. Ich werde ihn auf meine psychosomatischen Störungen hinweisen, wegen derer ich vor vielen Jahren behandelt wurde, und dass ich mich immer wieder von Zeit zu Zeit schlecht fühle und darum Erholungsphasen brauche. Was hältst du davon?«

»Das ist sicherlich keine schlechte Idee. Am besten wäre es wohl tatsächlich, du würdest die Gemeinde wechseln. Denn du weißt auch nicht, wer nächstes Jahr nachrücken wird, wenn Don Samuel aus Altersgründen abdankt. Ich könnte mir gut vorstellen, dass Johannes Paul II. einen konservativen, romtreuen Bischof einsetzt, der nach seiner Pfeife tanzt. Dann wird alles noch schwieriger, denn dann werden die Denunzianten wieder aus ihren Löchern kriechen. Wenn du in eine andere Gemeinde versetzt würdest, wo uns niemand kennt, gewinnen wir auf jeden Fall Zeit. Und bis sie dahinterkommen, sind wieder ein paar Jahre vergangen.« Charlotte lachte ihn an.

»In einer neuen Umgebung wird mein Liebling vielleicht auch wieder seine Liebe für meine Landsleute und mein *México lindo y querido*, mein schönes und geliebtes Mexiko, entdecken.«

»Wenn es nur schon so weit wäre!« Sie seufzte.

»Hab Geduld. Ich habe dir doch von dem peruanischen Doktor erzählt, der sich für die *Casita de Campo* interessiert. Wenn er es wirklich möchte, werde ich es ihm verkaufen und in *Teopisca* alles auflösen. In zehn Jahren gehen wir beide in Pension. Ich aus gesundheitlichen Gründen und du aus Liebe.« Er grinste sie mit seinem typischen Aurelio-Lächeln an. Sie liebte es auch nach sechzehn Jahren noch immer an ihm, wenn seine dunklen Augen noch dunkler leuchteten und seine wunderschönen Zähne noch heller blitzten.

»Und was machen wir dann?« Charlotte blickte ihn erwartungsvoll an.

»Dann gehen wir zum Beispiel nach *Puebla*, bauen uns dort ein kleines Häuschen, natürlich mit Heizung, damit meine *Alemanita*, meine kleine Deutsche, nicht friert. *Si Dios quiere*, so Gott will.«

»Dann lass uns doch lieber gleich nach *Huatulco* gehen. Dort ist es immer warm. Da brauchen wir keine Heizung«, schlug Charlotte ihm vor.

»Ich gehe mit dir überall hin, *mi amorcito chulo*. Hauptsache, wir sind zusammen.«

»Ist das dein Ernst?« Sie schaute ihn fragend an. So klar und deutlich hatte er ihre Zukunft noch nie skizziert. Das Lächeln verschwand für einen Moment aus seinem Gesicht und er nahm ihre Hände in die seinen.

»Es war mir nie ernster, Charlotte. Ich möchte mit dir alt werden und wenn sie mich zwingen, mich zu entscheiden, dann müssen sie eben auf mich verzichten.«

»Du hast keine Angst mehr, nach fast fünfzig Jahren den Schoß deiner Kirche zu verlassen?«

»Nein, nicht mehr. Du hast mir in den letzten eineinhalb Jahren in so vielen Momenten deine Liebe bewiesen, wie könnte ich da noch Angst haben? Wenn ich mir meinen alten Priesterkollegen Padre Hermino in *Las Margaritas* ansehe, dann weiß ich, dass ich so nicht enden möchte. Er hat sein ganzes Leben in den Dienst der Kirche gestellt. Als er dann krank wurde und nicht mehr konnte, ist er in das armselige Haus gezogen, das ihm vor einem halben Jahrhundert seine Eltern vererbt hatten, und dort vegetiert er nun einsam und fast mittellos vor sich hin und wartet darauf, dass Gott ihn zu sich holt. Es gibt keinen Menschen, der einsamer auf dieser Welt ist als ein alter katholischer Priester.«

»Was für ein grausames System. Der Mohr hat seine Schuldigkeit getan, der Mohr kann gehn.« Charlotte würde diese Kirche nie verstehen.

Gegen sieben Uhr musste Aurelio zurück nach *Rosas*. Er versprach ihr, am nächsten Tag wiederzukommen.

Charlotte legte sich aufs Bett und deckte sich bis zur Nasenspitze zu. Was für ein Tag lag hinter ihr! Sie wollte nie mehr nach *Teopisca* zurückkehren. Dieses Kapitel war endgültig abgeschlossen. So vieles hatte sich in all den Jahren ereignet. Schönes und Schreckliches. Vieles, das sie ernüchtert hatte, aber sie hatte auch vieles gelernt. Über Mexiko, über Deutschland, über die fremde Kultur und über ihre eigene, über Aurelio, aber vor allem über sich selbst.

Wie sie sich weiterentwickelt und begriffen hatte, dass sich nichts erzwingen lässt, so hatte auch Aurelio erkannt, dass es noch ein wunderbares Leben außerhalb der katholischen Kirche gab. In gewisser Weise hatten sie sich aufeinander zu bewegt.

Sie konnten die Gesetze des Vatikans nicht ändern. Ob sie die Umsetzung der Reformen des Zweiten Vatikanischen Konzils noch erleben würden, bezweifelten sie beide. Irgendwann würde die Menschheit wahrscheinlich darüber lachen, dass es einmal ein Gesetz wie den Zölibat gegeben hatte. Vielleicht würden ihre Nachfahren gar nicht glauben können, dass es eine solche menschgemachte interpretative Verirrung der Heiligen Schrift überhaupt je gegeben hatte. Für sie würde es zu spät sein. Aber das war jetzt auch nicht mehr wichtig. Sie waren längst Mann und Frau und vielleicht hatten sie es sogar der katholischen Kirche zu verdanken, dass sie sich nach sechzehn Jahren noch mit derselben Leidenschaft liebten wie am Anfang.

Alles, wofür man kämpfen musste, hütete und pflegte man ganz besonders, wie einen großen Schatz. Sie hatten ihren eigenen Weg gefunden und ihre Liebe über sechzehn Jahre hinübergerettet. Freude und Schmerz hatten ihre Spuren hinterlassen, aber sie hatten sie auch stark gemacht, sodass sie ihre Liebe als ein besonderes Geschenk empfanden. Sie waren unendlich dankbar dafür, dass sie sich auf diesem großen Erdball trotz der Entfernung und trotz ihrer so unterschiedlichen Wurzeln gefunden hatten.

Und wie würden sie die letzten Jahre verbringen?

Keine Ahnung. Sie wussten nur, sie würden es schaffen.

»*Si Dios quiere*«, so Gott will – wie oft hatte sie diesen Satz von Aurelio gehört. Charlotte war zuversichtlich, denn bis heute hatte Gott immer gewollt ...

36. Entscheidung

»Hallo, Sie sind sicher Charlotte Jüngert?« Die kleine, rundliche Frau mit den kurzen blonden Haaren, die ihr die Hand entgegenstreckte, lächelte sie freundlich an. »Ich bin Frau Sun, entschuldigen Sie, dass ich mich so sehr verspätet habe, aber mit diesem massiven Wintereinbruch war nicht zu rechnen.«

Langsam fand sich Charlotte in der Wirklichkeit wieder. Sie stand auf und begrüßte die Standesbeamtin, während sie meinte: »Ich war gerade in Gedanken ganz weit weg. Vielleicht war es gut, dass Sie sich etwas verspätet haben, so hatte ich noch ein wenig Zeit für mich und meine Erinnerungen.«

»Es beruhigt mich, dass Sie so gelassen reagieren. Die meisten sind an einem solchen Tag aufgeregt und extrem ungeduldig«, meinte die Standesbeamtin, während sie sich zu ihrer Mitarbeiterin umdrehte und sie bat, doch bitte die anderen zurück in den Trauungssaal zu bitten.

»Isch geh se glei hole, awer wissese, isch hab die alle nunner in die Cafeteria gebrocht un dort uf Koschde vum Haus en Sekd auschenke losse.« Zu Charlotte gewandt, ergänzte sie verlegen: »Isch hab gar net midkriegt, dass Sie noch do howwe sin. Des is ma jo jetzt rischdisch peinlich.«

»Macht nichts, ich bin bloß die Braut«, meinte Charlotte scherzend und fügte gleich beruhigend hinzu: »Aber grämen Sie sich nicht, es ist alles in Ordnung.«

Kurz darauf erschien die ganze Hochzeitsgesellschaft im Saal *Venedig*. Ihr künftiger Mann kam auf sie zu und gab ihr einen Kuss: »Das fängt ja gut an, mein Schatz, die letzte Dreiviertelstunde war richtig abenteuerlich. Geht es dir gut?« Er setzte sich neben sie.

Bevor sie ihm antworten konnte, kam Heidi auf sie zu: »Stell dir vor, Charlotte, die haben uns, als wir hierher zurück in den Saal wollten, alle nach unten in die Cafeteria gebracht. Wir waren natürlich der Meinung, dass du bereits da bist.«

»Als wir dich dann holen wollten, ging dieser verdammte Fahrstuhl nicht mehr. Da hatte sich wohl im fünften Obergeschoss die Tür verklemmt und ging nicht mehr auf und nicht mehr zu«, ergänzte Hannes.

»Das einzig Gute war der Sekt, ich bin schon ganz high«, meinte Renate etwas angeheitert. Sie hatte ihn wohl ausgiebig genossen.

»Da hast du etwas versäumt, die haben sich nicht lumpen lassen. Das war ein edles Tröpfchen«, meinte Conrad anerkennend.

»Geht es jetzt endlich los, ich bekomme nämlich langsam Hunger.« Onkel Heinz meldete sich natürlich auch zu Wort.

»Onkel Heinz, gedulde dich«, beruhigte ihn Charlotte. »Du bekommst nachher auch eine besonders große Portion.«

»Das waren vielleicht Aufregungen!« Ihre Mutter wirkte ein wenig aufgelöst. »Zuerst haben wir einen Angestellten, der zufällig reinschaute, gebeten, er möge doch bitte hochgehen und dir Bescheid sagen, aber das hat der wohl anscheinend vergessen. Als wir dann feststellten, dass der Fahrstuhl nicht mehr ging, war kein Mensch vom Personal da. Irgendwann haben Heidi und Hannes das Treppenhaus gesucht, das war gar nicht so einfach. Kannst du dir das vorstellen, kein Mensch war da unten. Wir wussten überhaupt nicht, was los ist. Nachdem wir dann das Treppenhaus ausfindig gemacht hatten, wollten die Männer mich mitsamt dem Rollstuhl hochtragen.«

»Na ja, Mama, am Schluss hat der Fahrstuhl doch wieder funktioniert, und nun seid ihr alle da und es kann losgehen. Jetzt denk nicht mehr daran und genieß die Hochzeit.« Charlotte umarmte ihre Mutter und gab ihr einen Kuss auf die Wange.

»Du hast recht, mein Kind. Ich freue mich so für dich, nur schade, dass dein Vater es nicht mehr miterleben kann.« Ihre Mutter hatte Tränen in den Augen.

»Papa ist bei uns, da bin ich mir ganz sicher, Mama«, antwortete Charlotte voller Zuversicht. »Er beschützt uns.« Trotzdem schwang in ihrer Stimme eine gewisse Traurigkeit mit.

Alle hatten Platz genommen. Nachdem die Standesbeamtin sie begrüßt und die Personalien der Hauptpersonen festgestellt hatte, hielt sie eine kleine Rede, die schließlich in die alles entscheidenden Frage mündete, die sie zunächst Charlottes künftigem Mann stellte: »Ich frage Sie, Aurelio Selvas-Rodriguez, sind Sie bereit, mit der hier anwesenden Charlotte Jüngert die Ehe einzugehen, dann antworten Sie bitte mit Ja!«

Aurelio wandte sich Charlotte zu und betrachtete sie liebevoll, dann antwortete er: »Gerne, ja!«

Als kurz darauf die gleiche Frage an Charlotte gerichtet wurde, schaute sie ihn nicht weniger liebevoll an und erwiderte: »Si, con mucho gusto!«

»Dann erkläre ich Sie hiermit zu rechtmäßig verbundenen Eheleuten.«

Sie wechselten die Ringe und gaben sich unter dem Applaus aller Anwesenden einen langen innigen Kuss.

Nach 26 Jahren hatte ihre große Liebe gesiegt.

Nachwort

Der 28. Dezember 2009 war der Jahrestag der 40. Priesterweihe von Aurelio. Sie hatten diesen Tag zum Heiraten gewählt, weil sie ein symbolisches Zeichen setzen wollten. Denn an diesem Tag schloss sich endgültig ein Kapitel in Aurelios Leben und ein neues wurde aufgeschlagen.

Eigentlich hatten Charlotte und Aurelio gar nicht geplant, jemals zu heiraten. Aurelio wollte sich lediglich mit 70 aus Altersgründen zurückziehen. Sie wollten einfach nur als freie Menschen irgendwo miteinander alt werden. Dann war jedoch alles ganz anders gekommen.

Sie hatten sich seit 1999 mehrmals im Jahr irgendwo auf der Welt getroffen: in Mexiko, Deutschland, Kuba, Guatemala, Belize, Spanien oder auf Kuba, Madeira, Zypern oder einer der griechischen oder der Kanarischen Inseln. Auch wenn ihre Lebensweise außergewöhnlich war, so hatten sie sich doch mit der Zeit daran gewöhnt und waren beide nach den gemeinsamen Urlauben zufrieden in ihre so unterschiedlichen Welten zurückgekehrt.

Charlotte ging in ihrer kreativen und inspirierenden Arbeit bei der Volkshochschule auf, wo sie zwanzig Jahre den Kulturbereich leitete, interessante Künstler traf und spannende Projekte und Konzepte entwarf. Daneben betreute sie zu Hause ihre Mutter, mit der sie nach dem Tod ihres Vaters im Sommer 2000 zusammengezogen war.

Aurelio führte mit seinen Priesterkollegen das Werk von Don Samuel weiter, dem nach seiner Abdankung im Jahr 2000 zwei erzkonservative Bischöfe nachgefolgt waren. Don Felipe und Don Enrique waren weit davon entfernt, das Bistum im Sinne ihres charismatischen Vorgängers weiterzuentwickeln. Ganz im Gegenteil, sie versuchen bis heute, die Diözese im Sinne von Rom rückwärtsorientiert zu lenken.

Aurelio hatte Anfang des neuen Jahrtausends zwei Gemeindeschwestern im Pfarrhaus aufgenommen, die in erster Linie den Frauen in den abgelegenen *Comunidades* beistehen sollten. Josefina war eine stille, freundliche Frau, die von Beginn an sehr bescheiden auftrat und sich gut in die Gemeinschaft einfügte. Chaito, eine kleine, stämmige, untersetzte Indianerin, hatte ein paar Monate zuvor eine andere Pfarrei verlassen müssen. Der dortige Priester hatte sie in ihr Dorf in der Nähe der *Lagunas de Montebello* nahe der guatemaltekischen Grenze zurückgeschickt. Da ihre Familie sehr arm war, hatte Aurelio sich ihrer erbarmt und ihr angeboten, mit ihm und der anderen Gemeindeschwester zusammenzuarbeiten. Es war keine Frage, dass sie dieses Angebot dankbar annahm.

Leider hielt diese Dankbarkeit nicht sehr lange an. Denn als Aurelio im September 2007 aus Deutschland zurückkehrte, wurde er sofort nach *San Cristóbal* zu einem der Bischöfe zitiert. Don Felipe legte Aurelio wortlos ein halbes Dutzend alter Fotos vor, auf denen er zusammen mit Charlotte in eindeutigen Situationen abgebildet war. Dann übergab er ihm einen Brief, in dem man ihm mitteilte, dass er ab sofort suspendiert sei. Aurelio hätte in diesem Augenblick das Ruder noch herumreißen können, aber er war weder bereit, Reue zu zeigen noch seine Beziehung zu Charlotte zu leugnen – geschweige denn sich von ihr zu trennen. Somit war die Entscheidung unwiderruflich. Er wurde mit Schimpf und Schande aus seinem Amt gejagt und verlor nach 38 Jahren sämtliche Anrechte auf irgendwelche Bezüge. Wie sich kurz darauf herausstellte, hatte Chaito in seiner Abwesenheit die Tür seines Zimmers, seinen verschlossenen Kleiderschrank sowie eine Schatulle aufgebrochen, in der Aurelio die Fotos verwahrt hatte. Daneben hatte sie noch Aurelios Ersparnisse in Höhe von 3.500 Dollar mitgehen lassen, die sich ebenfalls darin befanden. Warum sie das getan hatte, ließ sich nie mit letzter Gewissheit klären. Josefina hatte nur einmal kurz angedeutet, dass das, was Chaito für Aurelio empfinde, weit über das hinausgehe, was unter Kollegen üblich sei. Der Verdacht, dass sie es aus Eifersucht getan hatte, lag somit nahe. Nur war ihre Rechnung nicht aufgegangen, denn sie hatte gehofft, dass Aurelio durch den Druck der Bischöfe seine Beziehung zu der Deutschen aufgebe und sie somit freie Bahn hätte. Unabhängig von Charlotte wäre dies sowieso nie der Fall gewesen, da ihre Gefühle für Aurelio nicht auf Gegenseitigkeit beruhten. Letztendlich war der Schuss nach hinten losgegangen, denn Aurelio war zu Charlotte nach Deutschland gezogen und sein Nachfolger hatte die beiden Gemeindeschwestern entlassen. Chaito musste in ihr Dorf zurückkehren.

Natürlich sprach sich der Grund für Aurelios Suspendierung in Windeseile in der Region herum, und so war die Information auch bei Patrizia gelandet. Für sie musste es ein Schock gewesen sein zu erfahren, dass Aurelio seit 24 Jahren eine Beziehung zu einer Frau in Deutschland hatte. So hatte sie genauso wie damals mit der Videokassette erneut eine Aktion gestartet, nur dass sie ihn dieses Mal nicht zurückerobern, sondern sich an ihm rächen wollte. Darum hatte sie ein uraltes Foto von sich und Aurelio, auf dem er seinen Arm um ihre Schulter legte, zusammen mit einem Begleitbrief an die Kurie geschickt. Ihr Gesicht hatte sie vorher unkenntlich gemacht. Sinngemäß hatte sie geschrieben, Padre Aurelio habe mit vielen Frauen Verhältnisse gehabt. Es war ihr Versuch, ihn gänzlich zu vernichten. Doch all diese Aktivitäten hatten letztendlich nur zur Festigung von Charlottes und Aurelios Beziehung beigetragen.

Aurelio verkaufte die *Casita de Campo* in *Teopisca*, da sie beide dort niemals hätten in Frieden leben können. Auch Juanita verließ den Ort. Sie trennte sich von Armando und zog unmittelbar nach der Geburt ihres Sohnes Rocco, wie sie ihn nach seinem Vater genannt hatte, nach *Tuxtla Gutiérrez*. Dort drückte sie nochmals die Schulbank und war viele Jahre später als Verkehrspolizistin nach *Teopisca* zurückgekehrt. Den Kontakt zu ihrem Vater hatte sie nie mehr aufgenommen.

Der große Don Samuel starb am 24. Januar 2011 in Mexico City. Bei den Trauerfeierlichkeiten ein paar Tage später in *San Cristóbal de las Casas* säumten 30.000 Menschen den Weg. Zwei Tage und zwei Nächte lang defilierten Tausende von Indianern und Landarbeiter aus ganz Mexiko und Guatemala an seinem Sarg vorbei, um dem Mann, der sein Leben lang für ihre Rechte gekämpft hatte, die letzte Ehre zu erweisen. Don Samuel Ruíz García fand seine letzte Ruhestätte in der Kathedrale von *San Cristóbal*, dem Ort, wo er 40 Jahre gewirkt hatte. Als Papst Franziskus im Februar 2016 nach Mexiko reiste, ließ er es sich nicht nehmen, das Grab von Don Samuel in der Kathedrale zu besuchen und dort allein zu beten. Diese Entscheidung wurde weder von den Würdenträgern der katholischen Kirche Mexikos noch von der mexikanischen Regierung gern gesehen. Die Herzen der Indianer und Landarbeiter, die zu Tausenden zur Kathedrale geströmt waren, erfreute der Papst jedoch durch diese Geste, und sie ließen es sich nicht nehmen, immer wieder »Tatic Samuel« zu skandieren. Auch fünf Jahre nach seinem Tod war ihre Verehrung für ihn ungebrochen.

Es scheint so, dass der liebe Gott von Anfang an mit Wohlgefallen auf die Liebesgeschichte von Charlotte und Aurelio herunterblickte, denn er hatte immer wieder seine schützende Hand über sie gehalten, sodass ihnen am Ende alles gelang, was sie anpackten. Charlotte veröffentlichte erfolgreich ihren ersten Roman *Wer einmal einen Priester küsst*. Ihre nachfolgende schriftstellerische Arbeit widmete sie in erster Linie dem Jungbusch, aus dem sie stammte. Sie wurde zu einer gefragten Autorin in der Region Mannheim. Möglich waren diese Romane durch das vorzügliche Gedächtnis ihrer Mutter, die ihr die Geschichte der Familie

Legrand detailliert erzählte. Sie starb am 21. Oktober 2013 zu Hause in den Armen ihrer Tochter. Für Charlotte war es ein großer Verlust, war sie doch durch die romanhafte Aufarbeitung des Lebens ihrer Mutter mit dieser sehr eng verbunden. Trost fand sie in Aurelios Armen und in der tiefen Zuneigung seiner Familie, denn seine 65 Nichten und Neffen nahmen sie herzlich in die Familie auf. Sie verehren sie und sind stolz darauf, eine *Tia de Alemania*, eine Tante aus Deutschland, zu haben.

Charlotte und Aurelio leben bis heute abwechselnd in Mannheim und dem kleinen mexikanischen Pazifikstädtchen *Huatulco*. So muss keiner von beiden auf seine Heimat verzichten.

Ohne Zweifel war es ein langer und mitunter auch schmerzlicher Weg, den Charlotte gegangen ist. Doch er hat sich gelohnt. Denn am Ende wurde er wahr: *Mein Traum von Mexiko.*

ENDE

Ich danke meinem Mann, der mir durch seine Erinnerungen und seine fundierten Einblicke in die Verhältnisse Mexikos viele wertvolle Informationen geliefert hat.

Mein Dank geht auch an Heidi und Hella für ihre hilfreichen Anmerkungen zu meinem Manuskript.

Hakenkreuz auf Bodenplatten

Charlotte auf dem Kirchendach, 1983

Charlotte Porträt 1983

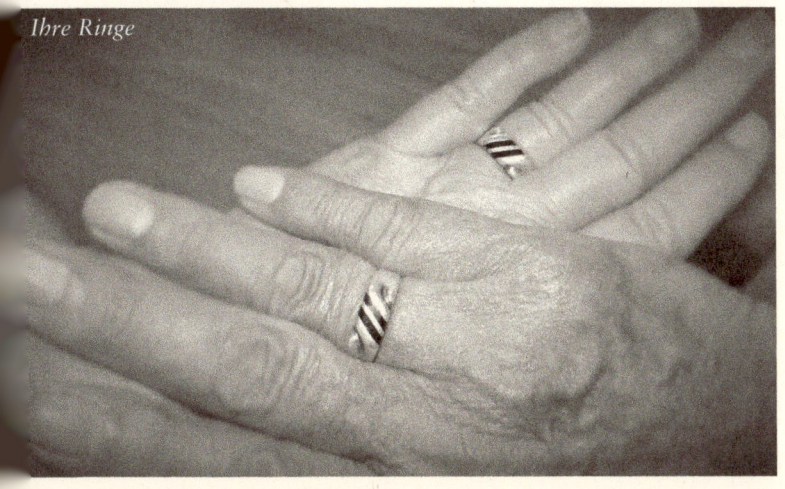
Ihre Ringe

Aurelio zelebriert die Messe (seine Hände)

Anflug auf Mexico-City

Aurelio reitet in eine Comunidad

Aurelio mit den Haushälterinnen Chila und Antonit

„Casita de Campo" in Teopisc

Esszimmer in der „Casita de Campo"

Die kleine Iris

Aurelios Eltern

Archäologische Ausgrabungsstätte Teótl auf dem Bergkegel

Teúl de González Ortega in Zacatecas

Aurelios Eltern und seine Geschwister 1978

Simon und Maria 1955

Aurelio (2. von links), Eltern Rosendo und Mari-Luz 195.

Die Nonne Bernarda, 1955

Don Samuel Ruiz García, 1983

Aurelio 1969

Don Samuel (hinten rechts), Julio (vorne links), 1983

Charlotte beim Abschlussball von Lamadé, 1970

Mexikanischer Putzwedel vorher und nachher

Garrafón

Aurelio und seine Schweinezucht

Salustia mit zweien ihrer Kinder

Abarrotes

Maya-Frau, Indigena

Gemüseladen

Doña Rosita und Iris auf ihrem Grundstück

Juanita beim Frühstück

Charlottes Vater Siegfried (letzte Reihe rechts), VfR Mannheim, 1948/49

Charlottes Vater Siegfried, der virtuose Fußballspieler 1967

Haupttempel Palenque

Sonnenuntergang auf der Fahrt nach Cancún

Charlotte mit Simon vor der „Casita de Campo" 1998

Charlotte mit Aurelio vor de[r] „Casita de Campo" 199[8]

Huevos Motuleños

Juanita und Lupita vor de[m] Taticmo[bil]

Charlotte mit Eltern, 1998

Julio

Strand von Bocana de Copalita

Schwemmholz-Skulpturen am Bocana de Copalita

Playa Entrega

Playa de San Augustin

Zócalo von La Crucecita

Tatic Samuel besteigt das Taticmóbil

Banner mit Spruch

Don Samuel auf dem Taticmóbil

Hermanos Díaz-Marimbagruppe

Chaito

Aurelio u. Charlotte mit Trauzeugen Hannes, Heidi, Renate, Konrad im Filsbachschlösschen 2009

Aurelio und Charlotte und ihre Mutter auf dem Standesamt

Pilger in Rosas bei der „Fiesta"

Mexikanische Metzgerei

Kathedrale von San Cristóbal de las Casas

Strand von Huatulco

Hochzeitskuss

Hochzeitsbild im Filsbachschlösschen

1952 im Mannheimer Jungbusch geboren, verbrachte Nora Noé ihre ersten 18 Lebensjahre in dem Arbeiter- und Hafenviertel. Doch sie „strampelt" sich hoch, studiert, wird Lehrerin und leitet schließlich 20 Jahre lang den Kunst- und Kulturbereich der Volkshochschule Karlsruhe.

Heute gilt die ganze Aufmerksamkeit der mittlerweile freischaffenden Schriftstellerin ihrer Heimatstadt Mannheim. So stammt die für das „Schatzkistl" geschriebene musikalische Komödie „Nierentisch und Caprifischer – Mannem in de 50er" ebenso aus ihrer Feder wie die drei Mannheim-Bestseller „Mitten im Jungbusch", „Zwischen Jungbusch und Filsbach" und „Heim nach Mannheim". Neben zahlreichen musikalisch-literarischen Programmen und Beiträgen für Anthologien sind im Wellhöfer Verlag ihre beiden erfolgreichen Krimis „Tod im Jungbusch" und „Blutspur nach Mannheim" erschienen.

Nora Noé ist verheiratet und lebt in Mannheim und in Mexiko.

Tod im Jungbusch
von Nora Noé

Die Frauenleiche von der Teufelsbrücke hält die Jungbusch-Bewohner in Atem.
Es verschwinden weitere Menschen, im Hafenviertel geht die Angst vor dem „Kanal-Killer" um. Doch ist es wirklich ein Serientäter, der hier sein Unwesen treibt? Welche Rollen spielen der Künstler Arteo und seine exzentrische Lebensgefährtin Cleo?

Liegt der Schlüssel zur Lösung des Falls vielleicht in der Vergangenheit? Die wilden Studentenzeiten der 70-er Jahre rücken in den Blickpunkt aber auch die längst vergessenen Kellergewölbe in der Filsbach.

Ein Verwirrspiel von Intrigen, Hass und Leidenschaft, das harmlos beginnt und immer beklemmender wird. Eine Geschichte mit viel Lokalkolorit, die ihre Leser in die 70-er und 90-er Jahre entführt. Ein Krimi mit Thriller-Qualitäten bis zum verblüffenden Ende.

ISBN: 978-3-939540-82-3
224 Seiten, Klappenbroschur, Euro 14,95

Blutspur nach Mannheim
von Nora Noé

Mannheim hält den Atem an. Eingefrorene Leichenteile tauchen an verschiedenen Stellen der Stadt auf. Doch von wem stammen der Fuß mit den drei Zehen und der Kopf? Was haben die Funde mit der polnischen Kleinstadt an der Ostsee, mit dem Göttinger Astrophysiker Harald von Sploen und der freundlichen ukrainischen Altenpflegerin zu tun? Bald schon steht fest: Die blutige Spur führt in eine Villa in der Mannheimer Oststadt.

Wie schon bei „Tod im Jungbusch" ermittelt auch dieses Mal wieder Jennifer Trams mit ihrem Hund Sly und gerät schon bald in tödliche Gefahr. Ein erbarmungsloser Wettlauf mit der Zeit beginnt.

ISBN: 978-3-95428-158-9
240 Seiten, Euro 14,95

www.wellhoefer-verlag.de